最新

企业所得税
政策解读及疑难问题案例精解

第二版

张 兵　易坤山◎主编

中国市场出版社
China Market Press

图书在版编目（CIP）数据

最新企业所得税政策解读及疑难问题案例精解/易坤山，张兵主编. —2版.
—北京：中国市场出版社，2013.3
ISBN 978－7－5092－1027－7

Ⅰ.①最… Ⅱ.①易…②张… Ⅲ.①企业所得税–税收政策–研究–中国
Ⅳ.①F812.424

中国版本图书馆 CIP 数据核字（2013）第 043635 号

书　　名：	最新企业所得税政策解读及疑难问题案例精解（第二版）
主　　编：	易坤山　张　兵
责任编辑：	胡超平
出版发行：	中国市场出版社
地　　址：	北京市西城区月坛北小街 2 号院 3 号楼（100837）
电　　话：	编辑部（010）68037344　读者服务部（010）68022950
	发行部（010）68021338　68020340　68053489
	68024335　68033577　68033539
经　　销：	新华书店
印　　刷：	河北省高碑店市鑫宏源印刷包装有限公司
规　　格：	787×1092 毫米　1/16　27.25 印张　630 千字
版　　本：	2013 年 3 月第 2 版
印　　次：	2013 年 3 月第 1 次印刷
书　　号：	ISBN 978－7－5092－1027－7
定　　价：	58.00 元

中韬华益涉税风险管理丛书
编委会

主任：张国明

主编：张　兵　易坤山

编委：（排名不分先后）

石慧琳　杨东华　张秋艳　林浩钊　崔　群

李顺民　曹伟华　王家国

前　言
PREFACE

相对于其他税种，企业所得税具有政策性强、计算过程复杂、不易操作等特点，它贯穿了企业生产经营的全过程，企业发生的每一项经济业务，都与企业所得税密切相关。

自《中华人民共和国企业所得税法》（以下简称《企业所得税法》）及其实施条例于2008年1月1日实施以来，财政部、国家税务总局陆续颁布了诸多补充条文作为配套政策与管理文件。相关规范性文件的出台时间滞后、条款零散等，给基层税务机关和纳税人在政策的理解与执行上造成了一定的困难。

虽然《企业所得税法》对资产分类、计价、扣除、处置等问题的处理，与财务会计规定尽量保持一致，但仍存在诸多差异。2009年国家税务总局提出"税法没有明确规定时遵循财会处理"，但在与"税法优于会计"的税法原则进行博弈之中还需纳税人更准确地掌握相关税法。为提高企业对企业所得税风险管理的质量和效率，透析企业所得税的特点，把握税务管理的重点，找准税收风险点，破解管理难点，也为税务机关加强税源监控，提高税收征管质量提供参考资料，中韬华益税务师事务所组织专业人员编写了本书。

本书由"2012年所得税最新政策解读"、"最新企业所得税法规摘录汇编"及"企业所得税疑难问题案例精解"三部分构成。"2012年所得税最新政策解读"部分对2012年1—12月份税政司下发的税收优惠文件及国家税务总局下发的公告进行解读。"最新企业所得税法规摘录汇编"部分以《企业所得税法》为框架，摘录2008年以来颁布的现行有效税收法律、法规、规范性文件及其他部委文件相关内容，便于读者对照学习。"企业所得税疑难问题案例精解"部分对企业所得税汇算清缴中常见的100个问题进行了解析。

在本书出版之际，谨对参与编写、校对及提供帮助的各位友人表示衷心的感谢！

本书引用相关法规众多，若有新的政策出台或调整，应以新政策为准。由于编写时间紧迫、编者学识有限，加之相关政策的不完善造成对税法的理解不尽相同，书中的疏漏之处难免，恳请读者指正。

编　者
2013 年 1 月

CONTENTS 目　录

第一部分
2012 年企业所得税最新政策解读

第二部分
最新企业所得税法规摘录汇编

第三部分

企业所得税疑难问题案例精解

第一部分
2012 年企业所得税最新政策解读

　　本部分以 2012 年度企业所得税新政策为重点，对部分新法规特殊规定都进行重点解读，如临时用工所得税扣除问题、会计处理与纳税处理差异调整、企业政策性搬迁所得税新规定等，同时联系其他相关文件，指导读者对此作出及时、有利于降低税负的应对，并提出相应的风险防范措施。

政策解读一

对《关于企业参与政府统一组织的棚户区改造支出企业所得税税前扣除政策有关问题的通知》的解读

2012 年 1 月 10 日，财政部、国家税务总局联合印发《关于企业参与政府统一组织的棚户区改造支出企业所得税税前扣除政策有关问题的通知》（财税〔2012〕12 号，以下简称《通知》），明确了国有企业参与政府统一组织的棚户区改造支出企业所得税税前扣除优惠政策问题。

一、文件的出台背景

住房和城乡建设部等五部门 2009 年 12 月 24 日联合印发的《关于推进城市和国有工矿棚户区改造工作的指导意见》（建保〔2009〕295 号）明确，涉及棚户区改造的国有工矿企业要积极筹集资金。

二、文件的适用范围

《通知》第三条规定："本通知所称国有工矿企业、国有林区企业和国有垦区企业包括中央和地方的国有工矿企业、国有林区企业和国有垦区企业"。

该《通知》中所称的"国有企业"，我们的理解是指在企业的全部资本中，国家资本（股本）所占比例大于 50％的企业。

三、文件的适用条件

《通知》第二条明确了适用范围。同时满足以下条件的棚户区改造补助支出：

（一）棚户区位于远离城镇、交通不便，市政公用、教育医疗等社会公共服务缺乏城镇依托的独立矿区、林区或垦区；

（二）该独立矿区、林区或垦区不具备商业性房地产开发条件；

（三）棚户区市政排水、给水、供电、供暖、供气、垃圾处理、绿化、消防等市政服务或公共配套设施不齐全；

（四）棚户区房屋集中连片户数不低于 50 户，其中，实际在该棚户区居住且在本地区无其他住房的职工（含离退休职工）户数占总户数的比例不低于 75％；

（五）棚户区房屋按照《房屋完损等级评定标准》和《危险房屋鉴定标准》评定属于危险房屋、严重损坏房屋的套内面积不低于该片棚户区建筑面积的 25％；

（六）棚户区改造已纳入地方政府保障性安居工程建设规划和年度计划，并由地方政府牵头按照保障性住房标准组织实施；异地建设的，原棚户区土地由地方政府统一规划使用或者按规定实行土地复垦、生态恢复。

四、文件的法律时效

本通知自发布之日起实施。本通知发布之日前可按本通知规定的原则处理。

因企业所得税法自 2008 年 1 月 1 日起施行，因此本次通知的执行，也回溯到企业所得税法施行之日，本通知自 2008 年 1 月 1 日起执行。

政策解读二

对金融企业准备金税前扣除政策的解读

准备金税前扣除，相当于一种税收优惠，特别是在资产未发生实际损失的情况下，税前扣除准备金会减少应纳税所得额和应纳税额，产生递延纳税的效应。2008 年以来，随着新企业所得税法的实施，准备金的税前扣除受到了严格限制。《中华人民共和国企业所得税法》（以下简称企业所得税法）第十条第（七）规定，未经核定的准备金支出不得税前扣除。《中华人民共和国企业所得税法实施条例》（以下简称实施条例）第五十五条规定，企业所得税法第十条第（七）项所称未经核定的准备金支出，是指不符合国务院财政、税务主管部门规定的各项资产减值准备、风险准备等准备金支出。为了增强金融业风险抵御能力，促进金融业稳健经营和健康发展，2009 年以来，财政部、国家税务总局先后出台了一系列金融业的准备金税前扣除政策，因相关政策均设定了执行期限，在相关政策执行期满后，2012 年度财政部、国家税务总局联合发布了 5 个后续文件。

2012 年 1 月 29 日，财政部、国家税务总局联合印发《关于金融企业贷款损失准备金企业所得税税前扣除政策的通知》（财税〔2012〕5 号），本通知自 2011 年 1 月 1 日起至 2013 年 12 月 31 日止执行。

2012 年 2 月 16 日，财政部、国家税务总局联合印发《关于证券行业准备金支出企业所得税税前扣除有关政策问题的通知》（财税〔2012〕11 号），本通知自 2011 年 1 月 1 日起至 2015 年 12 月 31 日止执行。

2012 年 3 月 29 日，财政部、国家税务总局联合印发《关于保险公司农业巨灾风险准备金企业所得税税前扣除政策的通知》（财税〔2012〕23 号），本通知自 2011 年 1 月 1 日至 2015 年 12 月 31 日执行。

2012 年 4 月 11 日，财政部、国家税务总局联合印发《关于中小企业信用担保机构有关准备金企业所得税税前扣除政策的通知》（财税〔2012〕25 号），本通知自 2011 年 1 月 1 日起至 2015 年 12 月 31 日止执行。

2012 年 5 月 15 日，财政部、国家税务总局联合印发《关于保险公司准备金支出企业所得税税前扣除有关政策问题的通知》（财税〔2012〕45 号），本通知自 2011 年 1 月 1 日至 2015 年 12 月 31 日执行。

以上五个文件是对以前年度相关文件的一种政策延续，进一步规范了金融企业准备金的税前扣除办法，为金融企业的健康发展提供了保障。

政策解读三

对企业安全生产费用管理政策的解读

2012 年 2 月 14 日，财政部、安全监管总局联合制定《关于印发〈企业安全生产费用提取和使用管理办法〉的通知》（财企〔2012〕16 号，以下简称《办法》），对于建立企业安全生产投入长效机制，加强安全生产费用管理，保障企业安全生产资金投入，维护企业、职工以及社会公共利益等有着重要意义。

《办法》与《财政部关于企业加强职工福利费财务管理的通知》（财企〔2009〕242号）一样均是企业会计处理规范文件，企业在会计处理上应严格执行，在企业所得税汇算清缴时按相关税法要求进行纳税调整。

一、新旧政策的变化

关于安全生产费用提取和使用方面的管理规定，目前主要有《财政部、国家发展和改革委员会、国家煤矿安全监察局关于印发〈煤炭生产安全费用提取和使用管理办法〉和〈关于规范煤矿维简费管理问题的若干规定〉的通知》（财建〔2004〕119 号）、《财政部、国家发展和改革委员会、国家安全生产监督管理总局、国家煤矿安全监察局关于调整煤炭生产安全费用提取标准、加强煤炭生产安全费用使用管理与监督的通知》（财建〔2005〕168 号）、《财政部、国家安全生产监督管理总局关于印发〈烟花爆竹生产企业安全费用提取与使用管理办法〉的通知》（财建〔2006〕180 号）和《财政部、国家安全生产监督管理总局关于印发〈高危行业企业安全生产费用财务管理暂行办法〉的通知》（财企〔2006〕478 号）等。《办法》在以上几个文件的基础上，进行了整合、修改、补充和完善，对提取标准、适用范围、使用方向等进行了调整，更具有操作性。主要变化具体表现在：

一是扩大了政策的适用范围，将需要重点加强安全生产工作的冶金、机械制造和武器装备研制三类行业纳入了适用范围，同时拓展了原非煤矿山、危险品生产、交通运输行业的适用领域，如非煤矿山行业中增加了煤层气开采等。《办法》适用于直接从事煤炭生产、非煤矿山开采、建设工程施工、危险品生产与储存、交通运输、烟花爆竹生产、冶金、机械制造、武器装备研制生产与试验（含民用航空及核燃料）的企业，以及其他经济组织。

二是提高了安全生产费用的提取标准。《办法》分行业对提取标准和提取基数、比例进行了详细的规定。《办法》还特别提示了两点，一是对于混业经营企业，如能按业务类别分别核算的，以各类业务营业收入为计提依据，按各自标准分别提取安全费用；如不能分别核算的，以全部业务收入为计提依据，按主营业务计提标准提取安全费用；二是中小微型企业和大型企业上年末安全费用结余分别达到本企业上年度营业收入的 5％和 1.5％时，经当地县级以上安全生产监督管理部门、煤矿安全监察机构商财政部门同意，企业本年度可以缓提或者少提安全费用。

三是扩大并细化了安全生产费用的使用范围，不再局限于安全生产设施，增加了安全预防性的投入和预防职业危害、减少事故损失等方面的支出。

《办法》同时强调，安全费用属于企业自提自用资金，其他单位和部门不得采取收取、代管等形式对其进行集中管理和使用，在本办法规定的使用范围内，企业应当将安全费用优先用于满足安全生产监督管理部门、煤矿安全监察机构以及行业主管部门对企业安全生产提出的整改措施或者达到安全生产标准所需的支出。

二、会计核算的处理

《财政部关于印发企业会计准则解释第3号的通知》（财会〔2009〕8号）第三条规定，高危行业企业按照国家规定提取的安全生产费，应当计入相关产品的成本或当期损益，同时记入"4301专项储备"科目。企业使用提取的安全生产费时，属于费用性支出的，直接冲减专项储备。企业使用提取的安全生产费形成固定资产的，应当通过"在建工程"科目归集所发生的支出，待安全项目完工达到预定可使用状态时确认为固定资产；同时，按照形成固定资产的成本冲减专项储备，并确认相同金额的累计折旧，该固定资产在以后期间不再计提折旧。

例如，某建筑企业甲公司从事房屋建筑工程，2012年房屋建筑工程造价2 000万元，其中分包给建筑企业乙公司工程金额600万元。除此之外，甲公司2012年发生符合规定的收益性支出5万元，购置安全生产设备价款15万元，按税法规定最低年限计算当年设备折旧3万元。该建筑企业适用25%的企业所得税税率。

《办法》第七条规定，房屋建筑工程安全费用提取标准为2.0%；总包单位应当将安全费用按比例直接支付分包单位并监督使用，分包单位不再重复提取。

甲公司与安全生产费用相关的会计处理如下（单位：万元）：

1. 甲公司计提安全生产费用

 借：主营业务成本   40.00

  贷：专项储备   40.00

2. 支付给分包单位相应比例部分

 借：专项储备   12.00

  贷：银行存款   12.00

3. 使用专项储备支付收益性支出

 借：专项储备   5.00

  贷：银行存款   5.00

4. 使用专项储备购置安全设备等固定资产

 借：在建工程   15.00

  应交税费——应交增值税（进项税额）   2.55

  贷：银行存款   17.55

5. 固定资产达到预定可使用状态时

 借：固定资产   15.00

  贷：在建工程   15.00

同时，按照形成固定资产的成本冲减专项储备，并确认相同金额的累计折旧，该固定资产在以后期间不再计提折旧。

　　　借：专项储备　　　　　　　　　　　　　　　　　　　　　　　15.00

　　　　贷：累计折旧　　　　　　　　　　　　　　　　　　　　　　15.00

该建筑企业 2012 年 12 月 31 日的资产负债表中，在所有者权益项下"减：库存股"和"盈余公积"之间增设"专项储备"项目，反映安全生产费用专户余额 8 万元。会计上应确认 2012 年计入损益但只能在以后年度申报扣除生产费用对"所得税费用"的影响（20×25％）：

　　　借：递延所得税资产　　　　　　　　　　　　　　　　　　　　5.00

　　　　贷：所得税费用　　　　　　　　　　　　　　　　　　　　　5.00

三、税务处理上遵循实际发生原则

《办法》第四十条规定，原其他有关规定与本办法不一致的，以本办法为准。《办法》删除了财建〔2004〕119 号文件第七条企业提取的安全费用在缴纳企业所得税前列支的规定。企业在进行纳税处理时，应根据《国家税务总局关于煤矿企业维简费和高危行业企业安全生产费用企业所得税税前扣除问题的公告》（国家税务总局公告 2011 年第 26 号）第一条规定处理，即煤矿企业实际发生的维简费支出和高危行业企业实际发生的安全生产费用支出，属于收益性支出的，可直接作为当期费用在税前扣除；属于资本性支出的，应计入有关资产成本，并按企业所得税法规定计提折旧或摊销费用在税前扣除。企业按照有关规定预提的维简费和安全生产费用，不得在税前扣除。

以上例中甲公司为例，期末汇算清缴时，该建筑企业实际发生的安全生产费用支出中，属于收益性支出的 17 万元，可直接作为当期费用在税前扣除；属于资本性支出的 15 万元，应作为固定资产的计税成本，按企业所得税法规定计算的 2012 年的折旧额 3 万元可以税前扣除，减除税前扣除折旧后的 12 万元与当年预提但未实际使用的余额 8 万元，总计 20 万元，应进行纳税调增处理。

四、行使自主权时还要遵守相关规定

《办法》第十五条规定，企业在上述标准的基础上，根据安全生产实际需要，可适当提高安全费用提取标准。企业在自行确定安全费用提取标准时，仍应按照财建〔2004〕119 号文件第四条规定，报当地主管税务机关、煤炭管理部门和煤矿安全监察机构备案。安全费用提取标准一经确定，不得随意改动。确需变动的，经报主管税务机关、煤炭管理部门和煤矿安全监察机构备案后，从下一年度开始执行新的提取标准。

安全生产费用强调专户存储、专户核算、专款专用的原则，企业未按规定提取和使用安全费用的，不但面临企业所得税前不能正常扣除的风险，而且将面临安全生产监督管理部门、煤矿安全监察机构和行业主管部门会同财政部门依照相关法律法规进行的处理、处罚。

常见问题解答

1. 问：提取的安全生产费用是否可以税前扣除？

答：按规定提取的安全生产费用在没有实际使用之前，或没有使用完毕的剩余部分不得在企业所得税前扣除。

2. 问：煤矿企业的维简费支出怎样扣除？

答：煤矿企业实际发生的维简费支出和高危行业企业实际发生的安全生产费用支出，属于收益性支出的，可直接作为当期费用在税前扣除；属于资本性支出的，应计入有关资产成本，并按企业所得税法规定计提折旧或摊销费用在税前扣除。企业按照有关规定预提的维简费和安全生产费用，不得在税前扣除。

3. 问：企业救援演练支出是否可以税前扣除？

答：按规定范围使用安全生产储备支付安全生产检查和评价支出、安全技能培训及进行应急救援演练支出等费用性支出可在所得税前扣除。

政策解读四

对《关于深入实施西部大开发战略有关企业所得税问题的公告》的解读

2012 年 4 月 6 日，国家税务总局发布《关于深入实施西部大开发战略有关企业所得税问题的公告》（国家税务总局公告 2012 年第 12 号，以下简称《公告》），明确了政策执行过程中的操作性问题，每一条都有亮点，具有很强的实际指导意义。

一、收入总额的概念得到了明确

上一轮西部大开发税收优惠政策的相关文件是《财政部、国家税务总局、海关总署关于西部大开发税收优惠政策问题的通知》（财税〔2001〕202 号）。按照该文件规定，西部企业要享受低税率优惠，按 15% 的税率缴纳企业所得税，必须具备前提条件，即以国家鼓励类产业项目为主营业务，且主营业务收入占企业总收入 70% 以上。但该文件并未明确收入总额是否包含投资收益。此次下发的公告就此进行了明确，即收入总额应为企业所得税法第六条规定的收入总额。其中，第六条第四款为股息、红利等权益性投资收益。也就是说，投资收益应作为收入总额的组成部分。此前，各省市对该政策的执行有差异，有些省份在确定主营收入所占收入总额的比例时，规定收入总额不包含投资收益，有些省份则规定包含投资收益。《公告》的出台，统一了政策的执行口径。

对于企业而言，这一规定较之前规定更为严格。如果企业有对外投资项目，会影响到主营业务收入所占的比例，需要企业注意。此外，一些边缘企业或许会因为主营收入比例不够而被剔除在外。

二、税务机关的审批权限有所放宽

《公告》第二条规定，企业应当在年度汇算清缴前向主管税务机关提出书面申请并附送相关资料。第一年须报主管税务机关审核确认，第二年及以后年度实行备案管理。各省、自治区、直辖市和计划单列市税务机关可结合本地实际，制定具体审核、备案管理办法，并报国家税务总局（所得税司）备案。这一规定与之前的有所不同。之前的《国家税务总局关于落实西部大开发有关税收政策具体实施意见的通知》（国税发〔2002〕47号）规定，企业应当在规定的期限内向主管税务机关提出书面申请并附送相关材料，经主管税务机关审核后上报，第一年报省级税务机关审核确认，第二年及以后年度报经地、市级税务机关审核确认后执行。此次《公告》明确对申请享受优惠的企业，第二年及以后年度实行备案管理，而如何实施备案管理以及哪个层级实行备案，则给予了地方一定的自主权。

三、新旧政策衔接操作性问题得到了明确

鉴于《西部地区鼓励类产业目录》尚未颁布，《公告》明确，目录公布前只要符合《产业结构调整指导目录（2005年版）》、《产业结构调整指导目录（2011年版）》、《外商投资产业指导目录（2007年修订）》和《中西部地区优势产业目录（2008年修订）》范围的，就可以享受15％的优惠税率，公布后依然符合的继续享受，不符合的重新计算即可。

同时，按照《公告》第四条的规定，2010年12月31日前新办的交通、电力、水利、邮政、广播电视企业，在申请享受企业所得税"两免三减半"优惠时，由于尚未取得收入或尚未进入获利年度等原因，12月31日前尚未按照国税发〔2002〕47号文件第二条规定完成税务机关审核确认手续的，可按照《公告》的规定，履行相关手续后享受原税收优惠。

这里值得注意的是，文中对于尚未取得收入或尚未进入获利年度两个原因的表述外，还有个"等"字，能否理解为还包含其他特殊原因（如办理时限过长造成的逾期），还是对企业的一个更大的让渡，有待国家税务总局进一步明确。

四、优惠税率的确认

《公告》明确以《财政部、国家税务总局关于执行企业所得税优惠政策若干问题的通知》（财税〔2009〕69号）第一条及第二条的规定为依据，凡是符合西部大开发15％优惠税率条件的企业，同时符合企业所得税法及其实施条例和国务院规定的各项税收优惠条件的，可以同时享受。在涉及定期减免税的减半期内，可以按照企业适用税率计算的应纳税额减半征税。

例如，某企业正在享受2011年度西部大开发15％的优惠税率，同时符合国家重点扶持的公共基础设施项目的优惠条件，并且处在第四年～第六年减半期间，该企业就可以享受在15％适用税率计算应纳税额的基础上，再减半征收的优惠。这一规定更好地体现了国家对西部大开发的支持以及对相关企业的扶持。

五、优惠额计算应剔除优惠区外机构收入

《公告》第六条明确了总分机构在享受西部大开发税收优惠时的计算原则和计算方

式。需要企业注意的是，无论是总机构还是二级分支机构，只能就其在优惠地区内的主营业务收入进行确认和享受，在确定符合《西部地区鼓励类产业目录》的主营收入占总收入的比重时，也只能考虑在优惠地区的总机构或二级分支机构，优惠区外的不得考虑。另外，由于三级及以下分支机构不就地预缴企业所得税，其经营收入、职工工资和资产总额统一计入二级分支机构，所以不能单独享受优惠政策。

具体的应纳所得税额的计算和缴纳方式，仍然按照《国家税务总局关于印发〈跨地区经营汇总纳税企业所得税征收管理暂行办法〉的通知》（国税发〔2008〕28号）第十六条和《国家税务总局关于跨地区经营汇总纳税企业所得税征收管理若干问题的通知》（国税函〔2009〕221号）第二条的规定执行。

此外，总机构在优惠区内的，相关审核、备案手续应向总机构主管税务机关申请办理。总机构在优惠区外，二级分支机构在优惠区内的，企业相关审核、备案手续向分支机构主管税务机关申请办理。

政策解读五

对《关于小型微利企业预缴企业所得税有关问题的公告》的解读

2012年4月13日，国家税务总局发布《关于小型微利企业预缴企业所得税有关问题的公告》（国家税务总局公告2012年第14号），规范了政策执行过程中的操作性事宜。

根据《财政部、国家税务总局关于小型微利企业所得税优惠政策有关问题的通知》（财税〔2011〕117号）精神，发布关于小型微利企业预缴企业所得税有关问题的公告。现解读如下：

问：小型微利企业所得税优惠政策如何规定？

答：《财政部、国家税务总局关于小型微利企业所得税优惠政策有关问题的通知》（财税〔2011〕117号）规定，对符合《企业所得税法》及实施条例第九十二条规定，以及相关税收政策规定条件的，且年应纳税所得额低于6万元（含6万元）的小型微利企业，其所得减按50％计入应纳税所得额，按20％的税率缴纳企业所得税。

问：小型微利企业如何进行企业所得税月（季）度预缴申报？

答：纳税人在企业所得税月（季）度预缴时，根据《国家税务总局关于小型微利企业所得税预缴问题的通知》（国税函〔2008〕251号）的规定，按照上一年有关数据指标享受小型微利企业税收优惠，现行企业所得税月（季）度预缴纳税申报表填报时，不能直接反映应纳税所得额减免，只能反映减免所得税额。因此，对上述小型微利企业其所得减按50％计入应纳税所得额，按20％的税率缴纳企业所得税，并与法定税率之间换算成15％的实际减免税额进行纳税申报。

问：小型微利企业所得税月（季）度预缴申报执行时间？

答：《财政部、国家税务总局关于小型微利企业所得税优惠政策有关问题的通知》（财税〔2011〕117号）规定，执行时间为2012年1月1日至2015年12月31日。

政策解读六

对《关于进一步鼓励软件产业和集成电路产业发展企业所得税政策的通知》的解读

2012 年 4 月 20 日，财政部、国家税务总局联合印发《关于进一步鼓励软件产业和集成电路产业发展企业所得税政策的通知》（财税〔2012〕27 号），对有关政策实施及管理问题做出了明确规定。

为进一步推动科技创新和产业结构升级，促进信息技术产业发展，财政部、国家税务总局根据《企业所得税法》及其实施条例和《国务院关于印发进一步鼓励软件产业和集成电路产业发展若干政策的通知》（国发〔2011〕4 号）精神，制定了《财政部、国家税务总局关于进一步鼓励软件产业和集成电路产业发展企业所得税政策的通知》（财税〔2012〕27 号，以下简称《通知》），《通知》在《财政部、国家税务总局关于企业所得税若干优惠政策的通知》（财税〔2008〕1 号）关于软件企业和集成电路企业所得税优惠的基础上，对有关事项作出进一步补充、明确，更具操作性。现将该优惠政策解读如下：

一、优惠政策的主要内容

（一）定期减免企业所得税的优惠计算期限和标准

1. 集成电路线宽小于 0.8 微米（含）的集成电路生产企业、我国境内新办的集成电路设计企业和符合条件的软件企业，经认定后，在 2017 年 12 月 31 日前自获利年度起计算优惠期，第一年至第二年免征企业所得税，第三年至第五年按照 25％的法定税率减半征收企业所得税，并享受至期满为止。

2. 集成电路线宽小于 0.25 微米或投资额超过 80 亿元的集成电路生产企业，经认定后，减按 15％的税率征收企业所得税，其中经营期在 15 年以上的，在 2017 年 12 月 31 日前自获利年度起计算优惠期，第一年至第五年免征企业所得税，第六年至第十年按照 25％的法定税率减半征收企业所得税，并享受至期满为止。

在定期减免企业所得税方面，一是明确了减免税的计算期限，即经认定后在 2017 年 12 月 31 日前自获利年度起计算优惠期并享受至期满为止；二是明确减半幅度为按照 25％的法定税率减半。

（二）有条件地执行企业所得税优惠税率

集成电路线宽小于 0.25 微米或投资额超过 80 亿元的集成电路生产企业，经认定后，减按 15％的税率征收企业所得税；国家规划布局内的重点软件企业和集成电路设计企业，如当年未享受免税优惠的，可减按 10％的税率征收企业所得税。

（三）软件企业增值税退税的税务处理

符合条件的软件企业按照《财政部、国家税务总局关于软件产品增值税政策的通知》（财税〔2011〕100 号）规定取得的即征即退增值税款，由企业专项用于软件产品研发和扩大再生产并单独进行核算，可以作为不征税收入，在计算应纳税所得额时从收入总额中减除。而财税〔2008〕1号文件对该项目的界定不明，执行中不知道该作为不征税收入还是作为免税收入处理。

（四）职工培训费用的管理

集成电路设计企业和符合条件软件企业的职工培训费用，应单独进行核算并按实际发生额在计算应纳税所得额时扣除。明确提出要求企业单独进行核算方可全额税前扣除。

（五）固定资产折旧和无形资产的摊销年限

一是企业外购的软件，凡符合固定资产或无形资产确认条件的，可以按照固定资产或无形资产进行核算，其折旧或摊销年限可以适当缩短，最短可为2年（含2年）。二是集成电路生产企业的生产设备，其折旧年限可以适当缩短，最短可为3年（含3年）。

二、其他相关事项的规定

（一）企业享受优惠的有关条件

对集成电路生产企业、集成电路设计企业和软件企业除须取得相关资质认定外，还在职工学历及比例、研究开发人员比例和费用支出、相关业务收入占比、核心关键技术等方面作出了明确。

（二）新办企业认定标准

《通知》中的"我国境内新办的集成电路设计企业和符合条件的软件企业"是指2011年1月1日后新办的企业，新办企业的认定标准按照《财政部、国家税务总局关于享受企业所得税优惠政策的新办企业认定标准的通知》（财税〔2006〕1号）规定执行。

（三）研究开发费用的归集口径

研究开发费用的归集按照《国家税务总局关于印发〈企业研究开发费用税前扣除管理办法（试行）〉的通知》（国税发〔2008〕116号）规定执行。

（四）企业获利年度的明确

企业获利年度指企业当年应纳税所得额大于零的纳税年度，并不是企业会计核算为盈利的年度，依据为税法规定而非会计核算结果。

（五）定期减免税的起始时间及相关认定资质的取得时限

符合规定须经认定后享受税收优惠的企业，应在获利年度当年或次年的企业所得税汇算清缴之前取得相关认定资质。如果在获利年度次年的企业所得税汇算清缴之前取得相关认定资质，该企业可从获利年度起享受相应的定期减免税优惠；如果在获利年度次年的企业所得税汇算清缴之后取得相关认定资质，该企业应在取得相关认定资质起，就其从获利年度起计算的优惠期的剩余年限享受相应的定期减免税优惠。

（六）企业办理所得税优惠备案时限及依据

企业应在年度终了之日起4个月内，按照《通知》及《国家税务总局关于企业所得税减免税管理问题的通知》（国税发〔2008〕111号）的规定，向主管税务机关办理减免税手续。在办理减免税手续时，企业应提供具有法律效力的证明材料。

（七）取消税收优惠资格、补缴已减免的企业所得税税款的情形

1. 在申请认定过程中提供虚假信息的；
2. 有偷、骗税等行为的；
3. 发生重大安全、质量事故的；
4. 有环境等违法、违规行为，受到有关部门处罚的。

（八）与其他企业所得税优惠方式存在交叉时的处理办法

集成电路生产企业、集成电路设计企业、软件企业等依照《通知》规定可以享受的企业所得税优惠政策与企业所得税其他相同方式优惠政策存在交叉的，由企业选择一项最优惠政策执行，不叠加享受。

（九）新旧政策过渡处理办法

对 2011 年 1 月 1 日后按照原认定管理办法认定的软件和集成电路企业，在《通知》所称的《集成电路生产企业认定管理办法》、《集成电路设计企业认定管理办法》及《软件企业认定管理办法》公布前，凡符合《通知》规定的优惠政策适用条件的，可依照原认定管理办法申请享受《通知》规定的减免税优惠。在《集成电路生产企业认定管理办法》、《集成电路设计企业认定管理办法》及《软件企业认定管理办法》公布后，按新认定管理办法执行。对已按原认定管理办法享受优惠并进行企业所得税汇算清缴的企业，若不符合新认定管理办法条件的，应在履行相关程序后，重新按照税法规定计算申报纳税。

政策解读七

对《关于企业所得税应纳税所得额若干税务处理问题的公告》的解读

2012 年 4 月 24 日，国家税务总局发布《关于企业所得税应纳税所得额若干税务处理问题的公告》（国家税务总局公告 2012 年第 15 号，以下简称《公告》），对长期困扰征收管理机关和纳税人的几个企业所得税问题给予了明确。由于《公告》适用 2011 年度及以后各年度应纳税所得额的处理，因此纳税人在做 2012 年汇算清缴时，应特别关注《公告》的规定。

《公告》主要明确了企业雇用季节工等费用扣除问题、融资费用、手续费及佣金支出税前扣除问题、筹办期业务招待费等费用税前扣除问题、以前年度发生应扣未扣支出的税务处理问题、不征税收入管理问题以及税前扣除规定与企业实际会计处理之间的协调问题。

一、用于季节工等支出的费用属于工资和福利费

一些企业需要雇用季节工、临时工、实习生、返聘离退休人员，或接受外部劳务派遣用工，因上述情况支付的费用，如何界定支出的性质？是劳务费还是工资？尽管劳务费和工资均可税前全额扣除，但由于所得税的一些扣除项目是以工资为计算依据的，所以，以工资还是以劳务费名义扣除，对纳税人的影响不一样。以工资的名义扣除，有利

于企业加大扣除金额。由于对上述支出的性质有不同理解，税企双方有时会发生分歧。《公告》明确，因上述情况而发生的费用，属于工资支出，可以作为计算有关费用扣除的依据。与正式员工相比，季节工、临时工等享受的福利相对少一些，因此，以工资的名义扣除，有助于更多的福利费、工会经费、职工教育经费等以工资为计算依据的项目扣除。至于如何界定上述支出的福利费，应按照国税函〔2009〕3号文件的规定处理。按工资扣除，可能影响某些国有企业工资的发放。

需要注意的是，对上述支出项目，尽管企业所得税以工资名义扣除，但在扣缴个人所得税时，并不意味着必须按工资税目扣缴。临时工、季节工等的支出，以什么税目扣缴个人所得税，还应按照个人所得税的规定执行。不同的税种适用各自的规定，不得随意比照执行。比如个人取得的某些所得项目，尽管按照工资征个税了，但是企业所得税不得按照工资扣除，可能要以福利费的名义扣除，超标准的部分，需要作纳税调增。

二、明确企业融资费用税前扣除问题

企业通过发行债券、取得贷款、吸收保户储金等方式融资而发生的费用支出如何进行税前扣除，现行税法没有具体规定。根据《企业会计准则第17号—借款费用》规定的原则，以及《企业所得税法实施条例》第三十七条的相关规定，《公告》明确：企业通过发行债券、取得贷款、吸收保户储金等方式融资而发生的合理的费用支出，符合资本化条件的，应计入相关资产成本；不符合资本化条件的，应作为财务费用（包括手续费及佣金支出），准予在企业所得税前据实扣除。

三、某些行业佣金支出扣除的限制被放宽

至于佣金支出的扣除，《财政部、国家税务局关于企业手续费及佣金支出税前扣除政策的通知》（财税〔2009〕29号）对扣除比例和接受佣金方的资格有相当严格的规定，即按与具有合法经营资格中介服务机构或个人（不含交易双方及其雇员、代理人和代表人等）所签订服务协议或合同确认的收入金额的5%计算限额。财税〔2009〕29号文件的规定有助于防止纳税人通过支付佣金的方式偷税，但是也脱离某些行业的实际，导致某些行业的企业正常支付的佣金也不能扣除。《公告》适当放宽了对某些行业佣金支出扣除的限制。

从事代理服务、主营业务收入为手续费、佣金的企业（如证券、期货、保险代理等企业），为取得该类收入而实际发生的营业成本（包括手续费及佣金支出），准予在税前据实扣除。上述行业可以将佣金计入营业成本，既不再限制扣除的比例，也不再强调佣金接受方的资格。

电信企业在发展客户、拓展业务等过程中（如委托销售电话入网卡、电话充值卡等），需要向经纪人、代办商支付手续费及佣金的，其实际发生的相关手续费及佣金支出，不超过企业当年收入总额5%的部分，准予税前据实扣除。对电信企业的佣金支出扣除，在维持5%扣除比例的前提下，也没有再强调接受佣金方的资质。

《公告》对佣金扣除的规定，对其他行业，如制药业应有所启发。受营销模式的影

响，制药等行业需要支付较高比例的佣金，而根据现行规定，部分佣金支出可能需要纳税调增，对企业的正常经营可能产生不利影响。企业可以积极向主管部门反映行业特点和情况，争取适当调整佣金扣除的限制。

四、明确筹办期招待费、广告费的扣除方法

根据现行税法，筹办费是可以一次性扣除的。筹办费一般理解为在筹办期间发生的费用，筹办期一般理解为自批准成立到正式开业期间。但是筹办费的组成比较复杂，如筹办期间发生的业务招待费、广告费等如何处理，就可能存在争议，因为这些费用的扣除有比例限制。《公告》规定，招待费按照发生额的60％计入开办费，并税前扣除，其余的40％不应扣除。至于广告费和业务宣传费，尽管也有比例的限制，或许是由于没扣完的广告费，可以无限期向以后年度结转，《公告》允许其按实际发生额全部计入筹办费扣除。

从《公告》可以得出处理有关涉税问题的一般思路，即：有具体规定，按照具体规定处理；没有具体规定，按照一般规定处理；没有规定的，根据现行税法规定的原理或精神，确定相对合理的处理方法。开办费和招待费是两类并列的支出，应按各自的规定处理，但是开办费中的招待费如何处理呢？此时相对于开办费的规定而言，招待费的规定更具体，应按招待费的规定处理，即将发生额的60％计入开办费扣除。上述思路有助于相对合理地处理一些法规尚不明确的问题。

五、对以前年度应扣未扣支出允许追补5年扣除

如发现以前年度实际发生的按照税法规定可以扣除而未扣或少扣的支出，做出专项申报并说明后，准予追补至支出发生年度扣除，但追补期不超过5年。因追补扣除计算出的相关年度多缴税款，可以在发现此事的年度应纳所得税中抵扣，不足抵扣的，向以后年度递延抵扣或申请退税。

因追补扣除导致增大的亏损或由盈转亏，调整支出所属年度的亏损额，再按照亏损结转的原则向后结转，因此亏损结转计算出的以后年度多缴的所得税，也按上述办法处理。

《公告》对未扣除支出的处理，与以往对未扣除资产损失的处理是一致的。无论是未扣除的支出还是资产损失，追补到实际发生年度扣除，其意义在于：一是符合权责发生制的原则，二是防止纳税人占国家便宜。正常情况下，企业的应纳税所得是逐年增加的，向以前年度追补，与在发现当年扣除、亏损向以后年度结转相比，全额扣除的可能性相对小一些。

值得注意的事项，《企业所得税法实施条例》第九条规定，企业应纳税所得额的计算，以权责发生制为原则，属于当期的收入和费用，不论款项是否收付，均作为当期的收入和费用；不属于当期的收入和费用，即使款项已经在当期收付，均不作为当期的收入和费用。跨年度费用支出只有通过专项申报才可以在费用所属年度税前扣除，《公告》的发布不是允许跨年度费用在非费用所属年度税前扣除。

六、不征税收入可变为征税收入

《公告》再次重申，取得的不征税收入应按照财税〔2011〕70号规定管理，未按规定管理的，应作为应税收入计入应纳税所得额，依法缴纳企业所得税。由于不征税收入的管理比较复杂，而且其支出不得扣除，导致不征税收入并没有真正不征税，只不过是递延纳税。如果作为不征税收入处理，影响到加计扣除，对纳税人反而不利。所以，纳税人可以根据自己的实际情况，选择是作为不征税收入，还是作为征税收入，当然选择的前提是是否遵守财税〔2011〕70号的规定。

税收优惠的目的是鼓励或照顾纳税人，但在某些情况下，税收优惠反而不利于纳税人。增值税免税，所得税不征税的规定，免税项目所得为负数时，都会产生不利于纳税人的情况。为避免"好心办坏事"，税收法规应允许纳税人选择是否享受优惠政策。增值税已经赋予纳税人放弃免税的权利，所得税还没有这样的规定，今后所得税法规也应赋予纳税人放弃优惠的权利，如选择将不征税收入作为征税收入，选择将免税项目所得征税等。

七、未超过税前扣除标准的会计处理与税收处理差异调整

企业按照会计要求确认的支出，没有超过税收规定的标准和范围（如折旧年限的选择）的，为减少会计与税收差异的调整，便于税收征管，企业按照会计上确认的支出，在税务处理时，将不再进行调整。

政策解读八

对《关于我国居民企业实行股权激励计划有关 企业所得税处理问题的公告》的解读

2012年5月23日，国家税务总局发布《关于我国居民企业实行股权激励计划有关企业所得税处理问题的公告》（国家税务总局公告2012年第18号，以下简称《公告》），针对我国居民上市企业建立职工股权激励计划有关企业所得税处理问题进行了明确。

一、《公告》出台的背景

股权激励制度，产生于20世纪70年代的美国，80年代以后，在西方国家广泛应用。90年代，我国一些外商投资企业开始涉及，但均是参与者，不是股权激励计划的建立者。此后，一些在境外上市的中资企业，对公司高级人员、董事等实行股权激励计划。2006年1月，中国证监会发布《上市公司股权激励管理办法》（以下简称《办法》），允许在我国境内上市的公司对其董事、监事、高级管理 及其他员工管理人员（以下简称激励对象）建立职工股权激励计划。

根据《办法》规定，我国实施股权激励计划最主要的措施有两种，一是授予激励对象限制性股票，即按照股权激励计划规定的条件，激励对象从上市公司获得一定数量

的股票。二是授予激励对象股票期权，即上市公司按照规定的程序授予激励对象一项权益。该权益授予激励对象在未来时间内以某特定价格购买本公司一定数量的股票。

针对《办法》的出台，2006年财政部在其颁布的《企业会计准则第11号——股份支付》中，规范了上市公司股权激励的会计核算问题。其处理的基本原则是，该股权激励计划的实行，实际上是上市公司通过股份支付的形式，以换取激励对象提供服务的交易。所以，会计核算上，借方增加企业成本费用，贷方为减少股东权益。

因此，针对上市公司建立的职工股权激励计划，企业会计上已经做了相应处理，在此背景下，企业所得税处理上应该有个明确的规定。经过调查研究，并了解一些企业做法后，国家税务总局发布了《公告》。

二、企业会计准则的处理

2006年财政部颁布的《企业会计准则第11号——股份支付》中，对上市公司建立的职工股权激励计划会计处理是：

1. 上市公司授予股权激励时，不做会计处理，但必须确定授予股票的公允价格（该价格是采取会计上规定的期权定价模型计算）。

2. 等待期间，根据上述股票的公允价格及股票数量，计算出总额，作为上市公司换取激励对象服务的代价，并在等待期内平均分摊，作为企业的成本费用，其对应科目为待结转的"其他资本公积"。如果授予时即可行权，可以当期作为企业的成本费用。会计分录为：

借：营业成本
　　贷：资本公积——其他资本公积

3. 职工实际行权时，不再调整已确认的成本费用，只根据实际行权情况，确认股本和股本溢价，同时结转等待期内确认的其他资本公积。会计分录为：

借：银行存款
　　资本公积——其他资本公积
　　贷：股本
　　　　资本公积金——股本溢价

4. 如果股权激励计划到期限，职工没有按照规定行权，以前作为上市公司成本费用的，要进行调整，冲回成本和资本公积。

三、企业实行职工股权激励计划，会计上认可的费用，企业所得税如何处理

根据股权激励计划实行的情况，上市公司实行股权激励计划，实质上是通过减少企业的资本公积，换取公司激励对象的服务；或者说，公司是通过资本公积的减少，支付给激励对象提供服务的报酬。因此，根据《企业所得税法》第八条规定，此费用应属于与企业生产经营活动相关的支出，应当准予在税前扣除。

四、企业实行职工股权激励计划所确认的支出，企业所得税确认为何性质的费用

会计准则将上市公司实行股权激励计划换取激励对象的支出，认定为企业的营业成

本。我们考虑，由于股权激励计划的对象是企业员工，其所发生的支出，应属于企业职工工资薪金范畴。

五、企业实行职工股权激励计划所确认的支出，企业所得税在何时确认为企业的工资薪金支出

企业会计准则规定，上市公司股权激励计划一旦开始实施，其估计的金额将计入成本费用。会计准则之所以做出这一规定，主要是基于受益原则和成本配比原则。即从授予开始，员工开始提供服务，该服务的成本就应计入企业成本费用。

而根据《企业所得税法实施条例》第三十四条规定，企业工资薪金支出，必须是每年度"支付"的。而上市公司实行股权激励计划，是设定一定条件的，在实施过程中，有可能满足不了；况且股市发生变化，也可能影响行权（如授予价高于行权时的股票市场价格，现实中有许多公司出现这种情况），这种不确定性的成本费用，税法不允许当时就给予扣除。因此，根据税法的规定，这种费用，应在激励对象行权时给予扣除。

此外，根据我国个人所得税法的有关规定，对个人取得股权激励计划标的物，在计算个人所得税时，依据实际行权时的价格，确认个人所得，作为个人工资薪金项目征税。因此，个人确认收入与企业确认成本费用相互匹配。

六、企业实行职工股权激励计划，其费用支出如何计算确定并在税前扣除

会计准则要求，企业在授予职工股权激励计划时，要在等待期内按照该股票的公允价格以及每年职工可能留用的比例及授予数量，计算作为企业当年度的成本费用，即在授予时点，按该股票的公允价格确定作为企业成本费用。而该股票的公允价格又是根据授予时该股票的市场价格，同时考虑等待期内股票市场波动等因素确定的。

在税务处理上，由于税法规定的企业工资福利费是按实际支付日确定作为成本费用，同时不考虑市场波动等因素。因此，在确认企业建立的职工股权激励计划作为工资薪金扣除时，是按职工实际行权时该股票的公允价格与职工实际支付价格的差额和行权数量确定。这种确认方式与个人所得税保持一致。

七、非上市企业建立职工股权激励计划是否比照执行

目前，有关部门仅对在我国境内上市的公司建立的职工股权激励计划作出具体规定和要求，但考虑到一些在我国境外上市的公司以及非上市公司，也依照上市公司的做法，建立职工股权激励计划，为了体现税收政策的公平性，《公告》规定，对这些公司，如果其职工股权激励计划是参照上市公司的做法建立的，也可以按照上市公司的税务处理办法进行企业所得税处理。

八、举例说明上市公司建立职工股权激励计划的企业所得税处理

以权益结算的股份支付为例，假设A公司为一上市公司，20×2年1月1日，公司向其200名管理人员每人授予100股股票期权，这些职员从20×2年1月1日起在该公司连续服务3年，即可以每股4元的价格购买100股A公司股票。公司估计该期权在

授予日的公允价格为15元。从授予日起的三年时间内，共有45名职员离开A公司。假设全部155名职员都在20×5年12月31日行权，A公司股份面值为1元，行权日的公允价值为10元。

（一）按照会计准则相关规定，企业会计账务处理

1．A公司在三年间共确认管理费用232 500元（155×15×100），在授予日，不做账务处理；

2．在等待期三年内，每年A公司的账务处理如下：

借：管理费用　　　　　　　　　　　　　　　　　　　77 500

　　贷：资本公积——其他资本公积　　　　　　　　　77 500

3．职工行权时，A公司的账务处理如下：

借：银行存款　　　　　　　　　　　　　　　　　　　62 000

　　资本公积——其他资本公积　　　　　　　　　　232 500

　　贷：股本　　　　　　　　　　　　　　　　　　　15 500

　　资本公积——股本溢价　　　　　　　　　　　　279 000

（二）企业所得税处理

$$\text{企业所得税税} \atop \text{前扣除金额} = \left({\text{职工实际行权时该} \atop \text{股票的公允价格}} - {\text{职工实际} \atop \text{支付价格}} \right) \times \text{行权数量}$$

$$= (10 - 4) \times 155 \times 100 = 93\,000(元)$$

A公司可以在职工实际行权时，允许当年在企业所得税税前扣除93 000元。

政策解读九

对《关于广告费和业务宣传费支出税前扣除政策的通知》的解读

2012年5月30日，财政部、国家税务总局联合印发《关于广告费和业务宣传费支出税前扣除政策的通知》（财税〔2012〕48号），对广告费和业务宣传费支出税前扣除问题加以明确说明。

有关企业广告费和业务宣传费税前扣除规定，《企业所得税法实施条例》第四十四条给出了"不超过当年销售（营业）收入15%的部分，准予扣除"的原则性规定，财政部、国家税务总局《关于部分行业广告费和业务宣传费税前扣除政策的通知》（财税〔2009〕72号），对化妆品制造等企业的广告费和业务宣传费税前扣除作了特殊规定，由于该通知执行至2010年底，从2011年开始是按30%还是恢复按15%扣除，成为了悬念。《财政部、国家税务总局关于广告费和业务宣传费支出税前扣除政策的通知》（财税〔2012〕48号，以下简称《通知》）终于出台，相关扣除政策方得以明确，也为当前的结构性减税增添了浓墨重彩的一笔。我们对广告费和业务宣传费（以下统称"广告宣传费"）的扣除，在税收实务中应注意的几个问题作如下解析。

一、广告费与业务宣传费实行合并扣除

所得税扣除规定中的广告费是指企业通过一定媒介和形式介绍自己所推销的商品或所提供的服务，激发消费者的购买欲望，而支付给广告经营者、发布者的费用；业务宣传费是指企业开展业务宣传活动所支付的费用，主要是指未通过广告发布者传播的广告性支出，包括企业发放的印有企业标志的礼品、纪念品等。二者的根本性区别为是否取得广告业专用发票。

广告费与业务宣传费都是为了达到促销之目的而支付的费用，既有共同属性也有区别，由于现行税法对广告费与业务宣传费实行合并扣除，因此再从属性上对二者进行区分已没有任何实质意义，企业无论是取得广告业专用发票通过广告公司发布广告，还是通过各类印刷、制作单位制作如购物袋、遮阳伞、各类纪念品等印有企业标志的宣传物品，所支付的费用均可合并在规定比例内予以扣除。

二、三类企业的扣除标准仍延续由 15% 增至 30% 的规定

据相关统计，食品饮料行业 2011 年销售费用排名前十位的上市公司的广告费用合计近百亿元，而某医药企业 2011 年第四季度就投入广告花费 1.34 亿元。可见广告费用是化妆品、医药、饮料三行业销售费用的主要支出。为扶植该三行业的发展，《通知》第一条规定："对化妆品制造与销售、医药制造和饮料制造（不含酒类制造，下同）企业发生的广告费和业务宣传费支出，不超过当年销售（营业）收入 30% 的部分，准予扣除；超过部分，准予在以后纳税年度结转扣除。"仅此一项就可直接减轻 3.75% 的税负。

《通知》延续了财税〔2009〕72 号文将化妆品制造、医药制造和饮料制造企业发生的"广告宣传费"支出税前扣除标准由 15% 增至 30% 的规定，同时将化妆品销售企业增补到其中。

三、烟草企业的烟草广告宣传费仍然不得扣除

我国《广告法》对烟草广告做了严格的限制规定，因此，《通知》第三条延续了财税〔2009〕72 号文关于"烟草企业的烟草广告费和业务宣传费支出，一律不得在计算应纳税所得额时扣除"的规定。据此，烟草生产企业和烟草（专营）销售企业有关烟草的广告费或业务宣传费均不得在税前扣除。

四、其他企业的广告宣传费扣除标准均为不超过 15%

除以上由《通知》列举的化妆品制造与销售、医药制造和饮料制造企业以及烟草企业外，包括酒类制造企业在内的其他企业，仍应按不超过 15% 的标准进行税前扣除。

五、对关联企业的广告宣传费可按分摊协议归集扣除

《通知》第二条规定："对签订广告费和业务宣传费分摊协议（以下简称分摊协议）的关联企业，其中一方发生的不超过当年销售（营业）收入税前扣除限额比例内的广告

费和业务宣传费支出可以在本企业扣除，也可以将其中的部分或全部按照分摊协议归集至另一方扣除。另一方在计算本企业广告费和业务宣传费支出企业所得税税前扣除限额时，可将按照上述办法归集至本企业的广告费和业务宣传费不计算在内。"执行该条规定应注意以下几点：

1. 根据税法规定，关联企业是指有下列关系之一的公司、企业和其他经济组织：

在资金、经营、购销等方面，存在直接或者间接的拥有或者控制关系；直接或者间接地同为第三者所拥有或者控制；在利益上具有相关联的其他关系。

2. 关联企业之间应签订有广告宣传费分摊协议，可根据分摊协议自由选择是在本企业扣除或归集至另一方扣除。

3. 总体扣除限额不得超出规定标准。归集到另一方扣除的广告宣传费只能是费用发生企业依法可扣除限额内的部分或者全部，而不是实际发生额。例如，一般企业应先按不超过销售（营业）收入的15％，化妆品制造与销售等前述三类企业按不超过销售（营业）收入的30％，计算出本年可扣除限额。

4. 接受归集扣除的关联企业不占用本企业原扣除限额。即本企业可扣除的广告宣传费按规定照常计算扣除限额，另外还可以将关联企业未扣除而归集来的广告宣传费在本企业扣除。

该条是《通知》新设立的规定，也是重要亮点，对有关联企业，特别是关联企业较多的大型企业集团是重大利好，可以在盈利与亏损、税率高与低的关联企业之间合法地进行纳税筹划。

六、新扣除规定的执行期间及相关调整事项

1.《通知》从2011年开始执行至2015年止。既与财税〔2009〕72号文执行结束时间2010年相衔接，又符合对行政相对人有利的可作追溯规定的立法原则；明确规定有效期为5年，有利于保持税收政策的稳定性，便于纳税人谋划生产经营活动。

2. 由于《通知》公布时，2011年度的企业所得税汇算清缴已经结束，而财税〔2009〕72号文又于2011年1月1日失效，纳税人在2011年度企业所得税汇算清缴时，只能按《企业所得税法实施条例》的规定，对广告宣传费按不超过销售（营业）收入15％的标准扣除。

根据《国家税务总局关于企业所得税应纳税所得额若干税务处理问题的公告》（国家税务总局公告2012年第15号）第六条关于"对企业发现以前年度实际发生的、按照税收规定应在企业所得税前扣除而未扣除或者少扣除的支出，企业做出专项申报及说明后，准予追补至该项目发生年度计算扣除，但追补确认期限不得超过5年"的规定，化妆品制造与销售、医药和饮料制造企业因应扣除但未扣除广告宣传费而多缴的企业所得税款，可以在追补确认年度的企业所得税应纳税款中抵扣，不足抵扣的，可以向以后年度递延抵扣或申请退税。

3. 应特别提示的是，化妆品销售企业是本次《通知》新增加的可按30％扣除的企业，此类企业更应尽快熟悉新政策，做出专项申报及说明，将2011年度少扣除的广告宣传费追补在2012年计算扣除。

七、扣除基数即销售（营业）收入的分类确认

按照税法规定，企业应以当年销售（营业）收入额作为广告宣传费扣除的基数：一般工商企业为主营业务收入、其他业务收入和视同销售收入之和；金融企业为银行业务收入、保险业务收入、证券业务收入、其他金融业务收入加视同销售收入之和；事业单位、社会团体、民办非企业单位以包括财政补助收入、上级补助收入、拨入专款、事业收入、经营收入、附属单位缴款在内的营业收入为扣除基数。

八、超出扣除限额部分可结转下年扣除

企业当年实际发生的符合条件的广告宣传费支出，按照《实施条例》和《通知》规定的扣除基数和比例计算扣除后，仍有余额不能在当年扣除的，准予结转下一年度继续扣除，但仍需符合规定的扣除基数和比例标准。

政策解读十

对《关于软件和集成电路企业认定管理有关问题的公告》的解读

2012年5月31日，国家税务总局发布《关于软件和集成电路企业认定管理有关问题的公告》（国家税务总局公告2012年第19号，以下简称《公告》），将软件和集成电路企业认定管理的有关问题进行了明确。

为促进软件和集成电路产业发展，依照国务院国发〔2011〕4号文件的规定，国家税务总局会同财政部商有关部委下发了《财政部、国家税务总局关于进一步鼓励软件产业和集成电路产业发展企业所得税政策的通知》（财税〔2012〕27号），对有关政策实施及管理问题做出了明确规定。根据现行企业所得税优惠管理规定，软件和集成电路企业所得税优惠均采用备案管理方式，其核心备案资料就是取得相关部门的软件和集成电路企业认定资格证书。

由于财税〔2012〕27号文件刚刚下发，而该文件中规定的《集成电路生产企业认定管理办法》、《集成电路设计企业认定管理办法》、《软件企业认定管理办法》均需要另行制定，且部门分歧尚需协调，短期内难以出台，企业在2011年度企业所得税汇算清缴期届满前依照新认定管理办法申请认定并取得资格证书已不可能。因此，为妥善解决软件和集成电路企业享受符合财税〔2012〕27号文件规定的企业所得税减免税优惠问题，避免出现政策及管理真空，切实维护纳税人的合法权益，总局以公告的形式对有关新旧认定管理办法如何衔接等操作管理问题做出规定。

政策解读十一

对《关于企业所得税核定征收有关问题的公告》的解读

2012年6月19日，国家税务总局发布《关于企业所得税核定征收有关问题的公

告》（国家税务总局公告 2012 年第 27 号，以下简称《公告》），明确了企业所得税核定征收工作中若干问题不好把握的事项。

一、从事股票投资业务的企业是否可以核定征收企业所得税

专门从事股权（股票）投资业务的企业，不得核定征收企业所得税。主要考虑专门从事股权（股票）投资的企业一般都有专门的财务、投资专家团队，具备建账核算的能力和优势，而且股权（股票）的交易痕迹较为明显，比较容易核算清楚，不符合企业所得税核定征收的政策导向，应该实行查账征收企业所得税。当然，这条规定主要是不允许对企业整体所得事先核定，对于企业出现《税收征收管理法》相关规定情形的，税务机关仍然可以依法对其某项所得实行事后核定。

二、对于实行定率征收的企业，其取得的股票转让收入是按全额核定还是差额核定

依法按核定应税所得率方式核定征收企业所得税的企业，取得的转让股权（股票）收入等转让财产收入，应全额计入应税收入额。之所以明确按股票转让收入全额核定，而不是按收入差额核定，主要是根据《国家税务总局关于企业所得税核定征收若干问题的通知》（国税函〔2009〕377 号）第二条的规定，即：应税收入额＝收入总额－不征税收入－免税收入。

由于企业每一笔股票交易并不都是盈利的，对于亏损交易仍按收入全额核定征税，可能会影响企业税收负担。《公告》已解决这一问题：首先，《公告》第一条明确专门从事股票交易的企业不得事先核定征收，对这些企业而言，查账征收是在其股票交易真实盈亏的基础上进行的，反映其实际税负；其次，对于偶尔从事股票交易的企业而言，如果不符合查账征收条件，实行按应税所得率核定征收，而且应税所得率的适用按其主营业务确定，综合考虑，对企业税收负担影响不大；另外，查账征收是企业所得税管理的方向，符合《税收征收管理法》的基本精神，国家税务总局鼓励企业建账建制，反映其真实盈亏和实际税负。

政策解读十二
对《企业政策性搬迁所得税管理办法》的解读

2012 年 8 月 10 日，国家税务总局发布《关于发布〈企业政策性搬迁所得税管理办法〉的公告》（国家税务总局公告 2012 年第 40 号，以下简称《办法》）。中韬华益财税咨询有限公司的专家组成员在实际工作中发现了原国税函〔2009〕118 号存在瑕疵，特请示相关税务机关，最终国家税务总局出台了此公告。

《办法》废止了国家税务总局在 2009 年 3 月下发的《关于企业政策性搬迁或处置收入有关企业所得税处理问题的通知》（国税函〔2009〕118 号），重新确立了政策性搬迁的所得税管理办法。

《办法》参照应纳税所得额的计算顺序来制定，包括搬迁收入的确定、搬迁费用的范围、搬迁资产的税务处理、搬迁所得额的确认与处理以及征收管理要求等几个部分，可谓思路清晰、结构合理、层次分明，使企业政策性搬迁所得税税务处理得到完善。

一、对政策性搬迁进行定义并列举范围

《办法》对政策性搬迁进行了新的定义，并列举了范围，相对国税函〔2009〕118号文更加明确，易于纳税人掌握。

《办法》第三条规定，企业政策性搬迁，是指由于社会公共利益的需要，在政府主导下企业进行整体搬迁或部分搬迁。定义突出了"社会公共利益"的需要，也就是说企业只要能拿出证据证明搬迁行为是由于社会公共利益而导致，就属于政策性搬迁的范围。

按照《国有土地上房屋征收与补偿条例》（国务院令〔2011〕第590号）第八条的规定，《办法》指出，企业由于下列需要之一，能够提供相关文件证明资料的搬迁，属于政策性搬迁：（1）国防和外交的需要；（2）由政府组织实施的能源、交通、水利等基础设施的需要；（3）由政府组织实施的科技、教育、文化、卫生、体育、环境和资源保护、防灾减灾、文物保护、社会福利、市政公用等公共事业的需要；（4）由政府组织实施的保障性安居工程建设的需要；（5）由政府依照《中华人民共和国城乡规划法》有关规定组织实施的对危房集中、基础设施落后等地段进行旧城区改建的需要；（6）法律、行政法规规定的其他公共利益的需要。

二、两类收入应确认为搬迁收入

《办法》将企业的搬迁收入划分搬迁补偿收入和搬迁资产处置收入等。

搬迁补偿收入，是指企业在搬迁过程中取得的货币性和非货币性补偿收入，具体包括：对被征用资产价值的补偿；因搬迁、安置而给予的补偿；对停产停业形成的损失而给予的补偿；资产搬迁过程中遭到毁损而取得的保险赔款和其他补偿收入。

搬迁资产处置收入，是指企业由于搬迁而处置企业的各类资产所取得的收入，由于对存货的处置不会因政策性搬迁而受较大影响，因此企业由于搬迁处置存货而取得的收入，应按正常经营活动取得的收入进行所得税处理，不作为企业搬迁收入。

三、两类支出可确认为搬迁费用

对企业的搬迁支出，《办法》规定包括搬迁费用支出和资产处置支出。搬迁费用支出包括职工安置费用和停工期间工资及福利费、搬迁资产存放费、搬迁资产安装费用以及其他与搬迁相关的费用。资产处置支出包括变卖各类资产的账面净值，以及处置过程中所发生的税费等支出。对于企业搬迁中报废或废弃的资产，其账面净值也可以作为企业的资产处置支出处理。

上述规定消除了实务中的税企争议：

1. 对搬迁费用进行列举，更具操作性。
2. 消除了重置固定资产的政策性搬迁中资产损失是否可以税前列支的争议。

对企业在搬迁中对资产进行处置而发生的损失如何进行税务处理，实务中原来至少存在两种观点。

第一种观点认为在重置固定资产的情况下，政策性搬迁是政府以财政资金首先抵偿原资产折余成本，然后再根据市场重置现状以及预计的搬迁费用给予企业一定数量的额外补偿。也就是说企业根据搬迁规划异地重建的，其搬迁或处置收入扣除固定资产重置或改良支出、技术改造支出和职工安置支出后的余额，计入企业应纳税所得额，各类拆迁固定资产的折余价值因已得到补偿，不得再税前扣除。另根据国税函〔2009〕118号的规定，只将处置资产收入计入应纳税所得额，列举的可扣除支出，并不包括搬迁过程中产生的资产处置损失，因此也不允许扣除资产处置损失。

第二种观点认为，不允许搬迁企业扣除实际发生的资产处置损失，违背《企业所得税》第八条企业实际发生的与取得收入有关的、合理的支出，包括成本、费用、税金、损失和其他支出，准予在计算应纳税所得额时扣除的规定，显然是不合理的，企业搬迁过程中资产损失应允许税前扣除。但在资产损失如何扣除的处理上又存在不同意见：一种意见认为国税函〔2009〕118号规定，企业根据搬迁规划重置固定资产，或对其他固定资产进行改良，或进行技术改造，或安置职工的，准予其搬迁或处置收入扣除固定资产重置或改良支出、技术改造支出和职工安置支出后的余额，计入企业应纳税所得额。资产处置损失应作为上述可扣除支出组成部分，冲减企业搬迁补偿收入。另一种意见认为国税函〔2009〕118号文中列举的可扣除支出，并不包括搬迁过程中产生的资产处置损失，因此，该损失不能作冲减搬迁补偿收入处理，而应该根据资产损失扣除的相关规定在当年作税前申报扣除处理。还有一种意见认为取得政策性搬迁和处置收入后重置固定资产，应比照改建固定资产处理更合适。根据《企业所得法实施条例》第五十八条规定，改建的固定资产，以改建过程中发生的改建支出增加计税基础，在重置固定资产使用期间以折旧的形式在税前扣除。

此次，《办法》对这一问题进行了明确，资产处置支出属于搬迁费用，也就是企业由于搬迁而处置各类资产所发生的支出，包括变卖及处置各类资产的净值、处置过程中所发生的税费等支出属于搬迁费用。

四、政策性搬迁涉及的资产税务处理

对企业政策性搬迁所涉及的资产，《办法》中区分两种情况进行处理：一是搬迁后原资产经过简单安装或不安装（如无形资产）仍可以继续使用的，在该资产重新投资使用后，继续计提折旧或摊销费用。二是搬迁后原资产需要大修理后才能重新使用的，该资产的净值加上大修理支出，为该资产的计税成本。在该资产重新投资使用后，就该资产尚可使用的年限计提折旧。同时，该大修理支出应进行资本化，不得从搬迁收入中扣除。

五、搬迁新购置的资产税务处理发生重要变化

《办法》规定，新购置固定资产支不得从搬迁收入中扣除。企业搬迁期间新购置的各类资产，应按《企业所得税法》及其实施条例等有关规定，计算确定资产的计税成本

及折旧或摊销年限。国税函〔2009〕118号文规定，企业利用政策性搬迁或处置收入购置或改良的固定资产，可以按照现行税收规定计算折旧或摊销，并在企业所得税税前扣除。对该项规定，实务中存在不同理解。

第一种观点认为，根据国税函〔2009〕118号文第二条第三款的规定，企业利用政策性搬迁或处置收入购置或改良的固定资产，可以按照现行税收规定计算折旧或摊销，并在企业所得税税前扣除。对于从搬迁收入中扣除重置固定资产价值计入应纳税所得额，是对搬迁或处置收入减计收入的一种优惠，相当于享受免税待遇。不影响对用收入购置的固定资产的折旧或摊销的税前扣除，因此这部分产生的是会计与税法的永久性差异。

第二种观点认为国税函〔2009〕118号文中涉及的对政策性搬迁或处置收入扣除购置或改良的固定资产计入当期应纳所得额并不是减计收入的税收优惠政策，而仅仅是推迟纳税时间，是一项时间性差异。其理由主要有以下几点：

第一，根据《企业所得税法》第三十六条和实施条例都明确规定，只有国务院才有权根据国民经济和社会发展的需要，制定专项优惠政策，国家税务总局无权限制定优惠政策。

第二，重置固定资产支出按国税函〔2009〕118号文规定，属于拆迁补偿收入的抵减项，这部分成本已经抵减了拆迁补偿收入，如果再允许通过折旧分期扣除的话，就会导致成本重复扣除，《企业所得税法实施条例》第二十八条第三款规定，"除企业所得税法和本条例另有规定外，企业实际发生的成本、费用、税金、损失和其他支出，不得重复扣除。"所以，国税函〔2009〕118号文件的精神也应当遵循此项法定原则进行。

而《办法》的处理原则支持了第二种观点，符合税法中据实扣除和不得重复扣除的原则。

六、政策性搬迁所得如何计算及处理

企业的搬迁收入，扣除搬迁支出后的余额，为企业搬迁所得。企业按照《办法》要求进行搬迁核算及报送搬迁相关材料的，其取得的搬迁收入暂不计入当期应纳税所得额，应在符合《办法》规定的搬迁完成年度，进行搬迁清算，计入当年度企业应纳税所得额计算纳税。

七、政策性搬迁损失如何进行税务处理

企业政策性搬迁损失是指企业搬迁收入扣除搬迁支出后为负数的数额。搬迁损失可以一次性在搬迁完成年度作为企业损失扣除；或自搬迁完成年度起，分3个年度均匀作为企业损失扣除。企业一经选定处理方法，不得改变。

八、政策性搬迁时，企业亏损弥补期限如何计算

由于企业搬迁一般会停止正常生产经营活动，对亏损弥补期限造成影响，因此，企业以前年度发生尚未弥补的亏损，从搬迁年度次年起，至搬迁完成年度前一年度止，可作为停止生产经营活动年度，从法定亏损结转弥补年限中减除。

九、政策性搬迁需要向税务机关报送哪些材料? 何时报送

企业政策性搬迁，应该单独进行税务管理和会计核算。不能单独进行的，应按企业自行搬迁或商业性搬迁进行所得税处理，不得执行《办法》规定。

鉴于政策性搬迁情况比较复杂，容易产生征管漏洞，《办法》要求，企业应当自搬迁开始年度，至次年 5 月 31 日前，向主管税务机关（包括迁出地和迁入地）报送政策性搬迁依据、搬迁规划等相关材料。逾期未报的，除特殊原因，经主管税务机关认可外，搬迁收入和以后实际发生的、与搬迁相关的各项支出，均应按税法规定进行税务处理。此外，企业在搬迁完成年度，向主管税务机关报送企业所得税年度纳税申报表时，还应同时报送《企业政策性搬迁清算损益表》及相关材料。

十、企业搬迁的其他事项如何处理

由于《办法》规定的内容有限，且企业搬迁还会涉及许多一般性事项，因此《办法》未规定的企业搬迁事项，一律应按照税法及其实施条例相关规定进行企业所得税处理。

十一、政策性搬迁与非政策性搬迁的税务处理有何区别

《办法》中对政策性搬迁所做出的规定，与非政策性搬迁的主要区别体现为：一是企业取得搬迁补偿收入，不立即作为当年度的应税收入征税，而是在搬迁周期内，扣除搬迁支出后统一核算；二是给予最长五年的搬迁期限；三是企业以前年度发生尚未弥补的亏损的，搬迁期间从法定亏损结转年限中减除。

第二部分
最新企业所得税法规摘录汇编

《税务部门现行有效失效废止规章目录》(国家税务总局令第 23 号)、《关于公布现行有效的税收规范性文件目录的公告》(国家税务总局公告 2010 年第 26 号)、《关于公布全文失效废止部分条款失效废止的税收规范性文件目录的公告》(国家税务总局公告 2011 年第 2 号) 等明确规范了现行有效的规章和规范性文件。

本部分收录内容为 2008 年 1 月至 2012 年 12 月底前颁布的文件。因版面所限,部分法规未能完整收录,只是节选相关内容。

★第一章　总　则

〔《中华人民共和国企业所得税法》〕

★第一条　在中华人民共和国境内，企业和其他取得收入的组织（以下统称企业）为企业所得税的纳税人，依照本法的规定缴纳企业所得税。

个人独资企业、合伙企业不适用本法。

〔税收规范性文件〕

◆《国家税务总局关于印发〈新企业所得税法精神宣传提纲〉的通知》（国税函〔2008〕159号）规定：

纳税人范围的确定考虑到实践中从事生产经营经济主体的组织形式多样，为充分体现税收公平、中性的原则，新企业所得税法及其实施条例改变过去内资企业所得税以独立核算的三个条件来判定纳税人标准的做法，将以公司制和非公司制形式存在的企业和取得收入的组织确定为企业所得税纳税人，具体包括国有企业、集体企业、私营企业、联营企业、股份制企业、中外合资经营企业、中外合作经营企业、外国企业、外资企业、事业单位、社会团体、民办非企业单位和从事经营活动的其他组织，保持与国际上大多数国家的做法协调一致。

同时考虑到个人独资企业、合伙企业属于自然人性质企业，没有法人资格，股东承担无限责任，因此，新企业所得税法及其实施条例将依照中国法律、行政法规成立的个人独资企业、合伙企业排除在企业所得税纳税人之外。

〔与税收相关的规定〕

◇《中华人民共和国合伙企业法》（主席令〔2006〕55号）规定：

第二条　"本法所称合伙企业，是指自然人、法人和其他组织依照本法在中国境内设立的普通合伙企业和有限合伙企业"，合伙人范围据此自2007年6月1日起由仅限"自然人"扩大为包括"法人和其他组织"。

〔《中华人民共和国企业所得税法实施条例》〕

☆第一条　根据《中华人民共和国企业所得税法》（以下简称企业所得税法）的规定，制定本条例。

☆第二条　企业所得税法第一条所称个人独资企业、合伙企业，是指依照中国法律、行政法规成立的个人独资企业、合伙企业。

〔税收规范性文件〕

◆《财政部国家税务总局关于合伙企业合伙人所得税问题的通知》（财税〔2008〕

159号）规定：

合伙企业以每一个合伙人为纳税义务人。合伙企业合伙人是自然人的，缴纳个人所得税；合伙人是法人和其他组织的，缴纳企业所得税。合伙企业的合伙人是法人和其他组织的，合伙人在计算其缴纳企业所得税时，不得用合伙企业的亏损抵减其盈利。

〔《中华人民共和国企业所得税法》〕

★第二条　企业分为居民企业和非居民企业。本法所称居民企业，是指依法在中国境内成立，或者依照外国（地区）法律成立但实际管理机构在中国境内的企业。

本法所称非居民企业，是指依照外国（地区）法律成立且实际管理机构不在中国境内，但在中国境内设立机构、场所的，或者在中国境内未设立机构、场所，但有来源于中国境内所得的企业。

〔《中华人民共和国企业所得税法实施条例》〕

☆第三条　企业所得税法第二条所称依法在中国境内成立的企业，包括依照中国法律、行政法规在中国境内成立的企业、事业单位、社会团体以及其他取得收入的组织。企业所得税法第二条所称依照外国（地区）法律成立的企业，包括依照外国（地区）法律成立的企业和其他取得收入的组织。

☆第四条　企业所得税法第二条所称实际管理机构，是指对企业的生产经营、人员、账务、财产等实施实质性全面管理和控制的机构。

〔**税收规范性文件**〕

◆《国家税务总局关于印发〈新企业所得税法精神宣传提纲〉的通知》（国税函〔2008〕159号）规定：

纳税人和纳税义务的确定税收管辖权是一国政府在税收管理方面的主权，是国家主权的重要组成部分。

为了更好地有效行使我国税收管辖权，最大限度地维护我国的税收利益，新企业所得税法根据国际通行做法，选择了地域管辖权和居民管辖权相结合的双重管辖权标准，把纳税人分为居民企业和非居民企业，分别确定不同的纳税义务。居民企业承担全面纳税义务，就来源于我国境内、境外的全部所得纳税；非居民企业承担有限纳税义务，一般只就来源于我国境内的所得纳税。

新企业所得税法划分居民企业和非居民企业采用"注册地标准"和"实际管理机构标准"的双重标准。实施条例根据注册地标准，将依法在中国境内成立的企业，具体界定为依照中国法律、行政法规在中国境内成立的企业、事业单位、社会团体以及其他取得收入的组织，为居民企业。尽管登记注册地标准便于识别居民企业身份，但同时考虑到目前许多企业为规避一国税负和转移税收负担，往往在低税率地区或避税港注册登记，设立基地公司，人为选择注册地以规避税收负担，因此，新企业所得税法同时采用实际管理机构标准，规定在外国（地区）注册的企业、但实际管理机构在我国境内的，也认定为居民企业，需承担无限纳税义务。实施条例对实际管理机构的概念作了界定，即实际管理机构是指对企业的生产经营、人员、账务、财产等实施实质性全面管理和控制的机构。

◆《国家税务总局关于境外注册中资控股企业依据实际管理机构标准认定为居民企业有关问题的通知》（国税发〔2009〕82 号）规定：

一、境外中资企业是指由中国境内的企业或企业集团作为主要控股投资者，在境外依据外国（地区）法律注册成立的企业。

二、境外中资企业同时符合以下条件的，根据企业所得税法第二条第二款和实施条例第四条的规定：应判定其为实际管理机构在中国境内的居民企业（以下称非境内注册居民企业），并实施相应的税收管理，就其来源于中国境内、境外的所得征收企业所得税。

（一）企业负责实施日常生产经营管理运作的高层管理人员及其高层管理部门履行职责的场所主要位于中国境内；

（二）企业的财务决策（如借款、放款、融资、财务风险管理等）和人事决策（如任命、解聘和薪酬等）由位于中国境内的机构或人员决定，或需要得到位于中国境内的机构或人员批准；

（三）企业的主要财产、会计账簿、公司印章、董事会和股东会议纪要档案等位于或存放于中国境内；

（四）企业 1/2（含 1/2）以上有投票权的董事或高层管理人员经常居住于中国境内。

三、对于实际管理机构的判断，应当遵循实质重于形式的原则。

四、非境内注册居民企业从中国境内其他居民企业取得的股息、红利等权益性投资收益，按照企业所得税法第二十六条和实施条例第八十三条的规定：作为其免税收入。非境内注册居民企业的投资者从该居民企业分得的股息红利等权益性投资收益，根据实施条例第七条第（四）款的规定：属于来源于中国境内的所得，应当征收企业所得税；该权益性投资收益中符合企业所得税法第二十六条和实施条例第八十三条规定的部分，可作为收益人的免税收入。

五、非境内注册居民企业在中国境内投资设立的企业，其外商投资企业的税收法律地位不变。

六、境外中资企业被判定为非境内注册居民企业的，按照企业所得税法第四十五条以及受控外国企业管理的有关规定：不视为受控外国企业，但其所控制的其他受控外国企业仍应按照有关规定进行税务处理。

七、境外中资企业可向其实际管理机构所在地或中国主要投资者所在地主管税务机关提出居民企业申请，主管税务机关对其居民企业身份进行初步审核后，层报国家税务总局确认；外中资企业未提出居民企业申请的，其中国主要投资者的主管税务机关可以根据所掌握的情况对其是否属于中国居民企业做出初步判定，层报国家税务总局确认。

境外中资企业或其中国主要投资者向税务机关提出居民企业申请时，应同时向税务机关提供如下资料：

（一）企业法律身份证明文件；

（二）企业集团组织结构说明及生产经营概况；

（三）企业最近一个年度的公证会计师审计报告；

（四）负责企业生产经营等事项的高层管理机构履行职责的场所的地址证明；

（五）企业董事及高层管理人员在中国境内居住记录；

（六）企业重大事项的董事会决议及会议记录；

（七）主管税务机关要求的其他资料。

八、境外中资企业被认定为中国居民企业后成为双重居民身份的，按照中国与相关国家（或地区）签署的税收协定（或安排）的规定执行。

◆《国家税务总局关于印发〈境外注册中资控股居民企业所得税管理办法（试行）〉的公告》（国家税务总局公告2011年第45号）

第一条　为规范和加强境外注册中资控股居民企业的所得税税收管理，根据《中华人民共和国企业所得税法》（以下简称企业所得税法）及其实施条例、《中华人民共和国税收征收管理法》（以下简称税收征管法）及其实施细则、中国政府对外签署的避免双重征税协定（含与香港、澳门特别行政区签署的税收安排，以下简称税收协定）、《国家税务总局关于境外注册中资控股企业依据实际管理机构标准认定为居民企业有关问题的通知》（国税发〔2009〕82号，以下简称《通知》）和其他有关规定，制定本办法。

第二条　本办法所称境外注册中资控股企业（以下简称境外中资企业）是指由中国内地企业或者企业集团作为主要控股投资者，在中国内地以外国家或地区（含香港、澳门、台湾）注册成立的企业。

第三条　本办法所称境外注册中资控股居民企业（以下简称非境内注册居民企业）是指因实际管理机构在中国境内而被认定为中国居民企业的境外注册中资控股企业。

第四条　非境内注册居民企业应当按照企业所得税法及其实施条例和相关管理规定的要求，履行居民企业所得税纳税义务，并在向非居民企业支付企业所得税法第三条第三款规定的款项时，依法代扣代缴企业所得税。

第五条　本办法所称主管税务机关包括：

（一）非境内注册居民企业的实际管理机构所在地与境内主要控股投资者所在地一致的，为境内主要控股投资者的企业所得税主管税务机关。

（二）非境内注册居民企业的实际管理机构所在地与境内主要控股投资者所在地不一致的，为实际管理机构所在地的国税局主管机关；经共同的上级税务机关批准，企业也可以选择境内主要控股投资者的企业所得税主管税务机关为其主管税务机关。

（三）非境内注册居民企业存在多个实际管理机构所在地的，由相关税务机关报共同的上级税务机关确定。

主管税务机关确定后，不得随意变更；确需变更的，应当层报税务总局批准。

〔《中华人民共和国企业所得税法》〕

★第三条　居民企业应当就其来源于中国境内、境外的所得缴纳企业所得税。非居民企业在中国境内设立机构、场所的，应当就其所设机构、场所取得的来源于中国境内的所得，以及发生在中国境外但与其所设机构、场所有实际联系的所得，缴纳企业所得税。

〔税收规范性文件〕

◆《国家税务总局关于印发〈非居民企业所得税核定征收管理办法〉的通知》（国税发〔2010〕19号）规定：

第三条 非居民企业应当按照税收征管法及有关法律法规设置账簿，根据合法、有效凭证记账，进行核算，并应按照其实际履行的功能与承担的风险相匹配的原则，准确计算应纳税所得额，据实申报缴纳企业所得税。

第四条 非居民企业因会计账簿不健全，资料残缺难以查账，或者其他原因不能准确计算并据实申报其应纳税所得额的，税务机关有权采取以下方法核定其应纳税所得额。

（一）按收入总额核定应纳税所得额：适用于能够正确核算收入或通过合理方法推定收入总额，但不能正确核算成本费用的非居民企业。计算公式如下：

$$应纳税所得额＝收入总额×经税务机关核定的利润率$$

（二）按成本费用核定应纳税所得额：适用于能够正确核算成本费用，但不能正确核算收入总额的非居民企业。计算公式如下：

$$应纳税所得额＝\frac{成本费用总额}{（1－经税务机关核定的利润率）}×经税务机关核定的利润率$$

（三）按经费支出换算收入核定应纳税所得额：适用于能够正确核算经费支出总额，但不能正确核算收入总额和成本费用的非居民企业。计算公式：

$$应纳税所得额＝\frac{经费支出总额}{（1－经税务机关核定的利润率－营业税税率）}×经税务机关核定的利润率$$

第五条 税务机关可按照以下标准确定非居民企业的利润率：

（一）从事承包工程作业、设计和咨询劳务的，利润率为15％～30％；

（二）从事管理服务的，利润率为30％～50％；

（三）从事其他劳务或劳务以外经营活动的，利润率不低于15％。

税务机关有根据认为非居民企业的实际利润率明显高于上述标准的，可以按照比上述标准更高的利润率核定其应纳税所得额。

第六条 非居民企业与中国居民企业签订机器设备或货物销售合同，同时提供设备安装、装配、技术培训、指导、监督服务等劳务，其销售货物合同中未列明提供上述劳务服务收费金额，或者计价不合理的，主管税务机关可以根据实际情况，参照相同或相近业务的计价标准核定劳务收入。无参照标准的，以不低于销售货物合同总价款的10％为原则，确定非居民企业的劳务收入。

第七条 非居民企业为中国境内客户提供劳务取得的收入，凡其提供的服务全部发生在中国境内的，应全额在中国境内申报缴纳企业所得税。凡其提供的服务同时发生在中国境内外的，应以劳务发生地为原则划分其境内外收入，并就其在中国境内取得的劳务收入申报缴纳企业所得税。税务机关对其境内外收入划分的合理性和真实性有疑义的，可以要求非居民企业提供真实有效的证明，并根据工作量、工作时间、成本费用等因素合理划分其境内外收入；如非居民企业不能提供真实有效的证明，税务机关可视同其提供的服务全部发生在中国境内，确定其劳务收入并据以征收企业所得税。

第八条　采取核定征收方式征收企业所得税的非居民企业，在中国境内从事适用不同核定利润率的经营活动，并取得应税所得的，应分别核算并适用相应的利润率计算缴纳企业所得税；凡不能分别核算的，应从高适用利润率，计算缴纳企业所得税。

◆《国家税务总局关于印发〈外国企业常驻代表机构税收管理暂行办法〉的通知》（国税发〔2010〕18号）规定：

第六条代表机构应当按照有关法律、行政法规和国务院财政、税务主管部门的规定设置账簿，根据合法、有效凭证记账，进行核算，并应按照实际履行的功能和承担的风险相配比的原则，准确计算其应税收入和应纳税所得额，在季度终了之日起15日内向主管税务机关据实申报缴纳企业所得税、营业税，并按照《中华人民共和国增值税暂行条例》及其实施细则规定的纳税期限，向主管税务机关据实申报缴纳增值税。

第七条　对账簿不健全，不能准确核算收入或成本费用，以及无法按照本办法第六条规定据实申报的代表机构，税务机关有权采取以下两种方式核定其应纳税所得额：

（一）按经费支出换算收入：适用于能够准确反映经费支出但不能准确反映收入或成本费用的代表机构。

1. 计算公式：收入额＝本期经费支出额/（1－核定利润率－营业税税率）；应纳企业所得税额＝收入额×核定利润率×企业所得税税率。

2. 代表机构的经费支出额包括：在中国境内、外支付给工作人员的工资薪金、奖金、津贴、福利费、物品采购费（包括汽车、办公设备等固定资产）、通讯费、差旅费、房租、设备租赁费、交通费、交际费、其他费用等。

（1）购置固定资产所发生的支出，以及代表机构设立时或者搬迁等原因所发生的装修费支出，应在发生时一次性作为经费支出额换算收入计税。

（2）利息收入不得冲抵经费支出额；发生的交际应酬费，以实际发生数额计入经费支出额。

（3）以货币形式用于我国境内的公益、救济性质的捐赠、滞纳金、罚款，以及为其总机构垫付的不属于其自身业务活动所发生的费用，不应作为代表机构的经费支出额；

（4）其他费用包括：为总机构从中国境内购买样品所支付的样品费和运输费用；国外样品运往中国发生的中国境内的仓储费用、报关费用；总机构人员来华访问聘用翻译的费用；总机构为中国某个项目投标由代表机构支付的购买标书的费用，等等。

（二）按收入总额核定应纳税所得额：适用于可以准确反映收入但不能准确反映成本费用的代表机构。计算公式：

$$应纳企业所得税额＝收入总额×核定利润率×企业所得税税率。$$

第八条　代表机构的核定利润率不应低于15%。采取核定征收方式的代表机构，如能建立健全会计账簿，准确计算其应税收入和应纳税所得额，报主管税务机关备案，可调整为据实申报方式。第十条代表机构需要享受税收协定待遇，应依照税收协定以及《国家税务总局关于印发〈非居民享受税收协定待遇管理办法（试行）〉的通知》（国税发〔2009〕124号）的有关规定办理，并应按照本办法第六条规定的时限办理纳税申报事宜。第十一条本办法自2010年1月1日起施行。原有规定与本办法相抵触的，以本办法为准。

◆《国家税务总局关于印发〈境外注册中资控股居民企业所得税管理办法（试行）〉的公告》（国家税务总局公告2011年第45号）：

境外注册中资控股居民企业所得税管理办法（试行）
第一章　总则

第一条　为规范和加强境外注册中资控股居民企业的所得税税收管理，根据《中华人民共和国企业所得税法》（以下简称企业所得税法）及其实施条例、《中华人民共和国税收征收管理法》（以下简称税收征管法）及其实施细则、中国政府对外签署的避免双重征税协定（含与香港、澳门特别行政区签署的税收安排，以下简称税收协定）、《国家税务总局关于境外注册中资控股企业依据实际管理机构标准认定为居民企业有关问题的通知》（国税发〔2009〕82号），以下简称《通知》）和其他有关规定，制定本办法。

第二条　本办法所称境外注册中资控股企业（以下简称境外中资企业）是指由中国内地企业或者企业集团作为主要控股投资者，在中国内地以外国家或地区（含香港、澳门、台湾）注册成立的企业。

第三条　本办法所称境外注册中资控股居民企业（以下简称非境内注册居民企业）是指因实际管理机构在中国境内而被认定为中国居民企业的境外注册中资控股企业。

第四条　非境内注册居民企业应当按照企业所得税法及其实施条例和相关管理规定的要求，履行居民企业所得税纳税义务，并在向非居民企业支付企业所得税法第三条第三款规定的款项时，依法代扣代缴企业所得税。

第五条　本办法所称主管税务机关包括：

（一）非境内注册居民企业的实际管理机构所在地与境内主要控股投资者所在地一致的，为境内主要控股投资者的企业所得税主管税务机关。

（二）非境内注册居民企业的实际管理机构所在地与境内主要控股投资者所在地不一致的，为实际管理机构所在地的国税局主管机关；经共同的上级税务机关批准，企业也可以选择境内主要控股投资者的企业所得税主管税务机关为其主管税务机关。

（三）非境内注册居民企业存在多个实际管理机构所在地的，由相关税务机关报共同的上级税务机关确定。

主管税务机关确定后，不得随意变更；确需变更的，应当层报税务总局批准。

第二章　居民身份认定管理

第六条　境外中资企业居民身份的认定，采用企业自行判定提请税务机关认定和税务机关调查发现予以认定两种形式。

第七条　境外中资企业应当根据生产经营和管理的实际情况，自行判定实际管理机构是否设立在中国境内。如其判定符合《通知》第二条规定的居民企业条件，应当向其主管税务机关书面提出居民身份认定申请，同时提供以下资料：

（一）企业法律身份证明文件；

（二）企业集团组织结构说明及生产经营概况；

（三）企业上一个纳税年度的公证会计师审计报告；

（四）负责企业生产经营等事项的高层管理机构履行职责场所的地址证明；

（五）企业上一年度及当年度董事及高层管理人员在中国境内居住的记录；

（六）企业上一年度及当年度重大事项的董事会决议及会议记录；

（七）主管税务机关要求提供的其他资料。

第八条　主管税务机关发现境外中资企业符合《通知》第二条规定但未申请成为中国居民企业的，可以对该境外中资企业的实际管理机构所在地情况进行调查，并要求境外中资企业提供本办法第七条规定的资料。调查过程中，主管税务机关有权要求该企业的境内投资者提供相关资料。

第九条　主管税务机关依法对企业提供的相关资料进行审核，提出初步认定意见，将据以做出初步认定的相关事实（资料）、认定理由和结果层报税务总局确认。

税务总局认定境外中资企业居民身份的，应当将相关认定结果同时书面告知境内投资者、境内被投资者的主管税务机关。

第十条　非境内注册居民企业的主管税务机关收到税务总局关于境外中资企业居民身份的认定结果后，应当在 10 日内向该企业下达《境外注册中资控股企业居民身份认定书》（见附件 1），通知其从企业居民身份确认年度开始按照我国居民企业所得税管理规定及本办法规定办理有关税收事项。

第十一条　非境内注册居民企业发生下列重大变化情形之一的，应当自变化之日起 15 日内报告主管税务机关，主管税务机关应当按照本办法规定层报税务总局确定是否取消其居民身份。

（一）企业实际管理机构所在地变更为中国境外的；

（二）中方控股投资者转让企业股权，导致中资控股地位发生变化的。

第十二条　税务总局认定终止非境内注册居民企业居民身份的，应当将相关认定结果同时书面告知境内投资者、境内被投资者的主管税务机关。企业应当自主管税务机关书面告知之日起停止履行中国居民企业的所得税纳税义务与扣缴义务，同时停止享受中国居民企业税收待遇。上述主管税务机关应当依法做好减免税款追缴等后续管理工作。

第三章　税务登记管理

第十三条　非境内注册居民企业应当自收到居民身份认定书之日起 30 日内向主管税务机关提供以下资料申报办理税务登记，主管税务机关核发临时税务登记证及副本：

（一）居民身份认定书；

（二）境外注册登记证件；

（三）税务机关要求提供的其他资料。

第十四条　非境内注册居民企业经税务总局确认终止居民身份的，应当自收到主管税务机关书面通知之日起 15 日内向主管税务机关申报办理注销税务登记。

第十五条　发生本办法第四条扣缴义务的非境内注册居民企业应当自扣缴义务发生之日起 30 日内，向主管税务机关申报办理扣缴税款登记。

第四章　账簿凭证管理

第十六条　非境内注册居民企业应当按照中国有关法律、法规和国务院财政、税务主管部门的规定：编制财务、会计报表，并在领取税务登记证件之日起15日内将企业的财务、会计制度或者财务会计、处理办法及有关资料报送主管税务机关备案。

第十七条　非境内注册居民企业存放在中国境内的会计账簿和境内税务机关要求提供的报表等资料，应当使用中文。

第十八条　发生扣缴义务的非境内注册居民企业应当设立代扣代缴税款账簿和合同资料档案，准确记录扣缴企业所得税情况。

第十九条　非境内注册居民企业与境内单位或者个人发生交易的，应当按照发票管理办法规定使用发票，发票存根应当保存在中国境内，以备税务机关查验。

第五章　申报征收管理

第二十条　非境内注册居民企业按照分季预缴、年度汇算清缴方法申报缴纳所得税。

第二十一条　非境内注册居民企业发生终止生产经营或者居民身份变化情形的，应当自停止生产经营之日或者税务总局取消其居民企业之日起60日内，向其主管税务机关办理当期企业所得税汇算清缴。非境内注册居民企业需要申报办理注销税务登记的，应在注销税务登记前，就其清算所得向主管税务机关申报缴纳企业所得税。

第二十二条　非境内注册居民企业应当以人民币计算缴纳企业所得税；所得以人民币以外的货币计算的，应当按照企业所得税法及其实施条例有关规定折合成人民币计算并缴纳企业所得税。

第二十三条　对非境内注册居民企业未依法履行居民企业所得税纳税义务的，主管税务机关应依据税收征管法及其实施细则的有关规定追缴税款、加收滞纳金，并处罚款。

主管税务机关应当在非境内注册居民企业年度申报和汇算清缴结束后两个月内，判定其构成居民身份的条件是否发生实质性变化。对实际管理机构转移至境外或者企业中资控股地位发生变化的，主管税务机关应层报税务总局终止其居民身份。

对于境外中资企业频繁转换企业身份，又无正当理由的，主管税务机关应层报国家税务总局核准后追回其已按居民企业享受的股息免税待遇。

第二十四条　主管税务机关应按季度核查非境内注册居民企业向非居民企业支付股息、利息、租金、特许权使用费、转让财产收入及其他收入依法扣缴企业所得税的情况，发现该企业未依法履行相关扣缴义务的，应按照税收征管法及其实施细则和企业所得税法及其实施条例等有关规定对其进行处罚，并向非居民企业追缴税款。

第六章　特定事项管理

第二十五条　非境内注册居民企业取得来源于中国境内的股息、红利等权益性投资收益和利息、租金、特许权使用费所得、转让财产所得以及其他所得，应当向相关支付方出具本企业的《境外注册中资控股企业居民身份认定书》复印件。

相关支付方凭上述复印件不予履行该所得的税款扣缴义务，并在对外支付上述外汇资金时凭该复印件向主管税务机关申请开具相关税务证明。其中涉及个人所得税、营业税等其他税种纳税事项的，仍按对外支付税务证明开具的有关规定办理。

第二十六条 非居民企业转让非境内注册居民企业股权所得，属于来源于中国境内所得，被转让的非境内注册居民企业应当自股权转让协议签订之日起 30 日内，向其主管税务机关报告并提供股权转让合同及相关资料。

第二十七条 非境内注册居民企业应当按照企业所得税法及其实施条例以及《特别纳税调整实施办法（试行）》（国税发〔2009〕2 号）的相关规定：履行关联申报及同期资料准备等义务。

第二十八条 非境内注册居民企业同时被我国与其注册所在国家（地区）税务当局确认为税收居民的，应当按照双方签订的税收协定的有关规定确定其居民身份；如经确认为我国税收居民，可适用我国与其他国家（地区）签订的税收协定，并按照有关规定办理享受税收协定优惠待遇手续；需要证明其中国税收居民身份的，可向其主管税务机关申请开具《中国税收居民身份证明》，主管税务机关应在受理申请之日起 10 个工作日内办结。

第二十九条 境外税务当局拒绝给予非境内注册居民企业税收协定待遇，或者将其认定为所在国家（地区）税收居民的，该企业可按有关规定书面申请启动税务相互协商程序。

主管税务机关受理企业提请协商的申请后，应当及时将申请及有关资料层报税务总局，由税务总局与有关国家（地区）税务当局进行协商。

第七章 附则

第三十条 主管税务机关应当做好非境内注册居民企业所得税管理情况汇总统计工作，于每年 8 月 15 日前向税务总局层报《境外注册中资控股居民企业所得税管理情况汇总表》（见附件2）。税务总局不定期对各地相关管理工作进行检查，并将检查情况通报各地。

第三十一条 本办法由税务总局负责解释。各省、自治区、直辖市和计划单列市国家税务局、地方税务局可根据本办法制定具体操作规程。

第三十二条 本办法自 2011 年 9 月 1 日起施行。此前根据《通知》规定已经被认定为非境内注册居民企业的，适用本办法相关规定处理。

〔《中华人民共和国企业所得税法》〕第三条

★非居民企业在中国境内未设立机构、场所的，或者虽设立机构、场所但取得的所得与其所设机构、场所没有实际联系的，应当就其来源于中国境内的所得缴纳企业所得税。

〔《中华人民共和国企业所得税法实施条例》〕

☆第五条 企业所得税法第二条第三款所称机构、场所，是指在中国境内从事生产经营活动的机构、场所，包括：

（一）管理机构、营业机构、办事机构；

（二）工厂、农场、开采自然资源的场所；

（三）提供劳务的场所；

（四）从事建筑、安装、装配、修理、勘探等工程作业的场所；

（五）其他从事生产经营活动的机构、场所。非居民企业委托营业代理人在中国境内从事生产经营活动的，包括委托单位或者个人经常代其签订合同，或者储存、交付货物等，该营业代理人视为非居民企业在中国境内设立的机构、场所。

〔税收规范性文件〕

◆《国家税务总局关于非居民企业船舶、航空运输收入计算征收企业所得税有关问题的通知》（国税函〔2008〕952号）规定：

一、非居民企业在我国境内从事船舶、航空等国际运输业务的，以其在中国境内起运客货收入总额的5%为应纳税所得额。

二、纳税人的应纳税额，按照每次从中国境内起运旅客、货物出境取得的收入总额，依照1.25%的计征率计算征收企业所得税。调整后的综合计征率为4.25%，其中营业税为3%，企业所得税为1.25%。

◆《财政部　国家税务总局关于国际运输劳务免征营业税的通知》（财税〔2010〕8号）规定：

自2010年1月1日起，对中华人民共和国境内（以下简称境内）单位或者个人提供的国际运输劳务免征营业税。国际运输劳务是指：

1. 在境内载运旅客或者货物出境。

2. 在境外载运旅客或者货物入境。

3. 在境外发生载运旅客或者货物的行为。

〔《中华人民共和国企业所得税法实施条例》〕

☆第六条　企业所得税法第三条所称所得，包括销售货物所得、提供劳务所得、转让财产所得、股息红利等权益性投资所得、利息所得、租金所得、特许权使用费所得、接受捐赠所得和其他所得。

☆第七条　企业所得税法第三条所称来源于中国境内、境外的所得，按照以下原则确定：

（一）销售货物所得，按照交易活动发生地确定；

（二）提供劳务所得，按照劳务发生地确定；

（三）转让财产所得，不动产转让所得按照不动产所在地确定，动产转让所得按照转让动产的企业或者机构、场所所在地确定，权益性投资资产转让所得按照被投资企业所在地确定；

（四）股息、红利等权益性投资所得，按照分配所得的企业所在地确定；

（五）利息所得、租金所得、特许权使用费所得，按照负担、支付所得的企业或者机构、场所所在地确定，或者按照负担、支付所得的个人的住所地确定；

（六）其他所得，由国务院财政、税务主管部门确定。

☆第八条　企业所得税法第三条所称实际联系，是指非居民企业在中国境内设立的机构、场所拥有据以取得所得的股权、债权，以及拥有、管理、控制据以取得所得的财产等。

〔《中华人民共和国企业所得税法》〕

★第四条 企业所得税的税率为 25%。非居民企业取得本法第三条第三款规定的所得，适用税率为 20%。

★第二章 应纳税所得额

☆第一节 一般规定

〔《中华人民共和国企业所得税法实施条例》〕

☆第九条 企业应纳税所得额的计算，以权责发生制为原则，属于当期的收入和费用，不论款项是否收付，均作为当期的收入和费用；不属于当期的收入和费用，即使款项已经在当期收付，均不作为当期的收入和费用。本条例和国务院财政、税务主管部门另有规定的除外。

〔税收规范性文件〕

◆《国家税务总局关于保险公司再保险业务赔款支出税前扣除问题的通知》（国税函〔2009〕313 号）规定：

从事再保险业务的保险公司（以下称再保险公司）发生的再保险业务赔款支出，按照权责发生制的原则，应在收到从事直保业务公司再保险业务赔款账单时，作为企业当期成本费用扣除。为便于再保险公司再保险业务的核算，凡在次年企业所得税汇算清缴前，再保险公司收到直保公司再保险业务赔款账单中属于上年度的赔款，准予调整作为上年度的成本费用扣除，同时调整已计提的未决赔款准备金；次年汇算清缴后收到直保公司再保险业务赔款账单的，按该赔款账单上发生的赔款支出，在收单年度作为成本费用扣除。

〔《中华人民共和国企业所得税法实施条例》〕

☆第十条 企业所得税法第五条所称亏损，是指企业依照企业所得税法和本条例的规定将每一纳税年度的收入总额减除不征税收入、免税收入和各项扣除后小于零的数额。

☆第十一条 企业所得税法第五十五条所称清算所得，是指企业的全部资产可变现价值或者交易价格减除资产净值、清算费用以及相关税费等后的余额。投资方企业从被清算企业分得的剩余资产，其中相当于从被清算企业累计未分配利润和累计盈余公积中应当分得的部分，应当确认为股息所得；剩余资产减除上述股息所得后的余额，超过或者低于投资成本的部分，应当确认为投资资产转让所得或者损失。

〔税收规范性文件〕

◆《财政部 国家税务总局关于企业清算业务企业所得税处理若干问题的通知》（财税〔2009〕60号）规定：

一、企业清算的所得税处理，是指企业在不再持续经营，发生结束自身业务、处置资产、偿还债务以及向所有者分配剩余财产等经济行为时，对清算所得、清算所得税、股息分配等事项的处理。

二、下列企业应进行清算的所得税处理：

（一）按《公司法》、企业破产法》等规定需要进行清算的企业；

（二）企业重组中需要按清算处理的企业。

三、企业清算的所得税处理包括以下内容：

（一）全部资产均应按可变现价值或交易价格，确认资产转让所得或损失；

（二）确认债权清理、债务清偿的所得或损失；

（三）改变持续经营核算原则，对预提或待摊性质的费用进行处理；

（四）依法弥补亏损，确定清算所得；

（五）计算并缴纳清算所得税；

（六）确定可向股东分配的剩余财产、应付股息等。

四、企业的全部资产可变现价值或交易价格，减除资产的计税基础、清算费用、相关税费，加上债务清偿损益等后的余额，为清算所得。企业应将整个清算期作为一个独立的纳税年度计算清算所得。

五、企业全部资产的可变现价值或交易价格减除清算费用，职工的工资、社会保险费用和法定补偿金，结清清算所得税、以前年度欠税等税款，清偿企业债务，按规定计算可以向所有者分配的剩余资产。被清算企业的股东分得的剩余资产的金额，其中相当于被清算企业累计未分配利润和累计盈余公积中按该股东所占股份比例计算的部分，应确认为股息所得；剩余资产减除股息所得后的余额，超过或低于股东投资成本的部分，应确认为股东的投资转让所得或损失。被清算企业的股东从被清算企业分得的资产应按可变现价值或实际交易价格确定计税基础。

〔《中华人民共和国企业所得税法》〕

★第五条 企业每一纳税年度的收入总额，减除不征税收入、免税收入、各项扣除以及允许弥补的以前年度亏损后的余额，为应纳税所得额。

〔税收规范性文件〕

◆《国家税务总局关于企业所得税年度纳税申报口径问题的公告》（国家税务总局公告2011年第29号）规定：

二、关于查增应纳税所得额申报口径。根据《国家税务总局关于查增应纳税所得额弥补以前年度亏损处理问题的公告》（国家税务总局公告2010年第20号）规定：对检查调增的应纳税所得额，允许弥补以前年度发生的亏损，填报国税发〔2008〕101号文件附件1的附表四"弥补亏损明细表"第2列"盈利或亏损额"对应调增应纳税所得额所属年度行次。

☆第二节 收　入

1. 收入形式与收入额

〔《中华人民共和国企业所得税法》〕

★第六条　企业以货币形式和非货币形式从各种来源取得的收入，为收入总额。包括：

（一）销售货物收入；

（二）提供劳务收入；

（三）转让财产收入；

（四）股息、红利等权益性投资收益；

（五）利息收入；

（六）租金收入；

（七）特许权使用费收入；

（八）接受捐赠收入；

（九）其他收入。

〔《中华人民共和国企业所得税法实施条例》〕

☆第十二条　企业所得税法第六条所称企业取得收入的货币形式，包括现金、存款、应收账款、应收票据、准备持有至到期的债券投资以及债务的豁免等。

☆企业所得税法第六条所称企业取得收入的非货币形式，包括固定资产、生物资产、无形资产、股权投资、存货、不准备持有至到期的债券投资、劳务以及有关权益等。

☆第十三条　企业所得税法第六条所称企业以非货币形式取得的收入，应当按照公允价值确定收入额。

☆前款所称公允价值，是指按照市场价格确定的价值。

2. 销售货物收入

〔《中华人民共和国企业所得税法实施条例》〕

☆第十四条　企业所得税法第六条第（一）项所称销售货物收入，是指企业销售商品、产品、原材料、包装物、低值易耗品以及其他存货取得的收入。

〔税收规范性文件〕

◆《国家税务总局关于确认企业所得税收入若干问题的通知》（国税函〔2008〕875号）规定：

一、除企业所得税法及实施条例另有规定外，企业销售收入的确认，必须遵循权责发生制原则和实质重于形式原则。

（一）企业销售商品同时满足下列条件的，应确认收入的实现：

1. 商品销售合同已经签订，企业已将商品所有权相关的主要风险和报酬转移给购货方；

2. 企业对已售出的商品既没有保留通常与所有权相联系的继续管理权，也没有实施有效控制；

3. 收入的金额能够可靠地计量；

4. 已发生或将发生的销售方的成本能够可靠地核算。

◆《国家税务总局关于出口货物退（免）税若干问题的通知》（国税发〔2006〕102号）规定：

一、出口企业出口的下列货物，除另有规定者外，视同内销货物计提销项税额或征收增值税。

（一）国家明确规定不予退（免）增值税的货物；

（二）出口企业未在规定期限内申报退（免）税的货物；

（三）出口企业虽已申报退（免）税但未在规定期限内向税务机关补齐有关凭证的货物；

（四）出口企业未在规定期限内申报开具《代理出口货物证明》的货物；

（五）生产企业出口的除四类视同自产产品以外的其他外购货物。

一般纳税人以一般贸易方式出口上述货物计算销项税额公式：

$$\frac{销项}{税额} = \frac{出口货物}{离岸价格} \times \frac{外汇人民币}{牌价} \div \left(1 + \frac{法定增值税}{税率}\right) \times \frac{法定增值税}{税率}$$

一般纳税人以进料加工复出口贸易方式出口上述货物以及小规模纳税人出口上述货物计算应纳税额公式：

$$应纳税额 = (出口货物离岸价格 \times 外汇人民币牌价) \div (1 + 征收率) \times 征收率$$

〔与税收相关的规定〕

◇《财政部关于做好执行会计准则企业 2008 年年报工作的通知》（财会函〔2008〕60 号）规定：

企业在销售产品或提供劳务的同时授予客户奖励积分的，应当将销售取得的货款或应收货款在商品销售或劳务提供产生的收入与奖励积分之间进行分配，与奖励积分相关的部分应首先作为递延收益，待客户兑换奖励积分或失效时，结转计入当期损益。

〔税收规范性文件〕

◆《国家税务总局关于印发〈房地产开发经营业务企业所得税处理办法〉的通知》（国税发〔2009〕31 号）规定：

第三条 企业房地产开发经营业务包括土地的开发，建造、销售住宅、商业用房以及其他建筑物、附着物、配套设施等开发产品。除土地开发之外，其他开发产品符合下列条件之一的，应视为已经完工：

（一）开发产品竣工证明材料已报房地产管理部门备案。

（二）开发产品已开始投入使用。

（三）开发产品已取得了初始产权证明。

◆《国家税务总局关于房地产开发企业开发产品完工条件确认问题的通知》（国税函〔2010〕201号）规定：

房地产开发企业建造、开发的开发产品，无论工程质量是否通过验收合格，或是否办理完工（竣工）备案手续以及会计决算手续，当企业开始办理开发产品交付手续（包括入住手续）、或已开始实际投入使用时，为开发产品开始投入使用，应视为开发产品已经完工。房地产开发企业应按规定及时结算开发产品计税成本，并计算企业当年度应纳税所得额。）

第五条　开发产品销售收入的范围为销售开发产品过程中取得的全部价款，包括现金、现金等价物及其他经济利益。企业代有关部门、单位和企业收取的各种基金、费用和附加等，凡纳入开发产品价内或由企业开具发票的，应按规定全部确认为销售收入；未纳入开发产品价内并由企业之外的其他收取部门、单位开具发票的，可作为代收代缴款项进行管理。

第六条　企业通过正式签订《房地产销售合同》或《房地产预售合同》所取得的收入，应确认为销售收入的实现，具体按以下规定确认：

（一）采取一次性全额收款方式销售开发产品的，应于实际收讫价款或取得索取价款凭据（权利）之日，确认收入的实现。

（二）采取分期收款方式销售开发产品的，应按销售合同或协议约定的价款和付款日确认收入的实现。付款方提前付款的，在实际付款日确认收入的实现。

（三）采取银行按揭方式销售开发产品的，应按销售合同或协议约定的价款确定收入额，其首付款应于实际收到日确认收入的实现，余款在银行按揭贷款办理转账之日确认收入的实现。

（四）采取委托方式销售开发产品的，应按以下原则确认收入的实现：

1. 采取支付手续费方式委托销售开发产品的，应按销售合同或协议中约定的价款于收到受托方已销开发产品清单之日确认收入的实现。

2. 采取视同买断方式委托销售开发产品的，属于企业与购买方签订销售合同或协议，或企业、受托方、购买方三方共同签订销售合同或协议的，如果销售合同或协议中约定的价格高于买断价格，则应按销售合同或协议中约定的价格计算的价款于收到受托方已销开发产品清单之日确认收入的实现；如果属于前两种情况中销售合同或协议中约定的价格低于买断价格，以及属于受托方与购买方签订销售合同或协议的，则应按买断价格计算的价款于收到受托方已销开发产品清单之日确认收入的实现。

3. 采取基价（保底价）并实行超基价双方分成方式委托销售开发产品的，属于由企业与购买方签订销售合同或协议，或企业、受托方、购买方三方共同签订销售合同或协议的，如果销售合同或协议中约定的价格高于基价，则应按销售合同或协议中约定的价格计算的价款于收到受托方已销开发产品清单之日确认收入的实现，企业按规定支付受托方的分成额，不得直接从销售收入中减除；如果销售合同或协议约定的价格低于基价的，则应按基价计算的价款于收到受托方已销开发产品清单之日确认收入的实现。属于由受托方与购买方直接签订销售合同的，则应按基价加上按规定取得的分成额于收到受托方已销开发产品清单之日确认收入的实现。

4. 采取包销方式委托销售开发产品的，包销期内可根据包销合同的有关约定，参照上述 1 至 3 项规定确认收入的实现；包销期满后尚未出售的开发产品，企业应根据包销合同或协议约定的价款和付款方式确认收入的实现。

3. 提供劳务收入

〔《中华人民共和国企业所得税法实施条例》〕

☆第十五条　企业所得税法第六条第（二）项所称提供劳务收入，是指企业从事建筑安装、修理修配、交通运输、仓储租赁、金融保险、邮电通信、咨询经纪、文化体育、科学研究、技术服务、教育培训、餐饮住宿、中介代理、卫生保健、社区服务、旅游、娱乐、加工以及其他劳务服务活动取得的收入。

〔税收规范性文件〕

◆《国家税务总局关于确认企业所得税收入若干问题的通知》（国税函〔2008〕875号）规定：

二、企业在各个纳税期末，提供劳务交易的结果能够可靠估计的，应采用完工进度（完工百分比）法确认提供劳务收入。

（一）提供劳务交易的结果能够可靠估计，是指同时满足下列条件：

1. 收入的金额能够可靠地计量；

2. 交易的完工进度能够可靠地确定；

3. 交易中已发生和将发生的成本能够可靠地核算。

（二）企业提供劳务完工进度的确定，可选用下列方法：

1. 已完工作的测量；

2. 已提供劳务占劳务总量的比例；

3. 发生成本占总成本的比例。

（三）企业应按照从接受劳务方已收或应收的合同或协议价款确定劳务收入总额，根据纳税期末提供劳务收入总额乘以完工进度扣除以前纳税年度累计已确认提供劳务收入后的金额，确认为当期劳务收入；同时，按照提供劳务估计总成本乘以完工进度扣除以前纳税期间累计已确认劳务成本后的金额，结转为当期劳务成本。

（四）下列提供劳务满足收入确认条件的，应按规定确认收入：

1. 安装费。应根据安装完工进度确认收入。安装工作是商品销售附带条件的，安装费在确认商品销售实现时确认收入。

2. 宣传媒介的收费。应在相关的广告或商业行为出现于公众面前时确认收入。广告的制作费，应根据制作广告的完工进度确认收入。

3. 软件费。为特定客户开发软件的收费，应根据开发的完工进度确认收入。

4. 服务费。包含在商品售价内可区分的服务费，在提供服务的期间分期确认收入。

5. 艺术表演、招待宴会和其他特殊活动的收费。在相关活动发生时确认收入。收费涉及几项活动的，预收的款项应合理分配给每项活动，分别确认收入。

6. 会员费。申请入会或加入会员，只允许取得会籍，所有其他服务或商品都要另行收费的，在取得该会员费时确认收入。申请入会或加入会员后，会员在会员期内不再付费就可得到各种服务或商品，或者以低于非会员的价格销售商品或提供服务的，该会员费应在整个受益期内分期确认收入。

7. 特许权费。属于提供设备和其他有形资产的特许权费，在交付资产或转移资产所有权时确认收入；属于提供初始及后续服务的特许权费，在提供服务时确认收入。

8. 劳务费。长期为客户提供重复的劳务收取的劳务费，在相关劳务活动发生时确认收入。

◆《中华人民共和国营业税暂行条例》（国务院令〔2008〕第 540 号）规定：

第十二条 营业税纳税义务发生时间为纳税人提供应税劳务、转让无形资产或者销售不动产并收讫营业收入款项或者取得索取营业收入款项凭据的当天。国务院财政、税务主管部门另有规定的，从其规定。

◆《中华人民共和国营业税暂行条例实施细则》（财政部国家税务总局令〔2008〕第 52 号）规定：

第二十四条 条例第十二条所称收讫营业收入款项，是指纳税人应税行为发生过程中或者完成后收取的款项。条例第十二条所称取得索取营业收入款项凭据的当天，为书面合同确定的付款日期的当天；未签订书面合同或者书面合同未确定付款日期的，为应税行为完成的当天。

第二十五条 纳税人转让土地使用权或者销售不动产，采取预收款方式的，其纳税义务发生时间为收到预收款的当天。

纳税人提供建筑业或者租赁业劳务，采取预收款方式的，其纳税义务发生时间为收到预收款的当天。

纳税人发生本细则第五条所称将不动产或者土地使用权无偿赠送其他单位或者个人的，其纳税义务发生时间为不动产所有权、土地使用权转移的当天。

纳税人发生本细则第五条所称自建行为的，其纳税义务发生时间为销售自建建筑物的纳税义务发生时间。

◆《国家税务总局关于调整代开货物运输业发票企业所得税预征率的通知》（国税函〔2008〕819 号）规定：

从 2008 年 1 月 1 日起代开货物运输业发票的企业，按开票金额 2.5% 预征企业所得税。

4. 转让财产收入

〔《中华人民共和国企业所得税法实施条例》〕

☆第十六条 企业所得税法第六条第（三）项所称转让财产收入，是指企业转让固定资产、生物资产、无形资产、股权、债权等财产取得的收入。

〔税收规范性文件〕

◆《国家税务总局关于贯彻落实企业所得税法若干税收问题的通知》（国税函〔2010〕79号）规定：

三、关于股权转让所得确认和计算问题企业转让股权收入，应于转让协议生效、且完成股权变更手续时，确认收入的实现。转让股权收入扣除为取得该股权所发生的成本后，为股权转让所得。企业在计算股权转让所得时，不得扣除被投资企业未分配利润等股东留存收益中按该项股权所可能分配的金额。

◆《国家税务总局关于广西中金矿业有限公司转让股权企业所得税收入确认问题的批复》（国税函〔2010〕150号）规定：

广西中金矿业有限公司转让武宣县盘龙铅锌矿有限责任公司相关股权取得的现金收入，应在合同或协议生效后、双方完成股权变更手续时确认该项交易收入的实现，并按规定计入企业当年度应纳税所得额计算缴纳企业所得税。

◆《国家税务总局关于企业转让上市公司限售股有关所得税问题的公告》（国家税务总局公告2011年第39号）规定：

根据《中华人民共和国企业所得税法》（以下简称企业所得税法）及其实施条例的有关规定：现就企业转让上市公司限售股（以下简称限售股）有关所得税问题，公告如下：

一、纳税义务人的范围界定问题

根据企业所得税法第一条及其实施条例第三条的规定：转让限售股取得收入的企业（包括事业单位、社会团体、民办非企业单位等），为企业所得税的纳税义务人。

二、企业转让代个人持有的限售股征税问题

因股权分置改革造成原由个人出资而由企业代持有的限售股，企业在转让时按以下规定处理：

（一）企业转让上述限售股取得的收入，应作为企业应税收入计算纳税

上述限售股转让收入扣除限售股原值和合理税费后的余额为该限售股转让所得。企业未能提供完整、真实的限售股原值凭证，不能准确计算该限售股原值的，主管税务机关一律按该限售股转让收入的15%，核定为该限售股原值和合理税费。

依照本条规定完成纳税义务后的限售股转让收入余额转付给实际所有人时不再纳税。

（二）依法院判决、裁定等原因，通过证券登记结算公司，企业将其代持的个人限售股直接变更到实际所有人名下的，不视同转让限售股。

三、企业在限售股解禁前转让限售股征税问题

企业在限售股解禁前将其持有的限售股转让给其他企业或个人（以下简称受让方），其企业所得税问题按以下规定处理：

（一）企业应按减持在证券登记结算机构登记的限售股取得的全部收入，计入企业当年度应税收入计算纳税。

（二）企业持有的限售股在解禁前已签订协议转让给受让方，但未变更股权登记、仍由企业持有的，企业实际减持该限售股取得的收入，依照本条第一项规定纳税后，其余额转付给受让方的，受让方不再纳税。

四、本公告自 2011 年 7 月 1 日起执行。本公告生效后尚未处理的纳税事项，按照本公告规定处理；已经处理的纳税事项，不再调整。

5. 股息、红利等权益性投资收益

〔《中华人民共和国企业所得税法实施条例》〕

☆第十七条　企业所得税法第六条第（四）项所称股息、红利等权益性投资收益，是指企业因权益性投资从被投资方取得的收入。股息、红利等权益性投资收益，除国务院财政、税务主管部门另有规定外，按照被投资方作出利润分配决定的日期确认收入的实现。

〔税收规范性文件〕

◆《国家税务总局关于贯彻落实企业所得税法若干税收问题的通知》（国税函〔2010〕79 号）规定：

四、关于股息、红利等权益性投资收益收入确认问题企业权益性投资取得股息、红利等收入，应以被投资企业股东会或股东大会作出利润分配或转股决定的日期，确定收入的实现。被投资企业将股权（票）溢价所形成的资本公积转为股本的，不作为投资方企业的股息、红利收入，投资方企业也不得增加该项长期投资的计税基础。

6. 利息收入

〔《中华人民共和国企业所得税法实施条例》〕

☆第十八条　企业所得税法第六条第（五）项所称利息收入，是指企业将资金提供他人使用但不构成权益性投资，或者因他人占用本企业资金取得的收入，包括存款利息、贷款利息、债券利息、欠款利息等收入。利息收入，按照合同约定的债务人应付利息的日期确认收入的实现。

〔税收规范性文件〕

◆《国家税务总局关于企业国债投资业务企业所得税处理问题的公告》（国家税务总局公告 2011 年第 36 号）规定：

根据《中华人民共和国企业所得税法》（以下简称企业所得税法）及其实施条例的规定：现对企业国债投资业务企业所得税处理问题，公告如下：

一、关于国债利息收入税务处理问题

（一）国债利息收入时间确认

1. 根据企业所得税法实施条例第十八条的规定：企业投资国债从国务院财政部门（以下简称发行者）取得的国债利息收入，应以国债发行时约定应付利息的日期，确认利息收入的实现。

2. 企业转让国债，应在国债转让收入确认时确认利息收入的实现。

（二）国债利息收入计算

企业到期前转让国债、或者从非发行者投资购买的国债，其持有期间尚未兑付的国债利息收入，按以下公式计算确定：

$$国债利息收入＝国债金额×（适用年利率÷365）×持有天数$$

上述公式中的"国债金额"，按国债发行面值或发行价格确定；"适用年利率"按国债票面年利率或折合年收益率确定；如企业不同时间多次购买同一品种国债的，"持有天数"可按平均持有天数计算确定。

（三）国债利息收入免税问题

根据企业所得税法第二十六条的规定：企业取得的国债利息收入，免征企业所得税。具体按以下规定执行：

1. 企业从发行者直接投资购买的国债持有至到期，其从发行者取得的国债利息收入，全额免征企业所得税。

2. 企业到期前转让国债、或者从非发行者投资购买的国债，其按本公告第一条第（二）项计算的国债利息收入，免征企业所得税。

二、关于国债转让收入税务处理问题

（一）国债转让收入时间确认

1. 企业转让国债应在转让国债合同、协议生效的日期，或者国债移交时确认转让收入的实现。

2. 企业投资购买国债，到期兑付的，应在国债发行时约定的应付利息的日期，确认国债转让收入的实现。

（二）国债转让收益（损失）计算

企业转让或到期兑付国债取得的价款，减除其购买国债成本，并扣除其持有期间按照本公告第一条计算的国债利息收入以及交易过程中相关税费后的余额，为企业转让国债收益（损失）。

（三）国债转让收益（损失）征税问题

根据企业所得税法实施条例第十六条规定：企业转让国债，应作为转让财产，其取得的收益（损失）应作为企业应纳税所得额计算纳税。

三、关于国债成本确定问题

（一）通过支付现金方式取得的国债，以买入价和支付的相关税费为成本；

（二）通过支付现金以外的方式取得的国债，以该资产的公允价值和支付的相关税费为成本；

四、关于国债成本计算方法问题

企业在不同时间购买同一品种国债的，其转让时的成本计算方法，可在先进先出法、加权平均法、个别计价法中选用一种。计价方法一经选用，不得随意改变。

五、本公告自 2011 年 1 月 1 日起施行。

◆《国家税务总局关于金融企业贷款利息收入确认问题的公告》（国家税务总局公

告 2010 年第 23 号）规定：

一、金融企业按规定发放的贷款，属于未逾期贷款（含展期，下同），应根据先收利息后收本金的原则，按贷款合同确认的利率和结算利息的期限计算利息，并于债务人应付利息的日期确认收入的实现；属于逾期贷款，其逾期后发生的应收利息，应于实际收到的日期，或者虽未实际收到，但会计上确认为利息收入的日期，确认收入的实现。

二、金融企业已确认为利息收入的应收利息，逾期 90 天仍未收回，且会计上已冲减了当期利息收入的，准予抵扣当期应纳税所得额。

三、金融企业已冲减了利息收入的应收未收利息，以后年度收回时，应计入当期应纳税所得额计算纳税。

◆《国家税务总局关于企业所得税年度纳税申报口径问题的公告》（国家税务总局公告 2011 年第 29 号）规定：

三、关于利息和保费减计收入申报口径。根据《财政部、国家税务总局关于农村金融有关税收政策的通知》（财税〔2010〕4 号）规定：对金融机构农户小额贷款的利息收入以及对保险公司为种植业、养殖业提供保险业务取得的保费收入，按 10% 计算的部分，填报国税发〔2008〕101 号文件附件 1 的附表五"税收优惠明细表"第 8 行"2. 其他"。

7. 租金收入

〔《中华人民共和国企业所得税法实施条例》〕
☆第十九条　企业所得税法第六条第（六）项所称租金收入，是指企业提供固定资产、包装物或者其他有形资产的使用权取得的收入。租金收入，按照合同约定的承租人应付租金的日期确认收入的实现。

〔税收规范性文件〕
◆《国家税务总局关于贯彻落实企业所得税法若干税收问题的通知》（国税函〔2010〕79 号）规定：

一、关于租金收入确认问题

根据《实施条例》第十九条的规定：企业提供固定资产、包装物或者其他有形资产的使用权取得的租金收入，应按交易合同或协议规定的承租人应付租金的日期确认收入的实现。其中，如果交易合同或协议中规定租赁期限跨年度，且租金提前一次性支付的，根据《实施条例》第九条规定的收入与费用配比原则，出租人可对上述已确认的收入，在租赁期内，分期均匀计入相关年度收入。出租方如为在我国境内设有机构场所、且采取据实申报缴纳企业所得的非居民企业，也按本条规定执行。

◆《国家税务总局关于印发〈房地产开发经营业务企业所得税处理办法〉的通知》（国税发〔2009〕31 号）规定：

第十条　企业新建的开发产品在尚未完工或办理房地产初始登记、取得产权证前，与承租人签订租赁预约协议的，自开发产品交付承租人使用之日起，出租方取得的预租价款按租金确认收入的实现。

◆《国家税务总局关于金融资产管理公司从事经营租赁业务有关税收政策问题的批复》（国税函〔2009〕190号）规定：

金融资产管理公司利用其接受的抵债资产从事经营租赁业务，不属于《国务院办公厅转发人民银行、财政部、证监会关于组建中国华融资产管理公司、中国长城资产管理公司和中国东方资产管理公司意见的通知》（国办发〔1999〕66号）和《财政部国家税务总局关于中国信达等4家金融资产管理公司税收政策问题的通知》财税〔2001〕10号）规定的免税范围，应当依法纳税。

8. 特许权使用费收入

〔《中华人民共和国企业所得税法实施条例》〕

☆第二十条 企业所得税法第六条第（七）项所称特许权使用费收入，是指企业提供专利权、非专利技术、商标权、著作权以及其他特许权的使用权取得的收入。

特许权使用费收入，按照合同约定的特许权使用人应付特许权使用费的日期确认收入的实现。

〔**税收规范性文件**〕

◆《国家税务总局关于企业所得税若干税务事项衔接问题的通知》（国税函〔2009〕98号）规定：

二、关于递延所得的处理

企业按原税法规定已作递延所得确认的项目，其余额可在原规定的递延期间的剩余期间内继续均匀计入各纳税期间的应纳税所得额。

三、关于利息收入、租金收入和特许权使用费收入的确认

新税法实施前已按其他方式计入当期收入的利息收入、租金收入、特许权使用费收入，在新税法实施后，凡与按合同约定支付时间确认的收入额发生变化的，应将该收入额减去以前年度已按照其它方式确认的收入额后的差额，确认为当期收入。

9. 接受捐赠收入

〔《中华人民共和国企业所得税法实施条例》〕

☆第二十一条 企业所得税法第六条第（八）项所称接受捐赠收入，是指企业接受的来自其他企业、组织或者个人无偿给予的货币性资产、非货币性资产。接受捐赠收入，按照实际收到捐赠资产的日期确认收入的实现。

10. 其他收入

〔《中华人民共和国企业所得税法实施条例》〕

☆第二十二条 企业所得税法第六条第（九）项所称其他收入，是指企业取得的除企业所得税法第六条第（一）项至第（八）项规定的收入外的其他收入，包括企业资产溢余收入、逾期未退包装物押金收入、确实无法偿付的应付款项、已作坏账损失处理后又收回的应收款项、债务重组收入、补贴收入、违约金收入、汇兑收益等。

〔**税收规范性文件**〕

◆《国家税务总局关于股权分置改革中上市公司取得资产及债务豁免对价收入征免所得税问题的批复》（国税函〔2009〕375号）规定：

股权分置改革中，上市公司因股权分置改革而接受的非流通股股东作为对价注入资产和被非流通股股东豁免债务，上市公司应增加注册资本或资本公积，不征收企业所得税。

〔**与税收相关的规定**〕

◇《财政部关于做好执行会计准则企业2008年年报工作的通知》（财会函〔2008〕60号）规定：

企业接受的捐赠和债务豁免，按照会计准则规定符合确认条件的，通常应当确认为当期收益。如果接受控股股东或控股股东的子公司直接或间接的捐赠，从经济实质上判断属于控股股东对企业的资本性投入，应作为权益性交易，相关利得计入所有者权益（资本公积）。

◇《财政部 国家税务总局中国人民银行关于进一步加强代扣代收代征税款手续费管理的通知》（财行〔2005〕365号）规定：

"三代"单位所取得的手续费收入应该单独核算，计入本单位收入，用于"三代"管理支出，也可以适当奖励相关工作人员。

〔**税收规范性文件**〕

◆《财政部 国家税务总局关于企业资产损失税前扣除政策的通知》（财税〔2009〕57号）规定：

十一、企业在计算应纳税所得额时已经扣除的资产损失，在以后纳税年度全部或者部分收回时，其收回部分应当作为收入计入收回当期的应纳税所得额。

◆《国家税务总局关于贯彻落实企业所得税法若干税收问题的通知》（国税函〔2010〕79号）规定：

二、关于债务重组收入确认问题

企业发生债务重组，应在债务重组合同或协议生效时确认收入的实现。

◆《国家税务总局关于融资性售后回租业务中承租方出售资产行为有关税收问题的公告》（总局公告2010年第13号）规定：

根据现行企业所得税法及有关收入确定规定：融资性售后回租业务中，承租人出售资产的行为，不确认为销售收入，对融资性租赁的资产，仍按承租人出售前原账面价值作为计税基础计提折旧。租赁期间，承租人支付的属于融资利息的部分，作为企业财务费用在税前扣除。

11. 分期确认收入

〔**《中华人民共和国企业所得税法实施条例》**〕

☆第二十三条 企业的下列生产经营业务可以分期确认收入的实现：

（一）以分期收款方式销售货物的，按照合同约定的收款日期确认收入的实现；

（二）企业受托加工制造大型机械设备、船舶、飞机，以及从事建筑、安装、装配工程业务或者提供其他劳务等，持续时间超过 12 个月的，按照纳税年度内完工进度或者完成的工作量确认收入的实现。

〔税收规范性文件〕

◆《国家税务总局关于印发〈新企业所得税法精神宣传提纲〉的通知》（国税函〔2008〕159 号）规定：

对于持续时间跨越纳税年度的收入的确认企业受托加工、制造大型机械设备、船舶等，以及从事建筑、安装、装配工程业务和提供劳务，持续时间通常分属于不同的纳税年度，甚至会跨越数个纳税年度，而且涉及的金额一般比较大。为了及时反映各纳税年度的应税收入，一般情况下，不能等到合同完工时或进行结算时才确定应税收入。企业按照完工进度或者完成的工作量对跨年度的特殊劳务确认收入和扣除进行纳税，也有利于保证跨纳税年度的收入在不同纳税年度得到及时确认，保证税收收入的均衡入库。因此，实施条例对企业受托加工、制造大型机械设备、船舶等，以及从事建筑、安装、装配工程业务和提供劳务，持续时间跨越纳税年度的，应当按照纳税年度内完工进度或者完成的工作量确定收入。

除受托加工、制造大型机械设备、船舶等，以及从事建筑、安装、装配工程业务和提供劳务之外，其他跨纳税年度的经营活动，通常情况下持续时间短、金额小，按照纳税年度内完工进度或者完成的工作量确定应税收入没有实际意义。另外，这些经营活动在纳税年度末收入和相关的成本费用不易确定，相关的经济利益能否流入企业也不易判断，因此，一般不采用按照纳税年度内完工进度或者完成的工作量确定收入的办法。

〔《中华人民共和国企业所得税法实施条例》〕

☆第二十四条　采取产品分成方式取得收入的，按照企业分得产品的日期确认收入的实现，其收入额按照产品的公允价值确定。

〔税收规范性文件〕

◆《国家税务总局关于确认企业所得税收入若干问题的通知》（国税函〔2008〕875 号）规定：

（二）符合上款收入确认条件，采取下列商品销售方式的，应按以下规定确认收入实现时间：

1. 销售商品采用托收承付方式的，在办妥托收手续时确认收入。

2. 销售商品采取预收款方式的，在发出商品时确认收入。

3. 销售商品需要安装和检验的，在购买方接受商品以及安装和检验完毕时确认收入。如果安装程序比较简单，可在发出商品时确认收入。

4. 销售商品采用支付手续费方式委托代销的，在收到代销清单时确认收入。

（三）采用售后回购方式销售商品的，销售的商品按售价确认收入，回购的商品作为购进商品处理。有证据表明不符合销售收入确认条件的，如以销售商品方式进行融资，收到的款项应确认为负债，回购价格大于原售价的，差额应在回购期间确认为利息费用。

◆《国家税务总局关于融资性售后回租业务中承租方出售资产行为有关税收问题的公告》（国家税务总局公告2010年第13号）规定：

根据现行企业所得税法及有关收入确定规定：融资性售后回租业务中，承租人出售资产的行为，不确认为销售收入，对融资性租赁的资产，仍按承租人出售前原账面价值作为计税基础计提折旧。租赁期间，承租人支付的属于融资利息的部分，作为企业财务费用在税前扣除。本公告自2010年10月1日起施行。此前因与本公告规定不一致而已征的税款予以退税。

（四）销售商品以旧换新的，销售商品应当按照销售商品收入确认条件确认收入，回收的商品作为购进商品处理。

（五）企业为促进商品销售而在商品价格上给予的价格扣除属于商业折扣，商品销售涉及商业折扣的，应当按照扣除商业折扣后的金额确定销售商品收入金额。债权人为鼓励债务人在规定的期限内付款而向债务人提供的债务扣除属于现金折扣，销售商品涉及现金折扣的，应当按扣除现金折扣前的金额确定销售商品收入金额，现金折扣在实际发生时作为财务费用扣除。企业因售出商品的质量不合格等原因而在售价上给的减让属于销售折让；企业因售出商品质量、品种不符合要求等原因而发生的退货属于销售退回。企业已经确认销售收入的售出商品发生销售折让和销售退回，应当在发生当期冲减当期销售商品收入。

◆《国家税务总局关于外商投资企业在筹办期间取得的会员费有关税务处理问题的通知》（国税发〔1996〕84号）规定：

外商投资企业在筹办期间对其会员入会时一次性收取的会员费、资格保证金或其他类似收费，在计算征收企业所得税时，可以从企业开始营业之日起分5年平均计入各期收入计算纳税；有关计算征收营业税问题，仍按批复第一条的规定执行，即在企业取得上述款项时，计算缴纳营业税。

◆《中华人民共和国增值税暂行条例实施细则》（财政部国家税务总局令〔2008〕第50号）规定：

第三十八条条例第十九条第一款第（一）项规定的收讫销售款项或者取得索取销售款项凭据的当天，按销售结算方式的不同，具体为：

（一）采取直接收款方式销售货物，不论货物是否发出，均为收到销售款或者取得索取销售款凭据的当天；

（二）采取托收承付和委托银行收款方式销售货物，为发出货物并办妥托收手续的当天；

（三）采取赊销和分期收款方式销售货物，为书面合同约定的收款日期的当天，无书面合同的或者书面合同没有约定收款日期的，为货物发出的当天；

（四）采取预收货款方式销售货物，为货物发出的当天，但生产销售生产工期超过12个月的大型机械设备、船舶、飞机等货物，为收到预收款或者书面合同约定的收款日期的当天；

（五）委托其他纳税人代销货物，为收到代销单位的代销清单或者收到全部或者部分货款的当天。未收到代销清单及货款的，为发出代销货物满180天的当天；

（六）销售应税劳务，为提供劳务同时收讫销售款或者取得索取销售款的凭据的当天；

（七）纳税人发生本细则第四条第（三）项至第（八）项所列视同销售货物行为，为货物移送的当天。

12. 视同销售业务

〔《中华人民共和国企业所得税法实施条例》〕

☆第二十五条 企业发生非货币性资产交换，以及将货物、财产、劳务用于捐赠、偿债、赞助、集资、广告、样品、职工福利或者利润分配等用途的，应当视同销售货物、转让财产或者提供劳务，但国务院财政、税务主管部门另有规定的除外。

〔税收规范性文件〕

◆《国家税务总局关于企业取得财产转让等所得企业所得税处理问题的公告》（国家税务总局公告2010年第19号）规定：

一、企业取得财产（包括各类资产、股权、债权等）转让收入、债务重组收入、接受捐赠收入、无法偿付的应付款收入等，不论是以货币形式、还是非货币形式体现，除另有规定外，均应一次性计入确认收入的年度计算缴纳企业所得税。

二、本公告自发布之日起30日后施行。2008年1月1日至本公告施行前，各地就上述收入计算的所得，已分5年平均计入各年度应纳税所得额计算纳税的，在本公告发布后，对尚未计算纳税的应纳税所得额，应一次性作为本年度应纳税所得额计算纳税。

◆《国家税务总局关于企业处置资产所得税处理问题的通知》（国税函〔2008〕828号）规定：

一、企业发生下列情形的处置资产，除将资产转移至境外以外，由于资产所有权属在形式和实质上均不发生改变，可作为内部处置资产，不视同销售确认收入，相关资产的计税基础延续计算。

（一）将资产用于生产、制造、加工另一产品；

（二）改变资产形状、结构或性能；

（三）改变资产用途（如，自建商品房转为自用或经营）；

（四）将资产在总机构及其分支机构之间转移；

（五）上述两种或两种以上情形的混合；

（六）其他不改变资产所有权属的用途。

二、企业将资产移送他人的下列情形，因资产所有权属已发生改变而不属于内部处置资产，应按规定视同销售确定收入。

（一）用于市场推广或销售；

（二）用于交际应酬；

（三）用于职工奖励或福利；

（四）用于股息分配；

（五）用于对外捐赠；

（六）其他改变资产所有权属的用途。

三、企业发生本通知第二条规定情形时，属于企业自制的资产，应按企业同类资产同期对外销售价格确定销售收入；属于外购的资产，可按购入时的价格确定销售收入。

四、本通知自 2008 年 1 月 1 日起执行。对 2008 年 1 月 1 日以前发生的处置资产，2008 年 1 月 1 日以后尚未进行税务处理的，按本通知规定执行。

◆《国家税务总局关于做好 2009 年度企业所得税汇算清缴工作的通知》（国税函〔2010〕148 号）规定：

（八）企业处置资产确认问题。《国家税务总局关于企业处置资产所得税处理问题的通知》（国税函〔2008〕828 号）第三条规定：企业处置外购资产按购入时的价格确定销售收入，是指企业处置该项资产不是以销售为目的，而是具有替代职工福利等费用支出性质，且购买后一般在一个纳税年度内处置。

◆《国家税务总局关于确认企业所得税收入若干问题的通知》（国税函〔2008〕875 号）规定：

三、企业以买一赠一等方式组合销售本企业商品的，不属于捐赠，应将总的销售金额按各项商品的公允价值的比例来分摊确认各项的销售收入。

◆《国家税务总局关于印发〈房地产开发经营业务企业所得税处理办法〉的通知》（国税发〔2009〕31 号）规定：

第七条 企业将开发产品用于捐赠、赞助、职工福利、奖励、对外投资、分配给股东或投资人、抵偿债务、换取其他企事业单位和个人的非货币性资产等行为，应视同销售，于开发产品所有权或使用权转移，或于实际取得利益权利时确认收入（或利润）的实现。确认收入（或利润）的方法和顺序为：

（一）按本企业近期或本年度最近月份同类开发产品市场销售价格确定；

（二）由主管税务机关参照当地同类开发产品市场公允价值确定；

（三）按开发产品的成本利润率确定。开发产品的成本利润率不得低于 15%，具体比例由主管税务机关确定。

13. 不征税收入

〔《中华人民共和国企业所得税法》〕
★第七条 收入总额中的下列收入为不征税收入：
（一）财政拨款；
（二）依法收取并纳入财政管理的行政事业性收费、政府性基金；
（三）国务院规定的其他不征税收入。

〔税收规范性文件〕
◆《国家税务总局关于印发〈新企业所得税法精神宣传提纲〉的通知》（国税函

〔2008〕159 号）规定：

一是作为不征税收入的财政拨款，原则上不包括各级人民政府对企业拨付的各种价格补贴、税收返还等财政性资金，这样有利于加强财政补贴收入和减免税的规范管理，同时与现行财务会计制度处理保持一致；二是对于一些国家重点支持的政策性补贴以及税收返还等，为了提高财政资金的使用效率，根据需要，有可能也给予不征税收入的待遇，但这种待遇应由国务院和国务院财政、税务主管部门来明确。

〔《中华人民共和国企业所得税法实施条例》〕

☆第二十六条　企业所得税法第七条第（一）项所称财政拨款，是指各级人民政府对纳入预算管理的事业单位、社会团体等组织拨付的财政资金，但国务院和国务院财政、税务主管部门另有规定的除外。

〔与税收相关的规定〕

◇《中央级事业单位国有资产管理暂行办法》（财教〔2008〕13 号）规定：

中央级事业单位国有资产包括：国家拨给中央级事业单位的资产，中央级事业单位按照国家政策规定运用国有资产组织收入形成的资产，以及接受捐赠和其他经法律确认为国家所有的资产，其表现形式为流动资产、固定资产、无形资产和对外投资等。中央级事业单位国有资产处置收入属于国家所有，应当按照政府非税收入管理和财政国库收缴管理的规定上缴中央财政，实行"收支两条线"管理。本办法自 2008 年 3 月 15 日起施行。）

◇《财政部关于印发〈中央行政单位国有资产处置收入和出租出借收入管理暂行办法〉的通知》（财行〔2009〕400 号）规定：

第三条　中央行政单位国有资产处置收入和出租出借收入，以下统称为国有资产收入。

第五条　国有资产收入属于中央政府非税收入，是中央财政收入的重要组成部分，由财政部负责收缴和监管。

第七条　中央行政单位处置和出租、出借国有资产应缴纳的税款和所发生的相关费用（资产评估费、技术鉴定费、交易手续费等），在收入中抵扣，抵扣后的余额按照政府非税收入收缴管理有关规定上缴中央财政。

〔《中华人民共和国企业所得税法实施条例》〕第二十六条

☆企业所得税法第七条第（二）项所称行政事业性收费，是指依照法律法规等有关规定，按照国务院规定程序批准，在实施社会公共管理，以及在向公民、法人或者其他组织提供特定公共服务过程中，向特定对象收取并纳入财政管理的费用。

〔与税收相关的规定〕

◇《财政部关于加强政府非税收入管理的通知》（财综〔2004〕53 号）规定：

按照建立健全公共财政体制的要求，政府非税收入管理范围包括：行政事业性收费、政府性基金、国有资源有偿使用收入、国有资产有偿使用收入、国有资本经营收益、彩票公益金、罚没收入、以政府名义接受的捐赠收入、主管部门集中收入以及政府财政资金产生的利息收入等。社会保障基金、住房公积金不纳入政府非税收入管理范围。各级财政部门是政府非税收入征收主管机关。

◇《财政部关于将按预算外资金管理的全国性及中央部门和单位行政事业性收费纳入预算管理的通知》（财预〔2009〕79号）规定：

从2010年1月1日起，将按预算外资金管理的全国性及中央部门和单位行政事业性收费逐步纳入财政预算管理。教育收费（学费、住宿费、考试考务费）不纳入预算管理。

◇《财政部关于独立学院收费不宜使用财政票据的通知》（财综〔2008〕27号）规定：

根据《民办教育促进法》的有关规定，民办学校是由国家机构以外的社会组织或者个人，利用非国家财政性经费举办的，民办学校对受教育者收取费用的项目和标准由学校制定。同时，《教育部关于印发〈关于规范并加强普通高校以新的机制和模式试办独立学院管理的若干意见〉的通知》（教发〔2003〕8号）明确规定，独立学院一律采用民办机制，学生收费标准根据国家民办高校招生收费政策制定。因此，包括独立学院在内的各级各类民办学校收取的费用均为经营服务性收费，应按照规定使用税务部门监制的税务发票。

◇《财政部关于民办非盈利性医疗机构收费票据使用问题的复函》（财综〔2007〕40号）规定：

根据《民办非企业单位登记管理暂行条例》（国务院令第251号）以及《财政部关于民办非企业单位使用票据等问题的通知》（财综〔2002〕76号）的有关规定：考虑到民办非盈利性医疗机构提供的医疗服务，属于市场化运作方式，不体现政府行为，其收费应按照规定使用税务部门监制的税务发票，不应使用省、自治区、直辖市以上财政部门印制的行政事业性收费票据。因此，各级财政部门不宜向民办医疗机构提供财政票据。至于民办非盈利性医疗机构是否能够享受税收优惠政策，应严格按税法规定执行，或向财政、税务部门提出申请。

◇《财政部关于民办非企业单位使用票据等问题的通知》（财综〔2002〕76号）规定：

一、根据《民办非企业单位登记管理暂行条例》（国务院令第251号）的规定，民办非企业单位是指企业事业单位、社会团体和其他社会力量以及公民个人利用非国有资产举办的，从事非营利性社会服务活动的社会组织。民办非企业单位开展业务的范围主要包括相关领域的咨询服务、项目评估、学术讨论、办班培训等，均属于自愿有偿服务，具体非强制性特征，不体现政府行为，因此，其收费不属于行政事业性收费。

二、按照财政部、国家计委《关于事业单位和社会团体有关收费管理问题的通知》（财规〔2000〕47号）的规定：民办非企业单位按照自愿有偿原则提供各种服务收取的费用，应当按照规定使用税务部门监制的税务发票，不应使用省，自治区、直辖市以上财政部门印制的行政事业性收费票据。

民办非企业单位接受社会自愿捐款，可以按照财政部《关于印发〈行政事业性收费和政府性基金票据管理规定〉的通知》财综字〔1998〕104 号）的规定：使用省、自治区、直辖市以上财政部门印（监）制的捐款收据。

三、民办非企业单位的上述收入，不属于财政性资金，应当有民办非企业单位的上述收入，不属于财政性资金，应当由民办非企业单位根据国家有关财务制度的规定安排使用。

◇《财政部　教育部关于印发〈高等学校财务制度〉的通知》（财教〔2012〕488 号）规定：

第十九条　收入是指高等学校开展教学、科研及其他活动依法取得的非偿还性资金。

第二十条　高等学校收入包括：

（一）财政补助收入，即高等学校从同级财政部门取得的各类财政拨款。包括：

1. 财政教育拨款，即高等学校从同级财政部门取得的各类财政教育拨款。

2. 财政科研拨款，即高等学校从同级财政部门取得的各类财政科研拨款。

3. 财政其他拨款，即高等学校从同级财政部门取得的本条上述拨款范围以外的财政拨款。

（二）事业收入，即高等学校开展教学、科研及其辅助活动取得的收入。包括：

1. 教育事业收入，指高等学校开展教学及其辅助活动所取得的收入，包括：通过学历和非学历教育向学生个人或者单位收取的学费、住宿费、委托培养费、考试考务费、培训费和其他教育事业收入。

按照国家有关规定应当上缴国库或者财政专户的资金，不计入教育事业收入；从财政专户核拨给学校的资金和经核准不上缴国库或财政专户的资金，计入教育事业收入。

2. 科研事业收入，指高等学校开展科研及其辅助活动所取得的收入，包括：通过承接科研项目、开展科研协作、转化科技成果、进行科技咨询等取得的收入。科研事业收入不包括按照部门预算隶属关系从同级财政部门取得的财政拨款。

（三）上级补助收入，即高等学校从主管部门和上级单位取得的非财政补助收入。

（四）附属单位上缴收入，即高等学校附属独立核算单位按照有关规定上缴的收入。

（五）经营收入，即高等学校在教学、科研及其辅助活动之外，开展非独立核算经营活动取得的收入。

（六）其他收入，即本条上述规定范围以外的各项收入，包括投资收益、利息收入、捐赠收入等。

第二十一条　高等学校组织收入应当合法合规。各项收费应当严格执行国家规定的收费范围和标准，并使用合法票据；各项收入应当全部纳入学校预算，统一核算，统一管理。

第二十二条　高等学校对按照规定上缴国库或财政专户的资金，应当按照国库集中收缴的有关规定及时足额上缴，不得隐瞒、滞留、截留、挪用和坐支。

第二十三条　支出是指高等学校开展教学、科研及其他活动发生的资金耗费和损失。

第二十四条　高等学校支出包括：

（一）事业支出，即高等学校开展教学、科研及其辅助活动发生的基本支出和项目支出。

基本支出是指高等学校为了保障其正常运转、完成教学科研和其他日常工作任务而发生的支出，包括人员支出和公用支出。

项目支出是指高等学校为了完成特定工作任务和事业发展目标，在基本支出之外所发生的支出。

（二）经营支出，即高等学校在教学、科研及其辅助活动之外开展非独立核算经营活动发生的支出。经营支出应当与经营收入配比。

（三）对附属单位补助支出，即高等学校用财政补助收入之外的收入对附属单位补助发生的支出。

（四）上缴上级支出，即高等学校按照财政部门和主管部门的规定上缴上级单位的支出。

（五）其他支出，即本条上述规定范围以外的各项支出。包括利息支出、捐赠支出等。

第二十五条 高等学校应当将各项支出全部纳入学校预算，建立健全支出管理制度。

第二十六条 高等学校的支出应当严格执行国家有关财务规章制度规定的开支范围及开支标准；国家有关财务规章制度没有统一规定的，由学校结合本校情况规定，报主管部门和财政部门备案。高等学校的规定违反法律制度和国家政策的，主管部门和财政部门应当责令改正。

第二十七条 高等学校从财政部门和主管部门取得的有指定项目和用途的专项资金，应当专款专用、单独核算，并按照规定向财政部门或者主管部门报送专项资金使用情况；项目完成后，应当报送专项资金支出决算和使用效果的书面报告，接受财政部门或者主管部门和其他相关部门的检查、验收。

第二十八条 高等学校应当严格执行国库集中支付制度和政府采购制度等有关规定。

第二十九条 高等学校应当加强支出管理，不得虚列虚报；应当进行支出绩效评价，提高资金使用的有效性。

第三十条 高等学校应当依法加强各类票据管理，确保票据来源合法、内容真实、使用正确，不得使用虚假票据。

◇《财政部 教育部关于印发〈中小学校财务制度〉的通知》（财教〔2012〕489号）规定：

第二十条 收入是指中小学校为开展教育教学及其他活动依法取得的非偿还性资金。

第二十一条 中小学校收入包括：

（一）财政补助收入，即中小学校从同级财政部门取得的各类财政拨款。

（二）事业收入，即中小学校开展教育教学及其辅助活动依法取得的收入。其中：按照国家规定应当上缴国库或者财政专户的资金，不计入事业收入；从财政专户核拨给学校的资金和经核准不上缴国库或者财政专户的资金，计入事业收入。

（三）上级补助收入，即中小学校从主管部门和上级单位取得的非财政补助收入。

（四）附属单位上缴收入，即中小学校附属的独立核算单位按照规定上缴学校的收入。

（五）经营收入，即非义务教育阶段学校在教育教学及其辅助活动之外，开展非独立核算经营活动取得的收入。

（六）其他收入，即本条上述规定范围以外的各项收入，包括投资收益、利息收入、捐赠收入等。

第二十二条　中小学校应当将各项收入全部纳入学校预算，统一核算，统一管理。中小学校严禁设立"小金库"，严禁账外设账，严禁公款私存。

第二十三条　中小学校组织收入应当合法合规；各项收费应当严格执行国家规定的收费范围、收费项目和收费标准，使用符合国家规定的合法票据。对按照规定上缴国库或者财政专户的资金，中小学校应当按照国库集中收缴的有关规定及时足额上缴，不得隐瞒、滞留、截留、挪用和坐支。

第二十四条　支出是指中小学校为开展教育教学及其他活动发生的各项资金耗费和损失。

第二十五条　中小学校支出包括：

（一）事业支出，即中小学校开展教育教学及其辅助活动发生的基本支出和项目支出。基本支出是指中小学校为了保障其正常运转、完成教育教学和其他日常工作任务而发生的人员支出和公用支出。项目支出是指中小学校为了完成特定工作任务和事业发展目标，在基本支出之外所发生的支出。

（二）经营支出，即非义务教育阶段学校在教育教学及其辅助活动之外开展非独立核算经营活动发生的支出。

（三）对附属单位补助支出，即非义务教育阶段学校用财政补助收入之外的收入对附属单位补助发生的支出。

（四）上缴上级支出，即中小学校按照财政部门和主管部门的规定上缴上级单位的支出。

（五）其他支出，即本条上述规定范围以外的各项支出，包括利息支出、捐赠支出等。

中小学校可以结合实际，在上述支出分类的基础上，进一步按照教育教学功能细化支出分类。

第二十六条　中小学校应当将各项支出全部纳入学校预算，建立健全支出管理制度。

第二十七条　中小学校的支出应当严格执行国家有关财务规章制度规定的开支范围及开支标准；国家有关财务规章制度没有统一规定的，由学校结合本校情况规定，报主管部门和财政部门备案。学校规定违反法律制度和国家政策的，主管部门和财政部门应当责令改正。

中小学校应当加强支出管理，基本支出、项目支出不得混用。公用支出不得用于教职工福利等人员支出。项目支出应当按照规定专款专用，不得挤占和挪用。

第二十八条　非义务教育阶段学校开展非独立核算经营活动，应当以不影响正常教育教学活动为前提。在开展非独立核算经营活动中，应当加强经济核算，正确归集实际发生的各项费用；不能直接归集的，应当按照规定的比例合理分摊。

经营支出应当与经营收入配比。

第二十九条　中小学校从财政部门和主管部门取得的有指定项目和用途的专项资金，应当专款专用、单独核算，并按照规定向财政部门或者主管部门报送资金使用情况；项目完成后，应当报送专项资金支出决算和使用效果的书面报告，并接受财政部门和主管部门的检查、验收。

第三十条　中小学校各项支出应当按照实际发生数列支，不得虚列虚报，不得以计划数和预算数代替。

第三十一条　中小学校应当严格执行国库集中支付制度和政府采购制度等有关规定。

第三十二条　中小学校应当加强支出的绩效管理，提高资金使用的有效性。

第三十三条　中小学校应当依法加强各类票据管理，确保票据来源合法、内容真实、使用正确，不得使用虚假票据。

◇《财政部　科技部关于印发〈科学事业单位财务制度〉的通知》（财教〔2012〕502号）规定：

第十九条　收入是指科学事业单位为开展业务及其他活动依法取得的非偿还性资金。包括：

（一）财政补助收入，即科学事业单位从同级财政部门取得的各类财政拨款。

（二）事业收入，即科学事业单位开展专业业务活动及其辅助活动取得的收入。其中：按照国家有关规定应当上缴国库或者财政专户的资金，不计入事业收入；从财政专户核拨给科学事业单位的资金和经核准不上缴国库或者财政专户的资金，计入事业收入。

（三）上级补助收入，即科学事业单位从财务主管部门和上级单位取得的非财政补助收入。

（四）附属单位上缴收入，即科学事业单位附属独立核算的单位按照有关规定上缴的收入。

（五）经营收入，即科学事业单位在专业业务活动及其辅助活动之外开展非独立核算的经营活动取得的收入。

（六）其他收入，即本条上述规定范围以外的各项收入，包括投资收益、利息收入、捐赠收入等。

第二十条　科学事业单位的事业收入包括：

（一）科研收入，即科学事业单位承担科研项目取得的收入。

（二）技术收入，即科学事业单位对外提供技术咨询、技术服务等取得的收入。

（三）学术活动收入，即科学事业单位开展学术交流、学术期刊出版等活动取得的收入。

（四）科普活动收入，即科学事业单位开展科学知识宣传、讲座和科技展览等活动取得的收入。

（五）试制产品收入，即科学事业单位从事中间试验产品的试制取得的收入。

（六）教学活动收入，即科学事业单位开展教学及其辅助活动取得的收入。

以上各项收入不包括按照部门预算隶属关系从同级财政部门取得的财政拨款。

第二十一条　科学事业单位收入管理的要求主要包括：

（一）单位组织收入应当遵守国家政策规定，各项收入的来源应当合法。

（二）单位应当将各项收入全部纳入单位预算，统一核算，统一管理。

（三）单位应当执行国家规定的收费范围和标准。调整收费范围和标准，应当按照规定程序报经有关部门批准。

（四）单位应当按照规定使用财政、税务等部门统一印制的票据。

第二十二条　科学事业单位对按照规定上缴国库或者财政专户的资金，应当按照国库集中收缴的有关规定及时足额上缴，不得隐瞒、滞留、截留、挪用和坐支。

科学事业单位严禁设立小金库，严禁账外设账，严禁公款私存。

第二十三条　支出是指科学事业单位开展业务及其他活动发生的资金耗费和损失。包括：

（一）事业支出，即科学事业单位开展专业业务活动及其辅助活动发生的基本支出和项目支出。

基本支出是指科学事业单位为了保障其正常运转、完成日常工作任务而发生的人员支出和公用支出。项目支出是指科学事业单位为了完成特定工作任务和事业发展目标，在基本支出之外所发生的支出。

（二）上缴上级支出，即科学事业单位按照财政部门和财务主管部门的规定上缴上级单位的支出。

（三）对附属单位补助支出，即科学事业单位用财政补助收入之外的收入对附属单位补助发生的支出。

（四）经营支出，即科学事业单位在专业业务活动及其辅助活动之外开展非独立核算经营活动发生的支出。

（五）其他支出，即本条上述规定范围以外的各项支出，包括利息支出、捐赠支出等。

第二十四条　科学事业单位应当将各项支出全部纳入单位预算，建立健全支出管理制度。

第二十五条　科学事业单位在开展非独立核算经营活动中，应当正确归集实际发生的各项费用；不能归集的，应当按照规定的比例合理分摊。

经营支出应当与经营收入配比。

第二十六条　科学事业单位应当严格执行国家有关财务规章制度规定的开支范围及开支标准；国家有关财务规章制度没有统一规定的，由单位规定，报财务主管部门和财政部门备案。单位的规定违反法律制度和国家政策的，财务主管部门和财政部门应当责令改正。

第二十七条　科学事业单位从财政部门、财务主管部门和其他相关部门取得的有指定项目和用途的专项资金，应当专款专用、单独核算，并按照规定向财政部门、财务主管部门和其他相关部门报送专项资金使用情况；项目完成后，应当报送专项资金支出决算和使用效果的书面报告，接受财政部门、财务主管部门和其他相关部门的检查、验收。

对于不同来源的科研项目资金，应当按照国家有关规定或者合同要求进行管理，不得截留、挤占、挪用和违反规定转拨资金，不得虚列支出，不得以任何形式谋取私利。

第二十八条　科学事业单位应当严格执行国库集中支付制度和政府采购制度等有关规定。

第二十九条　科学事业单位应当加强支出的绩效管理，提高资金使用的有效性。

第三十条　科学事业单位应当依法加强各类票据管理，确保票据来源合法、内容真实、使用正确，不得使用虚假票据。

◇《财政部 文化部关于印发〈文化事业单位财务制度〉的通知》（财教〔2012〕503号）规定：

第十六条　收入是指文化事业单位为开展业务及其他活动依法取得的非偿还性资金。

第十七条　文化事业单位的收入包括：

（一）财政补助收入，即文化事业单位从同级财政部门取得的各类财政拨款。

（二）事业收入，即文化事业单位开展专业业务活动及其辅助活动取得的收入。其中：按照国家有关规定应当上缴国库或者财政专户的资金，不计入事业收入；从财政专户核拨给文化事业单位的资金和经核准不上缴国库或者财政专户的资金，计入事业收入。

（三）上级补助收入，即文化事业单位从主管部门和上级单位取得的各种非财政补助收入。

（四）附属单位上缴收入，即文化事业单位附属独立核算单位按照有关规定上缴的收入。

（五）经营收入，即文化事业单位在专业业务活动及其辅助活动之外开展非独立核算的经营活动取得的收入。

（六）其他收入，即本条上述规定范围以外的各项收入，包括投资收益、利息收入、捐赠收入等。

第十八条　事业收入包括：

（一）演出收入，即艺术表演团体进行各类文艺演出取得的收入。

（二）文化场馆服务收入，即艺术表演场所、文化展示及纪念机构开展文艺演出、举办展览展映等活动所取得的收入。

（三）技术服务收入，即文化事业单位提供各种技术指导、技术咨询、技术服务取得的收入。

（四）培训收入，即文化事业单位举办各种文化艺术培训班取得的收入。

（五）复印复制收入，即图书馆、文化馆、群艺馆、展览馆、美术馆、纪念馆等对外提供馆藏资料的复印复制等服务取得的收入。

（六）门票收入，即文化展示及纪念机构销售门票取得的收入。

（七）外借人员劳务收入，即文化事业单位对外提供演职人员、技术人员等取得的劳务收入。

（八）其他事业收入，即文化事业单位开展专业业务活动及其辅助活动取得的除上述各项收入以外的收入。

第十九条　经营收入包括：

（一）销售收入，即文化事业单位非独立核算部门销售商品取得的收入。

（二）经营服务收入，即文化事业单位非独立核算部门对外提供经营服务取得的收入。

（三）租赁收入，即文化事业单位对外出租房屋、场地和设备等取得的收入。

（四）其他经营收入，即文化事业单位在专业业务活动及其辅助活动之外，开展非独立核算的经营活动取得的除上述各项收入以外的收入。

第二十条　收入管理的要求：

（一）文化事业单位应当在国家政策允许的范围内，合法组织收入。坚持把社会效益放在首位，坚持社会效益和经济效益的有机统一。

（二）文化事业单位应当使用财政税务部门统一印制的票据，并建立健全各种收据、发票、门票等票据的管理制度。

（三）文化事业单位应当严格执行国家批准的收费项目和收费标准，不得擅自设立收费项目，自定收费标准。

（四）文化事业单位应当按照规定加强银行账户的统一管理，收入要及时入账，防止流失。

（五）文化事业单位应当将各项收入全部纳入单位预算，统一核算，统一管理。

第二十一条　文化事业单位对按照规定上缴国库或者财政专户的资金，应当按照国库集中收缴的有关规定及时足额上缴，不得隐瞒、滞留、截留、挪用和坐支。

第二十二条　支出是指文化事业单位开展业务及其他活动发生的资金耗费和损失。

第二十三条　文化事业单位支出包括：

（一）事业支出，即文化事业单位开展专业业务活动及其辅助活动发生的基本支出和项目支出。基本支出是指文化事业单位为了保障其正常运转、完成日常工作任务而发生的人员支出和公用支出。项目支出是指文化事业单位为了完成特定工作任务和事业发展目标，在基本支出之外所发生的支出。

（二）经营支出，即文化事业单位在专业业务活动及其辅助活动之外开展非独立核算经营活动发生的支出。

（三）对附属单位补助支出，即文化事业单位用财政补助收入之外的收入对附属单位补助发生的支出。

（四）上缴上级支出，即文化事业单位按照财政部门和主管部门的规定上缴上级单位的支出。

（五）其他支出，即本条上述规定范围以外的各项支出，包括利息支出、捐赠支出等。

第二十四条　支出管理的要求：

（一）文化事业单位应当将各项支出全部纳入单位预算，建立健全支出管理制度。

（二）文化事业单位的支出应当严格执行国家有关财务规章制度规定的开支范围及开支标准；国家有关财务规章制度没有统一规定的，由文化事业单位规定，报主管部门和财政部门备案。

文化事业单位的规定违反法律制度和国家政策的，主管部门和财政部门应当责令改正。

（三）文化事业单位从财政部门和主管部门取得的有指定项目和用途的专项资金，应当专款专用、单独核算，并按照规定向财政部门或者主管部门报送专项资金使用情况；项目完成后，应当报送专项资金支出决算和使用效果的书面报告，接受财政部门和主管部门的检查和验收。

（四）文化事业单位应当依法加强各类票据管理，确保票据来源合法、内容真实、使用正确，不得使用虚假票据。

◇《财政部 广电总局关于印发〈广播电视事业单位财务制度〉的通知》（财教〔2012〕504号）规定：

第十七条　收入是指广播电视事业单位为开展广播电视业务及其他活动依法取得的非偿还性资金。

第十八条　广播电视事业单位的收入包括：

（一）财政补助收入，即广播电视事业单位从同级财政部门取得的各类财政拨款。

（二）事业收入，即广播电视事业单位开展广播电视节目的制作、播出、传输、接收、监测等专业业务活动及其辅助活动取得的收入，其中：按照国家有关规定应当上缴国库或者财政专户的资金，不计入事业收入；从财政专户核拨给广播电视事业单位的资金和经核准不上缴国库或者财政专户的资金，计入事业收入。国家另有规定的除外。

（三）上级补助收入，即广播电视事业单位从主管部门和上级单位取得的非财政补助收入。

（四）附属单位上缴收入，即广播电视事业单位附属独立核算单位按照有关规定上缴的收入。

（五）经营收入，即广播电视事业单位在专业业务活动及其辅助活动之外开展非独立核算经营活动取得的收入。

（六）其他收入，即本条上述规定范围以外的各项收入，包括投资收益、利息收入、捐赠收入等。

第十九条　事业收入包括：

（一）广告收入，即广播电视事业单位因播出、刊登广告收取的收入。

（二）收视费收入，即广播电视事业单位收取的电视节目收视费收入。

（三）节目销售收入，即广播电视事业单位销售节目取得的收入。

（四）合作合拍收入，即广播电视事业单位与国内外单位和机构合作广播电视节目或合拍影视节目取得的收入。

（五）节目制作和播放收入，即广播电视事业单位为其他单位制作和播放广播电视节目取得的收入。

（六）节目传输收入，即广播电视事业单位为用户传送广播电视节目取得的收入。

（七）技术服务收入，即广播电视事业单位对外提供技术服务、技术咨询、翻译服务、信息服务、计量检测、设备技术安装和维修等取得的收入。

（八）其他事业收入，即广播电视事业单位开展专业业务及其辅助活动取得的除上述各项收入以外的收入，包括培训收入、门票收入等。

第二十条　经营收入包括：

（一）销售收入，即广播电视事业单位非独立核算部门销售商品取得的收入。

（二）经营服务收入，即广播电视事业单位非独立核算部门对外提供经营服务取得的收入。

（三）租赁收入，即广播电视事业单位出租房屋、场地和设备等取得的收入。

（四）其他经营收入，即广播电视事业单位在广播电视节目制作、播出、传输、接收、监测等专业业务活动及其辅助活动之外取得的除上述各项收入以外的收入。

第二十一条　收入管理的要求：

（一）广播电视事业单位应当在国家政策允许的范围内，依法组织收入，坚持把社会效益放在首位，坚持社会效益和经济效益有机统一。

（二）广播电视事业单位应当使用财政部门和税务部门统一印制的票据，并建立健全各种专用收款收据、销售发票等票据的管理制度。

（三）广播电视事业单位各项收入应当及时入账，不得由下属单位或其他单位违规代存代管资金，防止流失。

（四）广播电视事业单位应当将各项收入全部纳入单位预算，统一核算，统一管理。

第二十二条　广播电视事业单位对按照规定上缴国库或者财政专户的资金，应当按照国库集中收缴的有关规定及时足额上缴，不得隐瞒、滞留、截留、挪用和坐支。

第二十三条　支出是广播电视事业单位开展广播电视节目的制作、播出、传输、接收、监测等业务及其他活动发生的资金耗费和损失。

第二十四条　广播电视事业单位支出包括：

（一）事业支出，即广播电视事业单位开展广播电视节目的制作、播出、传输、接收、监测等专业业务活动及其辅助活动发生的基本支出和项目支出。基本支出是指广播电视事业单位为了保障其正常运转、完成日常工作任务而发生的人员支出和公用支出。项目支出是指广播电视事业单位为了完成特定工作任务和事业发展目标，在基本支出之外所发生的支出。

（二）经营支出，即广播电视事业单位在广播电视节目的制作、播出、传输、接收、监测等专业业务活动及其辅助活动之外开展非独立核算经营活动发生的支出。

（三）对附属单位补助支出，即广播电视事业单位用财政补助收入之外的收入对附属单位补助发生的支出。

（四）上缴上级支出，即实行收入上缴办法的广播电视事业单位按照规定的定额或比例上缴上级单位的支出。

（五）其他支出，即本条上述规定范围以外的各项支出，包括利息支出、捐赠支出等。

第二十五条　广播电视事业单位应当将各项支出全部纳入单位预算，建立健全支出管理制度。各项支出应当在单位负责人的领导下，由单位财务部门按照经法定程序批复的预算，坚持量入为出，统一安排使用。单位业务部门按照财务部门核定的预算和规定的程序使用资金。

第二十六条　广播电视事业单位应当严格执行国家规定的开支范围及开支标准；没有统一规定的，由广播电视事业单位作出规定，报主管部门和财政部门备案。

广播电视事业单位的规定违反法律制度和国家政策的，主管部门和财政部门应当责令改正。

第二十七条　广播电视事业单位在开展非独立核算经营活动中，应当正确归集实际发生的各项费用；不能归集的，应当按照规定的比例合理分摊。

经营支出应当与经营收入配比。

第二十八条　广播电视事业单位从财政部门和主管部门取得的有指定项目和用途并且要求单独核算的专项资金，应当专款专用、单独核算，并按照规定向财政部门和主管部门报送专项资金使用情况；项目完成后，应当报送专项资金支出决算和使用效果的书面报告，接受财政部门和主管部门的检查和验收。

第二十九条　广播电视事业单位应当逐步建立健全支出定额标准体系，合理使用资金，控制支出规模。

第三十条　广播电视事业单位应当严格执行国库集中支付制度和政府采购制度等有关规定。

第三十一条　广播电视事业单位应当加强支出的绩效管理，提高资金使用的有效性。

第三十二条　广播电视事业单位应当依法加强票据管理，确保票据来源合法，内容真实，使用正确，不得使用虚假票据。

票据经办部门和人员应当对票据的真实性、合法性负责。财务部门应当加强票据的审核，拒绝报销虚假票据。

◇《财政部　国家体育总局关于印发〈体育事业单位财务制度〉的通知》（财教〔2012〕505号）规定：

第十六条　收入是指体育事业单位为开展业务及其他活动依法取得的非偿还性资金。

第十七条　体育事业单位收入包括：

（一）财政补助收入，即体育事业单位从同级财政部门取得的各类财政拨款（含彩票公益金）。

（二）事业收入，即体育事业单位开展体育业务活动及其辅助活动取得的收入。其中：按照国家有关规定应当上缴国库或者财政专户的资金，不计入事业收入；从财政专户核拨给体育事业单位的资金和经核准不上缴国库或者财政专户的资金，计入事业收入。

（三）上级补助收入，即体育事业单位从主管部门和上级单位取得的非财政补助收入。

（四）附属单位上缴收入，即体育事业单位附属独立核算单位按照有关规定上缴的收入。

（五）经营收入，即体育事业单位在专业活动及其辅助活动之外开展非独立核算经营活动取得的收入。

（六）其他收入，即本条上述规定范围以外的各项收入，包括投资收益、利息收入、捐赠收入等。

第十八条　事业收入包括：

（一）体育竞赛收入，即体育事业单位组织和参加各类体育比赛和表演所取得的收入，包括出售门票、比赛冠名权、媒体转播权和提供服务等取得的各项收入。

（二）体育公共设施服务收入，即体育事业单位依托体育场地及附属设施提供体育比赛、健身休闲、健身指导、技能培训、运动康复、体质测试等服务取得的收入。

（三）体育技术服务收入，即体育事业单位对外提供技术指导、技术咨询、技术培训、信息服务和推广体育科研成果等取得的收入。

（四）体育衍生业务收入，即体育事业单位通过形象代言、特许使用权、冠名权等取得的收入。

（五）其他体育事业收入，即体育事业单位开展专业业务活动及其辅助活动取得的除上述各项收入以外的收入。

第十九条　经营收入包括：

（一）销售收入，即体育事业单位非独立核算部门销售商品所取得的收入。

（二）经营服务收入，即体育事业单位非独立核算部门对外提供经营服务取得的收入。

（三）租赁收入，即体育事业单位出租房屋、场地、大型设备等取得的收入。

（四）其他经营收入，即体育事业单位在专业业务活动及其辅助活动之外取得的除上述各项收入以外的收入。

第二十条　收入管理的要求

（一）体育事业单位应当在国家政策允许的范围内，依法组织收入，坚持把社会效益放在首位，同时注重经济效益。

（二）体育事业单位取得事业收入和经营收入，应当使用财政部门和税务部门统一印制的票据，并建立健全各种专用收款收据、销售发票、门票等票据的管理制度。

（三）体育事业单位应当严格执行国家批准的收费项目和收费标准，不得擅自设立收费项目，自定收费标准。

（四）体育事业单位应当按照规定加强银行账户的统一管理，收入要及时入账，防止流失。

（五）体育事业单位的各项收入应当全部纳入单位预算，统一核算，统一管理。

（六）体育事业单位对按照规定上缴国库或者财政专户的资金，应当按照国库集中收缴的有关规定及时足额上缴，不得隐瞒、滞留、截留、挪用和坐支。

第二十一条　支出是体育事业单位开展业务及其他活动发生的资金耗费和损失。

第二十二条　体育事业单位支出包括：

（一）事业支出，即体育事业单位开展专业业务活动及其辅助活动发生的基本支出和项目支出。基本支出是指体育事业单位为了保障其正常运转、完成日常工作任务而发生的人员支出和公用支出。项目支出是指体育事业单位为了完成特定工作任务和事业发展目标，在基本支出之外所发生的支出。

（二）经营支出，即体育事业单位在专业业务活动及其辅助活动之外开展非独立核算经营活动发生的支出。

（三）对附属单位补助支出，即体育事业单位用财政补助收入之外的收入对附属单位补助发生的支出。

（四）上缴上级支出，即体育事业单位按照财政部门和主管部门的规定上缴上级单位的支出。

（五）其他支出，即本条上述规定范围以外的各项支出，包括利息支出、捐赠支出等。

第二十三条　体育事业单位应当将各项支出全部纳入单位预算，建立健全支出管理制度。

第二十四条　体育事业单位应当严格执行国家有关财务规章制度规定的开支范围及开支标准；国家有关财务规章制度没有统一规定的，由体育事业单位规定，报主管部门和财政部门备案。体育事业单位的规定违反法律制度和国家政策的，主管部门和财政部门应当责令改正。

第二十五条　体育事业单位在开展非独立核算经营活动中，应当正确归集实际发生的各项费用数；不能归集的，应当按照规定的比例合理分摊。

经营支出应当与经营收入配比。

第二十六条　体育事业单位从财政部门和主管部门取得的有指定项目和用途的专项资金，应当专款专用、单独核算，并按照规定向财政部门或者主管部门报送专项资金使用情况；项目完成后，应当报送专项资金支出决算和使用效果的书面报告，接受财政部门或者主管部门的检查、验收。

第二十七条　体育事业单位应当强化成本意识、加强经济核算，具备条件的体育事业单位可以根据开展业务及其他活动的实际需要，实行内部成本核算办法。

第二十八条　体育事业单位实行内部成本核算，应当按照核算对象将业务活动中所发生的各种费用进行归集、分配和计算，其费用可以划分为直接费用、间接费用和期间费用。

（一）直接费用是指直接从事体育公共设施服务、体育竞赛、体育技术服务、体育宣传品制作等专业业务活动和非独立核算生产经营活动所发生的费用。

（二）间接费用是指体育事业单位内部各业务部门为组织和管理体育公共设施服务、体育竞赛、体育技术服务、体育宣传品制作等专业业务活动和非独立核算生产经营活动所发生的费用。

（三）期间费用是指体育事业单位内部行政后勤管理部门发生的各项费用。

第二十九条　体育事业单位实行内部成本核算，其成本费用应当按照支出用途分别归集到单位事业支出、经营支出等相应科目中。

第三十条　体育事业单位实行内部成本核算，其基本建设支出、对外投资、各种罚款、赞助和捐赠支出以及国家规定不得列入成本费用的其他支出，不得计入成本费用。

第三十一条　体育事业单位实行内部成本核算，应当建立成本费用与相关支出的核对机制，以及成本核算分析报告制度。

第三十二条 体育事业单位应当严格执行国库集中支付制度和政府采购制度等有关规定。

第三十三条 体育事业单位应当加强支出的绩效管理，提高资金使用的有效性。

第三十四条 体育事业单位应当依法加强各类票据管理，确保票据来源合法、内容真实、使用正确，不得使用虚假发票。

票据经办部门和人员应当对票据的真实性、合法性负责。财务部门应当加强票据的审核，拒绝报销虚假票据。

◇《财政部 国家文物局关于印发〈文物事业单位财务制度〉的通知》（财教〔2012〕506号）规定：

第十六条 收入是指文物事业单位为开展业务及其他活动依法取得的非偿还性资金。

第十七条 文物事业单位收入包括：

（一）财政补助收入，即文物事业单位从同级财政部门取得的各类财政拨款。

（二）事业收入，即文物事业单位开展专业业务活动及其辅助活动取得的收入。其中：按照国家有关规定应当上缴国库或者财政专户的资金，不计入事业收入；从财政专户核拨给事业单位的资金和经核准不上缴国库或者财政专户的资金，计入事业收入。

（三）上级补助收入，即文物事业单位从主管部门和上级单位取得的非财政补助收入。

（四）附属单位上缴收入，即文物事业单位附属独立核算单位按照有关规定上缴的收入。

（五）经营收入，即文物事业单位在专业业务活动及辅助活动之外开展非独立核算的经营活动取得的收入。

（六）其他收入，即本条上述规定范围以外的各项收入，包括投资收益、利息收入、捐赠收入等。

第十八条 事业收入包括：

（一）门票收入，即文物事业单位开展业务活动出售门票取得的收入。

（二）展览收入，即文物事业单位自行举办或与外单位合办、协办展览而取得的收入。

（三）讲解导览收入，即文物事业单位为观众提供讲解、语音导览服务取得的收入。

（四）考古调查、勘探、发掘收入，即文物事业单位进行考古调查、勘探和依法考古发掘取得的收入。

（五）文物保护工程收入，即文物事业单位对外提供文物保护工程勘察设计、施工、监理等取得的收入。

（六）文物修复设计、施工收入，即文物事业单位对外提供文物修复等服务取得的收入。

（七）文物鉴定、审核收入，即文物事业单位对外提供文物拍卖标底审核、文物进出境审核等取得的收入。

（八）文物调拨、交换、出借补偿收入，即文物事业单位因文物调拨、交换、出借取得的补偿收入。

（九）其他事业收入，即文物事业单位开展专业业务活动及其辅助活动取得的除上述各项收入以外的收入。

第十九条　经营收入包括：

（一）文化产品销售收入，即文物事业单位非独立核算部门销售文化产品等商品取得的收入。

（二）经营服务收入，即文物事业单位非独立核算部门对外提供影视拍摄等经营服务取得的收入。

（三）租赁收入，即文物事业单位对外出租房屋、场地和设备等取得的收入。

（四）其他经营收入，即文物事业单位在专业业务活动及其辅助活动之外取得的除上述各项收入以外的收入。

第二十条　文物事业单位应当将各项收入全部纳入单位预算，统一核算，统一管理。

第二十一条　文物事业单位应当在国家政策允许的范围内，依法组织收入，坚持把社会效益放在首位，坚持社会效益和经济效益的有机统一。

第二十二条　文物事业单位应当严格执行国家批准的收费项目和收费标准。

文物事业单位应当使用财政部门或税务部门统一印制的票据，并建立健全票据的管理制度。

第二十三条　文物事业单位事业收入应当用于文物保护事业发展需要，任何单位和个人不得侵占、挪用。

配合建设工程进行考古调查、勘探、发掘取得的收入应当专门用于承担相关工作，任何单位不得统筹、挪用。

第二十四条　文物事业单位对按照规定上缴国库或者财政专户的资金，应当按照国库集中收缴的有关规定及时足额上缴，不得隐瞒、滞留、截留、挪用和坐支。

第二十五条　支出是指文物事业单位开展业务及其他活动发生的资金耗费和损失。

第二十六条　文物事业单位支出包括：

（一）事业支出，即文物事业单位开展专业业务活动及其辅助活动发生的基本支出和项目支出。基本支出是文物事业单位为了保障其正常运转、完成日常工作任务而发生的人员支出和公用支出。项目支出是事业单位为了完成特定工作任务和事业发展目标，在基本支出之外所发生的支出。

（二）经营支出，即文物事业单位在专业业务活动及其辅助活动之外开展非独立核算经营活动发生的支出。

（三）对附属单位补助支出，即文物事业单位用财政补助收入之外的收入对附属单位补助发生的支出。

（四）上缴上级支出，即文物事业单位按照财政部门和主管部门的规定上缴上级单位的支出。

（五）其他支出，即上述规定范围以外的支出，包括利息支出、捐赠支出等。

第二十七条　文物事业单位应当将各项支出全部纳入单位预算，建立健全支出管理制度。

第二十八条　文物事业单位的支出应当严格执行国家有关财务规章制度规定的开支范围及开支标准；国家有关财务规章制度没有统一规定的，由文物事业单位规定，报主管部门备案。

文物事业单位的规定违反法律制度和国家政策的，主管部门和财政部门应当责令改正。

第二十九条　文物事业单位在开展非独立核算经营活动中，应当正确归集实际发生的各项费用数；不能归集的，应当按照规定的比例合理分摊。

经营支出应当与经营收入配比。

第三十条　文物事业单位从财政部门和主管部门取得的有指定项目和用途的专项资金，应当专款专用，单独核算，并按照规定向财政部门或者主管部门报送专项资金使用情况；项目完成后，应当报送专项资金支出决算和使用效果的书面报告，接受财政部门或者主管部门的检查、验收。

第三十一条　文物事业单位应当加强经济核算，可以根据开展业务活动及其他活动的实际需要，实行内部成本核算方法。

第三十二条　文物事业单位应当严格执行国库集中支付制度和政府采购制度等有关规定。

第三十三条　文物事业单位应当加强支出的绩效管理，提高资金使用的有效性。

第三十四条　文物事业单位应当依法加强票据管理，确保票据来源合法，内容真实，使用正确，严禁使用虚假票据。

◇《财政部　人口计生委关于印发〈人口和计划生育事业单位财务制度〉的通知》（财教〔2012〕507号）规定：

第十六条　收入是指人口和计划生育事业单位为开展业务及其他活动依法取得的非偿还性资金。

第十七条　人口和计划生育事业单位收入包括：

（一）财政补助收入，即人口和计划生育事业单位从同级财政部门取得的各类财政拨款。

（二）事业收入，即人口和计划生育事业单位开展专业业务活动及其辅助活动取得的收入，其中：按照国家有关规定应当上缴国库或者财政专户的资金，不计入事业收入；从财政专户核拨的资金和经核准不上缴国库或者财政专户的资金，计入事业收入。

（三）上级补助收入，即人口和计划生育事业单位从主管部门和上级单位取得的非财政补助收入。

（四）附属单位上缴收入，即人口和计划生育事业单位附属独立核算单位按照有关规定上缴的收入。

（五）经营收入，即人口和计划生育事业单位在专业业务活动及其辅助活动之外开展非独立核算经营活动取得的收入。

（六）其他收入，即本条上述规定范围以外的各项收入，包括投资收益、利息收入、捐赠收入等。

第十八条 事业收入包括：

（一）技术服务收入，即人口和计划生育事业单位开展计划生育优生优育咨询指导、避孕节育手术、孕前优生健康检查、孕情环情监测、计划生育手术并发症诊治、生殖健康检查治疗等技术服务活动取得的收入。

（二）病残儿鉴定收入，即人口和计划生育事业单位对病残儿进行鉴定所取得的收入。

（三）培训收入，即人口和计划生育事业单位开展业务培训取得的收入。

（四）宣传品制作收入，即人口和计划生育事业单位制作人口计生图书、音像等各类宣传品取得的收入。

（五）其他事业收入，即人口和计划生育事业单位开展专业业务活动及其辅助活动所取得的除上述各项收入以外的收入。

第十九条 经营收入包括：

（一）销售收入，即人口和计划生育事业单位非独立核算部门销售商品取得的收入。

（二）经营服务收入，即人口和计划生育事业单位非独立核算部门对外提供经营服务取得的收入。

（三）租赁收入，即人口和计划生育事业单位出租房屋、场地和设备取得的收入。

（四）其他经营收入，即人口和计划生育事业单位在专业业务活动及其辅助活动之外取得的除上述各项收入以外的收入。

第二十条 收入管理的要求：

（一）人口和计划生育事业单位应当在国家政策允许的范围内，依法组织收入，坚持社会效益为主，同时注重经济效益。

（二）人口和计划生育事业单位应当严格执行国家批准的收费项目和收费标准，不得擅自设立收费项目，并建立健全收费管理制度。

（三）人口和计划生育事业单位各项收入要及时入账，防止流失。

（四）人口和计划生育事业单位的各项收入应当全部纳入单位预算，统一核算，统一管理。

第二十一条 人口和计划生育事业单位对按照规定上缴国库或者财政专户的资金，应当按照国库集中收缴的有关规定及时足额上缴，不得隐瞒、滞留、截留、挪用和坐支。

第二十二条 支出是人口和计划生育事业单位开展业务及其他活动发生的资金耗费和损失。

第二十三条 人口和计划生育事业单位支出包括：

（一）事业支出，即人口和计划生育事业单位开展专业业务活动及其辅助活动发生的基本支出和项目支出。基本支出，即人口和计划生育事业单位为了保障其正常运转、完成日常工作任务而发生的人员支出和公用支出。项目支出，即人口和计划生育事业单位为了完成特定工作任务和事业发展目标，在基本支出之外所发生的支出。

（二）经营支出，即人口和计划生育事业单位在专业业务活动及其辅助活动之外开展非独立核算经营活动发生的支出。

（三）对附属单位补助支出，即人口和计划生育事业单位用财政补助收入之外的收入对附属单位补助发生的支出。

（四）上缴上级支出，即人口和计划生育事业单位按照财政和主管部门的规定，上缴上级单位的支出。

（五）其他支出，即本条上述规定范围之外的支出，包括利息支出、捐赠支出等。

第二十四条　人口和计划生育事业单位的各项支出应当全部纳入单位预算，建立健全支出管理制度。

第二十五条　人口和计划生育事业单位应当严格执行国家财务规章制度规定的开支范围及开支标准；国家没有统一规定的，由人口和计划生育事业单位做出规定，报主管部门和财政部门备案。

人口和计划生育事业单位的规定违反法律制度和国家政策的，主管部门和财政部门应当责令改正。

第二十六条　人口和计划生育事业单位在开展非独立核算经营活动中，应当正确归集实际发生的各项费用数；不能归集的，应当按照规定的比例合理分摊。经营支出应当与经营收入配比。

第二十七条　人口和计划生育事业单位从财政部门和主管部门取得的有指定项目和用途的专项资金，应当专款专用，定期向财政部门和主管部门报送专项资金使用情况；项目完成后，应当报送专项资金支出决算和使用效果的书面报告，接受财政部门和主管部门的检查和验收。

第二十八条　为了加强支出管理，提高经济核算水平，具备条件的人口和计划生育事业单位，可以根据开展业务及其他活动的实际需要，实行内部成本核算办法。

第二十九条　实行内部成本核算办法的范围：非财政补助收入能够基本满足正常支出的人口和计划生育管理服务机构。

第三十条　实行内部成本核算办法的单位、单位内部实行成本核算的部门，其成本费用应当按照支出用途分别归集到单位事业支出和经营支出的相应科目中。

第三十一条　人口和计划生育事业单位的基本建设支出、对外投资支出以及国家规定不得列入成本费用的其他支出，不得计入成本费用。

第三十二条　人口和计划生育事业单位应当严格执行国库集中支付制度和政府采购制度等有关规定。

第三十三条　人口和计划生育事业单位应当加强支出的绩效管理，提高资金使用的有效性。

第三十四条　人口和计划生育事业单位应当依法加强各类票据管理，确保票据来源合法，内容真实，使用正确，不得使用虚假票据。票据经办部门和人员应当对票据的真实性、合法性负责。财务部门和人员应当加强票据审核，杜绝报销虚假发票。

〔《中华人民共和国企业所得税法实施条例》〕第二十六条

☆企业所得税法第七条第（二）项所称政府性基金，是指企业依照法律、行政法规等有关规定：代政府收取的具有专项用途的财政资金。

〔税收规范性文件〕

◆《国家税务总局关于财政性资金行政事业性收费政府性基金有关企业所得税政策问题的的通知》（财税〔2008〕151号）规定：

一、财政性资金

（一）企业取得的各类财政性资金，除属于国家投资和资金使用后要求归还本金的以外，均应计入企业当年收入总额。

（二）对企业取得的由国务院财政、税务主管部门规定专项用途并经国务院批准的财政性资金，准予作为不征税收入，在计算应纳税所得额时从收入总额中减除。

（三）纳入预算管理的事业单位、社会团体等组织按照核定的预算和经费报领关系收到的由财政部门或上级单位拨入的财政补助收入，准予作为不征税收入，在计算应纳税所得额时从收入总额中减除，但国务院和国务院财政、税务主管部门另有规定的除外。

本条所称财政性资金，是指企业取得的来源于政府及其有关部门的财政补助、补贴、贷款贴息，以及其他各类财政专项资金，包括直接减免的增值税和即征即退、先征后退、先征后返的各种税收，但不包括企业按规定取得的出口退税款；所称国家投资，是指国家以投资者身份投入企业、并按有关规定相应增加企业实收资本（股本）的直接投资。

二、关于政府性基金和行政事业性收费

（一）企业按照规定缴纳的、由国务院或财政部批准设立的政府性基金以及由国务院和省、自治区、直辖市人民政府及其财政、价格主管部门批准设立的行政事业性收费，准予在计算应纳税所得额时扣除。

企业缴纳的不符合上述审批管理权限设立的基金、收费，不得在计算应纳税所得额时扣除。

（二）企业收取的各种基金、收费，应计入企业当年收入总额。

（三）对企业依照法律、法规及国务院有关规定收取并上缴财政的政府性基金和行政事业性收费，准予作为不征税收入，于上缴财政的当年在计算应纳税所得额时从收入总额中减除；未上缴财政的部分，不得从收入总额中减除。

三、企业的不征税收入用于支出所形成的费用，不得在计算应纳税所得额时扣除；企业的不征税收入用于支出所形成的资产，其计算的折旧、摊销不得在计算应纳税所得额时扣除。

◆《财政部 国家税务总局关于全国社会保障基金有关企业所得税问题的通知》（财税〔2008〕136号）规定：

一、对社保基金理事会、社保基金投资管理人管理的社保基金银行存款利息收入，社保基金从证券市场中取得的收入，包括买卖证券投资基金、股票、债券的差价收入，证券投资基金红利收入，股票的股息、红利收入，债券的利息收入及产业投资基金收益、信托投资收益等其他投资收益，作为企业所得税不征税收入。

二、对社保基金投资管理人、社保基金托管人从事社保基金管理活动取得的收入，依照税法的规定征收企业所得税。

◆《财政部　国家税务总局关于保险保障基金有关税收问题的通知》（财税〔2010〕77号）规定：

一、对中国保险保障基金有限责任公司（以下简称保险保障基金公司）根据《保险保障基金管理办法》（以下简称《管理办法》）取得的下列收入，免征企业所得税：

1. 境内保险公司依法缴纳的保险保障基金；

2. 依法从撤销或破产保险公司清算财产中获得的受偿收入和向有关责任方追偿所得，以及依法从保险公司风险处置中获得的财产转让所得；

3. 捐赠所得；

4. 银行存款利息收入；

5. 购买政府债券、中央银行、中央企业和中央级金融机构发行债券的利息收入；

6. 国务院批准的其他资金运用取得的收入。

四、本通知自 2009 年 1 月 1 日起至 2011 年 12 月 31 日止执行。

〔与税收相关的规定〕

◇《财政部关于公布 2009 年全国政府性基金项目目录的通知》（财综〔2010〕18号）规定：

一、《基金目录》中所列政府性基金项目为截至 2009 年 12 月 31 日，按规定程序经国务院或财政部批准的向社会征收的全国政府性基金项目（包括资金、附加、专项收费），凡未列入本通知以及《基金目录》的政府性基金项目，公民、法人和其他社会组织可拒绝支付。

◇《财政部关于印发〈政府性基金管理暂行办法〉的通知》（财综〔2010〕80 号）规定：

第三条政府性基金实行中央一级审批制度，遵循统一领导、分级管理的原则。第四条政府性基金属于政府非税收入，全额纳入财政预算，实行"收支两条线"管理。第九条财政部于每年 3 月 31 日前编制截至上年 12 月 31 日的全国政府性基金项目目录，向社会公布。各省、自治区、直辖市人民政府（以下简称省级政府）财政部门按照财政部规定，于每年 4 月 30 日前编制截至上年 12 月 31 日在本行政区域范围内实施的政府性基金项目，向社会公布。

第二十四条除财政部另有规定外，政府性基金征收机构在征收政府性基金时，应当按照规定开具财政部或者省级政府财政部门统一印制或监制的财政票据；不按规定开具财政票据的，公民、法人和其他组织有权拒绝缴纳。

〔《中华人民共和国企业所得税法实施条例》〕第二十六条

☆企业所得税法第七条第（三）项所称国务院规定的其他不征税收入，是指企业取得的，由国务院财政、税务主管部门规定专项用途并经国务院批准的财政性资金。

〔税收规范性文件〕

◆《财政部 国家税务总局关于专项用途财政性资金企业所得税处理问题的通知》（财税〔2011〕70 号）规定：

根据《中华人民共和国企业所得税法》及《中华人民共和国企业所得税法实施条例》（国务院令第 512 号，以下简称实施条例）的有关规定，经国务院批准，现就企业取得的专项用途财政性资金企业所得税处理问题通知如下：

一、企业从县级以上各级人民政府财政部门及其他部门取得的应计入收入总额的财政性资金，凡同时符合以下条件的，可以作为不征税收入，在计算应纳税所得额时从收入总额中减除：

（一）企业能够提供规定资金专项用途的资金拨付文件；

（二）财政部门或其他拨付资金的政府部门对该资金有专门的资金管理办法或具体管理要求；

（三）企业对该资金以及以该资金发生的支出单独进行核算。

二、根据实施条例第二十八条的规定，上述不征税收入用于支出所形成的费用，不得在计算应纳税所得额时扣除；用于支出所形成的资产，其计算的折旧、摊销不得在计算应纳税所得额时扣除。

三、企业将符合本通知第一条规定条件的财政性资金作不征税收入处理后，在 5 年（60 个月）内未发生支出且未缴回财政部门或其他拨付资金的政府部门的部分，应计入取得该资金第六年的应税收入总额；计入应税收入总额的财政性资金发生的支出，允许在计算应纳税所得额时扣除。

四、本通知自 2011 年 1 月 1 日起执行。

◆《财政部 国家税务总局关于专项用途财政性资金有关企业所得税处理问题的通知》（财税〔2009〕第 087 号）规定：

对企业在 2008 年 1 月 1 日至 2010 年 12 月 31 日期间从县级以上各级人民政府财政部门及其他部门取得的应计入收入总额的财政性资金，符合条件的，可以作为不征税收入。

◆《国家税务总局关于企业出口退税款税收处理问题的批复》（国税函〔1997〕21 号）规定：

一、企业出口货物所获得的增值税退税款，应冲抵相应的"进项税额"或已交增值税税金，不并入利润征收企业所得税。

〔与税收相关的规定〕

◇《财政部 中国人民银行 海关总署 国家税务总局关于印发〈进口税收先征后返管理办法〉的通知》（财预〔2009〕84 号）规定：

第十条 税务部门负责对进口企业收到返还税款后的核查，追缴进口企业骗取或未按规定用途使用的返税款。

第二十条 进口企业收到的返税税款，应当按照政策文件规定的用途使用。政策文件没有规定用途的，应按照会计准则及相关规定进行账务处理。

〔**税收规范性文件**〕

◆《财政部 国家税务总局关于核电行业税收政策有关问题的通知》（财税〔2008〕38号）规定：

二、自2008年1月1日起，核力发电企业取得的增值税退税款，专项用于还本付息，不征收企业所得税。

◆《财政部国家税务总局关于中国中材集团公司重组改制过程中资产评估增值有关企业所得税政策问题的通知》（财税〔2008〕42号）规定：

一、中国中材集团公司在重组改制上市过程中发生的资产评估增值11.95亿元，直接转计中国中材集团公司的资本公积，作为国有资本，不征收企业所得税。

二、允许中国中材股份有限公司按评估后的资产价值计提折旧或摊销，并在企业所得税税前扣除。

◆《财政部 国家税务总局关于中国国旅集团有限公司重组上市资产评估增值有关企业所得税政策问题的通知》（财税〔2008〕82号）规定：

一、中国国旅集团有限公司在整体改制上市过程中发生的资产评估增值42 612.36万元，直接转计中国国旅集团有限公司的资本公积，作为国有资本，不征收企业所得税。

二、对上述经过评估的资产，中国国旅股份有限公司及其所属子公司可按评估后的资产价值计提折旧或摊销，并在企业所得税税前扣除。

◆《国家税务总局关于广西合山煤业有限责任公司取得补偿款有关所得税处理问题的批复》（国税函〔2009〕18号）规定：

广西合山煤业有限责任公司取得的未来煤矿开采期间因增加排水或防止浸没支出等而获得的补偿款，应确认为递延收益，按直线法在取得补偿款当年及以后的10年内分期计入应纳税所得，如实际开采年限短于10年，应在最后一个开采年度将尚未计入应纳税所得的赔偿款全部计入应纳税所得。

◆《国家税务总局关于做好2009年度企业所得税汇算清缴工作的通知》（国税函〔2010〕148号）规定：

（三）不征税收入的填报口径。企业符合文件规定的不征税收入，填报企业所得税年度纳税申报表附表三"纳税调整明细表""一、收入类调整项目"第14行"13. 不征税收入"对应列次。上述不征税收入用于支出形成的费用和资产，不得税前扣除或折旧、摊销，作相应纳税调整。其中，用于支出形成的费用，填报该表第38行"不征税收入用于所支出形成的费用"；其用于支出形成的资产，填报该表第41行项目下对应行次。

◆《国家税务总局关于企业所得税应纳税所得额若干税务处理问题的公告》（国家税务总局公告2012年第15号）规定：

七、关于企业不征税收入管理问题

企业取得的不征税收入，应按照《财政部、国家税务总局关于专项用途财政性资金企业所得税处理问题的通知》（财税〔2011〕70号，以下简称《通知》）的规定进行处理。凡未按照《通知》规定进行管理的，应作为企业应税收入计入应纳税所得额，依法缴纳企业所得税。

本公告规定适用于 2011 年度及以后各年度企业应纳税所得额的处理。

〔与税收相关的规定〕

◇《企业财务通则（2006）》（国财政部令〔2006〕第 41 号）（适用于具备法人资格的国有及国有控股企业适用本通则。金融企业除外。其他企业参照执行）规定：

第二十条　企业取得的各类财政资金，区分以下情况处理：

（一）属于国家直接投资、资本注入的，按照国家有关规定增加国家资本或者国有资本公积。

（二）属于投资补助的，增加资本公积或者实收资本。国家拨款时对权属有规定的，按规定执行；没有规定的，由全体投资者共同享有。

（三）属于贷款贴息、专项经费补助的，作为企业收益处理。

（四）属于政府转贷、偿还性资助的，作为企业负债管理。

（五）属于弥补亏损、救助损失或者其他用途的，作为企业收益处理。

14. 政策性搬迁和处置收入

〔税收规范性文件〕

◆《国家税务总局关于企业政策性搬迁或处置收入有关企业所得税处理问题的通知》（国税函〔2009〕118 号）规定（2012 年 10 月 1 日起废止）：

一、企业政策性搬迁和处置收入，是指因政府城市规划、基础设施建设等政策性原因，企业需要整体搬迁（包括部分搬迁或部分拆除）或处置相关资产而按规定标准从政府取得的搬迁补偿收入或处置相关资产而取得的收入，以及通过市场（招标、拍卖、挂牌等形式）取得的土地使用权转让收入。

二、对企业取得的政策性搬迁或处置收入，应按以下方式进行企业所得税处理：

（一）企业根据搬迁规划，异地重建后恢复原有或转换新的生产经营业务，用企业搬迁或处置收入购置或建造与搬迁前相同或类似性质、用途或者新的固定资产和土地使用权（以下简称重置固定资产），或对其他固定资产进行改良，或进行技术改造，或安置职工的，准予其搬迁或处置收入扣除固定资产重置或改良支出、技术改造支出和职工安置支出后的余额，计入企业应纳税所得额。

（二）企业没有重置或改良固定资产、技术改造或购置其他固定资产的计划或立项报告，应将搬迁收入加上各类拆迁固定资产的变卖收入、减除各类拆迁固定资产的折余价值和处置费用后的余额计入企业当年应纳税所得额，计算缴纳企业所得税。

（三）企业利用政策性搬迁或处置收入购置或改良的固定资产，可以按照现行税收规定计算折旧或摊销，并在企业所得税税前扣除。

（四）企业从规划搬迁次年起的五年内，其取得的搬迁收入或处置收入暂不计入企业当年应纳税所得额，在五年期内完成搬迁的，企业搬迁收入按上述规定处理。

三、主管税务机关应对企业取得的政策性搬迁收入和原厂土地转让收入加强管理。

重点审核有无政府搬迁文件或公告，有无搬迁协议和搬迁计划，有无企业技术改造、重置或改良固定资产的计划或立项，是否在规定期限内进行技术改造、重置或改良固定资产和购置其他固定资产等。

◆国家税务总局关于发布《企业政策性搬迁所得税管理办法》的公告（国家税务总局公告2012年第40号）规定：

第一章 总 则

第一条 为规范企业政策性搬迁的所得税征收管理，根据《中华人民共和国企业所得税法》（以下简称《企业所得税法》）及其实施条例的有关规定，制定本办法。

第二条 本办法执行范围仅限于企业政策性搬迁过程中涉及的所得税征收管理事项，不包括企业自行搬迁或商业性搬迁等非政策性搬迁的税务处理事项。

第三条 企业政策性搬迁，是指由于社会公共利益的需要，在政府主导下企业进行整体搬迁或部分搬迁。企业由于下列需要之一，提供相关文件证明资料的，属于政策性搬迁：

（一）国防和外交的需要；

（二）由政府组织实施的能源、交通、水利等基础设施的需要；

（三）由政府组织实施的科技、教育、文化、卫生、体育、环境和资源保护、防灾减灾、文物保护、社会福利、市政公用等公共事业的需要；

（四）由政府组织实施的保障性安居工程建设的需要；

（五）由政府依照《中华人民共和国城乡规划法》有关规定组织实施的对危房集中、基础设施落后等地段进行旧城区改建的需要；

（六）法律、行政法规规定的其他公共利益的需要。

第四条 企业应按本办法的要求，就政策性搬迁过程中涉及的搬迁收入、搬迁支出、搬迁资产税务处理、搬迁所得等所得税征收管理事项，单独进行税务管理和核算。不能单独进行税务管理和核算的，应视为企业自行搬迁或商业性搬迁等非政策性搬迁进行所得税处理，不得执行本办法规定。

第二章 搬迁收入

第五条 企业的搬迁收入，包括搬迁过程中从本企业以外（包括政府或其他单位）取得的搬迁补偿收入，以及本企业搬迁资产处置收入等。

第六条 企业取得的搬迁补偿收入，是指企业由于搬迁取得的货币性和非货币性补偿收入。具体包括：

（一）对被征用资产价值的补偿；

（二）因搬迁、安置而给予的补偿；

（三）对停产停业形成的损失而给予的补偿；

（四）资产搬迁过程中遭到毁损而取得的保险赔款；

（五）其他补偿收入。

第七条 企业搬迁资产处置收入，是指企业由于搬迁而处置企业各类资产所取得的收入。

企业由于搬迁处置存货而取得的收入，应按正常经营活动取得的收入进行所得税处理，不作为企业搬迁收入。

第三章　搬迁支出

第八条　企业的搬迁支出，包括搬迁费用支出以及由于搬迁所发生的企业资产处置支出。

第九条　搬迁费用支出，是指企业搬迁期间所发生的各项费用，包括安置职工实际发生的费用、停工期间支付给职工的工资及福利费、临时存放搬迁资产而发生的费用、各类资产搬迁安装费用以及其他与搬迁相关的费用。

第十条　资产处置支出，是指企业由于搬迁而处置各类资产所发生的支出，包括变卖及处置各类资产的净值、处置过程中所发生的税费等支出。

企业由于搬迁而报废的资产，如无转让价值，其净值作为企业的资产处置支出。

第四章　搬迁资产税务处理

第十一条　企业搬迁的资产，简单安装或不需要安装即可继续使用的，在该项资产重新投入使用后，就其净值按《企业所得税法》及其实施条例规定的该资产尚未折旧或摊销的年限，继续计提折旧或摊销。

第十二条　企业搬迁的资产，需要进行大修理后才能重新使用的，应就该资产的净值，加上大修理过程所发生的支出，为该资产的计税成本。在该项资产重新投入使用后，按该资产尚可使用的年限，计提折旧或摊销。

第十三条　企业搬迁中被征用的土地，采取土地置换的，换入土地的计税成本按被征用土地的净值，以及该换入土地投入使用前所发生的各项费用支出，为该换入土地的计税成本，在该换入土地投入使用后，按《企业所得税法》及其实施条例规定年限摊销。

第十四条　企业搬迁期间新购置的各类资产，应按《企业所得税法》及其实施条例等有关规定，计算确定资产的计税成本及折旧或摊销年限。

企业发生的购置资产支出，不得从搬迁收入中扣除。

第五章　应税所得

第十五条　企业在搬迁期间发生的搬迁收入和搬迁支出，可以暂不计入当期应纳税所得额，而在完成搬迁的年度，对搬迁收入和支出进行汇总清算。

第十六条　企业的搬迁收入，扣除搬迁支出后的余额，为企业的搬迁所得。

企业应在搬迁完成年度，将搬迁所得计入当年度企业应纳税所得额计算纳税。

第十七条　下列情形之一的，为搬迁完成年度，企业应进行搬迁清算，计算搬迁所得：

（一）从搬迁开始，5年内（包括搬迁当年度）任何一年完成搬迁的。

（二）从搬迁开始，搬迁时间满5年（包括搬迁当年度）的年度。

第十八条　企业搬迁收入扣除搬迁支出后为负数的，应为搬迁损失。搬迁损失可在下列方法中选择其一进行税务处理：

（一）在搬迁完成年度，一次性作为损失进行扣除。

（二）自搬迁完成年度起分3个年度，均匀在税前扣除。

上述方法由企业自行选择，但一经选定，不得改变。

第十九条　企业同时符合下列条件的，视为已经完成搬迁：

（一）搬迁规划已基本完成；

（二）当年生产经营收入占规划搬迁前年度生产经营收入 50％以上。

第二十条　企业边搬迁、边生产的，搬迁年度应从实际开始搬迁的年度计算。

第二十一条　企业以前年度发生尚未弥补的亏损的，凡企业由于搬迁停止生产经营无所得的，从搬迁年度次年起，至搬迁完成年度前一年度止，可作为停止生产经营活动年度，从法定亏损结转弥补年限中减除；企业边搬迁、边生产的，其亏损结转年度应连续计算。

第六章　征收管理

第二十二条　企业应当自搬迁开始年度，至次年 5 月 31 日前，向主管税务机关（包括迁出地和迁入地）报送政策性搬迁依据、搬迁规划等相关材料。逾期未报的，除特殊原因并经主管税务机关认可外，按非政策性搬迁处理，不得执行本办法的规定。

第二十三条　企业应向主管税务机关报送的政策性搬迁依据、搬迁规划等相关材料，包括：

（一）政府搬迁文件或公告；

（二）搬迁重置总体规划；

（三）拆迁补偿协议；

（四）资产处置计划；

（五）其他与搬迁相关的事项。

第二十四条　企业迁出地和迁入地主管税务机关发生变化的，由迁入地主管税务机关负责企业搬迁清算。

第二十五条　企业搬迁完成当年，其向主管税务机关报送企业所得税年度纳税申报表时，应同时报送《企业政策性搬迁清算损益表》（表样附后）及相关材料。

第二十六条　企业在本办法生效前尚未完成搬迁的，符合本办法规定的搬迁事项，一律按本办法执行。本办法生效年度以前已经完成搬迁且已按原规定进行税务处理的，不再调整。

第二十七条　本办法未规定的企业搬迁税务事项，按照《企业所得税法》及其实施条例等相关规定进行税务处理。

第二十八条　本办法施行后，《国家税务总局关于企业政策性搬迁或处置收入有关企业所得税处理问题的通知》（国税函〔2009〕118 号）同时废止。

附件：中华人民共和国企业政策性搬迁清算损益表

本办法自 2012 年 10 月 1 日起施行。

〔**与税收相关的规定**〕

◇《财政部关于企业收到政府拨给的搬迁补偿款有关财务处理问题的通知》（财企〔2005〕123 号）规定：

一、企业收到政府拨给的搬迁补偿款，作为专项应付款核算。搬迁补偿款存款利息，一并转增专项应付款。

二、企业在搬迁和重建过程中发生的损失或费用，区分以下财政部文件情况进行处理：

（一）因搬迁出售、报废或毁损的固定资产，作为固定资产清理业务核算，其净损失核销专项应付款；

（二）机器设备因拆卸、运输、重新安装、调试等原因发生的费用，直接核销专项应付款；

（三）企业因搬迁而灭失的、原已作为资产单独入账的土地使用权，直接核销专项应付款；

（四）用于安置职工的费用支出，直接核销专项应付款。

三、企业搬迁结束后，专项应付款如有余额，作调增资本公积金处理，由此增加的资本公积金由全体股东共享；专项应付款如有不足，应计入当期损益。企业收到的政府拨给的搬迁补偿款的总额及搬迁结束后计入资本公积金或当期损益的金额应当单独披露。

☆第三节　扣　　除

〔《中华人民共和国企业所得税法》〕

★第八条　企业实际发生的与取得收入有关的、合理的支出，包括成本、费用、税金、损失和其他支出，准予在计算应纳税所得额时扣除。

〔税收规范性文件〕

◆《国家税务总局关于印发〈新企业所得税法精神宣传提纲〉的通知》（国税函〔2008〕159号）规定：

税前扣除的一般框架按照企业所得税的国际惯例，一般对税前扣除进行总体上的肯定性概括处理（一般扣除规则），辅之以特定的禁止扣除的规定（禁止扣除规则），同时又规定了允许税前扣除的特别规则（特殊扣除规则）。在具体运用上，一般扣除规则服从于禁止扣除规则，同时禁止扣除规则又让位于特殊扣除规则。例如，为获得长期利润而发生的资本性支出是企业实际发生的合理相关的支出，原则上应允许扣除，但禁止扣除规则规定资本性资产不得"即时"扣除，同时又规定了资本性资产通过折旧摊销等方式允许在当年及以后年度分期扣除的特别规则。新企业所得税法明确对企业实际发生的与取得收入有关的、合理的支出允许税前扣除的一般规则，同时明确不得税前扣除项目的禁止扣除规则，又规定了允许扣除的特殊项目。这些一般扣除规则、禁止扣除规则和特殊扣除规则，构成了我国企业所得税制度税前扣除的一般框架。新的企业所得税法及其实施条例中采取税前扣除一般框架的安排，可以避免将企业所有的支出项目一一列举，同时给纳税人、税务机关和司法部门提供一个合理的框架，简化了对扣除项目的定性工作。

	文件依据	主要内容
1	《发票管理办法》（国务院令〔2010〕第587号）第二十一条	不符合规定的发票，不得作为财务报销凭证，任何单位和个人有权拒收
2	国税发〔2008〕40号第三条	对于不符合规定的发票和其他凭证，包括虚假发票和非法代开发票，均不得用以税前扣除、出口退税、抵扣税款
3	国税发〔2008〕80号第八条	在日常检查中发现纳税人使用不符合规定发票特别是没有填开付款方全称的发票，不得允许纳税人用于税前扣除、抵扣税款、出口退税和财务报销
4	国税发〔2008〕88号第二条第（二）款	加强费用扣除项目管理，防止个人和家庭费用混同生产经营费用扣除。利用个人所得税和社会保险费征管、劳动用工合同等信息，比对分析工资支出扣除数额。加大大额业务招待费和大额会议费支出核实力度。对广告费和业务宣传费、长期股权投资损失、亏损弥补等跨年度扣除项目，实行台账管理。加强发票核实工作，不符合规定的发票不得作为税前扣除凭据
5	国税发〔2008〕128号第六条	对虚假发票不得允许纳税人用以税前扣除、抵扣税款、办理出口退（免）税和财务报销。对提供、取得、使用虚假发票的，税务机关应当严格依照有关法律、行政法规进行行政处罚
6	国税发〔2009〕114号第六条	未按规定取得的合法有效凭据不得在税前扣除

〔与税收相关的规定〕

◇《财政部关于印发〈行政事业单位资金往来结算票据使用管理暂行办法〉的通知》（财综〔2010〕1号）规定：

第八条　下列行为，不得使用资金往来结算票据：

（一）行政事业单位按照自愿有偿的原则提供下列服务，其收费属于经营服务性收费，应当依法使用税务发票，不得使用资金往来结算票据。

1. 信息咨询、技术咨询、技术开发、技术成果转让和技术服务收费；

2. 法律法规和国务院部门规章规定强制进行的培训业务以外，由有关单位和个人自愿参加培训、会议的收费；

3. 组织短期出国培训，为来华工作的外国人员提供境内服务等收取的国际交流服务费；

4. 组织展览、展销会收取的展位费等服务费；

5. 创办刊物、出版书籍并向订购单位和个人收取的费用；

6. 开展演出活动，提供录音录像服务收取的费用；

7. 复印费、打字费、资料费；

8. 其他经营服务性收费行为。

（四）社会团体收取会费收入，使用社会团体会费专用收据；公立医疗机构从事医疗服务取得收入，使用医疗票据；公益性单位接收捐赠收入，使用捐赠票据，均不得使用资金往来结算票据。

〔税收规范性文件〕

◆《中华人民共和国发票管理办法》（国务院令〔2010〕第587号）规定：

第十六条　需要临时使用发票的单位和个人，可以凭购销商品、提供或者接受服务以及从事其他经营活动的书面证明、经办人身份证明，直接向经营地税务机关申请代开发票。依照税收法律、行政法规规定应当缴纳税款的，税务机关应当先征收税款，再开具发票。税务机关根据发票管理的需要，可以按照国务院税务主管部门的规定委托其他单位代开发票。禁止非法代开发票。

第三十三条　单位和个人从中国境外取得的与纳税有关的发票或者凭证，税务机关在纳税审查时有疑义的，可以要求其提供境外公证机构或者注册会计师的确认证明，经税务机关审核认可后，方可作为记账核算的凭证。

第四十一条　违反发票管理法规，导致其他单位或者个人未缴、少缴或者骗取税款的，由税务机关没收违法所得，可以并处未缴、少缴或者骗取的税款1倍以下的罚款。

〔《中华人民共和国企业所得税法实施条例》〕

☆第二十七条　企业所得税法第八条所称有关的支出，是指与取得收入直接相关的支出。企业所得税法第八条所称合理的支出，是指符合生产经营活动常规，应当计入当期损益或者有关资产成本的必要和正常的支出。

〔税收规范性文件〕

◆《国家税务总局关于印发〈新企业所得税法精神宣传提纲〉的通知》（国税函〔2008〕159号）规定：

税前扣除的相关性和合理性原则相关性和合理性是企业所得税税前扣除的基本要求和重要条件。实施条例规定：支出税前扣除的相关性是指与取得收入直接相关的支出。对相关性的具体判断一般是从支出发生的根源和性质方面进行分析，而不是看费用支出的结果。如企业经理人员因个人原因发生的法律诉讼，虽然经理人员摆脱法律纠纷有利于其全身心投入企业的经营管理，结果可能确实对企业经营会有好处，但这些诉讼费用从性质和根源上分析属于经理人员的个人支出，因而不允许作为企业的支出在税前扣除。同时，相关性要求为限制取得的不征税收入所形成的支出不得扣除提供了依据。实施条例规定：企业的不征税收入用于支出所形成的费用或财产，不得扣除或计算对应的折旧、摊销扣除。由于不征税收入是企业非营利性活动取得的收入，不属于企业所得税的应税收入，与企业的应税收入没有关联，因此，对取得的不征税收入所形成的支出，不符合相关性原则，不得在税前扣除。

实施条例规定：支出税前扣除的合理性是指符合生产经营活动常规，应当计入当期损益或者有关资产成本的必要和正常的支出。合理性的具体判断，主要是发生的支出其计算和分配方法是否符合一般经营常规。例如企业发生的业务招待费与所成交的业务额或业务的利润水平是否相吻合，工资水平与社会整体或同行业工资水平是否差异过大。

〔《中华人民共和国企业所得税法实施条例》〕

☆第二十八条　企业发生的支出应当区分收益性支出和资本性支出。收益性支出在发生当期直接扣除；资本性支出应当分期扣除或者计入有关资产成本，不得在发生当期直接扣除。企业的不征税收入用于支出所形成的费用或者财产，不得扣除或者计算对应的折旧、摊销扣除。除企业所得税法和本条例另有规定外，企业实际发生的成本、费用、税金、损失和其他支出，不得重复扣除。

〔**税收规范性文件**〕

◆《国家税务总局关于贯彻落实企业所得税法若干税收问题的通知》（国税函〔2010〕79号）规定：

六、关于免税收入所对应的费用扣除问题根据《实施条例》第二十七条、第二十八条的规定：企业取得的各项免税收入所对应的各项成本费用，除另有规定者外，可以在计算企业应纳税所得额时扣除。

〔《中华人民共和国企业所得税法实施条例》〕

☆第二十九条　企业所得税法第八条所称成本，是指企业在生产经营活动中发生的销售成本、销货成本、业务支出以及其他耗费。

〔**税收规范性文件**〕

◆《国家税务总局关于印发〈房地产开发经营业务企业所得税处理办法〉的通知》（国税发〔2009〕31号）规定：

第十二条　企业发生的期间费用、已销开发产品计税成本、营业税金及附加、土地增值税准予当期按规定扣除。

第十三条　开发产品计税成本的核算应按第四章的规定进行处理。

第十四条　已销开发产品的计税成本，按当期已实现销售的可售面积和可售面积单位工程成本确认。可售面积单位工程成本和已销开发产品的计税成本按下列公式计算确定：

$$可售面积单位工程成本＝\frac{成本对象总成本}{成本对象总可售面积已销开发产品的计税成本}$$
$$＝已实现销售的可售面积×可售面积单位工程成本$$

第十五条　企业对尚未出售的已完工开发产品和按照有关法律、法规或合同规定对已售开发产品（包括共用部位、共用设施设备）进行日常维护、保养、修理等实际发生的维修费用，准予在当期据实扣除。

第十六条　企业将已计入销售收入的共用部位、共用设施设备维修基金按规定移交给有关部门、单位的，应于移交时扣除。

第十七条　企业在开发区内建造的会所、物业管理场所、电站、热力站、水厂、文体场馆、幼儿园等配套设施，按以下规定进行处理：（一）属于非营利性且产权属于全体业主的，或无偿赠与地方政府、公用事业单位的，可将其视为公共配套设施，其建造费用按公共配套设施费的有关规定进行处理。（二）属于营利性的，或产权归企业所有的，或未明确产权归属的，或无偿赠与地方政府、公用事业单位以外其他单位的，应当单独核算其成本。除企业自用应按建造固定资产进行处理外，其他一律按建造开发产品进行处理。

第十八条　企业在开发区内建造的邮电通讯、学校、医疗设施应单独核算成本，其中，由企业与国家有关业务管理部门、单位合资建设，完工后有偿移交的，国家有关业务管理部门、单位给予的经济补偿可直接抵扣该项目的建造成本，抵扣后的差额应调整当期应纳税所得额。

◆《国家税务总局关于房地产开发企业注销前有关企业所得税处理问题的公告》（国家税务总局公告2010年第29号）规定：

一、房地产开发企业（以下简称企业）按规定对开发项目进行土地增值税清算后，在向税务机关申请办理注销税务登记时，如注销当年汇算清缴出现亏损，应按照以下方法计算出其在注销前项目开发各年度多缴的企业所得税税款，并申请退税：

（一）企业整个项目缴纳的土地增值税总额，应按照项目开发各年度实现的项目销售收入占整个项目销售收入总额的比例，在项目开发各年度进行分摊，具体按以下公式计算：

$$各年度应分摊的土地增值税 = 土地增值税总额 \times \left(\frac{项目年度销售收入}{整个项目销售收入总额} \right)$$

本公告所称销售收入包括视同销售房地产的收入，但不包括企业销售的增值额未超过扣除项目金额20%的普通标准住宅的销售收入。

（二）项目开发各年度应分摊的土地增值税减去该年度已经税前扣除的土地增值税后，余额属于当年应补充扣除的土地增值税；企业应调整当年度的应纳税所得额，并按规定计算当年度应退的企业所得税税款；当年度已缴纳的企业所得税税款不足退税的，应作为亏损向以后年度结转，并调整以后年度的应纳税所得额。

（三）企业对项目进行土地增值税清算的当年，由于按照上述方法进行土地增值税分摊调整后，导致当年度应纳税所得额出现正数的，应按规定计算缴纳企业所得税。

（四）企业按上述方法计算的累计退税额，不得超过其在项目开发各年度累计实际缴纳的企业所得税。

二、企业在申请退税时，应向主管税务机关提供书面材料证明应退企业所得税款的计算过程，包括企业整个项目缴纳的土地增值税总额、整个项目销售收入总额、项目年度销售收入、各年度应分摊的土地增值税和已经税前扣除的土地增值税、各年度的适用税率等。

三、企业按规定对开发项目进行土地增值税清算后，在向税务机关申请办理注销税务登记时，如注销当年汇算清缴出现亏损，但土地增值税清算当年未出现亏损，或尽管土地增值税清算当年出现亏损，但在注销之前年度已按税法规定弥补完毕的，不执行本公告。主管税务机关应结合企业土地增值税清算年度至注销年度之间的汇算清缴情况，判断其是否应该执行本公告，并对应退企业所得税款进行核实。

四、本公告自 2010 年 1 月 1 日起施行。

〔《中华人民共和国企业所得税法实施条例》〕

☆第三十条　企业所得税法第八条所称费用，是指企业在生产经营活动中发生的销售费用、管理费用和财务费用，已经计入成本的有关费用除外。

〔税收规范性文件〕

◆《国家税务总局关于印发〈房地产开发经营业务企业所得税处理办法〉的通知》（国税发〔2009〕31 号）规定：

第十九条　企业采取银行按揭方式销售开发产品的，凡约定企业为购买方的按揭贷款提供担保的，其销售开发产品时向银行提供的保证金（担保金）不得从销售收入中减除，也不得作为费用在当期税前扣除，但实际发生损失时可据实扣除。

第二十条　企业委托境外机构销售开发产品的，其支付境外机构的销售费用（含佣金或手续费）不超过委托销售收入 10％的部分，准予据实扣除。

◆《财政部　国家税务总局关于企业手续费及佣金支出税前扣除政策的通知》（财税〔2009〕29 号）规定：

一、企业发生与生产经营有关的手续费及佣金支出，不超过以下规定计算限额以内的部分，准予扣除；超过部分，不得扣除。

1. 保险企业：财产保险企业按当年全部保费收入扣除退保金等后余额的 15％（含本数，下同）计算限额；人身保险企业按当年全部保费收入扣除退保金等后余额的 10％计算限额。

2. 其他企业：按与具有合法经营资格中介服务机构或个人（不含交易双方及其雇员、代理人和代表人等）所签订服务协议或合同确认的收入金额的 5％计算限额。

二、企业应与具有合法经营资格中介服务企业或个人签订代办协议或合同，并按国家有关规定支付手续费及佣金。除委托个人代理外，企业以现金等非转账方式支付的手续费及佣金不得在税前扣除。企业为发行权益性证券支付给有关证券承销机构的手续费及佣金不得在税前扣除。

三、企业不得将手续费及佣金支出计入回扣、业务提成、返利、进场费等费用。

四、企业已计入固定资产、无形资产等相关资产的手续费及佣金支出，应当通过折旧、摊销等方式分期扣除，不得在发生当期直接扣除。

五、企业支付的手续费及佣金不得直接冲减服务协议或合同金额，并如实入账。

六、企业应当如实向当地主管税务机关提供当年手续费及佣金计算分配表和其他相关资料，并依法取得合法真实凭证。

◆《国家税务总局关于企业所得税应纳税所得额若干税务处理问题的公告》（国家税务总局公告 2012 年第 15 号）规定：

四、关于电信企业手续费及佣金支出税前扣除问题

电信企业在发展客户、拓展业务等过程中（如委托销售电话入网卡、电话充值卡等），需向经纪人、代办商支付手续费及佣金的，其实际发生的相关手续费及佣金支出，

不超过企业当年收入总额5%的部分，准予在企业所得税前据实扣除。

本公告规定适用于2011年度及以后各年度企业应纳税所得额的处理。

〔与税收相关的规定〕

◇《企业经营范围登记管理规定》（国家工商行政管理总局令〔2004〕第12号）规定：

第四条　经营范围分为许可经营项目和一般经营项目。

许可经营项目是指企业在申请登记前依据法律、行政法规、国务院决定应当报经有关部门批准的项目。

一般经营项目是指不需批准，企业可以自主申请的项目。

◇《企业财务通则（2006）》（国财政部令〔2006〕第41号）（适用于具备法人资格的国有及国有控股企业适用本通则。金融企业除外。其他企业参照执行）规定：

第四十条　企业发生销售折扣、折让以及支付必要的佣金、回扣、手续费、劳务费、提成、返利、进场费、业务奖励等支出的，应当签订相关合同，履行内部审批手续。企业开展进出口业务收取或者支付的佣金、保险费、运费，按照合同规定的价格条件处理。企业向个人以及非经营单位支付费用的，应当严格履行内部审批及支付的手续。

1. 税费扣除

〔《中华人民共和国企业所得税法实施条例》〕

☆第三十一条　企业所得税法第八条所称税金，是指企业发生的除企业所得税和允许抵扣的增值税以外的各项税金及其附加。

〔税收规范性文件〕

◆《财政部 国家税务总局关于对外资企业征收城市维护建设税和教育费附加有关问题的通知》（财税〔2010〕103号）规定：

对外资企业2010年12月1日（含）之后发生纳税义务的增值税、消费税、营业税（以下简称"三税"）征收城市维护建设税和教育费附加；对外资企业2010年12月1日之前发生纳税义务的"三税"，不征收城市维护建设税和教育费附加。

◆《财政部 国家税务总局关于增值税、营业税、消费税实行先征后返等办法有关城建税和教育费附加政策的通知》（财税〔2005〕72号）规定：

对"三税"实行先征后返、先征后退、即征即退办法的，除另有规定外，对随"三税"附征的城市维护建设税和教育费附加，一律不予退（返）还。

〔与税收相关的规定〕

◇《财政部关于统一地方教育附加政策有关问题的通知》（财综〔2010〕98号）规定：

地方教育附加征收标准统一为单位和个人（包括外商投资企业、外国企业及外籍个人）实际缴纳的增值税、营业税和消费税税额的2%。已经财政部审批且征收标准低于2%的省份，应将地方教育附加的征收标准调整为2%，调整征收标准的方案由省级人民政府于2010年12月31日前报财政部审批。

2. 损失扣除

〔《中华人民共和国企业所得税法实施条例》〕

☆第三十二条　企业所得税法第八条所称损失，是指企业在生产经营活动中发生的固定资产和存货的盘亏、毁损、报废损失，转让财产损失，呆账损失，坏账损失，自然灾害等不可抗力因素造成的损失以及其他损失。

〔税收规范性文件〕

◆《财政部　国家税务总局关于企业资产损失税前扣除政策的通知》（财税〔2009〕57号）规定：

一、本通知所称资产损失，是指企业在生产经营活动中实际发生的、与取得应税收入有关的资产损失，包括现金损失，存款损失，坏账损失，贷款损失，股权投资损失，固定资产和存货的盘亏、毁损、报废、被盗损失，自然灾害等不可抗力因素造成的损失以及其他损失。

二、企业清查出的现金短缺减除责任人赔偿后的余额，作为现金损失在计算应纳税所得额时扣除。

三、企业将货币性资金存入法定具有吸收存款职能的机构，因该机构依法破产、清算，或者政府责令停业、关闭等原因，确实不能收回的部分，作为存款损失在计算应纳税所得额时扣除。

四、企业除贷款类债权外的应收、预付账款符合下列条件之一的，减除可收回金额后确认的无法收回的应收、预付款项，可以作为坏账损失在计算应纳税所得额时扣除：

（一）债务人依法宣告破产、关闭、解散、被撤销，或者被依法注销、吊销营业执照，其清算财产不足清偿的；

（二）债务人死亡，或者依法被宣告失踪、死亡，其财产或者遗产不足清偿的；

（三）债务人逾期3年以上未清偿，且有确凿证据证明已无力清偿债务的；

（四）与债务人达成债务重组协议或法院批准破产重整计划后，无法追偿的；

（五）因自然灾害、战争等不可抗力导致无法收回的；

（六）国务院财政、税务主管部门规定的其他条件。

五、企业经采取所有可能的措施和实施必要的程序之后，符合下列条件之一的贷款类债权，可以作为贷款损失在计算应纳税所得额时扣除：

（一）借款人和担保人依法宣告破产、关闭、解散、被撤销，并终止法人资格，或者已完全停止经营活动，被依法注销、吊销营业执照，对借款人和担保人进行追偿后，未能收回的债权；

（二）借款人死亡，或者依法被宣告失踪、死亡，依法对其财产或者遗产进行清偿，并对担保人进行追偿后，未能收回的债权；

（三）借款人遭受重大自然灾害或者意外事故，损失巨大且不能获得保险补偿，或者以保险赔偿后，确实无力偿还部分或者全部债务，对借款人财产进行清偿和对担保人进行追偿后，未能收回的债权；

（四）借款人触犯刑律，依法受到制裁，其财产不足归还所借债务，又无其他债务承担者，经追偿后确实无法收回的债权；

（五）由于借款人和担保人不能偿还到期债务，企业诉诸法律，经法院对借款人和担保人强制执行，借款人和担保人均无财产可执行，法院裁定执行程序终结或终止（中止）后，仍无法收回的债权；

（六）由于借款人和担保人不能偿还到期债务，企业诉诸法律后，经法院调解或经债权人会议通过，与借款人和担保人达成和解协议或重整协议，在借款人和担保人履行完还款义务后，无法追偿的剩余债权；

（七）由于上述（一）至（六）项原因借款人不能偿还到期债务，企业依法取得抵债资产，抵债金额小于贷款本息的差额，经追偿后仍无法收回的债权；

（八）开立信用证、办理承兑汇票、开具保函等发生垫款时，凡开证申请人和保证人由于上述（一）至（七）项原因，无法偿还垫款，金融企业经追偿后仍无法收回的垫款；

（九）银行卡持卡人和担保人由于上述（一）至（七）项原因，未能还清透支款项，金融企业经追偿后仍无法收回的透支款项；

（十）助学贷款逾期后，在金融企业确定的有效追索期限内，依法处置助学贷款抵押物（质押物），并向担保人追索连带责任后，仍无法收回的贷款；

（十一）经国务院专案批准核销的贷款类债权；

（十二）国务院财政、税务主管部门规定的其他条件。

六、企业的股权投资符合下列条件之一的，减除可收回金额后确认的无法收回的股权投资，可以作为股权投资损失在计算应纳税所得额时扣除：

（一）被投资方依法宣告破产、关闭、解散、被撤销，或者被依法注销、吊销营业执照的；

（二）被投资方财务状况严重恶化，累计发生巨额亏损，已连续停止经营3年以上，且无重新恢复经营改组计划的；

（三）对被投资方不具有控制权，投资期限届满或者投资期限已超过10年，且被投资单位因连续3年经营亏损导致资不抵债的；

（四）被投资方财务状况严重恶化，累计发生巨额亏损，已完成清算或清算期超过3年以上的；

（五）国务院财政、税务主管部门规定的其他条件。

七、对企业盘亏的固定资产或存货，以该固定资产的账面净值或存货的成本减除责任人赔偿后的余额，作为固定资产或存货盘亏损失在计算应纳税所得额时扣除。

八、对企业毁损、报废的固定资产或存货，以该固定资产的账面净值或存货的成本减除残值、保险赔款和责任人赔偿后的余额，作为固定资产或存货毁损、报废损失在计算应纳税所得额时扣除。

九、对企业被盗的固定资产或存货，以该固定资产的账面净值或存货的成本减除保险赔款和责任人赔偿后的余额，作为固定资产或存货被盗损失在计算应纳税所得额时扣除。

十、企业因存货盘亏、毁损、报废、被盗等原因不得从增值税销项税额中抵扣的进项税额，可以与存货损失一起在计算应纳税所得额时扣除。

十二、企业境内、境外营业机构发生的资产损失应分开核算，对境外营业机构由于发生资产损失而产生的亏损，不得在计算境内应纳税所得额时扣除。十三、企业对其扣除的各项资产损失，应当提供能够证明资产损失确属已实际发生的合法证据，包括具有法律效力的外部证据、具有法定资质的中介机构的经济鉴证证明、具有法定资质的专业机构的技术鉴定证明等。

〔**与税收相关的规定**〕

◇《企业财务通则（2006）》（国财政部令〔2006〕第 41 号）（适用于具备法人资格的国有及国有控股企业适用本通则。金融企业除外。其他企业参照执行）规定：

第三十三条　企业发生的资产损失，应当及时予以核实、查清责任，追偿损失，按照规定程序处理。

企业重组中清查出的资产损失，经批准后依次冲减未分配利润、盈余公积、资本公积和实收资本。

〔**税收规范性文件**〕

◆《国家税务总局关于发布〈企业资产损失所得税税前扣除管理办法〉的公告》（国家税务总局公告 2011 年第 25 号）

企业资产损失所得税税前扣除管理办法
第一章　总则

第一条　根据《中华人民共和国企业所得税法》（以下简称企业所得税法）及其实施条例、《中华人民共和国税收征收管理法》（以下简称征管法）及其实施细则、《财政部国家税务总局关于企业资产损失税前扣除政策的通知》（财税〔2009〕57 号）（以下简称《通知》）的规定，制定本办法。

第二条　本办法所称资产是指企业拥有或者控制的、用于经营管理活动相关的资产，包括现金、银行存款、应收及预付款项（包括应收票据、各类垫款、企业之间往来款项）等货币性资产，存货、固定资产、无形资产、在建工程、生产性生物资产等非货币性资产，以及债权性投资和股权（权益）性投资。

第三条　准予在企业所得税税前扣除的资产损失，是指企业在实际处置、转让上述资产过程中发生的合理损失（以下简称实际资产损失），以及企业虽未实际处置、转让上述资产，但符合《通知》和本办法规定条件计算确认的损失（以下简称法定资产损失）。

第四条　企业实际资产损失，应当在其实际发生且会计上已作损失处理的年度申报扣除；法定资产损失，应当在企业向主管税务机关提供证据资料证明该项资产已符合法定资产损失确认条件，且会计上已作损失处理的年度申报扣除。

第五条　企业发生的资产损失，应按规定的程序和要求向主管税务机关申报后方能在税前扣除。未经申报的损失，不得在税前扣除。

第六条　企业以前年度发生的资产损失未能在当年税前扣除的，可以按照本办法的规定：向税务机关说明并进行专项申报扣除。其中，属于实际资产损失，准予追补至该项损失发生年度扣除，其追补确认期限一般不得超过五年，但因计划经济体制转轨过程中遗留的资产损失、企业重组上市过程中因权属不清出现争议而未能及时扣除的资产损失、因承担国家政策性任务而形成的资产损失以及政策定性不明确而形成资产损失等特殊原因形成的资产损失，其追补确认期限经国家税务总局批准后可适当延长。属于法定资产损失，应在申报年度扣除。企业因以前年度实际资产损失未在税前扣除而多缴的企业所得税税款，可在追补确认年度企业所得税应纳税款中予以抵扣，不足抵扣的，向以后年度递延抵扣。企业实际资产损失发生年度扣除追补确认的损失后出现亏损的，应先调整资产损失发生年度的亏损额，再按弥补亏损的原则计算以后年度多缴的企业所得税税款，并按前款办法进行税务处理。

第二章　申报管理

第七条　企业在进行企业所得税年度汇算清缴申报时，可将资产损失申报材料和纳税资料作为企业所得税年度纳税申报表的附件一并向税务机关报送。

第八条　企业资产损失按其申报内容和要求的不同，分为清单申报和专项申报两种申报形式。其中，属于清单申报的资产损失，企业可按会计核算科目进行归类、汇总，然后再将汇总清单报送税务机关，有关会计核算资料和纳税资料留存备查；属于专项申报的资产损失，企业应逐项（或逐笔）报送申请报告，同时附送会计核算资料及其他相关的纳税资料。企业在申报资产损失税前扣除过程中不符合上述要求的，税务机关应当要求其改正，企业拒绝改正的，税务机关有权不予受理。

第九条　下列资产损失，应以清单申报的方式向税务机关申报扣除：

（一）企业在正常经营管理活动中，按照公允价格销售、转让、变卖非货币资产的损失；

（二）企业各项存货发生的正常损耗；

（三）企业固定资产达到或超过使用年限而正常报废清理的损失；

（四）企业生产性生物资产达到或超过使用年限而正常死亡发生的资产损失；

（五）企业按照市场公平交易原则，通过各种交易场所、市场等买卖债券、股票、期货、基金以及金融衍生产品等发生的损失。

第十条　前条以外的资产损失，应以专项申报的方式向税务机关申报扣除。企业无法准确判别是否属于清单申报扣除的资产损失，可以采取专项申报的形式申报扣除。

第十一条　在中国境内跨地区经营的汇总纳税企业发生的资产损失，应按以下规定申报扣除：

（一）总机构及其分支机构发生的资产损失，除应按专项申报和清单申报的有关规定：各自向当地主管税务机关申报外，各分支机构同时还应上报总机构；

（二）总机构对各分支机构上报的资产损失，除税务机关另有规定外，应以清单申报的形式向当地主管税务机关进行申报；

（三）总机构将跨地区分支机构所属资产捆绑打包转让所发生的资产损失，由总机构向当地主管税务机关进行专项申报。

第十二条 企业因国务院决定事项形成的资产损失，应向国家税务总局提供有关资料。国家税务总局审核有关情况后，将损失情况通知相关税务机关。企业应按本办法的要求进行专项申报。

第十三条 属于专项申报的资产损失，企业因特殊原因不能在规定的时限内报送相关资料的，可以向主管税务机关提出申请，经主管税务机关同意后，可适当延期申报。

第十四条 企业应当建立健全资产损失内部核销管理制度，及时收集、整理、编制、审核、申报、保存资产损失税前扣除证据材料，方便税务机关检查。

第十五条 税务机关应按分项建档、分级管理的原则，建立企业资产损失税前扣除管理台账和纳税档案，及时进行评估。对资产损失金额较大或经评估后发现不符合资产损失税前扣除规定、或存有疑点、异常情况的资产损失，应及时进行核查。对有证据证明申报扣除的资产损失不真实、不合法的，应依法作出税收处理。

第三章 资产损失确认证据

第十六条 企业资产损失相关的证据包括具有法律效力的外部证据和特定事项的企业内部证据。

第十七条 具有法律效力的外部证据，是指司法机关、行政机关、专业技术鉴定部门等依法出具的与本企业资产损失相关的具有法律效力的书面文件，主要包括：

（一）司法机关的判决或者裁定；

（二）公安机关的立案结案证明、回复；

（三）工商部门出具的注销、吊销及停业证明；

（四）企业的破产清算公告或清偿文件；

（五）行政机关的公文；

（六）专业技术部门的鉴定报告；

（七）具有法定资质的中介机构的经济鉴定证明；

（八）仲裁机构的仲裁文书；

（九）保险公司对投保资产出具的出险调查单、理赔计算单等保险单据；

（十）符合法律规定的其他证据。

第十八条 特定事项的企业内部证据，是指会计核算制度健全、内部控制制度完善的企业，对各项资产发生毁损、报废、盘亏、死亡、变质等内部证明或承担责任的声明，主要包括：

（一）有关会计核算资料和原始凭证；

（二）资产盘点表；

（三）相关经济行为的业务合同；

（四）企业内部技术鉴定部门的鉴定文件或资料；

（五）企业内部核批文件及有关情况说明；

（六）对责任人由于经营管理责任造成损失的责任认定及赔偿情况说明；

（七）法定代表人、企业负责人和企业财务负责人对特定事项真实性承担法律责任的声明。

第四章　货币资产损失的确认

第十九条　企业货币资产损失包括现金损失、银行存款损失和应收及预付款项损失等。

第二十条　现金损失应依据以下证据材料确认：

（一）现金保管人确认的现金盘点表（包括倒推至基准日的记录）；

（二）现金保管人对于短缺的说明及相关核准文件；

（三）对责任人由于管理责任造成损失的责任认定及赔偿情况的说明；

（四）涉及刑事犯罪的，应有司法机关出具的相关材料；

（五）金融机构出具的假币收缴证明。

第二十一条　企业因金融机构清算而发生的存款类资产损失应依据以下证据材料确认：

（一）企业存款类资产的原始凭据；

（二）金融机构破产、清算的法律文件；

（三）金融机构清算后剩余资产分配情况资料。金融机构应清算而未清算超过三年的，企业可将该款项确认为资产损失，但应有法院或破产清算管理人出具的未完成清算证明。

第二十二条　企业应收及预付款项坏账损失应依据以下相关证据材料确认：

（一）相关事项合同、协议或说明；

（二）属于债务人破产清算的，应有人民法院的破产、清算公告；

（三）属于诉讼案件的，应出具人民法院的判决书或裁决书或仲裁机构的仲裁书，或者被法院裁定终（中）止执行的法律文书；

（四）属于债务人停止营业的，应有工商部门注销、吊销营业执照证明；

（五）属于债务人死亡、失踪的，应有公安机关等有关部门对债务人个人的死亡、失踪证明；

（六）属于债务重组的，应有债务重组协议及其债务人重组收益纳税情况说明；

（七）属于自然灾害、战争等不可抗力而无法收回的，应有债务人受灾情况说明以及放弃债权申明。

第二十三条　企业逾期三年以上的应收款项在会计上已作为损失处理的，可以作为坏账损失，但应说明情况，并出具专项报告。

第二十四条　企业逾期一年以上，单笔数额不超过五万或者不超过企业年度收入总额万分之一的应收款项，会计上已经作为损失处理的，可以作为坏账损失，但应说明情况，并出具专项报告。

第五章　非货币资产损失的确认

第二十五条　企业非货币资产损失包括存货损失、固定资产损失、无形资产损失、在建工程损失、生产性生物资产损失等。

第二十六条　存货盘亏损失，为其盘亏金额扣除责任人赔偿后的余额，应依据以下证据材料确认：

（一）存货计税成本确定依据；

（二）企业内部有关责任认定、责任人赔偿说明和内部核批文件；

（三）存货盘点表；

（四）存货保管人对于盘亏的情况说明。

第二十七条　存货报废、毁损或变质损失，为其计税成本扣除残值及责任人赔偿后的余额，应依据以下证据材料确认：

（一）存货计税成本的确定依据；

（二）企业内部关于存货报废、毁损、变质、残值情况说明及核销资料；

（三）涉及责任人赔偿的，应当有赔偿情况说明；

（四）该项损失数额较大的（指占企业该类资产计税成本10％以上，或减少当年应纳税所得、增加亏损10％以上，下同），应有专业技术鉴定意见或法定资质中介机构出具的专项报告等。

第二十八条　存货被盗损失，为其计税成本扣除保险理赔以及责任人赔偿后的余额，应依据以下证据材料确认：

（一）存货计税成本的确定依据；

（二）向公安机关的报案记录；

（三）涉及责任人和保险公司赔偿的，应有赔偿情况说明等。

第二十九条　固定资产盘亏、丢失损失，为其账面净值扣除责任人赔偿后的余额，应依据以下证据材料确认：

（一）企业内部有关责任认定和核销资料；

（二）固定资产盘点表；

（三）固定资产的计税基础相关资料；

（四）固定资产盘亏、丢失情况说明；

（五）损失金额较大的，应有专业技术鉴定报告或法定资质中介机构出具的专项报告等。

第三十条　固定资产报废、毁损损失，为其账面净值扣除残值和责任人赔偿后的余额，应依据以下证据材料确认：

（一）固定资产的计税基础相关资料；

（二）企业内部有关责任认定和核销资料；

（三）企业内部有关部门出具的鉴定材料；

（四）涉及责任赔偿的，应当有赔偿情况的说明；

（五）损失金额较大的或自然灾害等不可抗力原因造成固定资产毁损、报废的，应有专业技术鉴定意见或法定资质中介机构出具的专项报告等。

第三十一条　固定资产被盗损失，为其账面净值扣除责任人赔偿后的余额，应依据以下证据材料确认：

（一）固定资产计税基础相关资料；

（二）公安机关的报案记录，公安机关立案、破案和结案的证明材料；

（三）涉及责任赔偿的，应有赔偿责任的认定及赔偿情况的说明等。

第三十二条　在建工程停建、报废损失，为其工程项目投资账面价值扣除残值后的余额，应依据以下证据材料确认：

（一）工程项目投资账面价值确定依据；

（二）工程项目停建原因说明及相关材料；

（三）因质量原因停建、报废的工程项目和因自然灾害和意外事故停建、报废的工程项目，应出具专业技术鉴定意见和责任认定、赔偿情况的说明等。

第三十三条　工程物资发生损失，可比照本办法存货损失的规定确认。

第三十四条　生产性生物资产盘亏损失，为其账面净值扣除责任人赔偿后的余额，应依据以下证据材料确认：

（一）生产性生物资产盘点表；

（二）生产性生物资产盘亏情况说明；

（三）生产性生物资产损失金额较大的，企业应有专业技术鉴定意见和责任认定、赔偿情况的说明等。

第三十五条　因森林病虫害、疫情、死亡而产生的生产性生物资产损失，为其账面净值扣除残值、保险赔偿和责任人赔偿后的余额，应依据以下证据材料确认：

（一）损失情况说明；

（二）责任认定及其赔偿情况的说明；

（三）损失金额较大的，应有专业技术鉴定意见。

第三十六条　对被盗伐、被盗、丢失而产生的生产性生物资产损失，为其账面净值扣除保险赔偿以及责任人赔偿后的余额，应依据以下证据材料确认：

（一）生产性生物资产被盗后，向公安机关的报案记录或公安机关立案、破案和结案的证明材料；

（二）责任认定及其赔偿情况的说明。

第三十七条　企业由于未能按期赎回抵押资产，使抵押资产被拍卖或变卖，其账面净值大于变卖价值的差额，可认定为资产损失，按以下证据材料确认：

（一）抵押合同或协议书；

（二）拍卖或变卖证明、清单；

（三）会计核算资料等其他相关证据材料。

第三十八条　被其他新技术所代替或已经超过法律保护期限，已经丧失使用价值和转让价值，尚未摊销的无形资产损失，应提交以下证据备案：

（一）会计核算资料；

（二）企业内部核批文件及有关情况说明；

（三）技术鉴定意见和企业法定代表人、主要负责人和财务负责人签章证实无形资产已无使用价值或转让价值的书面申明；

（四）无形资产的法律保护期限文件。

第六章　投资损失的确认

第三十九条　企业投资损失包括债权性投资损失和股权（权益）性投资损失。

第四十条　企业债权投资损失应依据投资的原始凭证、合同或协议、会计核算资料等相关证据材料确认。下列情况债权投资损失的，还应出具相关证据材料：

（一）债务人或担保人依法被宣告破产、关闭、被解散或撤销、被吊销营业执照、失踪或者死亡等，应出具资产清偿证明或者遗产清偿证明。无法出具资产清偿证明或者遗产清偿证明，且上述事项超过三年以上的，或债权投资（包括信用卡透支和助学贷款）余额在三百万元以下的，应出具对应的债务人和担保人破产、关闭、解散证明、撤销文件、工商行政管理部门注销证明或查询证明以及追索记录等（包括司法追索、电话追索、信件追索和上门追索等原始记录）；

（二）债务人遭受重大自然灾害或意外事故，企业对其资产进行清偿和对担保人进行追偿后，未能收回的债权，应出具债务人遭受重大自然灾害或意外事故证明、保险赔偿证明、资产清偿证明等；

（三）债务人因承担法律责任，其资产不足归还所借债务，又无其他债务承担者的，应出具法院裁定证明和资产清偿证明；

（四）债务人和担保人不能偿还到期债务，企业提出诉讼或仲裁的，经人民法院对债务人和担保人强制执行，债务人和担保人均无资产可执行，人民法院裁定终结或终止（中止）执行的，应出具人民法院裁定文书；

（五）债务人和担保人不能偿还到期债务，企业提出诉讼后被驳回起诉的、人民法院不予受理或不予支持的，或经仲裁机构裁决免除（或部分免除）债务人责任，经追偿后无法收回的债权，应提交法院驳回起诉的证明，或法院不予受理或不予支持证明，或仲裁机构裁决免除债务人责任的文书；

（六）经国务院专案批准核销的债权，应提供国务院批准文件或经国务院同意后由国务院有关部门批准的文件。

第四十一条　企业股权投资损失应依据以下相关证据材料确认：

（一）股权投资计税基础证明材料；

（二）被投资企业破产公告、破产清偿文件；

（三）工商行政管理部门注销、吊销被投资单位营业执照文件；

（四）政府有关部门对被投资单位的行政处理决定文件；

（五）被投资企业终止经营、停止交易的法律或其他证明文件；

（六）被投资企业资产处置方案、成交及入账材料；

（七）企业法定代表人、主要负责人和财务负责人签章证实有关投资（权益）性损失的书面申明；

（八）会计核算资料等其他相关证据材料。

第四十二条　被投资企业依法宣告破产、关闭、解散或撤销、吊销营业执照、停止生产经营活动、失踪等，应出具资产清偿证明或者遗产清偿证明。

上述事项超过三年以上且未能完成清算的，应出具被投资企业破产、关闭、解散或撤销、吊销等的证明以及不能清算的原因说明。

第四十三条　企业委托金融机构向其他单位贷款，或委托其他经营机构进行理财，到期不能收回贷款或理财款项，按照本办法第六章有关规定进行处理。

第四十四条　企业对外提供与本企业生产经营活动有关的担保，因被担保人不能按期偿还债务而承担连带责任，经追索，被担保人无偿还能力，对无法追回的金额，比照本办法规定的应收款项损失进行处理。

与本企业生产经营活动有关的担保是指企业对外提供的与本企业应税收入、投资、融资、材料采购、产品销售等生产经营活动相关的担保。

第四十五条　企业按独立交易原则向关联企业转让资产而发生的损失，或向关联企业提供借款、担保而形成的债权损失，准予扣除，但企业应作专项说明，同时出具中介机构出具的专项报告及其相关的证明材料。

第四十六条　下列股权和债权不得作为损失在税前扣除：

（一）债务人或者担保人有经济偿还能力，未按期偿还的企业债权；

（二）违反法律、法规的规定：以各种形式、借口逃废或悬空的企业债权；

（三）行政干预逃废或悬空的企业债权；

（四）企业未向债务人和担保人追偿的债权；

（五）企业发生非经营活动的债权；

（六）其他不应当核销的企业债权和股权。

第七章　其他资产损失的确认

第四十七条　企业将不同类别的资产捆绑（打包），以拍卖、询价、竞争性谈判、招标等市场方式出售，其出售价格低于计税成本的差额，可以作为资产损失并准予在税前申报扣除，但应出具资产处置方案、各类资产作价依据、出售过程的情况说明、出售合同或协议、成交及入账证明、资产计税基础等确定依据。

第四十八条　企业正常经营业务因内部控制制度不健全而出现操作不当、不规范或因业务创新但政策不明确、不配套等原因形成的资产损失，应由企业承担的金额，可以作为资产损失并准予在税前申报扣除，但应出具损失原因证明材料或业务监管部门定性证明、损失专项说明。

第四十九条　企业因刑事案件原因形成的损失，应由企业承担的金额，或经公安机关立案侦查两年以上仍未追回的金额，可以作为资产损失并准予在税前申报扣除，但应出具公安机关、人民检察院的立案侦查情况或人民法院的判决书等损失原因证明材料。

第八章　附则

第五十条　本办法没有涉及的资产损失事项，只要符合企业所得税法及其实施条例等法律、法规规定的，也可以向税务机关申报扣除。

第五十一条　省、自治区、直辖市和计划单列市国家税务局、地方税务局可以根据本办法制定具体实施办法。

第五十二条　本办法自2011年1月1日起施行，《国家税务总局关于印发〈企业资产损失税前扣除管理办法〉的通知》（国税发〔2009〕88号）、《国家税务总局关于企业以前年度未扣除资产损失企业所得税处理问题的通知》（国税函〔2009〕772号）、《国家税务总局关于电信企业坏账损失税前扣除问题的通知》（国税函〔2010〕196号）同时废止。本办法生效之日前尚未进行税务处理的资产损失事项，也应按本办法执行。

◆《国家税务总局关于企业股权投资损失所得税处理问题的公告》（国家税务总局公告2010年第6号）规定：

一、企业对外进行权益性（以下简称股权）投资所发生的损失，在经确认的损失发生年度，作为企业损失在计算企业应纳税所得额时一次性扣除。

二、本规定自 2010 年 1 月 1 日起执行。本规定发布以前，企业发生的尚未处理的股权投资损失，按照本规定：准予在 2010 年度一次性扣除。

◆《国家税务总局关于做好 2009 年度企业所得税汇算清缴工作的通知》（国税函〔2010〕148 号）规定：

（二）资产损失税前扣除填报口径。企业资产损失发生年度扣除追补确认的损失后如出现亏损，应调整资产损失发生年度的亏损额，并填报企业所得税年度纳税申报表附表四"弥补亏损明细表"对应亏损年度的相应行次。

（五）投资损失扣除填报口径。企业发生的投资（转让）损失应按实际确认或发生的当期扣除，填报企业所得税年度纳税申报表附表三"纳税调整明细表"相关行次，对于长期股权投资发生的损失，企业所得税年度纳税申报表附表十一"长期股权投资所得损失""投资损失补充资料"的相关内容不再填报。

◆《国家税务总局关于电网企业输电线路部分报废损失税前扣除问题的公告》（国家税务总局公告 2010 年第 30 号）规定：

根据《中华人民共和国企业所得税法实施条例》第三十二条的规定，现对电网企业输电铁塔和线路损失企业所得税税前扣除问题公告如下：

一、由于加大水电送出和增强电网抵御冰雪能力需要等原因，电网企业对原有输电线路进行改造，部分铁塔和线路拆除报废，形成部分固定资产损失。考虑到该部分资产已形成实质性损失，可以按照有关税收规定作为企业固定资产损失允许税前扣除。

二、上述部分固定资产损失，应按照该固定资产的总计税价格，计算每基铁塔和每公里线路的计税价格后，根据报废的铁塔数量和线路长度以及已计提折旧情况确定。

三、上述报废的部分固定资产，其中部分能够重新利用的，应合理计算价格，冲减当年度固定资产损失。

四、新投资建设的线路和铁塔，应单独作为固定资产，在投入使用后，按照税收的规定计提折旧。

本公告自 2011 年 1 月 1 日起施行。2010 年度没有处理的事项，按照本公告规定执行。

◆《国家税务总局办公厅关于中国移动通信集团公司有关涉税诉求问题的函》（国税办函〔2010〕535 号）规定：

《国家税务总局关于印发〈企业资产损失税前扣除管理办法〉的通知》（国税发〔2009〕88 号）采取列举形式，对企业货币资产、固定资产存货等非货币资产损失税前扣除的审批、认定等事项进行了明确，其中并没有规定无形资产损失税前不能扣除。鉴此，只要你公司发生的无形资产损失真实存在，损失金额可以准确计量，报经主管税务机关审批、认定后，可以在企业所得税前扣除。

〔《中华人民共和国企业所得税法实施条例》〕第三十二条

☆企业发生的损失，减除责任人赔偿和保险赔款后的余额，依照国务院财政、税务主管部门的规定扣除。

☆企业已经作为损失处理的资产，在以后纳税年度又全部收回或者部分收回时，应当计入当期收入。

3. 其他支出

〔《中华人民共和国企业所得税法实施条例》〕

☆第三十三条　企业所得税法第八条所称其他支出，是指除成本、费用、税金、损失外，企业在生产经营活动中发生的与生产经营活动有关的、合理的支出。

〔与税收相关的规定〕

◇〈财政部 公安部 国家税务总局 关于石油天然气和"三电"基础设施安全保护费用管理问题的通知〉（财企〔2010〕291 号）规定：

为加强石油、天然气和电力、电信、广播电视基础设施（以下统称"油气和'三电'基础设施"）的安全保护工作……

（三）企业对自身油气和"三电"基础设施进行安全保护发生的各项费用，包括参加联防工作、组建兼专职群防队伍等发生的支出，由企业自行负担，按规定列入成本（费用），并按照国家税收法律、法规等规定准予税前扣除。

4. 工资扣除

〔《中华人民共和国企业所得税法实施条例》〕

☆第三十四条　企业发生的合理的工资薪金支出，准予扣除。前款所称工资薪金，是指企业每一纳税年度支付给在本企业任职或者受雇的员工的所有现金形式或者非现金形式的劳动报酬，包括基本工资、奖金、津贴、补贴、年终加薪、加班工资，以及与员工任职或者受雇有关的其他支出。

〔税收规范性文件〕

◆《国家税务总局关于印发〈新企业所得税法精神宣传提纲〉的通知》（国税函〔2008〕159 号）规定：

对工资支出合理性的判断，主要包括两个方面。一是雇员实际提供了服务；二是报酬总额在数量上是合理的。实际操作中主要考虑雇员的职责、过去的报酬情况，以及雇员的业务量和复杂程度等相关因素。同时，还要考虑当地同行业职工平均工资水平。

◆《国家税务总局关于企业工资薪金及职工福利费扣除问题的通知》（国税函〔2009〕3 号）规定：

一、关于合理工资薪金问题

《实施条例》第三十四条所称的"合理工资薪金"，是指企业按照股东大会、董事会、薪酬委员会或相关管理机构制订的工资薪金制度规定实际发放给员工的工资薪金。税务机关在对工资薪金进行合理性确认时，可按以下原则掌握：

（一）企业制订了较为规范的员工工资薪金制度；

（二）企业所制订的工资薪金制度符合行业及地区水平；

（三）企业在一定时期所发放的工资薪金是相对固定的，工资薪金的调整是有序进行的；

（四）企业对实际发放的工资薪金，已依法履行了代扣代缴个人所得税义务；

（五）有关工资薪金的安排，不以减少或逃避税款为目的。

二、关于工资薪金总额问题

《实施条例》第四十、四十一、四十二条所称的"工资薪金总额"，是指企业按照本通知第一条规定实际发放的工资薪金总和，不包括企业的职工福利费、职工教育经费、工会经费以及养老保险费、医疗保险费、失业保险费、工伤保险费、生育保险费等社会保险费和住房公积金。属于国有性质的企业，其工资薪金，不得超过政府有关部门给予的限定数额；超过部分，不得计入企业工资薪金总额，也不得在计算企业应纳税所得额时扣除。

〔与税收相关的规定〕

◇（《财政部关于金融类国有和国有控股企业负责人薪酬管理有关问题的通知》（财金〔2009〕2号）规定：

合理控制各级机构负责人薪酬，要坚决防止脱离国情，加强对薪酬工作的领导和监督，加强对经营管理费用的控制和审查，纠正和坚决遏制在职务消费中违规开支和讲排场、摆阔气等奢侈浪费行为。）

◇《企业财务通则（2006）》（国财政部令〔2006〕第41号）（适用于具备法人资格的国有及国有控股企业适用本通则。金融企业除外。其他企业参照执行）规定：

第六十条　企业解除职工劳动关系，按照国家有关规定支付的经济补偿金或者安置费，除正常经营期间发生的列入当期费用以外，应当区别以下情况处理：

（一）企业重组中发生的，依次从未分配利润、盈余公积、资本公积、实收资本中支付。

（二）企业清算时发生的，以企业扣除清算费用后的清算财产优先清偿。）

〔税收规范性文件〕

◆《国家税务总局关于企业所得税若干税务事项衔接问题的通知》（国税函〔2009〕98号）规定：

六、关于工效挂钩企业工资储备基金的处理

原执行工效挂钩办法的企业，在2008年1月1日以前已按规定提取，但因未实际发放而未在税前扣除的工资储备基金余额，2008年及以后年度实际发放时，可在实际发放年度企业所得税前据实扣除。

◆《国家税务总局关于企业所得税应纳税所得额若干税务处理问题的公告》（国家税务总局公告2012年第15号）规定：

一、关于季节工、临时工等费用税前扣除问题

企业因雇用季节工、临时工、实习生、返聘离退休人员以及接受外部劳务派遣用工

所实际发生的费用，应区分为工资薪金支出和职工福利费支出，并按《企业所得税法》规定在企业所得税前扣除。其中属于工资薪金支出的，准予计入企业工资薪金总额的基数，作为计算其他各项相关费用扣除的依据。

本公告规定适用于 2011 年度及以后各年度企业应纳税所得额的处理。

5. 社会保险及住房公积金

〔《中华人民共和国企业所得税法实施条例》〕

☆第三十五条　企业依照国务院有关主管部门或者省级人民政府规定的范围和标准为职工缴纳的基本养老保险费、基本医疗保险费、失业保险费、工伤保险费、生育保险费等基本社会保险费和住房公积金，准予扣除。

〔税收规范性文件〕

◆《财政部 国家税务总局关于基本养老保险费基本医疗保险费失业保险费住房公积金有关个人所得税政策的通知》（财税〔2006〕10 号）规定：

一、企事业单位按照国家或省（自治区、直辖市）人民政府规定的缴费比例或办法实际缴付的基本养老保险费、基本医疗保险费和失业保险费，免征个人所得税。

〔与税收相关的规定〕

◇《建设部 财政部 中国人民银行关于住房公积金管理若干具体问题的指导意见》（建金管〔2005〕5 号）规定：

二、设区城市（含地、州、盟，下同）应当结合当地经济、社会发展情况，统筹兼顾各方面承受能力，严格按照《条例》规定程序，合理确定住房公积金缴存比例。单位和职工缴存比例不应低于 5%，原则上不高于 12%。

〔《中华人民共和国企业所得税法实施条例》〕第三十五条

☆企业为投资者或者职工支付的补充养老保险费、补充医疗保险费，在国务院财政、税务主管部门规定的范围和标准内，准予扣除。

〔税收规范性文件〕

◆《财政部 国家税务总局 关于补充养老保险费补充医疗保险费有关企业所得税政策问题的通知》（财税〔2009〕27 号）规定：

自 2008 年 1 月 1 日起，企业根据国家有关政策规定：为在本企业任职或者受雇的全体员工支付的补充养老保险费、补充医疗保险费，分别在不超过职工工资总额 5% 标准内的部分，在计算应纳税所得额时准予扣除；超过的部分，不予扣除。

◆《国家税务总局关于执行〈企业会计制度〉需要明确的有关所得税问题的通知》（国税发〔2003〕45 号）规定：

五、关于养老、医疗、失业保险

（一）企业为全体雇员按国务院或省级人民政府规定的比例或标准缴纳的补充养老

保险、补充医疗保险，可以在税前扣除。

（二）企业为全体雇员按国务院或省级人民政府规定的比例或标准补缴的基本或补充养老、医疗和失业保险，可在补缴当期直接扣除；金额较大的，主管税务机关可要求企业在不低于三年的期间内分期均匀扣除。

◆《国家税务总局关于企业年金个人所得税征收管理有关问题的通知》（国税函〔2009〕694号）规定：

一、企业年金的个人缴费部分，不得在个人当月工资、薪金计算个人所得税时扣除。

二、企业年金的企业缴费计入个人账户的部分（以下简称企业缴费）是个人因任职或受雇而取得的所得，属于个人所得税应税收入，在计入个人账户时，应视为个人一个月的工资、薪金（不与正常工资、薪金合并），不扣除任何费用，按照"工资、薪金所得"项目计算当期应纳个人所得税款，并由企业在缴费时代扣代缴。对企业按季度、半年或年度缴纳企业缴费的，在计税时不得还原至所属月份，均作为一个月的工资、薪金，不扣除任何费用，按照适用税率计算扣缴个人所得税。

六、本通知所称企业年金是指企业及其职工按照《企业年金试行办法》的规定，在依法参加基本养老保险的基础上，自愿建立的补充养老保险。对个人取得本通知规定之外的其他补充养老保险收入，应全额并入当月工资、薪金所得依法征收个人所得税。

〔与税收相关的规定〕

◇《财政部关于规范企业应付工资结余用于企业年金缴费财务管理的通知》（财企〔2011〕第477号）规定：

为了规范国家出资企业应付工资结余用于企业年金缴费的财务管理，维护企业所有者和职工的合法权益，根据国家有关财务和年金管理规定，现就有关问题通知如下：

一、以企业职工代表大会讨论通过企业年金计划为时点，企业年金计划同时满足以下条件的，截至2007年12月31日因实施工效挂钩政策形成的应付工资结余，可以一次性或分期用于企业年金缴费：

（一）企业职工上年年平均工资不超过同期当地城镇单位在岗职工平均工资的2倍；如果是中央企业，其企业职工上年年平均工资不得超过全国城镇单位在岗职工平均工资的2倍。

（二）除应付工资结余外，企业为职工年金的缴费总额在工资总额5％以内。

（三）已参加企业年金计划的职工退休后，企业不再向其支付统筹外补贴等养老费用。

二、应付工资结余原则上用于企业年金计划开始实施时，距离法定退休年限不足10年的职工年金个人账户缴费。

三、企业将应付工资结余用于企业年金缴费，应当按照国家有关企业年金管理的规定做好相关衔接工作。

四、除满足本通知规定情形外，企业工资结余的财务管理，仍按照《财政部关于企业新旧财务制度衔接有关问题的通知》（财企〔2008〕34号）有关规定执行。

6. 人身商业保险费

〔《中华人民共和国企业所得税法实施条例》〕

☆第三十六条　除企业依照国家有关规定为特殊工种职工支付的人身安全保险费和国务院财政、税务主管部门规定可以扣除的其他商业保险费外，企业为投资者或者职工支付的商业保险费，不得扣除。

7. 借款利息

〔《中华人民共和国企业所得税法实施条例》〕

☆第三十七条　企业在生产经营活动中发生的合理的不需要资本化的借款费用，准予扣除。

企业为购置、建造固定资产、无形资产和经过 12 个月以上的建造才能达到预定可销售状态的存货发生借款的，在有关资产购置、建造期间发生的合理的借款费用，应当作为资本性支出计入有关资产的成本，并依照本条例的规定扣除。

☆第三十八条　企业在生产经营活动中发生的下列利息支出，准予扣除：

（一）非金融企业向金融企业借款的利息支出、金融企业的各项存款利息支出和同业拆借利息支出、企业经批准发行债券的利息支出；

（二）非金融企业向非金融企业借款的利息支出，不超过按照金融企业同期同类贷款利率计算的数额的部分。

〔税收规范性文件〕

◆《国家税务总局关于印发〈房地产开发经营业务企业所得税处理办法〉的通知》（国税发〔2009〕31 号）规定：

第二十一条　企业的利息支出按以下规定进行处理：

（一）企业为建造开发产品借入资金而发生的符合税收规定的借款费用，可按企业会计准则的规定进行归集和分配，其中属于财务费用性质的借款费用，可直接在税前扣除。

（二）企业集团或其成员企业统一向金融机构借款分摊集团内部其他成员企业使用的，借入方凡能出具从金融机构取得借款的证明文件，可以在使用借款的企业间合理的分摊利息费用，使用借款的企业分摊的合理利息准予在税前扣除。

◆《国家税务总局关于企业所得税若干问题的公告》（国家税务总局公告 2011 年第 34 号）根据《实施条例》第三十八条规定，

非金融企业向非金融企业借款的利息支出，不超过按照金融企业同期同类贷款利率计算的数额的部分，准予税前扣除。鉴于目前我国对金融企业利率要求的具体情况，企业在按照合同要求首次支付利息并进行税前扣除时，应提供"金融企业的同期同类贷款利率情况说明"，以证明其利息支出的合理性。

"金融企业的同期同类贷款利率情况说明"中，应包括在签订该借款合同当时，本省任何一家金融企业提供同期同类贷款利率情况。该金融企业应为经政府有关部门批准成立的可以从事贷款业务的企业，包括银行、财务公司、信托公司等金融机构。"同期同类贷款利率"是指在贷款期限、贷款金额、贷款担保以及企业信誉等条件基本相同下，金融企业提供贷款的利率。既可以是金融企业公布的同期同类平均利率，也可以是金融企业对某些企业提供的实际贷款利率。

◆《国家税务总局关于企业投资者投资未到位而发生的利息支出企业所得税前扣除问题的批复》（国税函〔2009〕312 号）规定：

凡企业投资者在规定期限内未缴足其应缴资本额的，该企业对外借款所发生的利息，相当于投资者实缴资本额与在规定期限内应缴资本额的差额应计付的利息，其不属于企业合理的支出，应由企业投资者负担，不得在计算企业应纳税所得额时扣除。

具体计算不得扣除的利息，应以企业一个年度内每一账面实收资本与借款余额保持不变的期间作为一个计算期，每一计算期内不得扣除的借款利息按该期间借款利息发生额乘以该期间企业未缴足的注册资本占借款总额的比例计算，公式为：

$$\text{企业每一计算期不得扣除的借款利息} = \text{该期间借款利息额} \times \frac{\text{该期间未缴足注册资本额}}{\text{该期间借款额}}$$

企业一个年度内不得扣除的借款利息总额为该年度内每一计算期不得扣除的借款利息额之和。

◆《财政部 国家税务总局关于企业关联方利息支出税前扣除标准有关税收政策问题的通知》（财税〔2008〕第 121 号）（详见☆第一百一十九条）

◆《国家税务总局关于企业向自然人借款的利息支出企业所得税税前扣除问题的通知》（国税函〔2009〕第 777 号）（详见☆第一百一十九条）

◆《国家税务总局关于融资性售后回租业务中承租方出售资产行为有关税收问题的公告》（国家税务总局公告 2010 年第 13 号）规定：

根据现行企业所得税法及有关收入确定规定，融资性售后回租业务中，承租人出售资产的行为，不确认为销售收入，对融资性租赁的资产，仍按承租人出售前原账面价值作为计税基础计提折旧。租赁期间，承租人支付的属于融资利息的部分，作为企业财务费用在税前扣除。

8. 汇兑损益

〔《中华人民共和国企业所得税法实施条例》〕

☆第三十九条　企业在货币交易中，以及纳税年度终了时将人民币以外的货币性资产、负债按照期末即期人民币汇率中间价折算为人民币时产生的汇兑损失，除已经计入有关资产成本以及与向所有者进行利润分配相关的部分外，准予扣除。

9. 职工福利费

〔《中华人民共和国企业所得税法实施条例》〕

☆第四十条　企业发生的职工福利费支出，不超过工资薪金总额 14% 的部分，准予扣除。

〔税收规范性文件〕

◆《国家税务总局关于企业工资薪金及职工福利费扣除问题的通知》（国税函〔2009〕3号）规定：

三、关于职工福利费扣除问题

《实施条例》第四十条规定的企业职工福利费，包括以下内容：

（一）尚未实行分离办社会职能的企业，其内设福利部门所发生的设备、设施和人员费用，包括职工食堂、职工浴室、理发室、医务所、托儿所、疗养院等集体福利部门的设备、设施及维修保养费用和福利部门工作人员的工资薪金、社会保险费、住房公积金、劳务费等。

（二）为职工卫生保健、生活、住房、交通等所发放的各项补贴和非货币性福利，包括企业向职工发放的因公外地就医费用、未实行医疗统筹企业职工医疗费用、职工供养直系亲属医疗补贴、供暖费补贴、职工防暑降温费、职工困难补贴、救济费、职工食堂经费补贴、职工交通补贴等。

（三）按照其他规定发生的其他职工福利费，包括丧葬补助费、抚恤费、安家费、探亲假路费等。

（《企业会计准则第9号——职工薪酬》中规定：职工福利费用主要用于职工的医疗费，医护人员的工资，医务经费，职工因公负伤赴外地就医路费，职工生活困难补助，职工浴室、理发室、幼儿园、托儿所人员的工资，以及按照国家规定开支的其他福利支出。）

四、关于职工福利费核算问题

企业发生的职工福利费，应该单独设置账册，进行准确核算。没有单独设置账册准确核算的，税务机关应责令企业在规定的期限内进行改正。逾期仍未改正的，税务机关可对企业发生的职工福利费进行合理的核定。

〔与税收相关的规定〕

◇《财政部关于企业加强职工福利费财务管理的通知》（财企〔2009〕242号）规定：

一、企业职工福利费是指企业为职工提供的除职工工资、奖金、津贴、纳入工资总额管理的补贴、职工教育经费、社会保险费和补充养老保险费（年金）、补充医疗保险费及住房公积金以外的福利待遇支出，包括发放给职工或为职工支付的以下各项现金补贴和非货币性集体福利：

（一）为职工卫生保健、生活等发放或支付的各项现金补贴和非货币性福利，包括职工因公外地就医费用、暂未实行医疗统筹企业职工医疗费用、职工供养直系亲属医疗补贴、职工疗养费用、自办职工食堂经费补贴或未办职工食堂统一供应午餐支出、符合国家有关财务规定的供暖费补贴、防暑降温费等。

（二）企业尚未分离的内设集体福利部门所发生的设备、设施和人员费用，包括职工食堂、职工浴室、理发室、医务所、托儿所、疗养院、集体宿舍等集体福利部门设备、设施的折旧、维修保养费用以及集体福利部门工作人员的工资薪金、社会保险费、住房公积金、劳务费等人工费用。

（三）职工困难补助，或者企业统筹建立和管理的专门用于帮助、救济困难职工的基金支出。

（四）离退休人员统筹外费用，包括离休人员的医疗费及离退休人员其他统筹外费用。企业重组涉及的离退休人员统筹外费用，按照《财政部关于企业重组有关职工安置费用财务管理问题的通知》（财企〔2009〕117号）执行。国家另有规定的，从其规定。

（五）按规定发生的其他职工福利费，包括丧葬补助费、抚恤费、职工异地安家费、独生子女费、探亲假路费，以及符合企业职工福利费定义但没有包括在本通知各条款项目中的其他支出。

二、企业为职工提供的交通、住房、通讯待遇，已经实行货币化改革的，按月按标准发放或支付的住房补贴、交通补贴或者车改补贴、通讯补贴，应当纳入职工工资总额，不再纳入职工福利费管理；尚未实行货币化改革的，企业发生的相关支出作为职工福利费管理，但根据国家有关企业住房制度改革政策的统一规定：不得再为职工购建住房。企业给职工发放的节日补助、未统一供餐而按月发放的午餐费补贴，应当纳入工资总额管理。

三、职工福利是企业对职工劳动补偿的辅助形式，企业应当参照历史一般水平合理控制职工福利费在职工总收入的比重。按照《企业财务通则》第四十六条规定：应当由个人承担的有关支出，企业不得作为职工福利费开支。

四、企业应当逐步推进内设集体福利部门的分离改革，通过市场化方式解决职工福利待遇问题。同时，结合企业薪酬制度改革，逐步建立完整的人工成本管理制度，将职工福利纳入职工工资总额管理。对实行年薪制等薪酬制度改革的企业负责人，企业应当将符合国家规定的各项福利性货币补贴纳入薪酬体系统筹管理，发放或支付的福利性货币补贴从其个人应发薪酬中列支。

五、企业职工福利一般应以货币形式为主。对以本企业产品和服务作为职工福利的，企业要严格控制。国家出资的电信、电力、交通、热力、供水、燃气等企业，将本企业产品和服务作为职工福利的，应当按商业化原则实行公平交易，不得直接供职工及其亲属免费或者低价使用。

六、企业职工福利费财务管理应当遵循以下原则和要求：

（一）制度健全。企业应当依法制订职工福利费的管理制度，并经股东会或董事会批准，明确职工福利费开支的项目、标准、审批程序、审计监督。

（二）标准合理。国家对企业职工福利费支出有明确规定的，企业应当严格执行。国家没有明确规定的，企业应当参照当地物价水平、职工收入情况、企业财务状况等要求，按照职工福利项目制订合理标准。

（三）管理科学。企业应当统筹规划职工福利费开支，实行预算控制和管理。职工福利费预算应当经过职工代表大会审议后，纳入企业财务预算，按规定批准执行，并在企业内部向职工公开相关信息。

（四）核算规范。企业发生的职工福利费，应当按规定进行明细核算，准确反映开支项目和金额。

〔税收规范性文件〕

◆《国家税务总局关于生活补助费范围确定问题的通知》（国税发）〔1998〕155号）规定：

近据一些地区反映《中华人民共和国个人所得税法实施条例》第十四条所说的从福利费或者工会经费中支付给个人的生活补助费由于缺乏明确的范围在实际执行中难以具体界定各地掌握尺度不一须统一明确规定以利执行。经研究现明确如下：

一、上述所称生活补助费是指由于某些特定事件或原因而给纳税人或其家庭的正常生活造成一定困难其任职单位按国家规定从提留的福利费或者工会经费中向其支付的临时性生活困难补助。

二、下列收入不属于免税的福利费范围应当并入纳税人的工资薪金收入计征个人所得税：

（一）从超出国家规定的比例或基数计提的福利费工会经费中支付给个人的各种补贴补助；

（二）从福利费和工会经费中支付给单位职工的人人有份的补贴补助；

（三）单位为个人购买汽车住房电子计算机等不属于临时性生活困难补助性质的支出。

〔与税收相关的规定〕

◇《人力资源和社会保障部关于企业工资总额管理有关口径问题的函》（人社厅函〔2010〕51号）规定：

在国有企业工资总额管理工作中，应按照《关于企业加强职工福利费财务管理的通知》（财企〔2009〕242号）的规定：将按月按标准发放或支付给职工的住房补贴、交通补贴或者车改补贴、通讯补贴以及节日补助、按月发放的午餐费补贴等统一纳入职工工资总额管理。实行工效挂钩办法的企业，在与企业经济效益直接挂钩工资总额基数外单列，不作为计提新增效益工资的基数。

◇《国家统计局关于工资总额组成的规定》（国家统计局令〔1990〕第1号）规定：

第十一条 下列各项不列入工资总额的范围：

（一）根据国务院发布的有关规定颁发的发明创造奖、自然科学奖、科学技术进步奖和支付的合理化建议和技术改进奖以及支付给运动员、教练员的奖金；

（二）有关劳动保险和职工福利方面的各项费用；

（三）有关离休、退休、退职人员待遇的各项支出；

（四）劳动保护的各项支出；

（五）稿费、讲课费及其他专门工作报酬；

（六）出差伙食补助费、误餐补助、调动工作的旅费和安家费；

（七）对自带工具、牲畜来企业工作职工所支付的工具、牲畜等的补偿费用；

（八）实行租赁经营单位的承租人的风险性补偿收入；

（九）对购买本企业股票和债券的职工所支付的股息（包括股金分红）和利息；

（十）劳动合同制职工解除劳动合同时由企业支付的医疗补助费、生活补助费等；

（十一）因录用临时工而在工资以外向提供劳动力单位支付的手续费或管理费；

（十二）支付给家庭工人的加工费和按加工订货办法支付给承包单位的发包费用；

（十三）支付给参加企业劳动的在校学生的补贴；

（十四）计划生育独生子女补贴。

◇《财政部关于企业新旧财务制度衔接有关问题的通知》（财企〔2008〕34号）规定：

《企业财务通则》施行以前提取的应付福利费有结余的，符合规定的补充养老保险应当先从应付福利费中列支。

◇《企业会计准则第38号——首次执行企业会计准则》应用指南规定：

首次执行日企业的职工福利费余额，应当全部转入应付职工薪酬（职工福利）。首次执行日后第一个会计期间，按照《企业会计准则第9号——职工薪酬》规定：根据企业实际情况和职工福利计划确认应付职工薪酬（职工福利），该项金额与原转入的应付职工薪酬（职工福利）之间的差额调整管理费用。

◇《企业财务通则（2006）》（国财政部令〔2006〕第41号）（适用于具备法人资格的国有及国有控股企业适用本通则。金融企业除外。其他企业参照执行）规定：

第四十六条　企业不得承担属于个人的下列支出：

（一）娱乐、健身、旅游、招待、购物、馈赠等支出。

（二）购买商业保险、证券、股权、收藏品等支出。

（三）个人行为导致的罚款、赔偿等支出。

（四）购买住房、支付物业管理费等支出。

（五）应由个人承担的其他支出。)

◇《财政部 科技部关于印发〈中关村国家自主创新示范区企业股权和分红激励实施办法〉的通知》（财企〔2010〕8号）规定：

第二条　本办法适用于中关村国家自主创新示范区内的以下企业：

（一）国有及国有控股的院所转制企业、高新技术企业。

（二）示范区内的高等院校和科研院所以科技成果作价入股的企业。

（三）其他科技创新企业。

第三条　股权激励，是指企业以本企业股权为标的，采取以下方式对激励对象实施激励的行为：

（一）股权奖励，即企业无偿授予激励对象一定份额的股权或一定数量的股份。

（二）股权出售，即企业按不低于股权评估价值的价格，以协议方式将企业股权（包括股份，下同）有偿出售给激励对象。

（三）股票期权，即企业授予激励对象在未来一定期限内以预先确定的行权价格购买本企业一定数量股份的权利。分红激励，是指企业以科技成果实施产业化、对外转让、合作转化、作价入股形成的净收益为标的，采取项目收益分成方式对激励对象实施激励的行为。

第四条　激励对象应当是重要的技术人员和企业经营管理人员，包括以下人员：

（一）对企业科技成果研发和产业化做出突出贡献的技术人员，包括企业内关键职务科技成果的主要完成人、重大开发项目的负责人、对主导产品或者核心技术、工艺流程做出重大创新或者改进的主要技术人员，高等院校和科研院所研究开发和向企业转移转化科技成果的主要技术人员。

（二）对企业发展做出突出贡献的经营管理人员，包括主持企业全面生产经营工作的高级管理人员，负责企业主要产品（服务）生产经营合计占主营业务收入（或者主营业务利润）50%以上的中、高级经营管理人员。企业不得面向全体员工实施股权或者分红激励。企业监事、独立董事、企业控股股东单位的经营管理人员不得参与企业股权或者分红激励。

第二十五条 企业实施分红激励所需支出计入工资总额，但不纳入工资总额基数，不作为企业职工教育经费、工会经费、社会保险费、补充养老及补充医疗保险费、住房公积金等的计提依据。

〔税收规范性文件〕

◆《国家税务总局关于做好 2007 年度企业所得税汇算清缴工作的补充通知》（国税函〔2008〕264 号）规定：

2007 年度的企业职工福利费，仍按计税工资总额的 14% 计算扣除，未实际使用的部分，应累计计入职工福利费余额。2008 年及以后年度发生的职工福利费，应先冲减以前年度累计计提但尚未实际使用的职工福利费余额，不足部分按新企业所得税法规定扣除。企业以前年度累计计提但尚未实际使用的职工福利费余额已在税前扣除，属于职工权益，如果改变用途的，应调整增加应纳税所得额。

◆《国家税务总局关于企业所得税若干税务事项衔接问题的通知》（国税函〔2009〕98 号）规定：

四、关于以前年度职工福利费余额的处理

根据《国家税务总局关于做好 2007 年度企业所得税汇算清缴工作的补充通知》（国税函〔2008〕264 号）的规定：企业 2008 年以前按照规定计提但尚未使用的职工福利费余额，2008 年及以后年度发生的职工福利费，应首先冲减上述的职工福利费余额，不足部分按新税法规定扣除；仍有余额的，继续留在以后年度使用。企业 2008 年以前节余的职工福利费，已在税前扣除，属于职工权益，如果改变用途的，应调整增加企业应纳税所得额。

10. 工会经费

〔《中华人民共和国企业所得税法实施条例》〕

☆第四十一条 企业拨缴的工会经费，不超过工资薪金总额 2% 的部分，准予扣除。

〔税收规范性文件〕

◆《国家税务总局关于工会经费税前扣除问题的通知》（国税函〔2000〕678 号）规定：

凡不能出具《工会经费拨缴款专用收据》的，其提取的职工工会经费不得在企业所得税前扣除。

◆《国家税务总局关于工会经费企业所得税税前扣除凭据问题的公告》（国家税务总局公告 2010 年第 24 号）规定：

一、自 2010 年 7 月 1 日起，企业拨缴的职工工会经费，不超过工资薪金总额 2％ 的部分，凭工会组织开具的《工会经费收入专用收据》在企业所得税税前扣除。

二、《国家税务总局关于工会经费税前扣除问题的通知》（国税函〔2000〕678 号）同时废止。

◆《国家税务总局关于税务机关代收工会经费企业所得税税前扣除凭据问题的公告》（国家税务总局公告 2011 年第 30 号）

为进一步加强对工会经费企业所得税税前扣除的管理，现就税务机关代收工会经费税前扣除凭据问题公告如下：

自 2010 年 1 月 1 日起，在委托税务机关代收工会经费的地区，企业拨缴的工会经费，也可凭合法、有效的工会经费代收凭据依法在税前扣除。

11. 教育经费

〔《中华人民共和国企业所得税法实施条例》〕

☆第四十二条 除国务院财政、税务主管部门另有规定外，企业发生的职工教育经费支出，不超过工资薪金总额 2.5％ 的部分，准予扣除；超过部分，准予在以后纳税年度结转扣除。

〔税收规范性文件〕

◆《国家税务总局关于企业所得税若干税务事项衔接问题的通知》（国税函〔2009〕98 号）规定：

五、关于以前年度职工教育经费余额的处理

对于在 2008 年以前已经计提但尚未使用的职工教育经费余额，2008 年及以后新发生的职工教育经费应先从余额中冲减。仍有余额的，留在以后年度继续使用。

〔与税收相关的规定〕

◇《财政部 全国总工会 发展改革委 教育部 科技部 国防科工委 人事部 劳动保障部 国资委 国家税务总局 全国工商联关于印发〈关于企业职工教育经费提取与使用管理的意见的通知〉》（财建〔2006〕317 号）规定：

（五）企业职工教育培训经费列支范围包括：

（1）上岗和转岗培训；

（2）各类岗位适应性培训；

（3）岗位培训、职工技术等级培训、高技能人才培训；

（4）专业技术人员培训；

（5）特种作业人员培训；

（6）企业组织的职工外送培训的经费支出；

（7）职工参加的职工技能鉴定、职业资格认证等经费支出；

（8）购置教学设备与设施；

（9）职工岗位自学成才奖励费用；

（10）职工教育培训管理费用；

（11）有关职工教育的其他开支。

（九）企业职工参加社会上的学历教育以及个人为取得学位而参加的在职教育，所需费用应由个人承担，不能挤占企业的职工教育培训经费。

（十）对于企业高层管理人员的境外培训和考察，其一次性单项支出较高的费用应从其他管理费用中支出，避免挤占日常的职工教育培训经费开支。

〔税收规范性文件〕

◆《财政部 国家税务总局关于企业所得税若干优惠政策的通知》（财税〔2008〕1号）规定：

（四）软件生产企业的职工培训费用，可按实际发生额在计算应纳税所得额时扣除。

◆《国家税务总局关于企业所得税执行中若干税务处理问题的通知》（国税函〔2009〕202号）规定：

四、软件生产企业职工教育经费的税前扣除问题

软件生产企业发生的职工教育经费中的职工培训费用，根据《财政部国家税务总局关于企业所得税若干优惠政策的通知》（财税〔2008〕1号）规定：可以全额在企业所得税前扣除。软件生产企业应准确划分职工教育经费中的职工培训费支出，对于不能准确划分的，以及准确划分后职工教育经费中扣除职工培训费用的余额，一律按照《实施条例》第四十二条规定的比例扣除。

◆《财政部办公厅对中关村科技园区建设国家自主创新示范区有关职工教育经费税前扣除试点政策的通知》（财税〔2010〕82号）规定：

一、自2010年1月1目起至2011年12月31日止，对示范区内的科技创新创业企业发生的职工教育经费支出，不超过工资薪金总额8%的部分，准予在计算应纳税所得额时扣除，超过部分，准予在以后纳税年度结转扣除。

12. 业务招待费

〔《中华人民共和国企业所得税法实施条例》〕

☆第四十三条 企业发生的与生产经营活动有关的业务招待费支出，按照发生额的60%扣除，但最高不得超过当年销售（营业）收入的5‰。

〔税收规范性文件〕

◆《国家税务总局关于〈中华人民共和国企业所得税年度纳税申报表〉的补充通知》（国税函〔2008〕1081号）规定：

附表一（1）《收入明细表》填报说明第1行"销售（营业）收入合计"：填报纳税人根据国家统一会计制度确认的主营业务收入、其他业务收入，以及根据税收规定确认的视同销售收入。本行数据作为计算业务招待费、广告费和业务宣传费支出扣除限额的计算基数。

◆《国家税务总局关于企业所得税执行中若干税务处理问题的通知》（国税函〔2009〕202号）规定：

一、关于销售（营业）收入基数的确定问题

企业在计算业务招待费、广告费和业务宣传费等费用扣除限额时，其销售（营业）收入额应包括《实施条例》第二十五条规定的视同销售（营业）收入额。

◆《国家税务总局关于贯彻落实企业所得税法若干税收问题的通知》（国税函〔2010〕79号）规定：

八、从事股权投资业务的企业业务招待费计算问题对从事股权投资业务的企业（包括集团公司总部、创业投资企业等），其从被投资企业所分配的股息、红利以及股权转让收入，可以按规定的比例计算业务招待费扣除限额。

◆《国家税务总局关于企业所得税应纳税所得额若干税务处理问题的公告》（国家税务总局公告2012年第15号）规定：

五、关于筹办期业务招待费等费用税前扣除问题

企业在筹建期间，发生的与筹办活动有关的业务招待费支出，可按实际发生额的60%计入企业筹办费，并按有关规定在税前扣除；发生的广告费和业务宣传费，可按实际发生额计入企业筹办费，并按有关规定在税前扣除。

本公告规定适用于2011年度及以后各年度企业应纳税所得额的处理。

13. 广告和业务宣传费

〔《中华人民共和国企业所得税法实施条例》〕

☆第四十四条　企业发生的符合条件的广告费和业务宣传费支出，除国务院财政、税务主管部门另有规定外，不超过当年销售（营业）收入15%的部分，准予扣除；超过部分，准予在以后纳税年度结转扣除。

〔**税收规范性文件**〕

◆《国家税务总局关于印发〈新企业所得税法精神宣传提纲〉的通知》（国税函〔2008〕159号）规定：

广告费和业务宣传费的税前扣除过去，内资企业对广告费和业务宣传费支出分别实行比例扣除的政策，外资企业则允许据实扣除。实施条例第四十四条规定：企业每一纳税年度发生的符合条件的广告费和业务宣传费支出合并计算，除国务院财政、税务主管部门另有规定外，不超过当年销售（营业）收入15%的部分，准予扣除；超过部分，准予在以后纳税年度结转扣除。这主要考虑：一是许多行业反映，业务宣传费与广告费性质相似，应统一处理；二是广告费和业务宣传费是企业正常经营必须的营销费用，应允许在税前扣除；三是广告费具有一次投入大、受益期长的特点；四是目前我国的广告

市场不规范，有的甚至以虚假广告欺骗消费者。实行每年比例限制扣除，有利于收入与支出配比，符合广告费支出一次投入大、受益期长的特点，也有利于规范广告费和业务宣传费支出。

◆《国家税务总局关于企业所得税若干税务事项衔接问题的通知》（国税函〔2009〕98号）规定：

七、关于以前年度未扣除的广告费的处理

企业在2008年以前按照原政策规定已发生但尚未扣除的广告费，2008年实行新税法后，其尚未扣除的余额，加上当年度新发生的广告费和业务宣传费后，按照新税法规定的比例计算扣除。

◆《财政部 国家税务总局 关于部分行业广告费和业务宣传费税前扣除政策的通知》（财税〔2009〕72号）规定：

1. 对化妆品制造、医药制造和饮料制造（不含酒类制造，下同）企业发生的广告费和业务宣传费支出，不超过当年销售（营业）收入30%的部分，准予扣除；超过部分，准予在以后纳税年度结转扣除。

2. 对采取特许经营模式的饮料制造企业，饮料品牌使用方发生的不超过当年销售（营业）收入30%的广告费和业务宣传费支出可以在本企业扣除，也可以将其中的部分或全部归集至饮料品牌持有方或管理方，由饮料品牌持有方或管理方作为销售费用据实在企业所得税前扣除。饮料品牌持有方或管理方在计算本企业广告费和业务宣传费支出企业所得税税前扣除限额时，可将饮料品牌使用方归集至本企业的广告费和业务宣传费剔除。饮料品牌持有方或管理方应当将上述广告费和业务宣传费单独核算，并将品牌使用方当年销售（营业）收入数据资料以及广告费和业务宣传费支出的证明材料专案保存以备检查。

前款所称饮料企业特许经营模式指由饮料品牌持有方或管理方授权品牌使用方在指定地区生产及销售其产成品，并将可以由双方共同为该品牌产品承担的广告费及业务宣传费用统一归集至品牌持有方或管理方承担的营业模式。

3. 烟草企业的烟草广告费和业务宣传费支出，一律不得在计算应纳税所得额时扣除。

4. 本通知自2008年1月1日起至2010年12月31日止执行。

◆《国家税务总局关于企业所得税应纳税所得额若干税务处理问题的公告》（国家税务总局公告2012年第15号）规定：

五、关于筹办期业务招待费等费用税前扣除问题

企业在筹建期间，发生的与筹办活动有关的业务招待费支出，可按实际发生额的60%计入企业筹办费，并按有关规定在税前扣除；发生的广告费和业务宣传费，可按实际发生额计入企业筹办费，并按有关规定在税前扣除。

本公告规定适用于2011年度及以后各年度企业应纳税所得额的处理。

◆《财政部 国家税务总局关于广告费和业务宣传费支出税前扣除政策的通知》（财税〔2012〕48号规定：

1. 对化妆品制造与销售、医药制造和饮料制造（不含酒类制造，下同）企业发生

的广告费和业务宣传费支出，不超过当年销售（营业）收入 30％ 的部分，准予扣除；超过部分，准予在以后纳税年度结转扣除。

2. 对签订广告费和业务宣传费分摊协议（以下简称分摊协议）的关联企业，其中一方发生的不超过当年销售（营业）收入税前扣除限额比例内的广告费和业务宣传费支出可以在本企业扣除，也可以将其中的部分或全部按照分摊协议归集至另一方扣除。另一方在计算本企业广告费和业务宣传费支出企业所得税税前扣除限额时，可将按照上述办法归集至本企业的广告费和业务宣传费不计算在内。

3. 烟草企业的烟草广告费和业务宣传费支出，一律不得在计算应纳税所得额时扣除。

4. 本通知自 2011 年 1 月 1 日起至 2015 年 12 月 31 日止执行。

14. 专项资金

〔《中华人民共和国企业所得税法实施条例》〕

☆第四十五条 企业依照法律、行政法规有关规定提取的用于环境保护、生态恢复等方面的专项资金，准予扣除。上述专项资金提取后改变用途的，不得扣除。

15. 财产保险

〔《中华人民共和国企业所得税法实施条例》〕

☆第四十六条 企业参加财产保险，按照规定缴纳的保险费，准予扣除。

〔税收规范性文件〕

◆《国家税务局关于改变保险合同印花税计税办法的通知》（国税函发〔1990〕428号）规定：

对印花税暂行条例中列举征税的各类保险合同，其计税依据由投保金额改为保险费收入。计算征收的适用税率，由万分之零点三改为千分之一。

16. 固定资产租赁费

〔《中华人民共和国企业所得税法实施条例》〕

☆第四十七条 企业根据生产经营活动的需要租入固定资产支付的租赁费，按照以下方法扣除：

（一）以经营租赁方式租入固定资产发生的租赁费支出，按照租赁期限均匀扣除；

（二）以融资租赁方式租入固定资产发生的租赁费支出，按照规定构成融资租入固定资产价值的部分应当提取折旧费用，分期扣除。

17. 劳动保护费

〔《中华人民共和国企业所得税法实施条例》〕

☆第四十八条 企业发生的合理的劳动保护支出，准予扣除。

◇《国家安全生产监督管理总局劳动防护用品监督管理规定》（局长令〔2005〕第

1号）规定：

第十四条生产经营单位应当按照《劳动防护用品选用规则》（GB11651）和国家颁发的劳动防护用品配备标准以及有关规定，为从业人员配备劳动防护用品。第十五条生产经营单位应当安排用于配备劳动防护用品的专项经费。生产经营单位不得以货币或者其他物品替代应当按规定配备的劳动防护用品。第十七条生产经营单位应当建立健全劳动防护用品的采购、验收、保管、发放、使用、报废等管理制度。

〔税收规范性文件〕

◆《国家税务总局关于企业所得税若干问题的公告》（国家税务总局公告 2011 年第 34 号）规定：

企业根据其工作性质和特点，由企业统一制作并要求员工工作时统一着装所发生的工作服饰费用，根据《实施条例》第二十七条的规定，可以作为企业合理的支出给予税前扣除。

18. 企业管理费

〔《中华人民共和国企业所得税法实施条例》〕

☆第四十九条　企业之间支付的管理费、企业内营业机构之间支付的租金和特许权使用费，以及非银行企业内营业机构之间支付的利息，不得扣除。

〔税收规范性文件〕

◆《国家税务总局关于母子公司间提供服务支付费用有关企业所得税处理问题的通知》（国税发〔2008〕86 号）规定：

一、母公司为其子公司（以下简称子公司）提供各种服务而发生的费用，应按照独立企业之间公平交易原则确定服务的价格，作为企业正常的劳务费用进行税务处理。母子公司未按照独立企业之间的业务往来收取价款的，税务机关有权予以调整。

二、母公司向其子公司提供各项服务，双方应签订服务合同或协议，明确规定提供服务的内容、收费标准及金额等，凡按上述合同或协议规定所发生的服务费，母公司应作为营业收入申报纳税；子公司作为成本费用在税前扣除。

三、母公司向其多个子公司提供同类项服务，其收取的服务费可以采取分项签订合同或协议收取；也可以采取服务分摊协议的方式，即，由母公司与各子公司签订服务费用分摊合同或协议，以母公司为其子公司提供服务所发生的实际费用并附加一定比例利润作为向子公司收取的总服务费，在各服务受益子公司（包括盈利企业、亏损企业和享受减免税企业）之间按《中华人民共和国企业所得税法》第四十一条第二款规定合理分摊。

四、母公司以管理费形式向子公司提取费用，子公司因此支付给母公司的管理费，不得在税前扣除。

五、子公司申报税前扣除向母公司支付的服务费用，应向主管税务机关提供与母公司签订的服务合同或者协议等与税前扣除该项费用相关的材料。不能提供相关材料的，支付的服务费用不得税前扣除。

〔《中华人民共和国企业所得税法实施条例》〕

☆第五十条　非居民企业在中国境内设立的机构、场所，就其中境外总机构发生的与该机构、场所生产经营有关的费用，能够提供总机构出具的费用汇集范围、定额、分配依据和方法等证明文件，并合理分摊的，准予扣除。

19．公益性捐赠

〔《中华人民共和国企业所得税法》〕

★第九条　企业发生的公益性捐赠支出，在年度利润总额 12% 以内的部分，准予在计算应纳税所得额时扣除。

〔《中华人民共和国企业所得税法实施条例》〕

☆第五十一条　企业所得税法第九条所称公益性捐赠，是指企业通过公益性社会团体或者县级以上人民政府及其部门，用于《中华人民共和国公益事业捐赠法》规定的公益事业的捐赠。

☆第五十二条　本条例第五十一条所称公益性社会团体，是指同时符合下列条件的基金会、慈善组织等社会团体：

（一）依法登记，具有法人资格；

（二）以发展公益事业为宗旨，且不以营利为目的；

（三）全部资产及其增值为该法人所有；

（四）收益和营运结余主要用于符合该法人设立目的的事业；

（五）终止后的剩余财产不归属任何个人或者营利组织；

（六）不经营与其设立目的无关的业务；

（七）有健全的财务会计制度；

（八）捐赠者不以任何形式参与社会团体财产的分配；

（九）国务院财政、税务主管部门会同国务院民政部门等登记管理部门规定的其他条件。

〔**税收规范性文件**〕

◆《财政部　国家税务总局关于公益性捐赠税前扣除问题的通知》（财税〔2008〕160 号）规定：

一、企业通过公益性社会团体或者县级以上人民政府及其部门，用于公益事业的捐赠支出，在年度利润总额 12% 以内的部分，准予在计算应纳税所得额时扣除。年度利润总额，是指企业依照国家统一会计制度的规定计算的大于零的数额。

二、个人通过社会团体、国家机关向公益事业的捐赠支出，按照现行税收法律、行政法规及相关政策规定准予在所得税税前扣除。

五、本通知第一条所称的县级以上人民政府及其部门和第二条所称的国家机关均指县级（含县级，下同）以上人民政府及其组成部门和直属机构。

六、符合本通知第四条规定的基金会、慈善组织等公益性社会团体，可按程序申请公益性捐赠税前扣除资格。

新设立的基金会在申请获得捐赠税前扣除资格后，原始基金的捐赠人可凭捐赠票据依法享受税前扣除。

◆《财政部 国家税务总局关于通过公益性群众团体的公益性捐赠税前扣除有关问题的通知》（财税〔2009〕124号）规定：

三、本通知第一条和第二条所称的公益事业，是指《中华人民共和国公益事业捐赠法》规定的下列事项：

（一）救助灾害、救济贫困、扶助残疾人等困难的社会群体和个人的活动；

（二）教育、科学、文化、卫生、体育事业；

（三）环境保护、社会公共设施建设；

（四）促进社会发展和进步的其他社会公共和福利事业。

四、本通知第一条和第二条所称的公益性群众团体，是指同时符合以下条件的群众团体：

（一）符合《中华人民共和国企业所得税法实施条例》第五十二条第（一）项至第（八）项规定的条件；

（二）县级以上各级机构编制部门直接管理其机构编制；

（三）对接受捐赠的收入以及用捐赠收入进行的支出单独进行核算，且申请前连续3年接受捐赠的总收入中用于公益事业的支出比例不低于70%。

五、符合本通知第四条规定的公益性群众团体，可按程序申请公益性捐赠税前扣除资格。

（一）由中央机构编制部门直接管理其机构编制的群众团体，向财政部、国家税务总局提出申请；

（二）由县级以上地方各级机构编制部门直接管理其机构编制的群众团体，向省、自治区、直辖市和计划单列市财政、税务部门提出申请；

（三）对符合条件的公益性群众团体，按照上述管理权限，由财政部、国家税务总局和省、自治区、直辖市、计划单列市财政、税务部门分别每年联合公布名单。名单应当包括继续获得公益性捐赠税前扣除资格和新获得公益性捐赠税前扣除资格的群众团体，企业和个人在名单所属年度内向名单内的群众团体进行的公益性捐赠支出，可以按规定进行税前扣除。

七、公益性群众团体在接受捐赠时，应按照行政管理级次分别使用由财政部或省、自治区、直辖市财政部门印制的公益性捐赠票据或者《非税收入一般缴款书》收据联，并加盖本单位的印章；对个人索取捐赠票据的，应予以开具。

八、公益性群众团体接受捐赠的资产价值，按以下原则确认：

（一）接受捐赠的货币性资产，应当按照实际收到的金额计算；

（二）接受捐赠的非货币性资产，应当以其公允价值计算。捐赠方在向公益性群众团体捐赠时，应当提供注明捐赠非货币性资产公允价值的证明，如果不能提供上述证明，公益性群众团体不得向其开具公益性捐赠票据或者《非税收入一般缴款书》收据联。

◆《财政部 国家税务总局关于公益性捐赠税前扣除有关问题的补充通知》（财税〔2010〕45号）规定：

一、企业或个人通过获得公益性捐赠税前扣除资格的公益性社会团体或县级以上人民政府及其组成部门和直属机构，用于公益事业的捐赠支出，可以按规定进行所得税税前扣除。县级以上人民政府及其组成部门和直属机构的公益性捐赠税前扣除资格不需要认定。

二、在财税〔2008〕160号文件下发之前已经获得公益性捐赠税前扣除资格的公益性社会团体，必须按规定的条件和程序重新提出申请，通过认定后才能获得公益性捐赠税前扣除资格。符合财税〔2008〕160号文件第四条规定的基金会、慈善组织等公益性社会团体，应同时向财政、税务、民政部门提出申请，并分别报送财税〔2008〕160号文件第七条规定的材料。民政部门负责对公益性社会团体资格进行初步审查，财政、税务部门会同民政部门对公益性捐赠税前扣除资格联合进行审核确认。

三、对获得公益性捐赠税前扣除资格的公益性社会团体，由财政部、国家税务总局和民政部以及省、自治区、直辖市、计划单列市财政、税务和民政部门每年分别联合公布名单。名单应当包括当年继续获得公益性捐赠税前扣除资格和新获得公益性捐赠税前扣除资格的公益性社会团体。

企业或个人在名单所属年度内向名单内的公益性社会团体进行的公益性捐赠支出，可按规定进行税前扣除。

四、2008年1月1日以后成立的基金会，在首次获得公益性捐赠税前扣除资格后，原始基金的捐赠人在基金会首次获得公益性捐赠税前扣除资格的当年进行所得税汇算清缴时，可按规定进行税前扣除。

五、对于通过公益性社会团体发生的公益性捐赠支出，企业或个人应提供省级以上（含省级）财政部门印制并加盖接受捐赠单位印章的公益性捐赠票据，或加盖接受捐赠单位印章的《非税收入一般缴款书》收据联，方可按规定进行税前扣除。

对于通过公益性社会团体发生的公益性捐赠支出，主管税务机关应对照财政、税务、民政部门联合公布的名单予以办理，即接受捐赠的公益性社会团体位于名单内的，企业或个人在名单所属年度向名单内的公益性社会团体进行的公益性捐赠支出可按规定进行税前扣除；接受捐赠的公益性社会团体不在名单内，或虽在名单内但企业或个人发生的公益性捐赠支出不属于名单所属年度的，不得扣除。

六、对已经获得公益性捐赠税前扣除资格的公益性社会团体，其年度检查连续两年基本合格视同为财税〔2008〕160号文件第十条规定的年度检查不合格，应取消公益性捐赠税前扣除资格。

七、获得公益性捐赠税前扣除资格的公益性社会团体，发现其不再符合财税〔2008〕160号文件第四条规定条件之一，或存在财税〔2008〕160号文件第十条规定情形之一的，应自发现之日起15日内向主管税务机关报告，主管税务机关可暂时明确其获得资格的次年内企业或个人向该公益性社会团体的公益性捐赠支出，不得税前扣除。

同时，提请审核确认其公益性捐赠税前扣除资格的财政、税务、民政部门明确其获得资格的次年不具有公益性捐赠税前扣除资格。税务机关在日常管理过程中，发现公益性社会团体不再符合财税〔2008〕160号文件第四条规定条件之一，或存在财税〔2008〕160号文件第十条规定情形之一的，也按上述规定处理。

◆《财政部 国家税务总局 海关总署关于第29届奥运会税收政策问题的通知》（财税〔2003〕10号）规定：

对企业、社会组织和团体捐赠、赞助第29届奥运会的资金、物资支出，在计算企业应纳税所得额时予以全额扣除。

◆《财政部 国家税务总局关于第29届奥运会补充税收政策的通知》（财税〔2006〕128号）规定：

在中国境内兴办企业的港澳台同胞、海外侨胞，其举办的企业向北京市港澳台侨同胞共建北京奥运场管委员会的捐赠，准予在计算企业应纳税所得额时全额扣除。

◆《财政部 国家税务总局关于2010年上海世博会有关税收政策问题的通知》（财税〔2005〕180号）规定：

对企事业单位、社会团体、民办非企业单位或个人捐赠、赞助给上海世博局的资金、物资支出，在计算应纳税所得额时予以全额扣除。

◆《国家税务总局关于企业所得税执行中若干税务处理问题的通知》（国税函〔2009〕202号）规定：

三、关于特定事项捐赠的税前扣除问题

企业发生为汶川地震灾后重建、举办北京奥运会和上海世博会等特定事项的捐赠，按照《财政部海关总署国家税务总局关于支持汶川地震灾后恢复重建有关税收政策问题的通知》（财税〔2008〕104号）、《财政部国家税务总局海关总署关于29届奥运会税收政策问题的通知》（财税〔2003〕10号）、《财政部国家税务总局关于2010年上海世博会有关税收政策问题的通知》（财税〔2005〕180号）等相关规定：可以据实全额扣除。企业发生的其他捐赠，应按《企业所得税法》第九条及《实施条例》第五十一、五十二、五十三条的规定计算扣除。

◆《财政部 海关总署 国家税务总局关于支持玉树地震灾后恢复重建有关税收政策问题的通知》（财税〔2010〕59号）规定：

2. 自2010年4月14日起，对企业、个人通过公益性社会团体、县级以上人民政府及其部门向受灾地区的捐赠，允许在当年企业所得税前和当年个人所得税前全额扣除。

以上税收优惠政策，凡未注明具体期限的，一律执行至2012年12月31日。

◆《财政部 国家税务总局 海关总署关于支持汶川地震灾后恢复重建有关税收政策问题的通知》（财税〔2008〕104号）规定：

自2008年5月12日起，受灾地区企业通过公益性社会团体、县级以上人民政府及其部门取得的抗震救灾和灾后恢复重建款项和物资，以及税收法律、法规和本通知规定的减免税金及附加收入，免征企业所得税。

自2008年5月12日起，对企业、个人通过公益性社会团体、县级以上人民政府及其部门向受灾地区的捐赠，允许在当年企业所得税前和当年个人所得税前全额扣除。

本通知中的捐赠行为须符合《中华人民共和国公益事业捐赠法》和《国务院办公厅关于加强汶川地震抗震救灾捐赠款物管理使用的通知》（国办发〔2008〕39 号）的相关规定。

以上政策措施，凡未注明期限的，一律执行至 2008 年 12 月 31 日。

◆《财政部 国家税务总局关于确认中国红十字会总会公益性捐赠税前扣除资格的通知》（财税〔2010〕37 号）规定：

经财政部、国家税务总局联合审核确认，中国红十字会总会具有 2008 年度、2009 年度和 2010 年度公益性捐赠税前扣除的资格。

◆《财政部 国家税务总局关于中华全国总工会公益性捐赠税前扣除资格的通知》（财税〔2010〕97 号）规定：

经财政部、国家税务总局联合审核确认，中华全国总工会具有 2008 年度、2009 年度和 2010 年度公益性捐赠税前扣除的资格。

◆《财政部 国家税务总局 民政部 关于公布 2011 年度第一批获得公益性捐赠税前扣除资格的公益性社会团体名单的通知》（财税〔2011〕45 号）规定：

根据《财政部国家税务总局民政部关于公益性捐赠税前扣除有关问题的通知》（财税〔2008〕160 号）和《财政部国家税务总局民政部关于公益性捐赠税前扣除有关问题的补充通知》（财税〔2010〕45 号）规定：现将经民政部初步审核，财政部、国家税务总局会同民政部联合审核确认的 2011 年度第一批获得公益性捐赠税前扣除资格的公益性社会团体名单，予以公布。

附件：

2011 年度第一批获得公益性捐赠税前扣除资格的公益性社会团体名单

1. 泛海公益基金会

2. 安利公益基金会

3. 中南大学教育基金会

4. 中国和平发展基金会

5. 亨通慈善基金会

6. 中社社会工作发展基金会

◆《财政部 国家税务总局 民政部关于公布 2011 年度第二批获得公益性捐赠税前扣除资格的公益性社会团体名单的通知》（财税〔2012〕26 号）规定：

根据《财政部、国家税务总局、民政部关于公益性捐赠税前扣除有关问题的通知》（财税〔2008〕160 号）和《财政部、国家税务总局、民政部关于公益性捐赠税前扣除有关问题的补充通知》（财税〔2010〕45 号）规定，现将财政部、国家税务总局和民政部联合审核确认的 2011 年度第二批获得公益性捐赠税前扣除资格的公益性社会团体名单，予以公布。

附件：2011 年度第二批获得公益性捐赠税前扣除资格的公益性社会团体名单

1. 北京理工大学教育基金会

2. 中国马克思主义研究基金会

3. 中国社会福利基金会

4. 王振滔慈善基金会

5. 张学良教育基金会

6. 中国人权发展基金会

7. 中国文学艺术基金会

8. 中华国际医学交流基金会

9. 华润慈善基金会

10. 中国下一代教育基金会

11. 中国红十字基金会

12. 南都公益基金会

13. 华民慈善基金会

14. 中国金融教育发展基金会

15. 中国残疾人福利基金会

16. 中国肝炎防治基金会

17. 詹天佑科学技术发展基金会

18. 中国人口福利基金会

19. 中国健康促进基金会

20. 中国老龄事业发展基金会

21. 友成企业家扶贫基金会

22. 中国华夏文化遗产基金会

23. 中国扶贫基金会

24. 海仓慈善基金会

25. 爱佑华夏慈善基金会

26. 北京大学教育基金会

27. 清华大学教育基金会

28. 中国光华科技基金会

29. 中国古生物化石保护基金会

30. 中国检察官教育基金会

31. 中国华文教育基金会

32. 中国医药卫生事业发展基金会

33. 中国预防性病艾滋病基金会

34. 中国人寿慈善基金会

35. 中国孔子基金会

36. 中国华侨公益基金会

37. 中国绿化基金会

38. 万科公益基金会

39. 援助西藏发展基金会

40. 中华环境保护基金会

41. 中国初级卫生保健基金会

42. 人保慈善基金会

43. 中远慈善基金会

44. 中华健康快车基金会

45. 中国法律援助基金会

46. 中国癌症基金会

47. 桃源居公益事业发展基金会

48. 腾讯公益慈善基金会

49. 中国西部人才开发基金会

50. 中国教育发展基金会

51. 中国儿童少年基金会

52. 中国煤矿尘肺病治疗基金会

53. 香江社会救助基金会

54. 中华思源工程扶贫基金会

55. 凯风公益基金会

56. 北京航空航天大学教育基金会

57. 天诺慈善基金会

58. 中国青少年发展基金会

59. 中国发展研究基金会

60. 心平公益基金会

61. 中国妇女发展基金会

62. 中国光彩事业基金会

63. 中国青年创业就业基金会

64. 中国宋庆龄基金会

65. 中国敦煌石窟保护研究基金会

66. 中华社会文化发展基金会

67. 中国国际文化交流基金会

68. 中国交响乐发展基金会

69. 南航"十分"关爱基金会

70. 中华全国体育基金会

71. 国家电网公益基金会

72. 中国志愿服务基金会

73. 中华社会救助基金会

74. 中国保护黄河基金会

75. 中国经济改革研究基金会

76. 中国公安民警英烈基金会

77. 浙江大学教育基金会

78. 华阳慈善基金会

79. 中国企业管理科学基金会

80. 中国移动慈善基金会

81. 纺织之光科技教育基金会

82. 中国航天基金会

83. 中国禁毒基金会

84. 中国友好和平发展基金会

85. 威盛信望爱公益基金会

86. 中国国际战略研究基金会

87. 招商局慈善基金会

88. 中国农业大学教育基金会

89. 中华少年儿童慈善救助基金会

90. 中科院研究生教育基金会

91. 中央财经大学教育基金会

92. 北京交通大学教育基金会

93. 中国社会工作协会

94. 中国对外文化交流协会

95. 中国国际民间组织合作促进会

96. 中国绿色碳汇基金会

97. 陈香梅公益基金会

98. 比亚迪慈善基金会

99. 神华公益基金会

100. 中国煤矿文化宣传基金会

101. 顶新公益基金会

102. 瀛公益基金会

103. 中华慈善总会

104. 中国民航科普基金会

105. 西北农林科技大学教育发展基金会

106. 黄奕聪慈善基金会

107. 河南大学教育基金会

108. 四川大学教育基金会

109. 中国生物多样性保护与绿色发展基金会

110. 德康博爱基金会

111. 中国出生缺陷干预救助基金会

112. 济仁慈善基金会

113. 中国社会组织促进会

114. 中国盲人协会

◆《财政部 国家税务总局关于确认中华全国总工会和中国红十字会总会 2011 年度公益性捐赠税前扣除资格的通知》（财税〔2012〕47 号）规定：

根据《财政部 国家税务总局关于通过公益性群众团体的公益性捐赠税前扣除有关问题的通知》（财税〔2009〕124号）精神，经财政部、国家税务总局联合审核确认，中华全国总工会和中国红十字会总会具有2011年度公益性捐赠税前扣除资格，企业（包括企业、事业单位、社会团体以及其他取得收入的组织）或个人2011年度通过中华全国总工会和中国红十字会总会进行的公益性捐赠支出，可按规定予以税前扣除。

〔与税收相关的规定〕

◇《财政部关于印发〈公益事业捐赠票据使用管理暂行办法〉的通知》（财综〔2010〕112号）规定：

第三条 捐赠票据是会计核算的原始凭证，是财政、税务、审计、监察等部门进行监督检查的依据。捐赠票据是捐赠人对外捐赠并根据国家有关规定申请捐赠款项税前扣除的有效凭证。

第七条 下列按照自愿和无偿原则依法接受捐赠的行为，应当开具捐赠票据：

（一）各级人民政府及其部门在发生自然灾害时或者应捐赠人要求接受的捐赠；

（二）公益性事业单位接受用于公益事业的捐赠；

（三）公益性社会团体接受用于公益事业的捐赠；

（四）其他公益性组织接受用于公益事业的捐赠；

（五）财政部门认定的其他行为。

第八条 下列行为，不得使用捐赠票据：

（一）集资、摊派、筹资、赞助等行为；

（二）以捐赠名义接受财物并与出资人利益相关的行为；

（三）以捐赠名义从事营利活动的行为；

（四）收取除捐赠以外的政府非税收入、医疗服务收入、会费收入、资金往来款项等应使用其他相应财政票据的行为；

（五）按照税收制度规定应使用税务发票的行为；

（六）财政部门认定的其他行为。

第三十三条 本办法自2011年7月1日起施行。

◇《民政部关于印发〈全国性社会团体公益性捐赠税前扣除资格初审暂行办法〉的通知》（民发〔2011〕81号）规定：

为进一步做好全国性社会团体公益性捐赠税前扣除资格认定的初审工作，我部根据有关法律法规及《关于公益性捐赠税前扣除有关问题的通知》（财税字〔2008〕160号）规定，制定了《全国性社会团体公益性捐赠税前扣除资格初审暂行办法》。现印发你们，请遵照执行。

全国性社会团体公益性捐赠税前扣除资格初审暂行办法

一、根据有关法律法规及《关于公益性捐赠税前扣除有关问题的通知》（财税字〔2008〕160号）规定，为做好全国性社会团体公益性捐赠税前扣除资格认定的资格初审工作，特制定本办法。

二、本办法中社会团体是指按照《社会团体登记管理条例》经民政部批准登记的社会团体法人。

三、申请获得公益性捐赠税前扣除资格的社会团体应当具备以下条件：

（一）有确定的公益目的。社会团体设立的宗旨、目的、业务范围等应当符合《公益事业捐赠法》相关规定；服务对象面向社会公众。

（二）财产权利属性清晰。社会团体应当由捐赠资金设立，捐赠者不以任何形式参与财产分配。净资产不低于登记的活动资金数额。全部资产及其增值属于社会团体法人所有，终止后的剩余财产应当交由其它公益性社会组织管理。

（三）公益活动特点突出。公益活动以捐赠、资助、志愿服务为主要形式。公益活动的受益人或者服务对象应当是会员以外的不特定的社会公众。公益活动应当由社会公众自愿参与。社会团体申请前连续3年每年用于公益活动的支出不低于上年总收入的70％，同时需达到当年总支出的50％以上（含50％）。

（四）财务会计工作规范。执行《民间非营利组织会计制度》，设立银行账号，使用规定票据，实行独立会计核算，财务制度健全，内控制度完善

（五）活动信息公开透明。社会团体组织机构、业务活动、财务管理、负责人和工作人员工资福利支出、捐赠款物管理使用、公益活动支出情况等信息始终公开透明，并通过指定媒体及时向社会公布。

（六）遵纪守法情况良好。在民政部门依法登记3年以上，申请前的3年内未受过行政处罚，申请前连续2年年度检查合格或者最近一次年度检查合格且评估等级为3A以上（含3A）。

四、下列社会团体不属于公益性捐赠税前扣除资格的认定范围：

（一）以企业、事业单位为会员主体和服务对象的行业协会、商会等行业性社会团体；

（二）以从事同一职业或者具有相同职务称谓、职业资格或者执业资格的自然人为会员主体和服务对象的职业性、专业性社会团体；

（三）以具有相同或者相近的教育背景、职业经历、兴趣爱好的自然人为会员主体和服务对象的联谊性、联合性社会团体。

（四）经批准参照公务员管理，工作人员工资福利由国家财政拨款，业务活动由国家财政资金支持的社会团体。

五、社会团体计算公益活动支出比例时，不得将会议、访问、评比表彰、有偿服务等活动的支出计入公益活动支出，不得将社会团体专职工作人员工资福利和行政办公支出计入公益活动成本。

六、申请资格初审的社会团体应当委托民政部门推荐的会计师事务所，按照财税字〔2008〕160号文件及本通知规定，对社会团体的公益活动支出进行逐项审计，在审计报告中对列举的各项公益活动逐项书面说明，包括活动的性质、目的、受益人或者服务对象、活动形式、参与方式、活动支出、活动成果等详细情况。

七、民政部负责对全国性社会团体获得公益捐赠税前扣除资格进行初审，必要时可以通过评估专家委员会进行事前审议。

〔《中华人民共和国企业所得税法实施条例》〕

☆第五十三条　企业发生的公益性捐赠支出，不超过年度利润总额12％的部分，

准予扣除。

☆年度利润总额，是指企业依照国家统一会计制度的规定计算的年度会计利润。

〔税收规范性文件〕

◆《财政部　国家税务总局 关于支持公共租赁住房建设和运营有关税收优惠政策的通知》（财税〔2010〕88号）规定：

五、企事业单位、社会团体以及其他组织捐赠住房作为公租房，符合税收法律法规规定的，捐赠支出在年度利润总额12％以内的部分，准予在计算应纳税所得额时扣除（自发文之日起执行，执行期限暂定三年）。

20. 棚户区改造支出

〔税收规范性文件〕

◆《财政部　国家税务总局关于企业参与政府统一组织的棚户区改造支出企业所得税税前扣除政策有关问题的通知》（财税〔2012〕12号）规定：

一、国有工矿企业、国有林区企业和国有垦区企业参与政府统一组织的棚户区改造，并同时满足一定条件的棚户区改造资金补助支出，准予在企业所得税前扣除。

二、本通知所称同时满足一定条件的棚户区改造补助支出，是指同时满足以下条件的棚户区改造补助支出：

（一）棚户区位于远离城镇、交通不便，市政公用、教育医疗等社会公共服务缺乏城镇依托的独立矿区、林区或垦区；

（二）该独立矿区、林区或垦区不具备商业性房地产开发条件；

（三）（三）棚户区市政排水、给水、供电、供暖、供气、垃圾处理、绿化、消防等市政服务或公共配套设施不齐全；

（四）棚户区房屋集中连片户数不低于50户，其中，实际在该棚户区居住且在本地区无其他住房的职工（含离退休职工）户数占总户数的比例不低于75％；

（五）棚户区房屋按照《房屋完损等级评定标准》和《危险房屋鉴定标准》评定属于危险房屋、严重损坏房屋的套内面积不低于该片棚户区建筑面积的25％；

（六）棚户区改造已纳入地方政府保障性安居工程建设规划和年度计划，并由地方政府牵头按照保障性住房标准组织实施；异地建设的，原棚户区土地由地方政府统一规划使用或者按规定实行土地复垦、生态恢复。

三、本通知所称国有工矿企业、国有林区企业和国有垦区企业包括中央和地方的国有工矿企业、国有林区企业和国有垦区企业。

本通知自发布之日起实施。本通知发布之日前国有工矿企业、国有林区企业和国有垦区企业参与政府统一组织的棚户区改造支出税前扣除事项可按本通知规定的原则处理。

21. 融资费用支出

〔税收规范性文件〕

◆《国家税务总局关于企业所得税应纳税所得额若干税务处理问题的公告》（国家

税务总局公告2012年第15号）规定：

二、关于企业融资费用支出税前扣除问题

企业通过发行债券、取得贷款、吸收保户储金等方式融资而发生的合理的费用支出，符合资本化条件的，应计入相关资产成本；不符合资本化条件的，应作为财务费用，准予在企业所得税前据实扣除。

本公告规定适用于2011年度及以后各年度企业应纳税所得额的处理。

22. 代理服务成本扣除

〔税收规范性文件〕

◆《国家税务总局关于企业所得税应纳税所得额若干税务处理问题的公告》（国家税务总局公告2012年第15号）规定：

三、关于从事代理服务企业营业成本税前扣除问题

从事代理服务、主营业务收入为手续费、佣金的企业（如证券、期货、保险代理等企业），其为取得该类收入而实际发生的营业成本（包括手续费及佣金支出），准予在企业所得税前据实扣除。

本公告规定适用于2011年度及以后各年度企业应纳税所得额的处理。

23. 跨年度应扣未扣支出

〔税收规范性文件〕

◆《国家税务总局关于企业所得税应纳税所得额若干税务处理问题的公告》（国家税务总局公告2012年第15号）规定：

六、关于以前年度发生应扣未扣支出的税务处理问题

根据《中华人民共和国税收征收管理法》的有关规定，对企业发现以前年度实际发生的、按照税收规定应在企业所得税前扣除而未扣除或者少扣除的支出，企业做出专项申报及说明后，准予追补至该项目发生年度计算扣除，但追补确认期限不得超过5年。

企业由于上述原因多缴的企业所得税税款，可以在追补确认年度企业所得税应纳税款中抵扣，不足抵扣的，可以向以后年度递延抵扣或申请退税。

亏损企业追补确认以前年度未在企业所得税前扣除的支出，或盈利企业经过追补确认后出现亏损的，应首先调整该项支出所属年度的亏损额，然后再按照弥补亏损的原则计算以后年度多缴的企业所得税款，并按前款规定处理。

本公告规定适用于2011年度及以后各年度企业应纳税所得额的处理。

24. 航空电子行程单

〔税收规范性文件〕

◆《国家税务总局 中国民用航空局关于国际客票使用〈航空运输电子客票行程单〉有关问题的通知》（国税发〔2012〕83号）规定：

为加强和规范普通发票管理，适应税收信息化发展的要求，根据《国家税务总局关于印发〈全国普通发票简并票种统一式样工作实施方案〉的通知》（国税发〔2009〕142

号）有关规定，经研究，国际客票将使用《航空运输电子客票行程单》（以下简称《行程单》），公共航空运输企业和航空运输销售代理企业销售国际航空客票时，应当按照规定开具《行程单》作为报销凭证。

《行程单》作为我国境内注册的公共航空运输企业和航空运输销售代理企业销售国际电子客票的付款凭证或报销凭证，兼有行程提示的作用。

国际航空客票销售部门在境内销售国际航空客票时，应通过中国民用航空局许可的机票分销系统，按照实收金额使用统一的打印软件向旅客开具《行程单》，国际航空客票销售部门之间不得转让、代打《行程单》。

三、国际航空客票销售部门向旅客出售的国际航空客票超过四段航程时，每四段打印一张《行程单》，在每一张《行程单》上显示连续客票情况，但仅在第一张上显示实收总价，旅客报销时需持所有连续客票《行程单》共同作为报销凭证。

四、《行程单》同时作为国内、国际客票的报销凭证，其印制、领购、发放、保管、缴销以及监督检查等工作按照《航空运输电子客票行程单管理办法（暂行）》（国税发〔2008〕54 号）相关规定执行。

五、《行程单》严禁携带出境使用。国内具备国际航线运营资质的公共航空运输企业的境外派出机构在出售国际航空客票时，应遵循所在国的法律制度向旅客出具付款凭证。

六、《行程单》打印软件由中国民用航空局授权的单位组织开发，并由其负责系统的运行维护和技术支持，提供网站验真服务。

七、《行程单》作为国际客票报销凭证自 2013 年 1 月 1 日起全面使用，届时《国际航空旅客运输专用发票》停止开具，主管税务机关应当做好《国际航空旅客运输专用发票》缴销工作。

25. 不得扣除项目

〔《中华人民共和国企业所得税法》〕

★第十条 在计算应纳税所得额时，下列支出不得扣除：

（一）向投资者支付的股息、红利等权益性投资收益款项；

（二）企业所得税税款；

（三）税收滞纳金；

（四）罚金、罚款和被没收财物的损失；

（五）本法第九条规定以外的捐赠支出；

（六）赞助支出；

（七）未经核定的准备金支出；

（八）与取得收入无关的其他支出。

〔《中华人民共和国企业所得税法实施条例》〕

☆第五十四条 企业所得税法第十条第（六）项所称赞助支出，是指企业发生的与生产经营活动无关的各种非广告性质支出。

☆第五十五条　企业所得税法第十条第（七）项所称未经核定的准备金支出，是指不符合国务院财政、税务主管部门规定的各项资产减值准备、风险准备等准备金支出。

〔税收规范性文件〕

◆《国家税务总局关于印发〈中华人民共和国企业所得税年度纳税申报表〉的通知》（国税发〔2008〕101号）附表10规定：

"资产减值准备项目调整明细表"包括：坏（呆）账准备、存货跌价准备、持有至到期投资减值准备、可供出售金融资产减值、短期投资跌价准备、长期股权投资减值准备、投资性房地产减值准备、固定资产减值准备、在建工程（工程物资）减值准备、生产性生物资产减值准备、无形资产减值准备、商誉减值准备、贷款损失准备、矿区权益减值等。

〔与税收相关的规定〕

◇《财政部　安全生产监管总局关于印发〈高危行业企业安全生产费用财务管理暂行办法〉的通知》（财企〔2006〕478号）规定：

对于从事矿山开采、建筑施工、危险品生产以及道路交通运输企业的安全费用的提取原则、范围、标准、使用、列支渠道等进行了规范，第十五条企业提取安全费用应当专户核算，按规定范围安排使用。年度结余下年度使用，当年计提安全费用不足的，超出部分按正常成本费用渠道列支。

〔税收规范性文件〕

◆《国家税务总局关于企业所得税执行中若干税务处理问题的通知》（国税函〔2009〕202号）规定：

二、2008年1月1日以前计提的各类准备金余额处理问题根据《实施条例》第五十五条规定：除财政部和国家税务总局核准计提的准备金可以税前扣除外，其他行业、企业计提的各项资产减值准备、风险准备等准备金均不得税前扣除。

2008年1月1日前按照原企业所得税法规定计提的各类准备金，2008年1月1日以后，未经财政部和国家税务总局核准的，企业以后年度实际发生的相应损失，应先冲减各项准备金余额。

◆《国家税务总局关于煤矿企业维简费和高危行业企业安全生产费用企业所得税税前扣除问题的公告》（国家税务总局公告2011年第26号）规定：

根据《中华人民共和国企业所得税法》（以下简称企业所得税法）和《中华人民共和国企业所得税法实施条例》规定：现就煤矿企业维简费和高危行业企业安全生产费用支出企业所得税税前扣除问题，公告如下：

一、煤矿企业实际发生的维简费支出和高危行业企业实际发生的安全生产费用支出，属于收益性支出的，可直接作为当期费用在税前扣除；属于资本性支出的，应计入有关资产成本，并按企业所得税法规定计提折旧或摊销费用在税前扣除。企业按照有关规定预提的维简费和安全生产费用，不得在税前扣除。

二、本公告实施前，企业按照有关规定提取的、且在税前扣除的煤矿企业维简费和高危行业企业安全生产费用，相关税务问题按以下规定处理：

（一）本公告实施前提取尚未使用的维简费和高危行业企业安全生产费用，应用于抵扣本公告实施后的当年度实际发生的维简费和安全生产费用，仍有余额的，继续用于抵扣以后年度发生的实际费用，至余额为零时，企业方可按本公告第一条规定执行。

（二）已用于资产投资、并计入相关资产成本的，该资产提取的折旧或费用摊销额，不得重复在税前扣除。已重复在税前扣除的，应调整作为 2011 年度应纳税所得额。

（三）已用于资产投资、并形成相关资产部分成本的，该资产成本扣除上述部分成本后的余额，作为该资产的计税基础，按照企业所得税法规定的资产折旧或摊销年限，从本公告实施之日的次月开始，就该资产剩余折旧年限计算折旧或摊销费用，并在税前扣除。

三、本公告自 2011 年 5 月 1 日起执行。

〔**与税收相关的规定**〕
◇《国务院办公厅关于当前金融促进经济发展的若干意见》（国办发〔2008〕126号）第（二十五）项规定：

简化税务部门审核金融机构呆账核销手续和程序，加快审核进度，提高审核效率，促进金融机构及时化解不良资产，防止信贷收缩。涉农贷款和中小企业贷款税前全额拨备损失准备金。

〔**税收规范性文件**〕
◆《财政部 国家税务总局关于金融企业贷款损失准备金企业所得税税前扣除有关问题的通知》（财税〔2009〕64号）规定：

一、准予提取贷款损失准备的贷款资产范围包括：

（一）贷款（含抵押、质押、担保等贷款）；

（二）银行卡透支、贴现、信用垫款（含银行承兑汇票垫款、信用证垫款、担保垫款等）、进出口押汇、同业拆出等各项具有贷款特征的风险资产；

（三）由金融企业转贷并承担对外还款责任的国外贷款，包括国际金融组织贷款、外国买方信贷、外国政府贷款、日本国际协力银行不附条件贷款和外国政府混合贷款等资产。

二、金融企业准予当年税前扣除的贷款损失准备计算公式如下：

准予当年税前扣除的贷款损失准备＝本年末准予提取贷款损失
准备的贷款资产余额×1％－截至上年末已在税前扣除的贷款损失准备余额

金融企业按上述公式计算的数额如为负数，应当相应调增当年应纳税所得额。

三、金融企业的委托贷款、代理贷款、国债投资、应收股利、上交央行准备金、以及金融企业剥离的债权和股权、应收财政贴息、央行款项等不承担风险和损失的资产，不得提取贷款损失准备在税前扣除。

四、金融企业发生的符合条件的贷款损失，按规定报经税务机关审批后，应先冲减已在税前扣除的贷款损失准备，不足冲减部分可据实在计算当年应纳税所得额时扣除。

五、本通知自 2008 年 1 月 1 日起至 2010 年 12 月 31 日止执行。

◆《财政部 国家税务总局关于金融企业涉农贷款和中小企业贷款损失准备金税前扣除政策的通知》（财税〔2009〕99 号）规定：

一、金融企业根据《贷款风险分类指导原则》（银发〔2001〕416 号），对其涉农贷款和中小企业贷款进行风险分类后，按照以下比例计提的贷款损失专项准备金，准予在计算应纳税所得额时扣除：

（一）关注类贷款，计提比例为 2%；

（二）次级类贷款，计提比例为 25%；

（三）可疑类贷款，计提比例为 50%；

（四）损失类贷款，计提比例为 100%。

二、本通知所称涉农贷款，是指《涉农贷款专项统计制度》（银发〔2007〕246 号）统计的以下贷款：

（一）农户贷款；

（二）农村企业及各类组织贷款。

本条所称农户贷款，是指金融企业发放给农户的所有贷款。农户贷款的判定应以贷款发放时的承贷主体是否属于农户为准。农户，是指长期（一年以上）居住在乡镇（不包括城关镇）行政管理区域内的住户，还包括长期居住在城关镇所辖行政村范围内的住户和户口不在本地而在本地居住一年以上的住户，国有农场的职工和农村个体工商户。位于乡镇（不包括城关镇）行政管理区域内和在城关镇所辖行政村范围内的国有经济的机关、团体、学校、企事业单位的集体户；有本地户口，但举家外出谋生一年以上的住户，无论是否保留承包耕地均不属于农户。农户以户为统计单位，既可以从事农业生产经营，也可以从事非农业生产经营。

本条所称农村企业及各类组织贷款，是指金融企业发放给注册地位于农村区域的企业及各类组织的所有贷款。农村区域，是指除地级及以上城市的城市行政区及其市辖建制镇之外的区域。

三、本通知所称中小企业贷款，是指金融企业对年销售额和资产总额均不超过 2 亿元的企业的贷款。

四、金融企业发生的符合条件的涉农贷款和中小企业贷款损失，应先冲减已在税前扣除的贷款损失准备金，不足冲减部分可据实在计算应纳税所得额时扣除。

◆《财政部 国家税务总局关于保险公司农业巨灾风险准备金企业所得税税前扣除政策的通知》（财税〔2012〕23 号）规定：

一、保险公司经营财政给予保费补贴的种植业险种（以下简称补贴险种）的，按不超过补贴险种当年保费收入 25% 的比例计提的巨灾风险准备金，准予在企业所得税前据实扣除。具体计算公式如下：

$$\text{本年度扣除的巨灾风险准备金} = \text{本年度保费收入} \times 25\% - \text{上年度已在税前扣除的巨灾风险准备金结存余额}$$

按上述公式计算的数额如为负数，应调增当年应纳税所得额。

二、补贴险种是指各级财政部门根据财政部关于种植业保险保费补贴管理的相关规定确定，且各级财政部门补贴比例之和不低于保费60%的种植业险种。

三、保险公司应当按专款专用原则建立健全巨灾风险准备金管理使用制度。在向主管税务机关报送企业所得税纳税申报表时，同时附送巨灾风险准备金提取、使用情况的说明和报表。

四、本通知自2011年1月1日起至2015年12月31日止执行。

◆《财政部 国家税务总局关于证券行业准备金支出企业所得税税前扣除有关问题的通知》（财税〔2009〕33号）规定：

一、证券类准备金

（一）证券交易所风险基金。

上海、深圳证券交易所依据《证券交易所风险基金管理暂行办法》（证监发〔2000〕22号）的有关规定：按证券交易所交易收取经手费的20%、会员年费的10%提取的证券交易所风险基金，在各基金净资产不超过10亿元的额度内，准予在企业所得税税前扣除。

（二）证券结算风险基金。

1. 中国证券登记结算公司所属上海分公司、深圳分公司依据《证券结算风险基金管理办法》（证监发〔2006〕65号）的有关规定：按证券登记结算公司业务收入的20%提取的证券结算风险基金，在各基金净资产不超过30亿元的额度内，准予在企业所得税税前扣除。

2. 证券公司依据《证券结算风险基金管理办法》（证监发〔2006〕65号）的有关规定：作为结算会员按人民币普通股和基金成交金额的十万分之三、国债现货成交金额的十万分之一、1天期国债回购成交额的千万分之五、2天期国债回购成交额的千万分之十、3天期国债回购成交额的千万分之十五、4天期国债回购成交额的千万分之二十、7天期国债回购成交额的千万分之五十、14天期国债回购成交额的十万分之一、28天期国债回购成交额的十万分之二、91天期国债回购成交额的十万分之六、182天期国债回购成交额的十万分之十二逐日交纳的证券结算风险基金，准予在企业所得税税前扣除。

（三）证券投资者保护基金。

1. 上海、深圳证券交易所依据《证券投资者保护基金管理办法》（证监会令第27号）的有关规定：在风险基金分别达到规定的上限后，按交易经手费的20%缴纳的证券投资者保护基金，准予在企业所得税税前扣除。

2. 证券公司依据《证券投资者保护基金管理办法》（证监会令第27号）的有关规定：按其营业收入0.5%～5%缴纳的证券投资者保护基金，准予在企业所得税税前扣除。

二、期货类准备金

（一）期货交易所风险准备金。

上海期货交易所、大连商品交易所、郑州商品交易所和中国金融期货交易所依据《期货交易管理条例》（国务院令第489号）、《期货交易所管理办法》（证监会令第42

号）和《商品期货交易财务管理暂行规定》（财商字〔1997〕44号）的有关规定：分别按向会员收取手续费收入的20％计提的风险准备金，在风险准备金余额达到有关规定的额度内，准予在企业所得税税前扣除。

（二）期货公司风险准备金。

期货公司依据《期货公司管理办法》（证监会令第43号）和《商品期货交易财务管理暂行规定》（财商字〔1997〕44号）的有关规定：从其收取的交易手续费收入减去应付期货交易所手续费后的净收入的5％提取的期货公司风险准备金，准予在企业所得税税前扣除。

（三）期货投资者保障基金。

1. 上海期货交易所、大连商品交易所、郑州商品交易所和中国金融期货交易所依据《期货投资者保障基金管理暂行办法》（证监会令第38号）的有关规定：按其向期货公司会员收取的交易手续费的3％缴纳的期货投资者保障基金，在基金总额达到有关规定的额度内，准予在企业所得税税前扣除。

2. 期货公司依据《期货投资者保障基金管理暂行办法》（证监会令第38号）的有关规定：从其收取的交易手续费中按照代理交易额的千万分之五至千万分之十的比例缴纳的期货投资者保障基金，在基金总额达到有关规定的额度内，准予在企业所得税税前扣除。

三、上述准备金如发生清算、退还，应按规定补征企业所得税。

◆《财政部 国家税务总局关于保险公司准备金支出企业所得税税前扣除有关问题的通知》（财税〔2009〕48号）规定：

一、保险公司按下列规定缴纳的保险保障基金，准予据实税前扣除：

1. 非投资型财产保险业务，不得超过保费收入的0.8％；投资型财产保险业务，有保证收益的，不得超过业务收入的0.08％，无保证收益的，不得超过业务收入的0.05％。

2. 有保证收益的人寿保险业务，不得超过业务收入的0.15％；无保证收益的人寿保险业务，不得超过业务收入的0.05％。

3. 短期健康保险业务，不得超过保费收入的0.8％；长期健康保险业务，不得超过保费收入的0.15％。

4. 非投资型意外伤害保险业务，不得超过保费收入的0.8％；投资型意外伤害保险业务，有保证收益的，不得超过业务收入的0.08％，无保证收益的，不得超过业务收入的0.05％。

保险保障基金，是指按照《中华人民共和国保险法》和《保险保障基金管理办法》（保监会、财政部、人民银行令2008年第2号）规定缴纳形成的，在规定情形下用于救助保单持有人、保单受让公司或者处置保险业风险的非政府性行业风险救助基金。

保费收入，是指投保人按照保险合同约定，向保险公司支付的保险费。

业务收入，是指投保人按照保险合同约定，为购买相应的保险产品支付给保险公司的全部金额。

非投资型财产保险业务，是指仅具有保险保障功能而不具有投资理财功能的财产保险业务。

投资型财产保险业务，是指兼具有保险保障与投资理财功能的财产保险业务。

有保证收益，是指保险产品在投资收益方面提供固定收益或最低收益保障。

无保证收益，是指保险产品在投资收益方面不提供收益保证，投保人承担全部投资风险。

二、保险公司有下列情形之一的，其缴纳的保险保障基金不得在税前扣除：

1. 财产保险公司的保险保障基金余额达到公司总资产6％的。

2. 人身保险公司的保险保障基金余额达到公司总资产1％的。

三、保险公司按规定提取的未到期责任准备金、寿险责任准备金、长期健康险责任准备金、未决赔款准备金，准予在税前扣除。

1. 未到期责任准备金、寿险责任准备金、长期健康险责任准备金依据精算师或出具专项审计报告的中介机构确定的金额提取。未到期责任准备金，是指保险人为尚未终止的非寿险保险责任提取的准备金。寿险责任准备金，是指保险人为尚未终止的人寿保险责任提取的准备金。长期健康险责任准备金，是指保险人为尚未终止的长期健康保险责任提取的准备金。

2. 未决赔款准备金分已发生已报案未决赔款准备金、已发生未报案未决赔款准备金和理赔费用准备金。已发生已报案未决赔款准备金，按最高不超过当期已经提出的保险赔款或者给付金额的100％提取；已发生未报案未决赔款准备金按不超过当年实际赔款支出额的8％提取。未决赔款准备金，是指保险人为非寿险保险事故已发生尚未结案的赔案提取的准备金。

已发生已报案未决赔款准备金，是指保险人为非寿险保险事故已经发生并已向保险人提出索赔、尚未结案的赔案提取的准备金。

已发生未报案未决赔款准备金，是指保险人为非寿险保险事故已经发生、尚未向保险人提出索赔的赔案提取的准备金。

理赔费用准备金，是指保险人为非寿险保险事故已发生尚未结案的赔案可能发生的律师费、诉讼费、损失检验费、相关理赔人员薪酬等费用提取的准备金。

四、保险公司实际发生的各种保险赔款、给付，应首先冲抵按规定提取的准备金，不足冲抵部分，准予在当年税前扣除。

◆《财政部　国家税务总局关于保险公司准备金支出企业所得税税前扣除有关政策问题的通知》（财税〔2012〕45号）规定：

一、保险公司按下列规定缴纳的保险保障基金，准予据实税前扣除：

1. 非投资型财产保险业务，不得超过保费收入的0.8％；投资型财产保险业务，有保证收益的，不得超过业务收入的0.08％，无保证收益的，不得超过业务收入的0.05％。

2. 有保证收益的人寿保险业务，不得超过业务收入的0.15％；无保证收益的人寿保险业务，不得超过业务收入的0.05％。

3. 短期健康保险业务，不得超过保费收入的0.8％；长期健康保险业务，不得超过保费收入的0.15％。

4. 非投资型意外伤害保险业务，不得超过保费收入的 0.8%；投资型意外伤害保险业务，有保证收益的，不得超过业务收入的 0.08%，无保证收益的，不得超过业务收入的 0.05%。

保险保障基金，是指按照《中华人民共和国保险法》和《保险保障基金管理办法》（保监会、财政部、人民银行令 2008 年第 2 号）规定缴纳形成的，在规定情形下用于救助保单持有人、保单受让公司或者处置保险业风险的非政府性行业风险救助基金。

保费收入，是指投保人按照保险合同约定，向保险公司支付的保险费。

业务收入，是指投保人按照保险合同约定，为购买相应的保险产品支付给保险公司的全部金额。非投资型财产保险业务，是指仅具有保险保障功能而不具有投资理财功能的财产保险业务。

投资型财产保险业务，是指兼具有保险保障与投资理财功能的财产保险业务。

有保证收益，是指保险产品在投资收益方面提供固定收益或最低收益保障。

无保证收益，是指保险产品在投资收益方面不提供收益保证，投保人承担全部投资风险。

二、保险公司有下列情形之一的，其缴纳的保险保障基金不得在税前扣除：

1. 财产保险公司的保险保障基金余额达到公司总资产 6% 的。

2. 人身保险公司的保险保障基金余额达到公司总资产 1% 的。

三、保险公司按国务院财政部门的相关规定提取的未到期责任准备金、寿险责任准备金、长期健康险责任准备金、已发生已报案未决赔款准备金和已发生未报案未决赔款准备金，准予在税前扣除。

1. 未到期责任准备金、寿险责任准备金、长期健康险责任准备金依据经中国保监会核准任职资格的精算师或出具专项审计报告的中介机构确定的金额提取。

未到期责任准备金，是指保险人为尚未终止的非寿险保险责任提取的准备金。

寿险责任准备金，是指保险人为尚未终止的人寿保险责任提取的准备金。

长期健康险责任准备金，是指保险人为尚未终止的长期健康保险责任提取的准备金。

2. 已发生已报案未决赔款准备金，按最高不超过当期已经提出的保险赔款或者给付金额的 100% 提取；已发生未报案未决赔款准备金按不超过当年实际赔款支出额的 8% 提取。

已发生已报案未决赔款准备金，是指保险人为非寿险保险事故已经发生并已向保险人提出索赔、尚未结案的赔案提取的准备金。

已发生未报案未决赔款准备金，是指保险人为非寿险保险事故已经发生、尚未向保险人提出索赔的赔案提取的准备金。

四、保险公司实际发生的各种保险赔款、给付，应首先冲抵按规定提取的准备金，不足冲抵部分，准予在当年税前扣除。

五、本通知自 2011 年 1 月 1 日至 2015 年 12 月 31 日执行。

◆《财政部 国家税务总局 关于保险公司提取农业巨灾风险准备金企业所得税税前扣除问题的通知》（财税〔2009〕110 号）规定：

一、保险公司经营中央财政和地方财政保费补贴的种植业险种（以下简称补贴险种）的，按不超过补贴险种当年保费收入25％的比例计提的巨灾风险准备金，准予在企业所得税前据实扣除。具体计算公式如下：

$$\text{本年度扣除的巨灾风险准备金} = \text{本年度保费收入} \times 25\% - \text{上年度已在税前扣除的巨灾风险准备金结存余额}$$

按上述公式计算的数额如为负数，应调增当年应纳税所得额。

二、保险公司应当按专款专用原则建立健全巨灾风险准备金管理使用制度。

在向主管税务机关报送企业所得税纳税申报表时，同时附送巨灾风险准备金提取、使用情况的说明和报表。

◆《财政部 国家税务总局 关于金融企业贷款损失准备金企业所得税税前扣除政策的通知》（财税〔2012〕5号）规定：

一、准予税前提取贷款损失准备金的贷款资产范围包括：

（一）贷款（含抵押、质押、担保等贷款）；

（二）银行卡透支、贴现、信用垫款（含银行承兑汇票垫款、信用证垫款、担保垫款等）、进出口押汇、同业拆出、应收融资租赁款等各项具有贷款特征的风险资产；

（三）由金融企业转贷并承担对外还款责任的国外贷款，包括国际金融组织贷款、外国买方信贷、外国政府贷款、日本国际协力银行不附条件贷款和外国政府混合贷款等资产。

二、金融企业准予当年税前扣除的贷款损失准备金计算公式如下：

$$\text{准予当年税前扣除的贷款损失准备金} = \text{本年末准予提取贷款损失准备金的贷款资产余额} \times 1\% - \text{截至上年末已在税前扣除的贷款损失准备金的余额}$$

金融企业按上述公式计算的数额如为负数，应当相应调增当年应纳税所得额。

三、金融企业的委托贷款、代理贷款、国债投资、应收股利、上交央行准备金以及金融企业剥离的债权和股权、应收财政贴息、央行款项等不承担风险和损失的资产，不得提取贷款损失准备金在税前扣除。

四、金融企业发生的符合条件的贷款损失，应先冲减已在税前扣除的贷款损失准备金，不足冲减部分可据实在计算当年应纳税所得额时扣除。

五、金融企业涉农贷款和中小企业贷款损失准备金的税前扣除政策，凡按照《财政部 国家税务总局关于延长金融企业涉农贷款和中小企业贷款损失准备金税前扣除政策执行期限的通知》（财税〔2011〕104号）的规定执行的，不再适用本通知第一条至第四条的规定。

六、本通知自2011年1月1日起至2013年12月31日止执行。

◆《财政部 国家税务总局关于证券行业准备金支出企业所得税税前扣除有关政策问题的通知》（财税〔2012〕11号）规定：

一、证券类准备金

（一）证券交易所风险基金。

上海、深圳证券交易所依据《证券交易所风险基金管理暂行办法》（证监发〔2000〕22号）的有关规定，按证券交易所交易收取经手费的20%、会员年费的10%提取的证券交易所风险基金，在各基金净资产不超过10亿元的额度内，准予在企业所得税税前扣除。

（二）证券结算风险基金。

1. 中国证券登记结算公司所属上海分公司、深圳分公司依据《证券结算风险基金管理办法》（证监发〔2006〕65号）的有关规定，按证券登记结算公司业务收入的20%提取的证券结算风险基金，在各基金净资产不超过30亿元的额度内，准予在企业所得税税前扣除。

2. 证券公司依据《证券结算风险基金管理办法》（证监发〔2006〕65号）的有关规定，作为结算会员按人民币普通股和基金成交金额的十万分之三、国债现货成交金额的十万分之一、1天期国债回购成交额的千万分之五、2天期国债回购成交额的千万分之十、3天期国债回购成交额的千万分之十五、4天期国债回购成交额的千万分之二十、7天期国债回购成交额的千万分之五十、14天期国债回购成交额的十万分之一、28天期国债回购成交额的十万分之二、91天期国债回购成交额的十万分之六、182天期国债回购成交额的十万分之十二逐日交纳的证券结算风险基金，准予在企业所得税税前扣除。

（三）证券投资者保护基金。

1. 上海、深圳证券交易所依据《证券投资者保护基金管理办法》（证监会令第27号）的有关规定，在风险基金分别达到规定的上限后，按交易经手费的20%缴纳的证券投资者保护基金，准予在企业所得税税前扣除。

2. 证券公司依据《证券投资者保护基金管理办法》（证监会令第27号）的有关规定，按其营业收入0.5%～5%缴纳的证券投资者保护基金，准予在企业所得税税前扣除。

二、期货类准备金

（一）期货交易所风险准备金。

大连商品交易所、郑州商品交易所和中国金融期货交易所依据《期货交易管理条例》（国务院令第489号）、《期货交易所管理办法》（证监会令第42号）和《商品期货交易财务管理暂行规定》（财商字〔1997〕44号）的有关规定，上海期货交易所依据《期货交易管理条例》（国务院令第489号）、《期货交易所管理办法》（证监会令第42号）和《关于调整上海期货交易所风险准备金规模的批复》（证监函〔2009〕407号）的有关规定，分别按向会员收取手续费收入的20%计提的风险准备金，在风险准备金余额达到有关规定的额度内，准予在企业所得税税前扣除。

（二）期货公司风险准备金。

期货公司依据《期货公司管理办法》（证监会令第43号）和《商品期货交易财务管理暂行规定》（财商字〔1997〕44号）的有关规定，从其收取的交易手续费收入减去应付期货交易所手续费后的净收入的 5％提取的期货公司风险准备金，准予在企业所得税税前扣除。

（三）期货投资者保障基金。

1. 上海期货交易所、大连商品交易所、郑州商品交易所和中国金融期货交易所依据《期货投资者保障基金管理暂行办法》（证监会令第 38 号）的有关规定，按其向期货公司会员收取的交易手续费的 3％缴纳的期货投资者保障基金，在基金总额达到有关规定的额度内，准予在企业所得税税前扣除。

2. 期货公司依据《期货投资者保障基金管理暂行办法》（证监会令第 38 号）的有关规定，从其收取的交易手续费中按照代理交易额的千万分之五至千万分之十的比例缴纳的期货投资者保障基金，在基金总额达到有关规定的额度内，准予在企业所得税税前扣除。

三、上述准备金如发生清算、退还，应按规定补征企业所得税。

四、本通知自 2011 年 1 月 1 日起至 2015 年 12 月 31 日止执行。

◆《财政部　国家税务总局关于中小企业信用担保机构有关准备金税前扣除问题的通知》（财税〔2009〕62 号）规定：

一、中小企业信用担保机构可按照不超过当年年末担保责任余额 1％的比例计提担保赔偿准备，允许在企业所得税税前扣除。

二、中小企业信用担保机构可按照不超过当年担保费收入 50％的比例计提未到期责任准备，允许在企业所得税税前扣除，同时将上年度计提的未到期责任准备余额转为当期收入。

三、中小企业信用担保机构实际发生的代偿损失，应依次冲减已在税前扣除的担保赔偿准备和在税后利润中提取的一般风险准备，不足冲减部分据实在企业所得税税前扣除。

四、本通知所称中小企业信用担保机构是指以中小企业为服务对象的信用担保机构。

五、本通知自 2008 年 1 月 1 日起至 2010 年 12 月 31 日止执行。

◆《财政部　国家税务总局关于中小企业信用担保机构有关准备金企业所得税税前扣除政策的通知》（财税〔2012〕25 号）规定：

一、符合条件的中小企业信用担保机构按照不超过当年年末担保责任余额 1％的比例计提的担保赔偿准备，允许在企业所得税税前扣除，同时将上年度计提的担保赔偿准备余额转为当期收入。

二、符合条件的中小企业信用担保机构按照不超过当年担保费收入 50％的比例计提的未到期责任准备，允许在企业所得税税前扣除，同时将上年度计提的未到期责任准备余额转为当期收入。

三、中小企业信用担保机构实际发生的代偿损失，符合税收法律法规关于资产损失税前扣除政策规定的，应冲减已在税前扣除的担保赔偿准备，不足冲减部分据实在企业所得税税前扣除。

四、本通知所称符合条件的中小企业信用担保机构，必须同时满足以下条件：

（一）符合《融资性担保公司管理暂行办法》（银监会等七部委令2010年第3号）相关规定，并具有融资性担保机构监管部门颁发的经营许可证；

（二）以中小企业为主要服务对象，当年新增中小企业信用担保和再担保业务收入占新增担保业务收入总额的70%以上（上述收入不包括信用评级、咨询、培训等收入）；

（三）中小企业信用担保业务的平均年担保费率不超过银行同期贷款基准利率的50%；

（四）财政、税务部门规定的其他条件。

五、申请享受本通知规定的准备金税前扣除政策的中小企业信用担保机构，在汇算清缴时，需报送法人执照副本复印件、融资性担保机构监管部门颁发的经营许可证复印件、具有资质的中介机构鉴证的年度会计报表和担保业务情况（包括担保业务明细和风险准备金提取等），以及财政、税务部门要求提供的其他材料。

六、本通知自2011年1月1日起至2015年12月31日止执行。

◆《财政部 国家税务总局关于延长金融企业涉农贷款和中小企业贷款损失准备金税前扣除政策执行期限的通知》财税〔2011〕104号规定：

经国务院批准，《财政部、国家税务总局关于金融企业涉农贷款和中小企业贷款损失准备金税前扣除政策的通知》（财税〔2009〕99号）规定的金融企业涉农贷款和中小企业贷款损失准备金税前扣除的政策，继续执行至2013年12月31日。

◆《财政部 国家税务总局关于中国银联股份有限公司特别风险准备金税前扣除问题的通知》（财税〔2010〕25号）规定：

一、中国银联提取的特别风险准备金同时符合下列条件的，允许税前扣除：

（一）按可能承担风险和损失的银行卡跨行交易清算总额（以下简称清算总额）计算提取。清算总额的具体范围包括：ATM取现交易清算额、POS消费交易清算额、网上交易清算额、跨行转账交易清算额和其他支付服务清算额。

（二）按照纳税年度末清算总额的0.1‰计算提取。具体计算公式如下：

$$\text{本年度提取的特别风险准备金} = \text{本年末清算总额} \times 0.1‰ - \text{上年末已在税前扣除的特别风险准备金余额}$$

中国银联按上述公式计算提取的特别风险准备金余额未超过注册资本20%，可据实在税前扣除；超过注册资本的20%的部分不得在税前扣除。

（三）由中国银联总部统一计算提取。

（四）中国银联总部在向主管税务机关报送企业所得税纳税申报表时，同时附送特别风险准备金提取情况的说明和报表。

二、中国银联发生的特别风险损失，由中国银联分公司在年度终了45日内按规定向当地主管税务机关申报。凡未申报或未按规定申报的，则视为其主动放弃权益，不得在以后年度再用特别风险准备金偿付。

中国银联分公司发生的特别风险损失经当地主管税务机关审核确认后，报送中国银联总部，由中国银联总部用税前提取的特别风险准备金统一计算扣除，税前提取的特别风险准备不足扣除的，其不足部分可直接在税前据实扣除。

三、中国银联总部除提取的特别风险准备金可以在税前按规定扣除外，提取的其他资产减值准备金或风险准备金不得在税前扣除。

四、本通知自 2008 年 1 月 1 日起至 2010 年 12 月 31 日止执行。

◆《财政部　国家税务总局关于保险保障基金有关税收问题的通知》》（财税〔2010〕77 号）规定：

一、对中国保险保障基金有限责任公司（以下简称保险保障基金公司）根据《保险保障基金管理办法》（以下简称《管理办法》）取得的下列收入，免征企业所得税：

1. 境内保险公司依法缴纳的保险保障基金；

2. 依法从撤销或破产保险公司清算财产中获得的受偿收入和向有关责任方追偿所得，以及依法从保险公司风险处置中获得的财产转让所得；

3. 捐赠所得；

4. 银行存款利息收入；

5. 购买政府债券、中央银行、中央企业和中央级金融机构发行债券的利息收入；

6. 国务院批准的其他资金运用取得的收入。

四、本通知自 2009 年 1 月 1 日起至 2011 年 12 月 31 日止执行。

〔与税收相关的规定〕

◇《全国社会保障基金投资管理暂行办法》（财政部劳动和社会保障部〔2001〕第 12 号）第四十条规定：

社保基金投资管理人按当年收取的社保基金委托资产管理手续费的 20%，提取社保基金投资管理风险准备金，专项用于弥补社保基金投资的亏损。社保基金投资管理风险准备金在托管银行专户存储，余额达到社保基金委托管理资产净值的 10% 时可不再提取。

◇《中国证监会基金管理公司提取风险准备有关事项的补充规定》（证监会计字〔2007〕1 号）规定：

九、对有特定使用目的的专项风险准备（以下统称"专项风险准备"），除特别要求以外，基金管理公司应执行以下财务管理规定：

（一）以管理费收入的一定比例提取专项风险准备的，应以扣除当期提取专项风险准备后的管理费净额作为管理费收入。提取的专项风险准备作为负债，计入"其他应付款——专项风险准备"，并存入专项风险准备专户。

◇《财政部关于企业重组有关职工安置费用财务管理问题的通知》（财企〔2009〕117 号）规定：

国家出资企业在改制、产权转让、合并、分立、托管等方式实施重组过程中，职工安置问题事关有关人员的切身利益、企业的健康持续发展以及构建和谐社会大局。当前，在有关职工安置费用的财务管理中，存在制度不健全、政策不统一、执行不规范等问题，导致国有资产流失和社会分配不公。为进一步规范企业重组行为，正确评估企业净资产价值，维护职工和国有权益，现就涉及产权关系变动、股权结构调整的企业重组中，有关职工安置费用财务管理问题通知如下：

一、企业重组过程中，按照国家有关规定支付给解除、终止劳动合同的职工的经济补偿，以及为移交社会保障机构管理的职工一次性缴付的社会保险费，按照《企业财务通则》（财政部令第 41 号）第六十条规定执行，其中产权转让的按本通知第七条规定执行。

二、企业重组过程中涉及的离退休人员和内退人员有关费用，应按照"人随资产、业务走"的原则，由承继重组前企业相关资产及业务的企业承担。

企业对上述费用实行预提的，在重组过程中评估企业净资产价值时，根据权责一致原则，对企业资产未来可能实现的收益，也应当予以评估确认。

企业对预提的上述费用不符合本通知规定的，在重组过程中评估企业净资产价值时，应当按照本通知规定予以调整确认。

三、企业重组过程中，对符合重组企业所在设区的市以上人民政府规定的离退休人员统筹外费用，经批准可以从重组前企业净资产中预提，预提年限应当按照中国保监会发布的《中国人寿保险业务经验生命表》计算。国家对离休人员安置另有规定的，从其规定。

四、企业重组过程中，对符合法律、行政法规以及国务院劳动保障部门规定条件的内退人员，其内退期间的生活费和社会保险费，经批准可以从重组前企业净资产中预提。内退人员的生活费标准不得低于本地区最低工资标准的 70%，同时不得高于本企业平均工资的 70%，并应与企业原有内退人员待遇条件相衔接，经职工代表大会审议后，在内退协议中予以明确约定。

五、重组企业按照本通知第三、四条预提的有关费用，应当分别计算离退休人员和内退人员的预提年限，并以重组基准日相关费用为基数，以同期限历史平均通胀率计算未来各期企业应支付的费用后，再按照同期限银行贷款利率进行贴现计算。预提费用计算公式如下：

$$一次性预提费用 = \sum_{t=1}^{T} \frac{f_t \times (1+r_1)^t}{(1+r_2)^t}$$

六、企业实行分立式重组，将离退休人员和内退人员移交存续企业或者由上级集团公司集中管理的，上述预提费用由重组后企业以货币资金形式支付给管理单位。重组后企业如货币资金不足，可以自重组完成日起 5 年内分期支付，但应当按照重组基准日 5 年期银行贷款利率向管理单位支付分期付款的利息。有关利息支出作为重组后企业财务费用处理。

七、企业重组涉及产权转让的，按照本通知第一条、第二条规定应当支付、缴付或者预提的各项职工安置费用，在资产评估之前不得从拟转让的净资产中扣除，也不得从转让价款中直接抵扣，应当从产权转让收入中优先支付。对已经按照《企业会计准则》预提的职工安置费用余额，在资产评估之前应当调增拟转让的净资产。

八、重组企业离退休人员及内退人员的管理单位应当对预提费用实行专户管理，并按约定从专户中向相关人员支付费用。预提资金不足支付相关费用的或者有结余的，按《企业会计准则》的相关规定计入管理单位当期损益。

九、本通知自发布之日起施行。以前各地区、各部门有关财务规定与本通知不一致的，以本通知为准。本通知施行前已经按规定报经批准的企业重组行为与本通知不一致的，不予追溯调整。

26. 税前扣除规定与企业实际会计处理之间的协调

〔**税收规范性文件**〕

◆《国家税务总局关于企业所得税应纳税所得额若干税务处理问题的公告》（国家税务总局公告 2012 年第 15 号）规定：

八、关于税前扣除规定与企业实际会计处理之间的协调问题

根据《企业所得税法》第二十一条规定，对企业依据财务会计制度规定，并实际在财务会计处理上已确认的支出，凡没有超过《企业所得税法》和有关税收法规规定的税前扣除范围和标准的，可按企业实际会计处理确认的支出，在企业所得税前扣除，计算其应纳税所得额。

本公告规定适用于 2011 年度及以后各年度企业应纳税所得额的处理。

☆第四节　资产的税务处理

〔**税收规范性文件**〕

◆《国家税务总局关于印发〈新企业所得税法精神宣传提纲〉的通知》（国税函〔2008〕159 号）规定：

资产税务处理的原则考虑到过去在资产取得、持有、使用、处置等税务处理上税法与财务会计制度存在一定的差异，并且主要是时间性差异，纳税调整繁琐，税务机关税收执行成本和纳税人遵从成本都较高，实施条例在资产税务处理的规定上，对资产分类、取得计税成本等问题，尽量与财务会计制度保持一致，比如固定资产取得计税成本与会计账面价值基本保持一致、残值处理一致，只是在折旧年限上有所差异，这样可以降低纳税人纳税调整的负担。

在企业重组的所得税处理方面，考虑到目前企业重组形式多样，发展变化较快，所得税处理较为复杂，很难用几个简单条款把企业重组的所有形式都规范清楚，有些规定还需要根据实际经验作适当调整，为保持实施条例的稳定性，实施条例第七十五条只对企业重组所得税处理内容进行了原则性概括，具体规定将在部门规章中明确。

〔《中华人民共和国企业所得税法》〕

★**第十一条**　在计算应纳税所得额时，企业按照规定计算的固定资产折旧，准予扣除。下列固定资产不得计算折旧扣除：

（一）房屋、建筑物以外未投入使用的固定资产；

（二）以经营租赁方式租入的固定资产；

（三）以融资租赁方式租出的固定资产；

（四）已足额提取折旧仍继续使用的固定资产；

（五）与经营活动无关的固定资产；

（六）单独估价作为固定资产入账的土地；

（七）其他不得计算折旧扣除的固定资产。

1. 资产的概述

〔《中华人民共和国企业所得税法实施条例》〕

☆第五十六条　企业的各项资产，包括固定资产、生物资产、无形资产、长期待摊费用、投资资产、存货等，以历史成本为计税基础。前款所称历史成本，是指企业取得该项资产时实际发生的支出。

企业持有各项资产期间资产增值或者减值，除国务院财政、税务主管部门规定可以确认损益外，不得调整该资产的计税基础。

2. 固定资产

〔《中华人民共和国企业所得税法实施条例》〕

☆第五十七条　企业所得税法第十一条所称固定资产，是指企业为生产产品、提供劳务、出租或者经营管理而持有的、使用时间超过12个月的非货币性资产，包括房屋、建筑物、机器、机械、运输工具以及其他与生产经营活动有关的设备、器具、工具等。

〔**税收规范性文件**〕

◆《国家税务总局关于印发〈房地产开发经营业务企业所得税处理办法〉的通知》（国税发〔2009〕31号）规定：

第二十四条　企业开发产品转为自用的，其实际使用时间累计未超过12个月又销售的，不得在税前扣除折旧费用。

◆《国家税务总局关于中国移动通信集团公司有关所得税问题的通知》（国税函〔2003〕847号）规定：

中移动因实际价值调整原暂估价或发现原计价有错误等原因调整固定资产价值，并按规定补提的以前年度少提的折旧，不允许在补提年度扣除，应相应调整原所属年度的应纳税所得额，相应多交的税额可抵顶以后年度应交的所得税。

〔《中华人民共和国企业所得税法实施条例》〕

☆第五十八条　固定资产按照以下方法确定计税基础：

（一）外购的固定资产，以购买价款和支付的相关税费以及直接归属于使该资产达到预定用途发生的其他支出为计税基础；

（二）自行建造的固定资产，以竣工结算前发生的支出为计税基础；

（三）融资租入的固定资产，以租赁合同约定的付款总额和承租人在签订租赁合同过程中发生的相关费用为计税基础，租赁合同未约定付款总额的，以该资产的公允价值和承租人在签订租赁合同过程中发生的相关费用为计税基础；

（四）盘盈的固定资产，以同类固定资产的重置完全价值为计税基础；

（五）通过捐赠、投资、非货币性资产交换、债务重组等方式取得的固定资产，以该资产的公允价值和支付的相关税费为计税基础；

（六）改建的固定资产，除企业所得税法第十三条第（一）项和第（二）项规定的支出外，以改建过程中发生的改建支出增加计税基础。

〔税收规范性文件〕

◆《国家税务总局关于贯彻落实企业所得税法若干税收问题的通知》（国税函〔2010〕79号）规定：

五、关于固定资产投入使用后计税基础确定问题

企业固定资产投入使用后，由于工程款项尚未结清未取得全额发票的，可暂按合同规定的金额计入固定资产计税基础计提折旧，待发票取得后进行调整。但该项调整应在固定资产投入使用后12个月内进行。

◆《财政部　国家税务总局关于固定资产进项税额抵扣问题的通知》（财税〔2009〕113号）规定：

《中华人民共和国增值税暂行条例实施细则》第二十三条第二款所称建筑物，是指供人们在其内生产、生活和其他活动的房屋或者场所，具体为《固定资产分类与代码》（GB/T14885—1994）中代码前两位为"02"的房屋；所称构筑物，是指人们不在其内生产、生活的人工建造物，具体为《固定资产分类与代码》（GB/T14885—1994）中代码前两位为"03"的构筑物；所称其他土地附着物，是指矿产资源及土地上生长的植物。

以建筑物或者构筑物为载体的附属设备和配套设施，无论在会计处理上是否单独记账与核算，均应作为建筑物或者构筑物的组成部分，其进项税额不得在销项税额中抵扣。附属设备和配套设施是指：给排水、采暖、卫生、通风、照明、通讯、煤气、消防、中央空调、电梯、电气、智能化楼宇设备和配套设施。

〔与税收相关的规定〕

◇《财政部办公厅关于启用新修订的〈固定资产分类与代码标准〉有关事宜的通知》（财办发〔2011〕101号）规定：

根据中华人民共和国国家标准公告2011年第1号，《固定资产分类与代码标准》（GB/T14885—2010）已于2011年1月10日发布，取代原《固定资产分类与代码标准别》（GB/T14885—1994），并从2011年5月1日开始实施。该标准文本的电子版已上传至财政部内网金财编码维护系统（http://10.128.1.145:8888），供方便使用。

〔《中华人民共和国企业所得税法实施条例》〕

☆第五十九条　固定资产按照直线法计算的折旧，准予扣除。企业应当自固定资产投入使用月份的次月起计算折旧；停止使用的固定资产，应当自停止使用月份的次月起停止计算折旧。企业应当根据固定资产的性质和使用情况，合理确定固定资产的预计净残值。固定资产的预计净残值一经确定，不得变更。

〔税收规范性文件〕

◆《国家税务总局关于企业所得税若干税务事项衔接问题的通知》（国税函〔2009〕98号）规定：

一、关于已购置固定资产预计净残值和折旧年限的处理问题新税法实施前已投入使用的固定资产，企业已按原税法规定预计净残值并计提的折旧，不做调整。新税法实施后，对此类继续使用的固定资产，可以重新确定其残值，并就其尚未计提折旧的余额，按照新税法规定的折旧年限减去已经计提折旧的年限后的剩余年限，按照新税法规定的折旧方法计算折旧。新税法实施后，固定资产原确定的折旧年限不违背新税法规定原则的，也可以继续执行。

〔《中华人民共和国企业所得税法实施条例》〕

☆第六十条　除国务院财政、税务主管部门另有规定外，固定资产计算折旧的最低年限如下：

（一）房屋、建筑物，为20年；

（二）飞机、火车、轮船、机器、机械和其他生产设备，为10年；

（三）与生产经营活动有关的器具、工具、家具等，为5年；

（四）飞机、火车、轮船以外的运输工具，为4年；

（五）电子设备，为3年。

☆第六十一条　从事开采石油、天然气等矿产资源的企业，在开始商业性生产前发生的费用和有关固定资产的折耗、折旧方法，由国务院财政、税务主管部门另行规定。

〔税收规范性文件〕

◆《财政部 国家税务总局关于开采油〔气〕资源企业费用和有关固定资产折耗摊销折旧税务处理问题的通知》（财税〔2009〕49号）规定：

一、本通知所称费用和有关固定资产，是指油气企业在开始商业性生产前取得矿区权益和勘探、开发的支出所形成的费用和固定资产。

本通知所称商业性生产，是指油（气）田（井）经过勘探、开发、稳定生产并商业销售石油、天然气的阶段。

二、关于矿区权益支出的折耗

（一）矿区权益支出，是指油气企业为了取得在矿区内的探矿权、采矿权、土地或海域使用权等所发生的各项支出，包括有偿取得各类矿区权益的使用费、相关中介费或其他可直接归属于矿区权益的合理支出。

（二）油气企业在开始商业性生产前发生的矿区权益支出，可在发生的当期，从本企业其他油（气）田收入中扣除；或者自对应的油（气）田开始商业性生产月份的次月起，分3年按直线法计提的折耗准予扣除。

（三）油气企业对其发生的矿区权益支出未选择在发生的当期扣除的，由于未发现商业性油（气）构造而终止作业，其尚未计提折耗的剩余部分，可在终止作业的当年作为损失扣除。

三、关于勘探支出的摊销（一）勘探支出，是指油气企业为了识别勘探区域或探明油气储量而进行的地质调查、地球物理勘探、钻井勘探活动以及其他相关活动所发生的各项支出。（二）油气企业在开始商业性生产前发生的勘探支出（不包括预计可形成资产的钻井勘探支出），可在发生的当期，从本企业其他油（气）田收入中扣除；或者自对应的油（气）田开始商业性生产月份的次月起，分3年按直线法计提的摊销准予扣除。

（三）油气企业对其发生的勘探支出未选择在发生的当期扣除的，由于未发现商业性油（气）构造而终止作业，其尚未摊销的剩余部分，可在终止作业的当年作为损失扣除。

（四）油气企业的钻井勘探支出，凡确定该井可作商业性生产，且该钻井勘探支出形成的资产符合《实施条例》第五十七条规定条件的，应当将该钻井勘探支出结转为开发资产的成本，按照本通知第四条的规定计提折旧。

四、关于开发资产的折旧

（一）开发支出，是指油气企业为了取得已探明矿区中的油气而建造或更新井及相关设施活动所发生的各项支出。

（二）油气企业在开始商业性生产之前发生的开发支出，可不分用途，全部累计作为开发资产的成本，自对应的油（气）田开始商业性生产月份的次月起，可不留残值，按直线法计提的折旧准予扣除，其最低折旧年限为8年。

（三）油气企业终止本油（气）田生产的，其开发资产尚未计提折旧的剩余部分可在该油（气）田终止生产的当年作为损失扣除。

五、油气企业应按照本通知规定选择有关费用和资产的折耗、摊销、折旧方法和年限，一经确定，不得变更。

六、油气企业在本油（气）田进入商业性生产之后对本油（气）田新发生的矿区权益、勘探支出、开发支出，按照本通知规定处理。

七、本通知自发布之日起实施。《实施条例》实施之日至本通知发布之日前，油气企业矿区权益、勘探、开发等费用和固定资产的折耗、摊销、折旧方法和年限事项按本通知规定处理。

《实施条例》实施之日前，油气企业矿区权益、勘探、开发等费用和固定资产已发生且开始摊销或计提的折耗、折旧，不做调整。对没有摊销完的费用和继续使用的矿区权益和有关固定资产，可以就其尚未摊销或计提折耗、折旧的余额，按本通知规定处理。

3. 生物性资产

〔《中华人民共和国企业所得税法实施条例》〕

☆第六十二条　生产性生物资产按照以下方法确定计税基础：

（一）外购的生产性生物资产，以购买价款和支付的相关税费为计税基础；

（二）通过捐赠、投资、非货币性资产交换、债务重组等方式取得的生产性生物资产，以该资产的公允价值和支付的相关税费为计税基础。前款所称生产性生物资产，是指企业为生产农产品、提供劳务或者出租等而持有的生物资产，包括经济林、薪炭林、产畜和役畜等。

☆第六十三条　生产性生物资产按照直线法计算的折旧，准予扣除。企业应当自生产性生物资产投入使用月份的次月起计算折旧；停止使用的生产性生物资产，应当自停止使用月份的次月起停止计算折旧。

企业应当根据生产性生物资产的性质和使用情况，合理确定生产性生物资产的预计净残值。生产性生物资产的预计净残值一经确定，不得变更。

☆第六十四条　生产性生物资产计算折旧的最低年限如下：

（一）林木类生产性生物资产，为 10 年；

（二）畜类生产性生物资产，为 3 年。

4. 无形资产

〔《中华人民共和国企业所得税法》〕

★第十二条　在计算应纳税所得额时，企业按照规定计算的无形资产摊销费用，准予扣除。下列无形资产不得计算摊销费用扣除：

（一）自行开发的支出已在计算应纳税所得额时扣除的无形资产；

（二）自创商誉；

（三）与经营活动无关的无形资产；

（四）其他不得计算摊销费用扣除的无形资产。

〔《中华人民共和国企业所得税法实施条例》〕

☆第六十五条　企业所得税法第十二条所称无形资产，是指企业为生产产品、提供劳务、出租或者经营管理而持有的、没有实物形态的非货币性长期资产，包括专利权、商标权、著作权、土地使用权、非专利技术、商誉等。

☆第六十六条　无形资产按照以下方法确定计税基础：

（一）外购的无形资产，以购买价款和支付的相关税费以及直接归属于使该资产达到预定用途发生的其他支出为计税基础；

（二）自行开发的无形资产，以开发过程中该资产符合资本化条件后至达到预定用途前发生的支出为计税基础；

（三）通过捐赠、投资、非货币性资产交换、债务重组等方式取得的无形资产，以该资产的公允价值和支付的相关税费为计税基础。

☆第六十七条　无形资产按照直线法计算的摊销费用，准予扣除。无形资产的摊销年限不得低于 10 年。

作为投资或者受让的无形资产，有关法律规定或者合同约定了使用年限的，可以按照规定或者约定的使用年限分期摊销。

外购商誉的支出，在企业整体转让或者清算时，准予扣除。

5. 长期待摊费用

〔《中华人民共和国企业所得税法》〕

★第十三条　在计算应纳税所得额时，企业发生的下列支出作为长期待摊费用，按照规定摊销的，准予扣除：

（一）已足额提取折旧的固定资产的改建支出；

（二）租入固定资产的改建支出；

（三）固定资产的大修理支出；

（四）其他应当作为长期待摊费用的支出。

〔《中华人民共和国企业所得税法实施条例》〕

☆第六十八条　企业所得税法第十三条第（一）项和第（二）项所称固定资产的改建支出，是指改变房屋或者建筑物结构、延长使用年限等发生的支出。

企业所得税法第十三条第（一）项规定的支出，按照固定资产预计尚可使用年限分期摊销；第（二）项规定的支出，按照合同约定的剩余租赁期限分期摊销。

改建的固定资产延长使用年限的，除企业所得税法第十三条第（一）项和第（二）项规定外，应当适当延长折旧年限。

☆第六十九条　企业所得税法第十三条第（三）项所称固定资产的大修理支出，是指同时符合下列条件的支出：

（一）修理支出达到取得固定资产时的计税基础50％以上；

（二）修理后固定资产的使用年限延长2年以上。

企业所得税法第十三条第（三）项规定的支出，按照固定资产尚可使用年限分期摊销。

〔与税收相关的规定〕

◇《财政部关于做好执行会计准则企业2008年年报工作的通知》（财会函〔2008〕60号）规定：

固定资产大修理费用等后续支出，符合资本化条件的，可以计入固定资产成本；不符合资本化条件的，应当计入当期损益。符合固定资产确认条件的周转材料，应当作为固定资产列报，不得列入流动资产。

〔《中华人民共和国企业所得税法实施条例》〕

☆第七十条　企业所得税法第十三条第（四）项所称其他应当作为长期待摊费用的支出，自支出发生月份的次月起，分期摊销，摊销年限不得低于3年。

〔税收规范性文件〕

◆《国家税务总局关于企业所得税若干税务事项衔接问题的通知》（国税函〔2009〕98号）规定：

九、关于开（筹）办费的处理

新税法中开（筹）办费未明确列作长期待摊费用，企业可以在开始经营之日的当年一次性扣除，也可以按照新税法有关长期待摊费用的处理规定处理，但一经选定，不得改变。企业在新税法实施以前年度的未摊销完的开办费，也可根据上述规定处理。

〔**与税收相关的规定**〕

◇《财政部关于执行企业会计准则的上市公司和非上市企业做好 2010 年年报工作的通知》（财会〔2010〕25 号）规定：

（七）正确对因发行权益性证券而发生的有关费用进行会计处理。企业为发行权益性证券（包括作为企业合并对价发行的权益性证券）发生的审计、法律服务、评估咨询等交易费用，应当分别按照《企业会计准则解释第 4 号》和《企业会计准则第 37 号——金融工具列报》的规定进行会计处理；但是，发行权益性证券过程中发生的广告费、路演费、上市酒会费等费用，应当计入当期损益。

（八）严格按照《企业会计准则解释第 3 号》的规定：确定和披露构成其他综合收益的项目和金额。目前，其他综合收益主要包括相关会计准则规定的可供出售金融资产产生的利得（损失）金额、按照权益法核算的在被投资单位其他综合收益中所享有的份额、现金流量套期工具产生的利得（或损失）金额、外币财务报表折算差额等内容。企业不得随意改变其他综合收益的构成内容。

6. 投资资产

〔**《中华人民共和国企业所得税法》**〕

★第十四条　企业对外投资期间，投资资产的成本在计算应纳税所得额时不得扣除。

〔**《中华人民共和国企业所得税法实施条例》**〕

☆第七十一条　企业所得税法第十四条所称投资资产，是指企业对外进行权益性投资和债权性投资形成的资产。企业在转让或者处置投资资产时，投资资产的成本，准予扣除。投资资产按照以下方法确定成本：

（一）通过支付现金方式取得的投资资产，以购买价款为成本；

（二）通过支付现金以外的方式取得的投资资产，以该资产的公允价值和支付的相关税费为成本。

〔**税收规范性文件**〕

◆《国家税务总局关于做好 2007 年度企业所得税汇算清缴工作的补充通知》（国税函〔2008〕264 号）规定：

企业因收回、转让或清算处置股权投资而发生的权益性投资转让损失，可以在税前扣除，但每一纳税年度扣除的股权投资损失，不得超过当年实现的股权投资收益和股权投资转让所得，超过部分可向以后纳税年度结转扣除。企业股权投资转让损失连续向后结转 5 年仍不能从股权投资收益和股权投资转让所得中扣除的，准予在该股权投资转让年度后第 6 年一次性扣除。

◆《国家税务总局关于〈中华人民共和国企业所得税年度纳税申报表〉的补充通知》（国税函〔2008〕1081 号）规定：

附表十一《长期股权投资所得（损失）明细表》填报说明本表第 15 列"按税收计算的投资转让所得或损失"填报纳税人因收回、转让或清算处置股权投资时，按税收规定计算的投资转让所得或损失。此外，该表"投资损失补充资料"填报说明规定：本部分主要反映投资转让损失历年弥补情况。

如"按税收计算投资转让所得或损失"与"税收确认的股息红利"合计数大于零，可弥补以前年度投资损失。并且在补充资料中要求按 5 个自然年度填写弥补情况。

7. 存货

〔《中华人民共和国企业所得税法》〕

★第十五条　企业使用或者销售存货，按照规定计算的存货成本，准予在计算应纳税所得额时扣除。

〔《中华人民共和国企业所得税法实施条例》〕

☆第七十二条　企业所得税法第十五条所称存货，是指企业持有以备出售的产品或者商品、处在生产过程中的在产品、在生产或者提供劳务过程中耗用的材料和物料等。存货按照以下方法确定成本：

（一）通过支付现金方式取得的存货，以购买价款和支付的相关税费为成本；

（二）通过支付现金以外的方式取得的存货，以该存货的公允价值和支付的相关税费为成本；

（三）生产性生物资产收获的农产品，以产出或者采收过程中发生的材料费、人工费和分摊的间接费用等必要支出为成本。

☆第七十三条　企业使用或者销售的存货的成本计算方法，可以在先进先出法、加权平均法、个别计价法中选用一种。计价方法一经选用，不得随意变更。

8. 资产转让

〔《中华人民共和国企业所得税法》〕

★第十六条　企业转让资产，该项资产的净值，准予在计算应纳税所得额时扣除。

〔《中华人民共和国企业所得税法实施条例》〕

☆第七十四条　企业所得税法第十六条所称资产的净值和第十九条所称财产净值，是指有关资产、财产的计税基础减除已经按照规定扣除的折旧、折耗、摊销、准备金等后的余额。

☆第七十五条　除国务院财政、税务主管部门另有规定外，企业在重组过程中，应当在交易发生时确认有关资产的转让所得或者损失，相关资产应当按照交易价格重新确定计税基础。

〔税收规范性文件〕

◆《财政部 国家税务总局关于企业重组业务企业所得税处理若干问题的通知》（财税〔2009〕59号）规定：

一、本通知所称企业重组，是指企业在日常经营活动以外发生的法律结构或经济结构重大改变的交易，包括企业法律形式改变、债务重组、股权收购、资产收购、合并、分立等。

（一）企业法律形式改变，是指企业注册名称、住所以及企业组织形式等的简单改变，但符合本通知规定其他重组的类型除外。

（二）债务重组，是指在债务人发生财务困难的情况下，债权人按照其与债务人达成的书面协议或者法院裁定书，就其债务人的债务作出让步的事项。

（三）股权收购，是指一家企业（以下称为收购企业）购买另一家企业（以下称为被收购企业）的股权，以实现对被收购企业控制的交易。收购企业支付对价的形式包括股权支付、非股权支付或两者的组合。

（四）资产收购，是指一家企业（以下称为受让企业）购买另一家企业（以下称为转让企业）实质经营性资产的交易。受让企业支付对价的形式包括股权支付、非股权支付或两者的组合。

（五）合并，是指一家或多家企业（以下称为被合并企业）将其全部资产和负债转让给另一家现存或新设企业（以下称为合并企业），被合并企业股东换取合并企业的股权或非股权支付，实现两个或两个以上企业的依法合并。

（六）分立，是指一家企业（以下称为被分立企业）将部分或全部资产分离转让给现存或新设的企业（以下称为分立企业），被分立企业股东换取分立企业的股权或非股权支付，实现企业的依法分立。

二、本通知所称股权支付，是指企业重组中购买、换取资产的一方支付的对价中，以本企业或其控股企业的股权、股份作为支付的形式；所称非股权支付，是指以本企业的现金、银行存款、应收款项、本企业或其控股企业股权和股份以外的有价证券、存货、固定资产、其他资产以及承担债务等作为支付的形式。

三、企业重组的税务处理区分不同条件分别适用一般性税务处理规定和特殊性税务处理规定。

四、企业重组，除符合本通知规定适用特殊性税务处理规定的外，按以下规定进行税务处理：

（一）企业由法人转变为个人独资企业、合伙企业等非法人组织，或将登记注册地转移至中华人民共和国境外（包括港澳台地区），应视同企业进行清算、分配，股东重新投资成立新企业。企业的全部资产以及股东投资的计税基础均应以公允价值为基础确定。

企业发生其他法律形式简单改变的，可直接变更税务登记，除另有规定外，有关企业所得税纳税事项（包括亏损结转、税收优惠等权益和义务）由变更后企业承继，但因住所发生变化而不符合税收优惠条件的除外。

（二）企业债务重组，相关交易应按以下规定处理：

1. 以非货币资产清偿债务，应当分解为转让相关非货币性资产、按非货币性资产公允价值清偿债务两项业务，确认相关资产的所得或损失。

2. 发生债权转股权的，应当分解为债务清偿和股权投资两项业务，确认有关债务清偿所得或损失。

3. 债务人应当按照支付的债务清偿额低于债务计税基础的差额，确认债务重组所得；债权人应当按照收到的债务清偿额低于债权计税基础的差额，确认债务重组损失。

4. 债务人的相关所得税纳税事项原则上保持不变。

（三）企业股权收购、资产收购重组交易，相关交易应按以下规定处理：

1. 被收购方应确认股权、资产转让所得或损失。

2. 收购方取得股权或资产的计税基础应以公允价值为基础确定。

3. 被收购企业的相关所得税事项原则上保持不变。

（四）企业合并，当事各方应按下列规定处理：

1. 合并企业应按公允价值确定接受被合并企业各项资产和负债的计税基础。

2. 被合并企业及其股东都应按清算进行所得税处理。

3. 被合并企业的亏损不得在合并企业结转弥补。

（五）企业分立，当事各方应按下列规定处理：

1. 被分立企业对分立出去资产应按公允价值确认资产转让所得或损失。

2. 分立企业应按公允价值确认接受资产的计税基础。

3. 被分立企业继续存在时，其股东取得的对价应视同被分立企业分配进行处理。

4. 被分立企业不再继续存在时，被分立企业及其股东都应按清算进行所得税处理。

5. 企业分立相关企业的亏损不得相互结转弥补。

五、企业重组同时符合下列条件的，适用特殊性税务处理规定：

（一）具有合理的商业目的，且不以减少、免除或者推迟缴纳税款为主要目的。

（二）被收购、合并或分立部分的资产或股权比例符合本通知规定的比例。

（三）企业重组后的连续12个月内不改变重组资产原来的实质性经营活动。

（四）重组交易对价中涉及股权支付金额符合本通知规定比例。

（五）企业重组中取得股权支付的原主要股东，在重组后连续12个月内，不得转让所取得的股权。

六、企业重组符合本通知第五条规定条件的，交易各方对其交易中的股权支付部分，可以按以下规定进行特殊性税务处理：

（一）企业债务重组确认的应纳税所得额占该企业当年应纳税所得额50%以上，可以在5个纳税年度的期间内，均匀计入各年度的应纳税所得额。企业发生债权转股权业务，对债务清偿和股权投资两项业务暂不确认有关债务清偿所得或损失，股权投资的计税基础以原债权的计税基础确定。企业的其他相关所得税事项保持不变。

（二）股权收购，收购企业购买的股权不低于被收购企业全部股权的75%，且收购企业在该股权收购发生时的股权支付金额不低于其交易支付总额的85%，可以选择按以下规定处理：

1. 被收购企业的股东取得收购企业股权的计税基础，以被收购股权的原有计税基础确定。

2. 收购企业取得被收购企业股权的计税基础，以被收购股权的原有计税基础确定。

3. 收购企业、被收购企业的原有各项资产和负债的计税基础和其他相关所得税事项保持不变。

（三）资产收购，受让企业收购的资产不低于转让企业全部资产的75%，且受让企业在该资产收购发生时的股权支付金额不低于其交易支付总额的85%，可以选择按以下规定处理：

1. 转让企业取得受让企业股权的计税基础，以被转让资产的原有计税基础确定。

2. 受让企业取得转让企业资产的计税基础，以被转让资产的原有计税基础确定。

（四）企业合并，企业股东在该企业合并发生时取得的股权支付金额不低于其交易支付总额的85%，以及同一控制下且不需要支付对价的企业合并，可以选择按以下规定处理：

1. 合并企业接受被合并企业资产和负债的计税基础，以被合并企业的原有计税基础确定。

2. 被合并企业合并前的相关所得税事项由合并企业承继。

3. 可由合并企业弥补的被合并企业亏损的限额＝被合并企业净资产公允价值×截至合并业务发生当年年末国家发行的最长期限的国债利率。

4. 被合并企业股东取得合并企业股权的计税基础，以其原持有的被合并企业股权的计税基础确定。

（五）企业分立，被分立企业所有股东按原持股比例取得分立企业的股权，分立企业和被分立企业均不改变原来的实质经营活动，且被分立企业股东在该企业分立发生时取得的股权支付金额不低于其交易支付总额的85%，可以选择按以下规定处理：

1. 分立企业接受被分立企业资产和负债的计税基础，以被分立企业的原有计税基础确定。

2. 被分立企业已分立出去资产相应的所得税事项由分立企业承继。

3. 被分立企业未超过法定弥补期限的亏损额可按分立资产占全部资产的比例进行分配，由分立企业继续弥补。

4. 被分立企业的股东取得分立企业的股权（以下简称"新股"），如需部分或全部放弃原持有的被分立企业的股权（以下简称"旧股"），"新股"的计税基础应以放弃"旧股"的计税基础确定。如不需放弃"旧股"，则其取得"新股"的计税基础可从以下两种方法中选择确定：直接将"新股"的计税基础确定为零；或者以被分立企业分立出去的净资产占被分立企业全部净资产的比例先调减原持有的"旧股"的计税基础，再将调减的计税基础平均分配到"新股"上。

（六）重组交易各方按本条（一）至（五）项规定对交易中股权支付暂不确认有关资产的转让所得或损失的，其非股权支付仍应在交易当期确认相应的资产转让所得或损失，并调整相应资产的计税基础。

$$\begin{array}{c}\text{非股权支付对应的}\\\text{资产转让所得或损失}\end{array} = \left(\begin{array}{c}\text{被转让资产}\\\text{的公允价值}\end{array} - \begin{array}{c}\text{被转让资产}\\\text{的计税基础}\end{array}\right) \times \left(\begin{array}{c}\text{非股权支}\\\text{付金额}\end{array} \div \begin{array}{c}\text{被转让资产}\\\text{的公允价值}\end{array}\right)$$

七、企业发生涉及中国境内与境外之间（包括港澳台地区）的股权和资产收购交易，除应符合本通知第五条规定的条件外，还应同时符合下列条件，才可选择适用特殊性税务处理规定：

（一）非居民企业向其100%直接控股的另一非居民企业转让其拥有的居民企业股权，没有因此造成以后该项股权转让所得预提税负担变化，且转让方非居民企业向主管税务机关书面承诺在3年（含3年）内不转让其拥有受让方非居民企业的股权；

（二）非居民企业向与其具有100%直接控股关系的居民企业转让其拥有的另一居民企业股权；

（三）居民企业以其拥有的资产或股权向其100%直接控股的非居民企业进行投资；

（四）财政部、国家税务总局核准的其他情形。

八、本通知第七条第（三）项所指的居民企业以其拥有的资产或股权向其100%直接控股关系的非居民企业进行投资，其资产或股权转让收益如选择特殊性税务处理，可以在10个纳税年度内均匀计入各年度应纳税所得额。

九、在企业吸收合并中，合并后的存续企业性质及适用税收优惠的条件未发生改变的，可以继续享受合并前该企业剩余期限的税收优惠，其优惠金额按存续企业合并前一年的应纳税所得额（亏损计为零）计算。在企业存续分立中，分立后的存续企业性质及适用税收优惠的条件未发生改变的，可以继续享受分立前该企业剩余期限的税收优惠，其优惠金额按该企业分立前一年的应纳税所得额（亏损计为零）乘以分立后存续企业资产占分立前该企业全部资产的比例计算。

十、企业在重组发生前后连续12个月内分步对其资产、股权进行交易，应根据实质重于形式原则将上述交易作为一项企业重组交易进行处理。

十一、企业发生符合本通知规定的特殊性重组条件并选择特殊性税务处理的，当事各方应在该重组业务完成当年企业所得税年度申报时，向主管税务机关提交书面备案资料，证明其符合各类特殊性重组规定的条件。企业未按规定书面备案的，一律不得按特殊重组业务进行税务处理。

〔与税收相关的规定〕

◇《中华人民共和国公司法》（主席令〔2005〕第42号）规定：

第二十七条 股东可以用货币出资，也可以用实物、知识产权、土地使用权等可以用货币估价并可以依法转让的非货币财产作价出资；但是，法律、行政法规规定不得作为出资的财产除外。对作为出资的非货币财产应当评估作价，核实财产，不得高估或者低估作价。法律、行政法规对评估作价有规定的，从其规定。全体股东的货币出资金额不得低于有限责任公司注册资本的百分之三十。

◇《股权出资登记管理办法》（国家工商行政管理总局令〔2005〕第39号）规定：

第五条 用作出资的股权应当经依法设立的评估机构评估。

第八条 股权出资实际缴纳后，应当经依法设立的验资机构验资并出具验资证明。

验资证明应当包括下列内容：

（一）以有限责任公司出资的，相关股权依照本办法第七条规定办理股东变更登记情况；

（二）以股份有限公司出资的，相关股权依照本办法第七条规定转让给被投资公司情况；

（三）股权的评估情况，包括评估机构的名称、评估报告的文号、评估基准日、评估值等；

（四）股权出资依法须经批准的，其批准情况。

◇《公司注册资本登记管理规定》（国家工商行政管理总局令第 11 号）规定：

第十五条　变更注册资本的验资证明应当载明以下内容：

（五）增加注册资本的实际缴纳情况。以货币出资的，应当说明股东或者发起人的出资额、出资时间、开户银行和入资账户及账号；以实物、工业产权、非专利技术、土地使用权出资的，应当说明股东办理财产权转移手续的情况、评估情况；以资本公积、盈余公积和未分配利润转增注册资本的，应当说明转增数额、公司实施基准日期、财务报表的调整情况、转增前后财务报表相关科目的实际情况、转增后股东的出资额；

（六）减少注册资本的，应当说明公司履行《公司法》规定程序情况和股东对公司债务清偿或者债务担保情况。

〔税收规范性文件〕

◆《国家税务总局关于纳税人资产重组有关增值税问题的公告》（国家税务总局公告 2011 年第 13 号）规定：

纳税人在资产重组过程中，通过合并、分立、出售、置换等方式，将全部或者部分实物资产以及与其相关联的债权、负债和劳动力一并转让给其他单位和个人，不属于增值税的征税范围，其中涉及的货物转让，不征收增值税。

本公告自 2011 年 3 月 1 日起执行。此前未作处理的，按照本公告的规定执行。

◆《国家税务总局关于发布〈企业重组业务企业所得税管理办法〉的公告》（国家税务总局公告 2010 年第 4 号）规定：

企业重组业务企业所得税管理办法
第一章　总则及定义

第一条　为规范和加强对企业重组业务的企业所得税管理，根据《中华人民共和国企业所得税法》（以下简称《税法》）及其实施条例（以下简称《实施条例》）、《中华人民共和国税收征收管理法》及其实施细则（以下简称《征管法》）、《财政部 国家税务总局关于企业重组业务企业所得税处理若干问题的通知》（财税〔2009〕59 号）（以下简称《通知》）等有关规定，制定本办法。

第二条　本办法所称企业重组业务，是指《通知》第一条所规定的企业法律形式改变、债务重组、股权收购、资产收购、合并、分立等各类重组。

第三条　企业发生各类重组业务，其当事各方，按重组类型，分别指以下企业：

（一）债务重组中当事各方，指债务人及债权人。

（二）股权收购中当事各方，指收购方、转让方及被收购企业。

（三）资产收购中当事各方，指转让方、受让方。

（四）合并中当事各方，指合并企业、被合并企业及各方股东。

（五）分立中当事各方，指分立企业、被分立企业及各方股东。

第四条　同一重组业务的当事各方应采取一致税务处理原则，即统一按一般性或特殊性税务处理。

第五条　《通知》第一条第（四）项所称实质经营性资产，是指企业用于从事生产经营活动、与产生经营收入直接相关的资产，包括经营所用各类资产、企业拥有的商业信息和技术、经营活动产生的应收款项、投资资产等。

第六条　《通知》第二条所称控股企业，是指由本企业直接持有股份的企业。

第七条　《通知》中规定的企业重组，其重组日的确定，按以下规定处理：

（一）债务重组，以债务重组合同或协议生效日为重组日。

（二）股权收购，以转让协议生效且完成股权变更手续日为重组日。

（三）资产收购，以转让协议生效且完成资产实际交割日为重组日。

（四）企业合并，以合并企业取得被合并企业资产所有权并完成工商登记变更日期为重组日。

（五）企业分立，以分立企业取得被分立企业资产所有权并完成工商登记变更日期为重组日。

第八条　重组业务完成年度的确定，可以按各当事方适用的会计准则确定，具体参照各当事方经审计的年度财务报告。由于当事方适用的会计准则不同导致重组业务完成年度的判定有差异时，各当事方应协商一致，确定同一个纳税年度作为重组业务完成年度。

第九条　本办法所称评估机构，是指具有合法资质的中国资产评估机构。

第二章　企业重组一般性税务处理管理

第十条　企业发生《通知》第四条第（一）项规定的由法人转变为个人独资企业、合伙企业等非法人组织，或将登记注册地转移至中华人民共和国境外（包括港澳台地区），应按照《财政部国家税务总局关于企业清算业务企业所得税处理若干问题的通知》（财税〔2009〕60号）规定进行清算。企业在报送《企业清算所得纳税申报表》时，应附送以下资料：

（一）企业改变法律形式的工商部门或其他政府部门的批准文件；

（二）企业全部资产的计税基础以及评估机构出具的资产评估报告；

（三）企业债权、债务处理或归属情况说明；

（四）主管税务机关要求提供的其他资料证明。

第十一条　企业发生《通知》第四条第（二）项规定的债务重组，应准备以下相关资料，以备税务机关检查。

（一）以非货币资产清偿债务的，应保留当事各方签订的清偿债务的协议或合同，以及非货币资产公允价格确认的合法证据等；

（二）债权转股权的，应保留当事各方签订的债权转股权协议或合同。

第十二条　企业发生《通知》第四条第（三）项规定的股权收购、资产收购重组业务，应准备以下相关资料，以备税务机关检查。

（一）当事各方所签订的股权收购、资产收购业务合同或协议；

（二）相关股权、资产公允价值的合法证据。

第十三条　企业发生《通知》第四条第（四）项规定的合并，应按照财税〔2009〕60号文件规定进行清算。

被合并企业在报送《企业清算所得纳税申报表》时，应附送以下资料：

（一）企业合并的工商部门或其他政府部门的批准文件；

（二）企业全部资产和负债的计税基础以及评估机构出具的资产评估报告；

（三）企业债务处理或归属情况说明；

（四）主管税务机关要求提供的其他资料证明。

第十三条　企业发生《通知》第四条第（四）项规定的合并，应按照财税〔2009〕60号文件规定进行清算。

被合并企业在报送《企业清算所得纳税申报表》时，应附送以下资料：

（一）企业合并的工商部门或其他政府部门的批准文件；

（二）企业全部资产和负债的计税基础以及评估机构出具的资产评估报告；

（三）企业债务处理或归属情况说明；

（四）主管税务机关要求提供的其他资料证明。

第十四条　企业发生《通知》第四条第（五）项规定的分立，被分立企业不再继续存在，应按照财税〔2009〕60号文件规定进行清算。被分立企业在报送《企业清算所得纳税申报表》时，应附送以下资料：

（一）企业分立的工商部门或其他政府部门的批准文件；

（二）被分立企业全部资产的计税基础以及评估机构出具的资产评估报告；

（三）企业债务处理或归属情况说明；

（四）主管税务机关要求提供的其他资料证明。

第十五条　企业合并或分立，合并各方企业或分立企业涉及享受《税法》第五十七条规定中就企业整体（即全部生产经营所得）享受的税收优惠过渡政策尚未期满的，仅就存续企业未享受完的税收优惠，按照《通知》第九条的规定执行；注销的被合并或被分立企业未享受完的税收优惠，不再由存续企业承继；合并或分立而新设的企业不得再承继或重新享受上述优惠。合并或分立各方企业按照《税法》的税收优惠规定和税收优惠过渡政策中就企业有关生产经营项目的所得享受的税收优惠承继问题，按照《实施条例》第八十九条规定执行。

第三章　企业重组特殊性税务处理管理

第十六条　企业重组业务，符合《通知》规定条件并选择特殊性税务处理的，应按照《通知》第十一条规定进行备案；如企业重组各方需要税务机关确认，可以选择由重组主导方向主管税务机关提出申请，层报省税务机关给予确认。采取申请确认的，主导方和其他当事方不在同一省（自治区、市）的，主导方省税务机关应将确认文件抄送其他当事方所在地省税务机关。省税务机关在收到确认申请时，原则上应在当年度企业所得税汇算清缴前完成确认。特殊情况，需要延长的，应将延长理由告知主导方。

第十七条　企业重组主导方，按以下原则确定：

（一）债务重组为债务人；

（二）股权收购为股权转让方；

（三）资产收购为资产转让方；

（四）吸收合并为合并后拟存续的企业，新设合并为合并前资产较大的企业；

（五）分立为被分立的企业或存续企业。

第十八条　企业发生重组业务，按照《通知》第五条第（一）项要求，企业在备案或提交确认申请时，应从以下方面说明企业重组具有合理的商业目的：

（一）重组活动的交易方式。即重组活动采取的具体形式、交易背景、交易时间、在交易之前和之后的运作方式和有关的商业常规；

（二）该项交易的形式及实质。即形式上交易所产生的法律权利和责任，也是该项交易的法律后果。另外，交易实际上或商业上产生的最终结果；

（三）重组活动给交易各方税务状况带来的可能变化；

（四）重组各方从交易中获得的财务状况变化；

（五）重组活动是否给交易各方带来了在市场原则下不会产生的异常经济利益或潜在义务；

（六）非居民企业参与重组活动的情况。

第十九条　《通知》第五条第（三）和第（五）项所称"企业重组后的连续12个月内"，是指自重组日起计算的连续12个月内。

第二十条　《通知》第五条第（五）项规定的原主要股东，是指原持有转让企业或被收购企业20％以上股权的股东。

第二十一条　《通知》第六条第（四）项规定的同一控制，是指参与合并的企业在合并前后均受同一方或相同的多方最终控制，且该控制并非暂时性的。能够对参与合并的企业在合并前后均实施最终控制权的相同多方，是指根据合同或协议的约定，对参与合并企业的财务和经营政策拥有决定控制权的投资者群体。在企业合并前，参与合并各方受最终控制方的控制在12个月以上，企业合并后所形成的主体在最终控制方的控制时间也应达到连续12个月。

第二十二条　企业发生《通知》第六条第（一）项规定的债务重组，根据不同情形，应准备以下资料：

（一）发生债务重组所产生的应纳税所得额占该企业当年应纳税所得额50％以上的，债务重组所得要求在5个纳税年度的期间内，均匀计入各年度应纳税所得额的，应准备以下资料：

1. 当事方的债务重组的总体情况说明（如果采取申请确认的，应为企业的申请，下同），情况说明中应包括债务重组的商业目的；

2. 当事各方所签订的债务重组合同或协议；

3. 债务重组所产生的应纳税所得额、企业当年应纳税所得额情况说明；

4. 税务机关要求提供的其他资料证明。

（二）发生债权转股权业务，债务人对债务清偿业务暂不确认所得或损失，债权人对股权投资的计税基础以原债权的计税基础确定，应准备以下资料：

1. 当事方的债务重组的总体情况说明。情况说明中应包括债务重组的商业目的；

2. 双方所签订的债转股合同或协议；

3. 企业所转换的股权公允价格证明；

4. 工商部门及有关部门核准相关企业股权变更事项证明材料；

5. 税务机关要求提供的其他资料证明。

第二十三条　企业发生《通知》第六条第（二）项规定的股权收购业务，应准备以下资料：

（一）当事方的股权收购业务总体情况说明，情况说明中应包括股权收购的商业目的；

（二）双方或多方所签订的股权收购业务合同或协议；

（三）由评估机构出具的所转让及支付的股权公允价值；

（四）证明重组符合特殊性税务处理条件的资料，包括股权比例，支付对价情况，以及12个月内不改变资产原来的实质性经营活动和原主要股东不转让所取得股权的承诺书等；

（五）工商等相关部门核准相关企业股权变更事项证明材料；

（六）税务机关要求的其他材料。

第二十四条　企业发生《通知》第六条第（三）项规定的资产收购业务，应准备以下资料：

（一）当事方的资产收购业务总体情况说明，情况说明中应包括资产收购的商业目的；

（二）当事各方所签订的资产收购业务合同或协议；

（三）评估机构出具的资产收购所体现的资产评估报告；

（四）受让企业股权的计税基础的有效凭证；

（五）证明重组符合特殊性税务处理条件的资料，包括资产收购比例，支付对价情况，以及12个月内不改变资产原来的实质性经营活动、原主要股东不转让所取得股权的承诺书等；

（六）工商部门核准相关企业股权变更事项证明材料；

（七）税务机关要求提供的其他材料证明。

第二十五条　企业发生《通知》第六条第（四）项规定的合并，应准备以下资料：

（一）当事方企业合并的总体情况说明。情况说明中应包括企业合并的商业目的；

（二）企业合并的政府主管部门的批准文件；

（三）企业合并各方当事人的股权关系说明；

（四）被合并企业的净资产、各单项资产和负债及其账面价值和计税基础等相关资料；

（五）证明重组符合特殊性税务处理条件的资料，包括合并前企业各股东取得股权支付比例情况、以及12个月内不改变资产原来的实质性经营活动、原主要股东不转让所取得股权的承诺书等；

（六）工商部门核准相关企业股权变更事项证明材料；

（七）主管税务机关要求提供的其他资料证明。

第二十六条　《通知》第六条第（四）项所规定的可由合并企业弥补的被合并企业亏损的限额，是指按《税法》规定的剩余结转年限内，每年可由合并企业弥补的被合并企业亏损的限额。

第二十七条　企业发生《通知》第六条第（五）项规定的分立，应准备以下资料：

（一）当事方企业分立的总体情况说明。情况说明中应包括企业分立的商业目的；

（二）企业分立的政府主管部门的批准文件；

（三）被分立企业的净资产、各单项资产和负债账面价值和计税基础等相关资料；

（四）证明重组符合特殊性税务处理条件的资料，包括分立后企业各股东取得股权支付比例情况、以及12个月内不改变资产原来的实质性经营活动、原主要股东不转让所取得股权的承诺书等；

（五）工商部门认定的分立和被分立企业股东股权比例证明材料；分立后，分立和被分立企业工商营业执照复印件；分立和被分立企业分立业务账务处理复印件；

（六）税务机关要求提供的其他资料证明。

第二十八条　根据《通知》第六条第（四）项第2目规定：被合并企业合并前的相关所得税事项由合并企业承继，以及根据《通知》第六条第（五）项第2目规定：企业分立，已分立资产相应的所得税事项由分立企业承继，这些事项包括尚未确认的资产损失、分期确认收入的处理以及尚未享受期满的税收优惠政策承继处理问题等。其中，对税收优惠政策承继处理问题，凡属于依照《税法》第五十七条规定中就企业整体（即全部生产经营所得）享受税收优惠过渡政策的，合并或分立后的企业性质及适用税收优惠条件未发生改变的，可以继续享受合并前各企业或分立前被分立企业剩余期限的税收优惠。合并前各企业剩余的税收优惠年限不一致的，合并后企业每年度的应纳税所得额，应统一按合并日各合并前企业资产占合并后企业总资产的比例进行划分，再分别按相应的剩余优惠计算应纳税额。合并前各企业或分立前被分立企业按照《税法》的税收优惠规定以及税收优惠过渡政策中就有关生产经营项目所得享受的税收优惠承继处理问题，按照《实施条例》第八十九条规定执行。

第二十九条　适用《通知》第五条第（三）项和第（五）项的当事各方应在完成重组业务后的下一年度的企业所得税年度申报时，向主管税务机关提交书面情况说明，以证明企业在重组后的连续12个月内，有关符合特殊性税务处理的条件未发生改变。

第三十条　当事方的其中一方在规定时间内发生生产经营业务、公司性质、资产或股权结构等情况变化，致使重组业务不再符合特殊性税务处理条件的，发生变化的当事方应在情况发生变化的30天内书面通知其他所有当事方。主导方在接到通知后30日内将有关变化通知其主管税务机关。

上款所述情况发生变化后60日内，应按照《通知》第四条的规定调整重组业务的税务处理。原交易各方应各自按原交易完成时资产和负债的公允价值计算重组业务的收益或损失，调整交易完成纳税年度的应纳税所得额及相应的资产和负债的计税基础，并向各自主管税务机关申请调整交易完成纳税年度的企业所得税年度申报表。逾期不调整申报的，按照《征管法》的相关规定处理。

第三十一条 各当事方的主管税务机关应当对企业申报或确认适用特殊性税务处理的重组业务进行跟踪监管，了解重组企业的动态变化情况。发现问题，应及时与其他当事方主管税务机关沟通联系，并按照规定给予调整。

第三十二条 根据《通知》第十条规定：若同一项重组业务涉及在连续12个月内分步交易，且跨两个纳税年度，当事各方在第一步交易完成时预计整个交易可以符合特殊性税务处理条件，可以协商一致选择特殊性税务处理的，可在第一步交易完成后，适用特殊性税务处理。主管税务机关在审核有关资料后，符合条件的，可以暂认可适用特殊性税务处理。第二年进行下一步交易后，应按本办法要求，准备相关资料确认适用特殊性税务处理。

第三十三条 上述跨年度分步交易，若当事方在首个纳税年度不能预计整个交易是否符合特殊性税务处理条件，应适用一般性税务处理。在下一纳税年度全部交易完成后，适用特殊性税务处理的，可以调整上一纳税年度的企业所得税年度申报表，涉及多缴税款的，各主管税务机关应退税，或抵缴当年应纳税款。

第三十四条 企业重组的当事各方应该取得并保管与该重组有关的凭证、资料，保管期限按照《征管法》的有关规定执行。

第四章 跨境重组税收管理

第三十五条 发生《通知》第七条规定的重组，凡适用特殊性税务处理规定的，应按照本办法第三章相关规定执行。

第三十六条 发生《通知》第七条第（一）、（二）项规定的重组，适用特殊税务处理的，应按照《国家税务总局关于印发〈非居民企业所得税源泉扣缴管理暂行办法〉的通知》（国税发〔2009〕3号）和《国家税务总局关于加强非居民企业股权转让所得企业所得税管理的通知》（国税函〔2009〕698号）要求，准备资料。

第三十七条 发生《通知》第七条第（三）项规定的重组，居民企业应向其所在地主管税务机关报送以下资料：

1. 当事方的重组情况说明，申请文件中应说明股权转让的商业目的；

2. 双方所签订的股权转让协议；

3. 双方控股情况说明；

4. 由评估机构出具的资产或股权评估报告。报告中应分别列示涉及的各单项被转让资产和负债的公允价值；

5. 证明重组符合特殊性税务处理条件的资料，包括股权或资产转让比例，支付对价情况，以及12个月内不改变资产原来的实质性经营活动、不转让所取得股权的承诺书等；

6. 税务机关要求的其他材料。

本办法发布时企业已经完成重组业务的，如适用财税〔2009〕59号特殊税务处理，企业没有按照本办法要求准备相关资料的，应补备相关资料；需要税务机关确认的，按照本办法要求补充确认。2008、2009年度企业重组业务尚未进行税务处理的，可按本办法处理。

◆《国家税务总局关于股权转让所得个人所得税计税依据核定问题的公告》（国家税务总局公告2010年第27号）规定：

一、自然人转让所投资企业股权（份）（以下简称股权转让）取得所得，按照公平交易价格计算并确定计税依据。计税依据明显偏低且无正当理由的，主管税务机关可采用本公告列举的方法核定。

二、计税依据明显偏低且无正当理由的判定方法

（一）符合下列情形之一且无正当理由的，可视为计税依据明显偏低：

1. 申报的股权转让价格低于初始投资成本或低于取得该股权所支付的价款及相关税费的；

2. 申报的股权转让价格低于对应的净资产份额的；

3. 申报的股权转让价格低于相同或类似条件下同一企业同一股东或其他股东股权转让价格的；

4. 申报的股权转让价格低于相同或类似条件下同类行业的企业股权转让价格的；

5. 经主管税务机关认定的其他情形。

（二）本条第一项所称正当理由，是指以下情形：

1. 所投资企业连续三年以上（含三年）亏损；

2. 因国家政策调整的原因而低价转让股权；

3. 将股权转让给配偶、父母、子女、祖父母、外祖父母、孙子女、外孙子女、兄弟姐妹以及对转让人承担直接抚养或者赡养义务的抚养人或者赡养人；

4. 经主管税务机关认定的其他合理情形。

三、对申报的计税依据明显偏低且无正当理由的，可采取以下核定方法：

（一）参照每股净资产或纳税人享有的股权比例所对应的净资产份额核定股权转让收入。

对知识产权、土地使用权、房屋、探矿权、采矿权、股权等合计占资产总额比例达50%以上的企业，净资产额须经中介机构评估核实。

（二）参照相同或类似条件下同一企业同一股东或其他股东股权转让价格核定股权转让收入。

（三）参照相同或类似条件下同类行业的企业股权转让价格核定股权转让收入。

（四）纳税人对主管税务机关采取的上述核定方法有异议的，应当提供相关证据，主管税务机关认定属实后，可采取其他合理的核定方法。

四、纳税人再次转让所受让的股权的，股权转让的成本为前次转让的交易价格及买方负担的相关税费。

五、本公告所称股权转让不包括上市公司股份转让。

◆《国家税务总局关于江门市新江煤气有限公司亏损弥补问题的批复》（国税函〔2009〕254号）规定：

江门市新江煤气有限公司原为中外合资企业，经相关部门批准，于2006年整体转让给珠海市煤气公司（国有独资企业），成为珠海市煤气公司的全资子公司。鉴于江门市新江煤气有限公司只是股权发生改变，其法律主体、经营范围、资产和债权债务等并

没有发生变化。经研究，同意江门市新江煤气有限公司 2006 年及以前年度发生的亏损，在税法规定的年限内，用以后年度发生的应纳税所得额进行弥补。

〔与税收相关的规定〕

◇《企业财务通则（2006）》（国财政部令〔2006〕第 41 号）（适用于具备法人资格的国有及国有控股企业适用本通则。金融企业除外。其他企业参照执行）规定：

第三十四条　企业以出售、抵押、置换、报废等方式处理资产时，应当按照国家有关规定和企业内部财务管理制度规定的权限和程序进行。其中，处理主要固定资产涉及企业经营业务调整或者资产重组的，应当根据投资者审议通过的业务调整或者资产重组方案实施。

第五十六条　企业实行托管经营，应当由投资者决定，并签订托管协议，明确托管经营的资产负债状况、托管经营目标、托管资产处置权限以及收益分配办法等，并落实财务监管措施。

受托企业应当根据托管协议制订相关方案，重组托管企业的资产与债务。未经托管企业投资者同意，不得改组、改制托管企业，不得转让托管企业及转移托管资产、经营业务，不得以托管企业名义或者以托管资产对外担保。）

◇《财政部关于企业公益性捐赠股权有关财务问题的通知》（财企〔2009〕213 号）规定：

一、由自然人、非国有的法人及其他经济组织投资控股的企业，依法履行内部决策程序，由投资者审议决定后，其持有的股权可以用于公益性捐赠。

二、企业以持有的股权进行公益性捐赠，应当以不影响企业债务清偿能力为前提，且受赠对象应当是依法设立的公益性社会团体和公益性非营利的事业单位。企业捐赠后，必须办理股权变更手续，不再对已捐赠股权行使股东权利，并不得要求受赠单位予以经济回报。

◇《国务院关于促进企业兼并重组的意见》（国发〔2010〕27 号）规定：

四、加强对企业兼并重组的引导和政策扶持

（一）落实税收优惠政策。研究完善支持企业兼并重组的财税政策。对企业兼并重组涉及的资产评估增值、债务重组收益、土地房屋权属转移等给予税收优惠，具体按照财政部、税务总局《关于企业兼并重组业务企业所得税处理若干问题的通知》（财税〔2009〕59 号）、《关于企业改制重组若干契税政策的通知》（财税〔2008〕175 号）等规定执行。

9. 亏损

〔《中华人民共和国企业所得税法》〕

★第十七条　企业在汇总计算缴纳企业所得税时，其境外营业机构的亏损不得抵减境内营业机构的盈利。

★第十八条　企业纳税年度发生的亏损，准予向以后年度结转，用以后年度的所得弥补，但结转年限最长不得超过五年。

〔**税收规范性文件**〕

◆《国家税务总局关于取消合并纳税后以前年度尚未弥补亏损有关企业所得税问题的公告》（国家税务总局公告 2010 年第 7 号）

一、企业集团取消了合并申报缴纳企业所得税后，截至 2008 年底，企业集团合并计算的累计亏损，属于符合《中华人民共和国企业所得税法》第十八条规定 5 年结转期限内的，可分配给其合并成员企业（包括企业集团总部）在剩余结转期限内，结转弥补。

二、企业集团应根据各成员企业截至 2008 年底的年度所得税申报表中的盈亏情况，凡单独计算是亏损的各成员企业，参与分配第一条所指的可继续弥补的亏损；盈利企业不参与分配。具体分配公式如下

$$\begin{aligned}\text{成员企业分配}\atop\text{的亏损额} = &\left(\frac{\text{某成员企业单独计算盈亏尚未弥补的亏损额}}{\text{各成员企业单独计算盈亏尚未弥补的亏损额之和}}\right)\\ &\times \text{集团公司合并计算累计可继续弥补的亏损额}\end{aligned}$$

◆《国家税务总局关于贯彻落实企业所得税法若干税收问题的通知》（国税函〔2010〕79 号）规定：

七、企业筹办期间不计算为亏损年度问题

企业自开始生产经营的年度，为开始计算企业损益的年度。企业从事生产经营之前进行筹办活动期间发生筹办费用支出，不得计算为当期的亏损，应按照《国家税务总局关于企业所得税若干税务事项衔接问题的通知（国税函〔2009〕98 号）第九条规定执行。

◆《国家税务总局关于查增应纳税所得额弥补以前年度亏损处理问题的公告》（国家税务总局公告 2010 年第 20 号）规定：

一、根据《中华人民共和国企业所得税法》（以下简称企业所得税法）第五条的规定：税务机关对企业以前年度纳税情况进行检查时调增的应纳税所得额，凡企业以前年度发生亏损、且该亏损属于企业所得税法规定允许弥补的，应允许调增的应纳税所得额弥补该亏损。弥补该亏损后仍有余额的，按照企业所得税法规定计算缴纳企业所得税。对检查调增的应纳税所得额应根据其情节，依照《中华人民共和国税收征收管理法》有关规定进行处理或处罚。

二、本规定自 2010 年 12 月 1 日开始执行。以前（含 2008 年度之前）没有处理的事项，按本规定执行。

10. 非居民企业所得税处理

〔《**中华人民共和国企业所得税法**》〕

★**第十九条** 非居民企业取得本法第三条第三款规定的所得，按照下列方法计算其应纳税所得额：

（一）股息、红利等权益性投资收益和利息、租金、特许权使用费所得，以收入全额为应纳税所得额；

（二）转让财产所得，以收入全额减除财产净值后的余额为应纳税所得额；

（三）其他所得，参照前两项规定的方法计算应纳税所得额。

★**第二十条** 本章规定的收入、扣除的具体范围、标准和资产的税务处理的具体办法，由国务院财政、税务主管部门规定。

★**第二十一条** 在计算应纳税所得额时，企业财务、会计处理办法与税收法律、行政法规的规定不一致的，应当依照税收法律、行政法规的规定计算。

〔**税收规范性文件**〕

◆《国家税务总局关于做好 2009 年度企业所得税汇算清缴工作的通知》（国税函〔2010〕148 号）规定：

三、有关企业所得税纳税申报口径根据企业所得税法精神，在计算应纳税所得额及应纳所得税时，企业财务、会计处理办法与税法规定不一致的，应按照企业所得税法规定计算。企业所得税法规定不明确的，在没有明确规定之前，暂按企业财务、会计规定计算。

〔**与税收相关的规定**〕

◇《财政部关于执行企业会计准则的上市公司和非上市企业做好 2010 年年报工作的通知》（财会〔2010〕25 号）规定：

（二）各省级财政部门和有关方面应当认真学习本通知和证监会、国资委等有关部门对各类企业 2010 年年报工作的相关文件，充分理解企业会计准则及其解释第 1 号、第 2 号、第 3 号、第 4 号和《企业会计准则讲解》新旧变化，全面掌握《企业内部控制基本规范》、企业内部控制配套指引》及其讲解等的相关内容，为做好执行会计准则和 2010 年年报工作提供政策支持。

（四）企业应当采用适当且可获得足够数据的方法来计量公允价值，而且要尽可能使用相关的可观察输入值，尽量避免使用不可观察输入值。公允价值在计量时应分为三个层次，第一层次是企业在计量日能获得相同资产或负债在活跃市场上报价的，以该报价为依据确定公允价值；第二层次是企业在计量日能获得类似资产或负债在活跃市场上的报价，或相同或类似资产或负债在非活跃市场上的报价的，以该报价为依据做必要调整确定公允价值；第三层次是企业无法获得相同或类似资产可比市场交易价格的，以其他反映市场参与者对资产或负债定价时所使用的参数为依据确定公允价值。企业在披露金融工具公允价值相关信息时，应当分别披露确定金融工具公允价值计量的方法是否发生改变以及改变的原因、各个层次公允价值的金额、公允价值所属层次间的重大变动、第三层次公允价值期初金额和本期变动金额等相关信息。在第三层次公允价值计量中，如果估值技术中使用的一个或多个输入值发生合理、可能的变动将导致公允价值金额发生显著变化的，应披露这一事实及其影响。

◇证监会上市公司执行企业会计准则监管问题解答〔2010 年第 1 期〕解释：

问题 1. 上市公司按照税法规定需补缴以前年度税款或由上市公司主要股东或实际控制人无偿代为承担或缴纳税款及相应罚金、滞纳金的，应该如何进行会计处理？

解答：上市公司应当按照企业会计准则的规定：进行所得税及其他税费的核算。对于上市公司按照税法规定需补缴以前年度税款的，如果属于前期差错，应按照《企业会计准则第28号—会计政策、会计估计变更和差错更正》的规定处理，调整以前年度会计报表相关项目；否则，应计入补缴税款当期的损益。因补缴税款应支付的罚金和滞纳金，应计入当期损益。对于主要股东或实际控制人无偿代上市公司缴纳或承担的税款，上市公司取得股东代缴或承担的税款、罚金、滞纳金等应计入所有者权益。问题3. 上市公司在发行权益性证券过程中发生的各种交易费用及其他费用，应如何进行会计核算？解答：上市公司为发行权益性证券发生的承销费、保荐费、上网发行费、招股说明书印刷费、申报会计师费、律师费、评估费等与发行权益性证券直接相关的新增外部费用，应自所发行权益性证券的发行收入中扣减，在权益性证券发行有溢价的情况下，自溢价收入中扣除，在权益性证券发行无溢价或溢价金额不足以扣减的情况下，应当冲减盈余公积和未分配利润；发行权益性证券过程中发行的广告费、路演及财经公关费、上市酒会费等其他费用应在发生时计入当期损益。

◇《财政部关于做好执行会计准则企业2008年年报工作的通知》（财会函〔2008〕60号）规定：

会计政策和会计估计涉及企业财务状况和经营成果，应当保持会计政策的前后一致性。企业2008年变更会计政策的，应当提供符合会计政策变更条件的依据和说明，不得滥用会计政策。

〔税收规范性文件〕

◆《国家税务总局关于印发〈中华人民共和国企业所得税年度纳税申报表〉的通知》（国税发〔2008〕101号）附表三"《纳税调整项目明细表》"规定：

纳税调整项目按照"收入类调整项目"、扣除类调整项目"、"资产类调整调整项目"、"准备金调整项目"、"房地产企业预售收入计算的预计利润"、"特别纳税调整应税所得"、"其他"七大项分类汇总填报。

◆《国家税务总局关于做好2009年度企业所得税汇算清缴工作的通知》（国税函〔2010〕148号）规定：

（一）准备金税前扣除的填报口径。允许在企业所得税税前扣除的各类准备金，填报在企业所得税年度纳税申报表附表三"纳税调整项目明细表"第40行"20、其他"第4列"调减金额"。企业所得税年度纳税申报表附表十"资产减值准备项目调整明细表"填报口径不变。

〔与税收相关的规定〕

◇《企业会计准则第18号——所得税（2006）》（财会〔2006〕3号）规定：

第一章 总则

第一条 为了规范企业所得税的确认、计量和相关信息的列报，根据《企业会计准则——基本准则》，制定本准则。

第二条 本准则所称所得税包括企业以应纳税所得额为基础的各种境内和境外

税额。

第三条　本准则不涉及政府补助的确认和计量，但因政府补助产生暂时性差异的所得税影响，应当按照本准则进行确认和计量。

第二章　计税基础

第四条　企业在取得资产、负债时，应当确定其计税基础。资产、负债的账面价值与其计税基础存在差异的，应当按照本准则规定确认所产生的递延所得税资产或递延所得税负债。

第五条　资产的计税基础，是指企业收回资产账面价值过程中，计算应纳税所得额时按照税法规定可以自应税经济利益中抵扣的金额。

第六条　负债的计税基础，是指负债的账面价值减去未来期间计算应纳税所得额时按照税法规定可予抵扣的金额。

第三章　暂时性差异

第七条　暂时性差异，是指资产或负债的账面价值与其计税基础之间的差额；未作为资产和负债确认的项目，按照税法规定可以确定其计税基础的，该计税基础与其账面价值之间的差额也属于暂时性差异。按照暂时性差异对未来期间应税金额的影响，分为应纳税暂时性差异和可抵扣暂时性差异。

第八条　应纳税暂时性差异，是指在确定未来收回资产或清偿负债期间的应纳税所得额时，将导致产生应税金额的暂时性差异。

第九条　可抵扣暂时性差异，是指在确定未来收回资产或清偿负债期间的应纳税所得额时，将导致产生可抵扣金额的暂时性差异。

第四章　确认

第十条　企业应当将当期和以前期间应交未交的所得税确认为负债，将已支付的所得税超过应支付的部分确认为资产。存在应纳税暂时性差异或可抵扣暂时性差异的，应当按照本准则规定确认递延所得税负债或递延所得税资产。

第十一条　除下列交易中产生的递延所得税负债以外，企业应当确认所有应纳税暂时性差异产生的递延所得税负债：

（一）商誉的初始确认。

（二）同时具有下列特征的交易中产生的资产或负债的初始确认：

1. 该项交易不是企业合并；

2. 交易发生时既不影响会计利润也不影响应纳税所得额（或可抵扣亏损）。

与子公司、联营企业及合营企业的投资相关的应纳税暂时性差异产生的递延所得税负债，应当按照本准则第十二条的规定确认。

第十二条　企业对与子公司、联营企业及合营企业投资相关的应纳税暂时性差异，应当确认相应的递延所得税负债。但是，同时满足下列条件的除外：

（一）投资企业能够控制暂时性差异转回的时间；

（二）该暂时性差异在可预见的未来很可能不会转回。

第十三条　企业应当以很可能取得用来抵扣可抵扣暂时性差异的应纳税所得额为限，确认由可抵扣暂时性差异产生的递延所得税资产。但是，同时具有下列特征的交易中因资产或负债的初始确认所产生的递延所得税资产不予确认：

（一）该项交易不是企业合并；

（二）交易发生时既不影响会计利润也不影响应纳税所得额（或可抵扣亏损）。

资产负债表日，有确凿证据表明未来期间很可能获得足够的应纳税所得额用来抵扣可抵扣暂时性差异的，应当确认以前期间未确认的递延所得税资产。

第十四条 企业对与子公司、联营企业及合营企业投资相关的可抵扣暂时性差异，同时满足下列条件的，应当确认相应的递延所得税资产：

（一）暂时性差异在可预见的未来很可能转回；

（二）未来很可能获得用来抵扣可抵扣暂时性差异的应纳税所得额。

第十五条 企业对于能够结转以后年度的可抵扣亏损和税款抵减，应当以很可能获得用来抵扣可抵扣亏损和税款抵减的未来应纳税所得额为限，确认相应的递延所得税资产。

第五章 计量

第十六条 资产负债表日，对于当期和以前期间形成的当期所得税负债（或资产），应当按照税法规定计算的预期应交纳（或返还）的所得税金额计量。

第十七条 资产负债表日，对于递延所得税资产和递延所得税负债，应当根据税法规定：按照预期收回该资产或清偿该负债期间的适用税率计量。适用税率发生变化的，应对已确认的递延所得税资产和递延所得税负债进行重新计量，除直接在所有者权益中确认的交易或者事项产生的递延所得税资产和递延所得税负债以外，应当将其影响数计入变化当期的所得税费用。

第十八条 递延所得税资产和递延所得税负债的计量，应当反映资产负债表日企业预期收回资产或清偿负债方式的所得税影响，即在计量递延所得税资产和递延所得税负债时，应当采用与收回资产或清偿债务的预期方式相一致的税率和计税基础。

第十九条 企业不应当对递延所得税资产和递延所得税负债进行折现。

第二十条 资产负债表日，企业应当对递延所得税资产的账面价值进行复核。如果未来期间很可能无法获得足够的应纳税所得额用以抵扣递延所得税资产的利益，应当减记递延所得税资产的账面价值。在很可能获得足够的应纳税所得额时，减记的金额应当转回。

第二十一条 企业当期所得税和递延所得税应当作为所得税费用或收益计入当期损益，但不包括下列情况产生的所得税：

（一）企业合并。

（二）直接在所有者权益中确认的交易或者事项。

第二十二条 与直接计入所有者权益的交易或者事项相关的当期所得税和递延所得税，应当计入所有者权益。

第六章 列报

第二十三条 递延所得税资产和递延所得税负债应当分别作为非流动资产和非流动负债在资产负债表中列示。

第二十四条 所得税费用应当在利润表中单独列示。

第二十五条　企业应当在附注中披露与所得税有关的下列信息：

（一）所得税费用（收益）的主要组成部分。

（二）所得税费用（收益）与会计利润关系的说明。

（三）未确认递延所得税资产的可抵扣暂时性差异、可抵扣亏损的金额（如果存在到期日，还应披露到期日）。

（四）对每一类暂时性差异和可抵扣亏损，在列报期间确认的递延所得税资产或递延所得税负债的金额，确认递延所得税资产的依据。

（五）未确认递延所得税负债的，与对子公司、联营企业及合营企业投资相关的暂时性差异金额。

★第三章　应纳税额

〔《中华人民共和国企业所得税法》〕

★第二十二条　企业的应纳税所得额乘以适用税率，减除依照本法关于税收优惠的规定减免和抵免的税额后的余额，为应纳税额。

〔《中华人民共和国企业所得税法实施条例》〕

☆第七十六条　企业所得税法第二十二条规定的应纳税额的计算公式为：

$$应纳税额＝应纳税所得额×适用税率－减免税额－抵免税额$$

公式中的减免税额和抵免税额，是指依照企业所得税法和国务院的税收优惠规定减征、免征和抵免的应纳税额。

〔《中华人民共和国企业所得税法》〕

★第二十三条　企业取得的下列所得已在境外缴纳的所得税税额，可以从其当期应纳税额中抵免，抵免限额为该项所得依照本法规定计算的应纳税额；超过抵免限额的部分，可以在以后五个年度内，用每年度抵免限额抵免当年应抵税额后的余额进行抵补：

（一）居民企业来源于中国境外的应税所得；

（二）非居民企业在中国境内设立机构、场所，取得发生在中国境外但与该机构、场所有实际联系的应税所得。

〔税收规范性文件〕

◆《国家税务总局关于〈中华人民共和国企业所得税年度纳税申报表〉的补充通知》（国税函〔2008〕1081号）规定：

附表六《境外所得税抵免计算明细表》填报说明境外所得应先按规定还原成含税所得，然后用于弥补以前年度境外亏损，再减去税法规定予以免税的境外所得，余额用于弥补境内亏损。

〔《中华人民共和国企业所得税法实施条例》〕

☆第七十七条　企业所得税法第二十三条所称已在境外缴纳的所得税税额，是指企业来源于中国境外的所得依照中国境外税收法律以及相关规定应当缴纳并已经实际缴纳的企业所得税性质的税款。

☆第七十八条　企业所得税法第二十三条所称抵免限额，是指企业来源于中国境外的所得，依照企业所得税法和本条例的规定计算的应纳税额。除国务院财政、税务主管部门另有规定外，该抵免限额应当分国（地区）不分项计算，计算公式如下：

$$抵免限额 = \dfrac{中国境内、境外所得依照企业所得税法和本条例的规定计算的应纳税总额}{\div 中国境内、境外应纳税所得总额} \times \dfrac{来源于某国（地区）的}{应纳税所得额}$$

☆第七十九条　企业所得税法第二十三条所称 5 个年度，是指从企业取得的来源于中国境外的所得，已经在中国境外缴纳的企业所得税性质的税额超过抵免限额的当年的次年起连续 5 个纳税年度。

〔《中华人民共和国企业所得税法》〕

★第二十四条　居民企业从其直接或者间接控制的外国企业分得的来源于中国境外的股息、红利等权益性投资收益，外国企业在境外实际缴纳的所得税税额中属于该项所得负担的部分，可以作为该居民企业的可抵免境外所得税税额，在本法第二十三条规定的抵免限额内抵免。

〔《中华人民共和国企业所得税法实施条例》〕

☆第八十条　企业所得税法第二十四条所称直接控制，是指居民企业直接持有外国企业 20％以上股份。

企业所得税法第二十四条所称间接控制，是指居民企业以间接持股方式持有外国企业 20％以上股份，具体认定办法由国务院财政、税务主管部门另行制定。

〔**税收规范性文件**〕

◆《财政部　国家税务总局关于企业境外所得税收抵免有关问题的通知》（财税〔2009〕125 号）规定：

二、企业应按照企业所得税法及其实施条例、税收协定以及本通知的规定：

准确计算下列当期与抵免境外所得税有关的项目后，确定当期实际可抵免分国（地区）别的境外所得税税额和抵免限额：

（一）境内所得的应纳税所得额（以下称境内应纳税所得额）和分国（地区）别的境外所得的应纳税所得额（以下称境外应纳税所得额）；

（二）分国（地区）别的可抵免境外所得税税额；

（三）分国（地区）别的境外所得税的抵免限额。

企业不能准确计算上述项目实际可抵免分国（地区）别的境外所得税税额的，在相应国家（地区）缴纳的税收均不得在该企业当期应纳税额中抵免，也不得结转以后年度抵免。

三、企业应就其按照实施条例第七条规定确定的中国境外所得（境外税前所得），按以下规定计算实施条例第七十八条规定的境外应纳税所得额：

（一）居民企业在境外投资设立不具有独立纳税地位的分支机构，其来源于境外的所得，以境外收入总额扣除与取得境外收入有关的各项合理支出后的余额为应纳税所得额。各项收入、支出按企业所得税法及实施条例的有关规定确定。

居民企业在境外设立不具有独立纳税地位的分支机构取得的各项境外所得，无论是否汇回中国境内，均应计入该企业所属纳税年度的境外应纳税所得额。

（二）居民企业应就其来源于境外的股息、红利等权益性投资收益，以及利息、租金、特许权使用费、转让财产等收入，扣除按照企业所得税法及实施条例等规定计算的与取得该项收入有关的各项合理支出后的余额为应纳税所得额。来源于境外的股息、红利等权益性投资收益，应按被投资方作出利润分配决定的日期确认收入实现；来源于境外的利息、租金、特许权使用费、转让财产等收入，应按有关合同约定应付交易对价款的日期确认收入实现。

（三）非居民企业在境内设立机构、场所的，应就其发生在境外但与境内所设机构、场所有实际联系的各项应税所得，比照上述第（二）项的规定计算相应的应纳税所得额。

（四）在计算境外应纳税所得额时，企业为取得境内、外所得而在境内、境外发生的共同支出，与取得境外应税所得有关的、合理的部分，应在境内、境外（分国（地区）别，下同）应税所得之间，按照合理比例进行分摊后扣除。

（五）在汇总计算境外应纳税所得额时，企业在境外同一国家（地区）设立不具有独立纳税地位的分支机构，按照企业所得税法及实施条例的有关规定计算的亏损，不得抵减其境内或他国（地区）的应纳税所得额，但可以用同一国家（地区）其他项目或以后年度的所得按规定弥补。

四、可抵免境外所得税税额，是指企业来源于中国境外的所得依照中国境外税收法律以及相关规定应当缴纳并已实际缴纳的企业所得税性质的税款。但不包括：

（一）按照境外所得税法律及相关规定属于错缴或错征的境外所得税税款；

（二）按照税收协定规定不应征收的境外所得税税款；

（三）因少缴或迟缴境外所得税而追加的利息、滞纳金或罚款；

（四）境外所得税纳税人或者其利害关系人从境外征税主体得到实际返还或补偿的境外所得税税款；

（五）按照我国企业所得税法及其实施条例规定：已经免征我国企业所得税的境外所得负担的境外所得税税款；

（六）按照国务院财政、税务主管部门有关规定已经从企业境外应纳税所得额中扣除的境外所得税税款。

五、居民企业在按照企业所得税法第二十四条规定用境外所得间接负担的税额进行税收抵免时，其取得的境外投资收益实际间接负担的税额，是指根据直接或者间接持股方式合计持股 20% 以上（含 20%，下同）的规定层级的外国企业股份，由此应分得的股息、红利等权益性投资收益中，从最低一层外国企业起逐层计算的属于由上一层企业负担的税额，其计算公式如下：

$$\begin{matrix}\text{本层企业所纳税额属于由一家}\\ \text{上一层企业负担的税额}\end{matrix} = \left(\begin{matrix}\text{本层企业就利润和投资}\\ \text{收益所实际缴纳的税额}\end{matrix} + \begin{matrix}\text{符合本通知规定的由本}\\ \text{层企业间接负担的税额}\end{matrix} \right)$$

$$\times \frac{\text{本层企业向一家上一层企业分配的股息（红利）}}{\text{本层企业所得税后利润额}}$$

六、除国务院财政、税务主管部门另有规定外，按照实施条例第八十条规定由居民企业直接或者间接持有 20% 以上股份的外国企业，限于符合以下持股方式的三层外国企业：

第一层：单一居民企业直接持有 20% 以上股份的外国企业；

第二层：单一第一层外国企业直接持有 20% 以上股份，且由单一居民企业直接持有或通过一个或多个符合本条规定持股条件的外国企业间接持有总和达到 20% 以上股份的外国企业；

第三层：单一第二层外国企业直接持有 20% 以上股份，且由单一居民企业直接持有或通过一个或多个符合本条规定持股条件的外国企业间接持有总和达到 20% 以上股份的外国企业。

七、居民企业从与我国政府订立税收协定（或安排）的国家（地区）取得的所得，按照该国（地区）税收法律享受了免税或减税待遇，且该免税或减税的数额按照税收协定规定应视同已缴税额在中国的应纳税额中抵免的，该免税或减税数额可作为企业实际缴纳的境外所得税额用于办理税收抵免。

八、企业应按照企业所得税法及其实施条例和本通知的有关规定分国（地区）别计算境外税额的抵免限额。某国（地区）所得税抵免限额＝中国境内、境外所得依照企业所得税法及实施条例的规定计算的应纳税总额×来源于某国（地区）的应纳税所得额÷中国境内、境外应纳税所得总额。

据以计算上述公式中"中国境内、境外所得依照企业所得税法及实施条例的规定计算的应纳税总额"的税率，除国务院财政、税务主管部门另有规定外，应为企业所得税法第四条第一款规定的税率。

企业按照企业所得税法及其实施条例和本通知的有关规定计算的当期境内、境外应纳税所得总额小于零的，应以零计算当期境内、境外应纳税所得总额，其当期境外所得税的抵免限额也为零。

九、在计算实际应抵免的境外已缴纳和间接负担的所得税税额时，企业在境外一国（地区）当年缴纳和间接负担的符合规定的所得税税额低于所计算的该国（地区）抵免限额的，应以该项税额作为境外所得税抵免额从企业应纳税总额中据实抵免；超过抵免限额的，当年应以抵免限额作为境外所得税抵免额进行抵免，超过抵免限额的余额允许从次年起在连续五个纳税年度内，用每年度抵免限额抵免当年应抵税额后的余额进行抵补。

十、属于下列情形的，经企业申请，主管税务机关核准，可以采取简易办法对境外所得已纳税额计算抵免：

（一）企业从境外取得营业利润所得以及符合境外税额间接抵免条件的股息所得，虽有所得来源国（地区）政府机关核发的具有纳税性质的凭证或证明，但因客观原因无法真实、准确地确认应当缴纳并已经实际缴纳的境外所得税税额的，除就该所得直接缴纳及间接负担的税额在所得来源国（地区）的实际有效税率低于我国企业所得税法第四条第一款规定税率50％以上的外，可按境外应纳税所得额的12.5％作为抵免限额，企业按该国（地区）税务机关或政府机关核发具有纳税性质凭证或证明的金额，其不超过抵免限额的部分，准予抵免；超过的部分不得抵免。属于本款规定以外的股息、利息、租金、特许权使用费、转让财产等投资性所得，均应按本通知的其他规定计算境外税额抵免。

（二）企业从境外取得营业利润所得以及符合境外税额间接抵免条件的股息所得，凡就该所得缴纳及间接负担的税额在所得来源国（地区）的法定税率且其实际有效税率明显高于我国的，可直接以按本通知规定计算的境外应纳税所得额和我国企业所得税法规定的税率计算的抵免限额作为可抵免的已在境外实际缴纳的企业所得税税额。具体国家（地区）名单见附件。财政部、国家税务总局可根据实际情况适时对名单进行调整。属于本款规定以外的股息、利息、租金、特许权使用费、转让财产等投资性所得，均应按本通知的其他规定计算境外税额抵免。

十一、企业在境外投资设立不具有独立纳税地位的分支机构，其计算生产、经营所得的纳税年度与我国规定的纳税年度不一致的，与我国纳税年度当年度相对应的境外纳税年度，应为在我国有关纳税年度中任何一日结束的境外纳税年度。企业取得上款以外的境外所得实际缴纳或间接负担的境外所得税，应在该项境外所得实现日所在的我国对应纳税年度的应纳税额中计算抵免。

十二、企业抵免境外所得税额后实际应纳所得税额的计算公式为：

$$\text{企业实际应纳所得税额} = \text{企业境内外所得应纳税总额} - \text{企业所得税减免、抵免优惠税额} - \text{境外所得税抵免额}$$

十三、本通知所称不具有独立纳税地位，是指根据企业设立地法律不具有独立法人地位或者按照税收协定规定不认定为对方国家（地区）的税收居民。

◆《关于发布〈企业境外所得税收抵免操作指南〉的公告》（国家税务总局公告2010年第1号）规定：

2008、2009年度尚未进行境外税收抵免处理的，可按本公告计算抵免。

◆《财政部 国家税务总局关于高新技术企业境外所得适用税率及税收抵免问题的通知》（财税〔2011〕47号）规定：

根据《中华人民共和国企业所得税法》及其实施条例，以及《财政部国家税务总局关于企业境外所得税收抵免有关问题的通知》（财税〔2009〕125号）的有关规定：现就高新技术企业境外所得适用税率及税收抵免有关问题补充明确如下：

一、以境内、境外全部生产经营活动有关的研究开发费用总额、总收入、销售收入总额、高新技术产品（服务）收入等指标申请并经认定的高新技术企业，其来源于境外的所得可以享受高新技术企业所得税优惠政策，即对其来源于境外所得可以按照15％的优惠税率缴纳企业所得税，在计算境外抵免限额时，可按照15％的优惠税率计算境内外应纳税总额。

二、上述高新技术企业境外所得税收抵免的其他事项，仍按照财税〔2009〕125号文件的有关规定执行。

三、本通知所称高新技术企业，是指依照《中华人民共和国企业所得税法》及其实施条例规定：经认定机构按照《高新技术企业认定管理办法》（国科发火〔2008〕172号）和《高新技术企业认定管理工作指引》（国科发火〔2008〕362号）认定取得高新技术企业证书并正在享受企业所得税15％税率优惠的企业。

四、本通知自2010年1月1日起执行。

〔《中华人民共和国企业所得税法实施条例》〕

☆第八十一条　企业依照企业所得税法第二十三条、第二十四条的规定抵免企业所得税税额时，应当提供中国境外税务机关出具的税款所属年度的有关纳税凭证。

★第四章　税收优惠

〔《中华人民共和国企业所得税法》〕

★第二十五条　国家对重点扶持和鼓励发展的产业和项目，给予企业所得税优惠。

1. 免税收入

〔《中华人民共和国企业所得税法》〕

★第二十六条　企业的下列收入为免税收入：

（一）国债利息收入；

（二）符合条件的居民企业之间的股息、红利等权益性投资收益；

（三）在中国境内设立机构、场所的非居民企业从居民企业取得与该机构、场所有实际联系的股息、红利等权益性投资收益；

（四）符合条件的非营利组织的收入。

〔《中华人民共和国企业所得税法实施条例》〕

☆第八十二条　企业所得税法第二十六条第（一）项所称国债利息收入，是指企业持有国务院财政部门发行的国债取得的利息收入。

〔税收规范性文件〕

◆《财政部　国家税务总局关于地方政府债券利息所得免征所得税问题的通知》（财税〔2011〕76号）规定：

经国务院批准，现就地方政府债券利息所得有关所得税政策通知如下：

一、对企业和个人取得的 2009 年、2010 年和 2011 年发行的地方政府债券利息所得，免征企业所得税和个人所得税。

二、地方政府债券是指经国务院批准，以省、自治区、直辖市和计划单列市政府为发行和偿还主体的债券。

◆《财政部 国家税务总局关于铁路建设债券利息收入企业所得税政策的通知》（财税〔2011〕99 号）规定：

经国务院批准，现就企业取得中国铁路建设债券利息收入有关企业所得税政策通知如下：

一、对企业持有 2011—2013 年发行的中国铁路建设债券取得的利息收入，减半征收企业所得税

二、中国铁路建设债券是指经国家发展改革委核准，以铁道部为发行偿还主体的债券。

〔《中华人民共和国企业所得税法实施条例》〕

☆第八十三条　企业所得税法第二十六条第（二）项所称符合条件的居民企业之间的股息、红利等权益性投资收益，是指居民企业直接投资于其他居民企业取得的投资收益。

企业所得税法第二十六条第（二）项和第（三）项所称股息、红利等权益性投资收益，不包括连续持有居民企业公开发行并上市流通的股票不足 12 个月取得的投资收益。

〔税收规范性文件〕

◆《国家税务总局关于印发〈新企业所得税法精神宣传提纲〉的通知》（国税函〔2008〕159 号）规定：

居民企业之间的股息红利收入原税法规定：内资企业之间的股息红利收入，低税率企业分配给高税率企业要补税率差。鉴于股息红利是税后利润分配形成的，对居民企业之间的股息红利收入免征企业所得税，是国际上消除法律性双重征税的通行做法，新企业所得税法也采取了这一做法。为更好体现税收优惠意图，保证企业投资充分享受到西部大开发、高新技术企业、小型微利企业等实行低税率的好处，实施条例明确不再要求补税率差。

鉴于以股票方式取得且连续持有时间较短（短于 12 个月）的投资，并不以股息、红利收入为主要目的，主要是从二级市场获得股票转让收益，而且买卖和变动频繁，税收管理难度大，因此，实施条例将持有上市公司股票的时间短于 12 个月的股息红利收入排除在免税范围之外。对来自所有非上市企业，以及持有股份 12 个月以上取得的股息红利收入，适用免税政策。

◆《国家税务总局关于执行企业所得税优惠政策若干问题的通知》（财税〔2009〕69 号）规定：

四、2008 年 1 月 1 日以后，居民企业之间分配属于 2007 年度及以前年度的累积未

分配利润而形成的股息、红利等权益性投资收益，均应按照企业所得税法第二十六条及实施条例第十七条、第八十三条的规定处理。

〔《中华人民共和国企业所得税法实施条例》〕

第八十四条　企业所得税法第二十六条第（四）项所称符合条件的非营利组织，是指同时符合下列条件的组织：

（一）依法履行非营利组织登记手续；

（二）从事公益性或者非营利性活动；

（三）取得的收入除用于与该组织有关的、合理的支出外，全部用于登记核定或者章程规定的公益性或者非营利性事业；

（四）财产及其孳息不用于分配；

（五）按照登记核定或者章程规定：该组织注销后的剩余财产用于公益性或者非营利性目的，或者由登记管理机关转赠给与该组织性质、宗旨相同的组织，并向社会公告；

（六）投入人对投入该组织的财产不保留或者享有任何财产权利；

（七）工作人员工资福利开支控制在规定的比例内，不变相分配该组织的财产。

前款规定的非营利组织的认定管理办法由国务院财政、税务主管部门会同国务院有关部门制定。

☆第五八十条　企业所得税法第二十六条第（四）项所称符合条件的非营利组织的收入，不包括非营利组织从事营利性活动取得的收入，但国务院财政、税务主管部门另有规定的除外。

〔税收规范性文件〕

◆《财政部 国家税务总局关于非营利组织企业所得税免税收入问题的通知》（财税〔2009〕122 号）规定：

非营利组织的下列收入为免税收入：

（一）接受其他单位或者个人捐赠的收入；

（二）除《中华人民共和国企业所得税法》第七条规定的财政拨款以外的其他政府补助收入，但不包括因政府购买服务取得的收入；

（三）按照省级以上民政、财政部门规定收取的会费；

（四）不征税收入和免税收入孳生的银行存款利息收入；

（五）财政部、国家税务总局规定的其他收入。

◆《关于非营利组织免税资格认定管理有关问题的通知》（财税〔2009〕123 号）规定：

一、依据本通知认定的符合条件的非营利组织，必须同时满足以下条件：

（一）依照国家有关法律法规设立或登记的事业单位、社会团体、基金会、民办非企业单位、宗教活动场所以及财政部、国家税务总局认定的其他组织；

（二）从事公益性或者非营利性活动，且活动范围主要在中国境内；

（三）取得的收入除用于与该组织有关的、合理的支出外，全部用于登记核定或者章程规定的公益性或者非营利性事业；

（四）财产及其孳息不用于分配，但不包括合理的工资薪金支出；

（五）按照登记核定或者章程规定：该组织注销后的剩余财产用于公益性或者非营利性目的，或者由登记管理机关转赠给与该组织性质、宗旨相同的组织，并向社会公告；

（六）投入人对投入该组织的财产不保留或者享有任何财产权利，本款所称投入人是指除各级人民政府及其部门外的法人、自然人和其他组织；

（七）工作人员工资福利开支控制在规定的比例内，不变相分配该组织的财产，其中：工作人员平均工资薪金水平不得超过上年度税务登记所在地人均工资水平的两倍，工作人员福利按照国家有关规定执行；

（八）除当年新设立或登记的事业单位、社会团体、基金会及民办非企业单位外，事业单位、社会团体、基金会及民办非企业单位申请前年度的检查结论为"合格"；

（九）对取得的应纳税收入及其有关的成本、费用、损失应与免税收入及其有关的成本、费用、损失分别核算。

四、非营利组织免税优惠资格的有效期为五年。非营利组织应在期满前三个月内提出复审申请，不提出复审申请或复审不合格的，其享受免税优惠的资格到期自动失效。非营利组织免税资格复审，按照初次申请免税优惠资格的规定办理。

◆《财政部 国家税务总局关于期货投资者保障基金有关税收问题的通知》（财税〔2009〕68号）规定：

一、对中国期货保证金监控中心有限责任公司（以下简称期货保障基金公司）根据《期货投资者保障基金管理暂行办法》（证监会令第38号，以下简称《暂行办法》）取得的下列收入，不计入其应征企业所得税收入：

1. 期货交易所按风险准备金账户总额的15％和交易手续费的3％上缴的期货保障基金收入；

2. 期货公司按代理交易额的千万分之五至十上缴的期货保障基金收入；

3. 依法向有关责任方追偿所得；

4. 期货公司破产清算所得；

5. 捐赠所得。

二、对期货保障基金公司取得的银行存款利息收入、购买国债、中央银行和中央级金融机构发行债券的利息收入，以及证监会和财政部批准的其他资金运用取得的收入，暂免征收企业所得税。

2. 减免税项目

〔《中华人民共和国企业所得税法》〕

★第二十七条　企业的下列所得，可以免征、减征企业所得税：

（一）从事农、林、牧、渔业项目的所得；

（二）从事国家重点扶持的公共基础设施项目投资经营的所得；

（三）从事符合条件的环境保护、节能节水项目的所得；

（四）符合条件的技术转让所得；

（五）本法第三条第三款规定的所得。

〔《中华人民共和国企业所得税法实施条例》〕

☆第八十六条 企业所得税法第二十七条第（一）项规定的企业从事农、林、牧、渔业项目的所得，可以免征、减征企业所得税，是指：

（一）企业从事下列项目的所得，免征企业所得税：

1. 蔬菜、谷物、薯类、油料、豆类、棉花、麻类、糖料、水果、坚果的种植；

2. 农作物新品种的选育；

3. 中药材的种植；

4. 林木的培育和种植；

5. 牲畜、家禽的饲养；

6. 林产品的采集；

7. 灌溉、农产品初加工、兽医、农技推广、农机作业和维修等农、林、牧、渔服务业项目；

8. 远洋捕捞。

（二）企业从事下列项目的所得，减半征收企业所得税：

1. 花卉、茶以及其他饮料作物和香料作物的种植；

2. 海水养殖、内陆养殖。

企业从事国家限制和禁止发展的项目，不得享受本条规定的企业所得税优惠。

〔税收规范性文件〕

◆《国家税务总局关于印发〈新企业所得税法精神宣传提纲〉的通知》（国税函〔2008〕159号）规定：

农林牧渔项目减税或免税规定对农林牧渔项目实行不同的税收优惠政策，可以更好的体现国家政策的引导作用，突出优惠政策的导向性。粮食、蔬菜、肉类、水果等农产品，关系到国计民生，是维持人们基本生存条件的生活必需品，应当列为税收优惠政策重点鼓励的对象。同时为生产此类产品的服务业也应同样扶持，因此，实施条例中将此类归为免税项目。花卉、饮料和香料作物，以及海水养殖、内陆养殖，一般盈利水平较高，也不是人们基本生活必需品，在优惠力度上应与基本生活需要的农产品等免税有所区别，因此，实行减半征收。

◆《国家税务总局关于贯彻落实从事农、林、牧、渔业项目企业所得税优惠政策有关事项的通知》（国税函〔2008〕850号）规定：

各级国税局、地税局要密切配合，确保从事农、林、牧、渔业项目的企业所得税优惠政策执行口径一致。

◆《财政部 国家税务总局发布享受企业所得税优惠政策的农产品初加工范围（试行）的通知》（财税〔2008〕149号）规定：

农产品的初加工是指对农产品一次性的不涉及农产品内在成分改变的加工。

《享受企业所得税优惠政策的农产品初加工范围（试行）》共分为种植业类、畜牧业类和渔业类三大门类，包括粮食初加工、林木产品初加工、园艺植物初加工、油料植物初加工、糖料植物初加工、茶叶初加工、药用植物初加工、纤维植物初加工、热带及南亚热带作物初加工；畜禽类初加工、饲料类初加工、牧草类初加工；水生动物初加工、水生植物初加工等诸多农产品初加工种类。）

◆《财政部 国家税务总局关于享受企业所得税优惠的农产品初加工有关范围的补充通知》（财税〔2011〕26号）规定：

为进一步规范农产品初加工企业所得税优惠政策，现就《财政部国家税务总局关于发布享受企业所得税优惠政策的农产品初加工范围（试行）的通知》（财税〔2008〕149号，以下简称《范围》）涉及的有关事项细化如下（以下序数对应《范围》中的序数）：

一、种植业类

（一）粮食初加工。

1. 小麦初加工。

《范围》规定的小麦初加工产品还包括麸皮、麦糠、麦仁。

2. 稻米初加工。

《范围》规定的稻米初加工产品还包括稻糠（砻糠、米糠和统糠）。

4. 薯类初加工。

《范围》规定的薯类初加工产品还包括变性淀粉以外的薯类淀粉。

＊薯类淀粉生产企业需达到国家环保标准，且年产量在一万吨以上。

6. 其他类粮食初加工。

《范围》规定的杂粮还包括大麦、糯米、青稞、芝麻、核桃；相应的初加工产品还包括大麦芽、糯米粉、青稞粉、芝麻粉、核桃粉。

（三）园艺植物初加工。

2. 水果初加工。

《范围》规定的新鲜水果包括番茄。

（四）油料植物初加工。

《范围》规定的粮食副产品还包括玉米胚芽、小麦胚芽。

（五）糖料植物初加工。

《范围》规定的甜菊又名甜叶菊。

（八）纤维植物初加工。

2. 麻类初加工。

《范围》规定的麻类作物还包括芦苇。

3. 蚕茧初加工。

《范围》规定的蚕包括蚕茧，生丝包括厂丝。

二、畜牧业类

（一）畜禽类初加工。

1. 肉类初加工。

《范围》规定的肉类初加工产品还包括火腿等风干肉、猪牛羊杂骨。

三、本通知自 2010 年 1 月 1 日起执行。

◆《国家税务总局关于黑龙江垦区国有农场土地承包费缴纳企业所得税问题的批复》（国税函〔2009〕779 号）规定：

黑龙江垦区国有农场实行以家庭承包经营为基础、统分结合的双层经营体制。国有农场作为法人单位，将所拥有的土地发包给农场职工经营，农场职工以家庭为单位成为家庭承包户，属于农场内部非法人组织。农场对家庭承包户实施农业生产经营和企业行政的统一管理，统一为农场职工上交养老、医疗、失业、工伤、生育五项社会保险和农业保险费；家庭承包户按内部合同规定承包，就其农、林、牧、渔业生产取得的收入，以土地承包费名义向农场上缴。上述承包形式属于农场内部承包经营的形式，黑龙江垦区国有农场从家庭农场承包户以"土地承包费"形式取得的从事农、林、牧、渔业生产的收入，属于农场"从事农、林、牧、渔业项目"的所得，可以适用《中华人民共和国企业所得税法》第二十七条及《中华人民共和国企业所得税法实施细则》第八十六条规定的企业所得税优惠政策。

◆《国家税务总局关于"公司＋农户"经营模式企业所得税优惠问题的通知》（国家税务总局公告 2010 年第 2 号）规定：

目前，一些企业采取"公司＋农户"经营模式从事牲畜、家禽的饲养，即公司与农户签订委托养殖合同，向农户提供畜禽苗、饲料、兽药及疫苗等（所有权〈产权〉仍属于公司），农户将畜禽养大成为成品后交付公司回收。鉴于采取"公司＋农户"经营模式的企业，虽不直接从事畜禽的养殖，但系委托农户饲养，并承担诸如市场、管理、采购、销售等经营职责及绝大部分经营管理风险，公司和农户是劳务外包关系。为此，对此类以"公司＋农户"经营模式从事农、林、牧、渔业项目生产的企业，可以按照《中华人民共和国企业所得税法实施条例》第八十六条的有关规定：享受减免企业所得税优惠政策。

本公告自 2010 年 1 月 1 日起施行。

◆《财政部 国家税务总局关于个人独资企业和合伙企业投资者取得种植业养殖业饲养业捕捞业所得有关个人所得税问题的批复》（财税〔2010〕96 号）规定：

对个人独资企业和合伙企业从事种植业、养殖业、饲养业和捕捞业（以下简称"四业"），其投资者取得的"四业"所得暂不征收个人所得税。

◆《国家税务总局关于实施农林牧渔业项目企业所得税优惠问题的公告》（国家税务总局公告 2011 年第 48 号）规定：

根据《中华人民共和国企业所得税法》（以下简称企业所得税法）及《中华人民共和国企业所得税法实施条例》（以下简称实施条例）的规定：现对企业（含企业性质的农民专业合作社，下同）从事农、林、牧、渔业项目的所得，实施企业所得税优惠政策和征收管理中的有关事项公告如下：

一、企业从事实施条例第八十六条规定的享受税收优惠的农、林、牧、渔业项目，除另有规定外，参照《国民经济行业分类》（GB/T4754—2002）的规定标准执行。

企业从事农、林、牧、渔业项目，凡属于《产业结构调整指导目录（2011 年版）》（国家发展和改革委员会令第 9 号）中限制和淘汰类的项目，不得享受实施条例第八十六条规定的优惠政策。

二、企业从事农作物新品种选育的免税所得，是指企业对农作物进行品种和育种材料选育形成的成果，以及由这些成果形成的种子（苗）等繁殖材料的生产、初加工、销售一体化取得的所得。

三、企业从事林木的培育和种植的免税所得，是指企业对树木、竹子的育种和育苗、抚育和管理以及规模造林活动取得的所得，包括企业通过拍卖或收购方式取得林木所有权并经过一定的生长周期，对林木进行再培育取得的所得。

四、企业从事下列项目所得的税务处理

（一）猪、兔的饲养，按"牲畜、家禽的饲养"项目处理；

（二）饲养牲畜、家禽产生的分泌物、排泄物，按"牲畜、家禽的饲养"项目处理；

（三）观赏性作物的种植，按"花卉、茶及其他饮料作物和香料作物的种植"项目处理；

（四）"牲畜、家禽的饲养"以外的生物养殖项目，按"海水养殖、内陆养殖"项目处理。

五、农产品初加工相关事项的税务处理

（一）企业根据委托合同，受托对符合《财政部国家税务总局关于发布享受企业所得税优惠政策的农产品初加工范围（试行）的通知》（财税〔2008〕149号）和《财政部国家税务总局关于享受企业所得税优惠的农产品初加工有关范围的补充通知》（财税〔2011〕26号）规定的农产品进行初加工服务，其所收取的加工费，可以按照农产品初加工的免税项目处理。

（二）财税〔2008〕149号文件规定的"油料植物初加工"工序包括"冷却、过滤"等；"糖料植物初加工"工序包括"过滤、吸附、解析、碳脱、浓缩、干燥"等，其适用时间按照财税〔2011〕26号文件规定执行。

（三）企业从事实施条例第八十六条第（二）项适用企业所得税减半优惠的种植、养殖项目，并直接进行初加工且符合农产品初加工目录范围的，企业应合理划分不同项目的各项成本、费用支出，分别核算种植、养殖项目和初加工项目的所得，并各按适用的政策享受税收优惠。

（四）企业对外购茶叶进行筛选、分装、包装后进行销售的所得，不享受农产品初加工的优惠政策。

六、对取得农业部颁发的"远洋渔业企业资格证书"并在有效期内的远洋渔业企业，从事远洋捕捞业务取得的所得免征企业所得税。

七、购入农产品进行再种植、养殖的税务处理企业将购入的农、林、牧、渔产品，在自有或租用的场地进行育肥、育秧等再种植、养殖，经过一定的生长周期，使其生物形态发生变化，且并非由于本环节对农产品进行加工而明显增加了产品的使用价值的，可视为农产品的种植、养殖项目享受相应的税收优惠。主管税务机关对企业进行农产品的再种植、养殖是否符合上述条件难以确定的，可要求企业提供县级以上农、林、牧、渔业政府主管部门的确认意见。

八、企业同时从事适用不同企业所得税政策规定项目的，应分别核算，单独计算优惠项目的计税依据及优惠数额；分别核算不清的，可由主管税务机关按照比例分摊法或其他合理方法进行核定。

九、企业委托其他企业或个人从事实施条例第八十六条规定农、林、牧、渔业项目取得的所得，可享受相应的税收优惠政策。企业受托从事实施条例第八十六条规定农、林、牧、渔业项目取得的收入，比照委托方享受相应的税收优惠政策。

十、企业购买农产品后直接进行销售的贸易活动产生的所得，不能享受农、林、牧、渔业项目的税收优惠政策。

十一、除本公告第五条第二项的特别规定外，公告自 2011 年 1 月 1 日起执行。

〔《中华人民共和国企业所得税法实施条例》〕
☆第八十七条　企业所得税法第二十七条第（二）项所称国家重点扶持的公共基础设施项目，是指《公共基础设施项目企业所得税优惠目录》规定的港口码头、机场、铁路、公路、城市公共交通、电力、水利等项目。

〔税收规范性文件〕
◆《财政部 国家税务总局国家发展改革委关于公布公共基础设施项目企业所得税优惠目录（2008 年版）的通知》（财税〔2008〕116 号）（目录包括了港口码头、机场、铁路、公路、城市公共交通、电力、水利等 7 大类共 18 个项目的范围、条件和技术标准。）

〔《中华人民共和国企业所得税法实施条例》〕第八十七条：
企业从事前款规定的国家重点扶持的公共基础设施项目的投资经营的所得，自项目取得第一笔生产经营收入所属纳税年度起，第一年至第三年免征企业所得税，第四年至第六年减半征收企业所得税。企业承包经营、承包建设和内部自建自用本条规定的项目，不得享受本条规定的企业所得税优惠。

〔税收规范性文件〕
◆《财政部 国家税务总局关于执行公共基础设施项目企业所得税优惠目录有关问题的通知》（财税〔2008〕46 号）规定：

一、企业从事《目录》内符合相关条件和技术标准及国家投资管理相关规定、于 2008 年 1 月 1 日后经批准的公共基础设施项目，其投资经营的所得，自该项目取得第一笔生产经营收入所属纳税年度起，第一年至第三年免征企业所得税，第四年至第六年减半征收企业所得税。

第一笔生产经营收入，是指公共基础设施项目已建成并投入运营后所取得的第一笔收入。

二、企业同时从事不在《目录》范围内的项目取得的所得，应与享受优惠的公共基础设施项目所得分开核算，并合理分摊期间费用，没有分开核算的，不得享受上述企业所得税优惠政策。

三、企业承包经营、承包建设和内部自建自用公共基础设施项目，不得享受上述企业所得税优惠。

四、根据经济社会发展需要及企业所得税优惠政策实施情况，国务院财政、税务主管部门会同国家发展改革委等有关部门适时对《目录》内的项目进行调整和修订，并在报国务院批准后对《目录》进行更新。

◆《国家税务总局关于实施国家重点扶持的公共基础设施项目企业所得税优惠问题的通知》（国税发〔2009〕80号）规定：

一、对居民企业（以下简称企业）经有关部门批准，从事符合《公共基础设施项目企业所得税优惠目录》（以下简称《目录》）规定范围、条件和标准的公共基础设施项目的投资经营所得，自该项目取得第一笔生产经营收入所属纳税年度起，第一年至第三年免征企业所得税，第四年至第六年减半征收企业所得税。企业从事承包经营、承包建设和内部自建自用《目录》规定项目的所得，不得享受前款规定的企业所得税优惠。

二、本通知所称第一笔生产经营收入，是指公共基础设施项目建成并投入运营（包括试运营）后所取得的第一笔主营业务收入。

三、本通知所称承包经营，是指与从事该项目经营的法人主体相独立的另一法人经营主体，通过承包该项目的经营管理而取得劳务性收益的经营活动。

四、本通知所称承包建设，是指与从事该项目经营的法人主体相独立的另一法人经营主体，通过承包该项目的工程建设而取得建筑劳务收益的经营活动。

五、本通知所称内部自建自用，是指项目的建设仅作为本企业主体经营业务的设施，满足本企业自身的生产经营活动需要，而不属于向他人提供公共服务业务的公共基础设施建设项目。

六、企业同时从事不在《目录》范围的生产经营项目取得的所得，应与享受优惠的公共基础设施项目经营所得分开核算，并合理分摊企业的期间共同费用；没有单独核算的，不得享受上述企业所得税优惠。期间共同费用的合理分摊比例可以按照投资额、销售收入、资产额、人员工资等参数确定。上述比例一经确定，不得随意变更。凡特殊情况需要改变的，需报主管税务机关核准。

七、从事《目录》范围项目投资的居民企业应于从该项目取得的第一笔生产经营收入后15日内向主管税务机关备案并报送如下材料后，方可享受有关企业所得税优惠：

（一）有关部门批准该项目文件复印件；

（二）该项目完工验收报告复印件；

（三）该项目投资额验资报告复印件；

（四）税务机关要求提供的其他资料。

八、企业因生产经营发生变化或因《目录》调整，不再符合本办法规定减免税条件的，企业应当自发生变化15日内向主管税务机关提交书面报告并停止享受优惠，依法缴纳企业所得税。

九、企业在减免税期限内转让所享受减免税优惠的项目，受让方承续经营该项目的，可自受让之日起，在剩余优惠期限内享受规定的减免税优惠；减免税期限届满后转让的，受让方不得就该项目重复享受减免税优惠。

◆《财政部 国家税务总局关于公共基础设施项目和环境保护、节能节水项目企业所得税优惠政策问题的通知》(财税〔2012〕10 号)规定：

一、企业从事符合《公共基础设施项目企业所得税优惠目录》规定、于 2007 年 12 月 31 日前已经批准的公共基础设施项目投资经营的所得，以及从事符合《环境保护、节能节水项目企业所得税优惠目录》规定、于 2007 年 12 月 31 日前已经批准的环境保护、节能节水项目的所得，可在该项目取得第一笔生产经营收入所属纳税年度起，按新税法规定计算的企业所得税"三免三减半"优惠期间内，自 2008 年 1 月 1 日起享受其剩余年限的减免企业所得税优惠。

二、如企业既符合享受上述税收优惠政策的条件，又符合享受《国务院关于实施企业所得税过渡优惠政策的通知》(国发〔2007〕39 号)第一条规定的企业所得税过渡优惠政策的条件，由企业选择最优惠的政策执行，不得叠加享受。

〔《中华人民共和国企业所得税法实施条例》〕

☆第八十八条 企业所得税法第二十七条第（三）项所称符合条件的环境保护、节能节水项目，包括公共污水处理、公共垃圾处理、沼气综合开发利用、节能减排技术改造、海水淡化等。项目的具体条件和范围由国务院财政、税务主管部门商国务院有关部门制订，报国务院批准后公布施行。

企业从事前款规定的符合条件的环境保护、节能节水项目的所得，自项目取得第一笔生产经营收入所属纳税年度起，第一年至第三年免征企业所得税，第四年至第六年减半征收企业所得税。

〔税收规范性文件〕

◆《财政部 国家税务总局关于公布环境保护节能节水项目企业所得税优惠目录（试行）的通知》(财税〔2009〕166 号)公布了相关目录。

〔《中华人民共和国企业所得税法实施条例》〕

☆第八十九条 依照本条例第八十七条和第八十八条规定享受减免税优惠的项目，在减免税期限内转让的，受让方自受让之日起，可以在剩余期限内享受规定的减免税优惠；减免税期限届满后转让的，受让方不得就该项目重复享受减免税优惠。

☆第九十条 企业所得税法第二十七条第（四）项所称符合条件的技术转让所得免征、减征企业所得税，是指一个纳税年度内，居民企业技术转让所得不超过 500 万元的部分，免征企业所得税；超过 500 万元的部分，减半征收企业所得税。

〔税收规范性文件〕

◆《国家税务总局关于技术转让所得减免企业所得税有关问题的通知》(国税函〔2009〕212 号)规定：

一、根据企业所得税法第二十七条第（四）项规定：享受减免企业所得税优惠的技术转让应符合以下条件：

（一）享受优惠的技术转让主体是企业所得税法规定的居民企业；

（二）技术转让属于财政部、国家税务总局规定的范围；

（三）境内技术转让经省级以上科技部门认定；

（四）向境外转让技术经省级以上商务部门认定；

（五）国务院税务主管部门规定的其他条件。

二、符合条件的技术转让所得应按以下方法计算：

技术转让所得＝技术转让收入－技术转让成本－相关税费技术转让收入是指当事人履行技术转让合同后获得的价款，不包括销售或转让设备、仪器、零部件、原材料等非技术性收入。不属于与技术转让项目密不可分的技术咨询、技术服务、技术培训等收入，不得计入技术转让收入。

技术转让成本是指转让的无形资产的净值，即该无形资产的计税基础减除在资产使用期间按照规定计算的摊销扣除额后的余额。相关税费是指技术转让过程中实际发生的有关税费，包括除企业所得税和允许抵扣的增值税以外的各项税金及其附加、合同签订费用、律师费等相关费用及其他支出。

三、享受技术转让所得减免企业所得税优惠的企业，应单独计算技术转让所得，并合理分摊企业的期间费用；没有单独计算的，不得享受技术转让所得企业所得税优惠。

◆《财政部 国家税务总局关于居民企业技术转让有关企业所得税政策问题的通知》（财税〔2010〕111号）规定：

一、技术转让的范围，包括居民企业转让专利技术、计算机软件著作权、集成电路布图设计权、植物新品种、生物医药新品种，以及财政部和国家税务总局确定的其他技术。其中：专利技术，是指法律授予独占权的发明、实用新型和非简单改变产品图案的外观设计。

二、本通知所称技术转让，是指居民企业转让其拥有符合本通知第一条规定技术的所有权或5年以上（含5年）全球独占许可使用权的行为。

三、技术转让应签订技术转让合同。其中，境内的技术转让须经省级以上（含省级）科技部门认定登记，跨境的技术转让须经省级以上（含省级）商务部门认定登记，涉及财政经费支持产生技术的转让，需省级以上（含省级）科技部门审批。居民企业技术出口应由有关部门按照商务部、科技部发布的《中国禁止出口限制出口技术目录》（商务部、科技部令2008年第12号）进行审查。居民企业取得禁止出口和限制出口技术转让所得，不享受技术转让减免企业所得税优惠政策。

四、居民企业从直接或间接持有股权之和达到100％的关联方取得的技术转让所得，不享受技术转让减免企业所得税优惠政策。

五、本通知自2008年1月1日起执行。

◆《国家税务总局关于进一步明确企业所得税过渡期优惠政策执行口径问题的通知》（国税函〔2010〕157号）规定：

一、关于居民企业选择适用税率及减半征税的具体界定问题（三）居民企业取得中华人民共和国企业所得税法实施条例第八十六条、第八十七条、第八十八条和第九十条规定可减半征收企业所得税的所得，是指居民企业应就该部分所得单独核算并依照

25%的法定税率减半缴纳企业所得税。

〔《中华人民共和国企业所得税法实施条例》〕

☆第九十一条　非居民企业取得企业所得税法第二十七条第（五）项规定的所得，减按10%的税率征收企业所得税。

〔税收规范性文件〕

◆《国家税务总局关于中国居民企业向境外H股非居民企业股东派发股息代扣代缴企业所得税有关问题的通知》（国税函〔2008〕897号）规定：

一、中国居民企业向境外H股非居民企业股东派发2008年及以后年度股息时，统一按10%的税率代扣代缴企业所得税。

二、非居民企业股东在获得股息之后，可以自行或通过委托代理人或代扣代缴义务人，向主管税务机关提出享受税收协定（安排）待遇的申请，提供证明自己为符合税收协定（安排）规定的实际受益所有人的资料。主管税务机关审核无误后，应就已征税款和根据税收协定（安排）规定税率计算的应纳税款的差额予以退税。

〔《中华人民共和国企业所得税法实施条例》〕第九十一条：

☆下列所得可以免征企业所得税：

（一）外国政府向中国政府提供贷款取得的利息所得；

（二）国际金融组织向中国政府和居民企业提供优惠贷款取得的利息所得；

（三）经国务院批准的其他所得。

〔税收规范性文件〕

◆《财政部　国家税务总局关于执行企业所得税优惠政策若干问题的通知》（财税〔2009〕69号）规定：

六、实施条例第九十一条第（二）项所称国际金融组织，包括国际货币基金组织、世界银行、亚洲开发银行、国际开发协会、国际农业发展基金、欧洲投资银行以及财政部和国家税务总局确定的其他国际金融组织；所称优惠贷款，是指低于金融企业同期同类贷款利率水平的贷款。

3. 小型微利企业

〔《中华人民共和国企业所得税法》〕

★第二十八条　符合条件的小型微利企业，减按**20%**的税率征收企业所得税。

〔《中华人民共和国企业所得税法实施条例》〕

☆第九十二条　企业所得税法第二十八条第一款所称符合条件的小型微利企业，是指从事国家非限制和禁止行业，并符合下列条件的企业：

（一）工业企业，年度应纳税所得额不超过30万元，从业人数不超过100人，资产总额不超过 3 000 万元；

（二）其他企业，年度应纳税所得额不超过 30 万元，从业人数不超过 80 人，资产总额不超过 1 000 万元。

〔税收规范性文件〕

◆《国家税务总局关于小型微利企业所得税预缴问题的通知》（国税函〔2008〕251 号）规定：

二、小型微利企业条件中，"从业人数"按企业全年平均从业人数计算，"资产总额"按企业年初和年末的资产总额平均计算。

◆《财政部 国家税务总局关于执行企业所得税优惠政策若干问题的通知》（财税〔2009〕69 号）规定：

七、实施条例第九十二条第（一）项和第（二）项所称从业人数，是指与企业建立劳动关系的职工人数和企业接受的劳务派遣用工人数之和；从业人数和资产总额指标，按企业全年月平均值确定，具体计算公式如下：

$$月平均值＝（月初值＋月末值）÷2$$
$$全年月平均值＝全年各月平均值之和÷12$$

年度中间开业或者终止经营活动的，以其实际经营期作为一个纳税年度确定上述相关指标。

八、企业所得税法第二十八条规定的小型微利企业待遇，应适用于具备建账核算自身应纳税所得额条件的企业，按照《企业所得税核定征收办法》（国税发〔2008〕30 号）缴纳企业所得税的企业，在不具备准确核算应纳税所得额条件前，暂不适用小型微利企业适用税率。

〔与税收相关的规定〕

◇《国务院关于进一步促进中小企业发展的若干意见》（国发〔2009〕36 号）规定：

三、（十一）落实和完善税收优惠政策。国家运用税收政策促进中小企业发展，具体政策由财政部、税务总局会同有关部门研究制定。为有效应对国际金融危机，扶持中小企业发展，自 2010 年 1 月 1 日至 2010 年 12 月 31 日，对年应纳税所得额低于 3 万元（含 3 万元）的小型微利企业，其所得减按 50% 计入应纳税所得额，按 20% 的税率缴纳企业所得税。中小企业投资国家鼓励类项目，除《国内投资项目不予免税的进口商品目录》所列商品外，所需的进口自用设备以及按照合同随设备进口的技术及配套件、备件，免征进口关税。中小企业缴纳城镇土地使用税确有困难的，可按有关规定向省级财税部门或省级人民政府提出减免税申请。中小企业因有特殊困难不能按期纳税的，可依法申请在三个月内延期缴纳。

〔税收规范性文件〕

◆《财政部 国家税务总局关于小型微利企业有关企业所得税政策的通知》（财税

〔2009〕133 号）规定：

一、自 2010 年 1 月 1 日至 2010 年 12 月 31 日，对年应纳税所得额低于 3 万元（含 3 万元）的小型微利企业，其所得减按 50％计入应纳税所得额，按 20％的税率缴纳企业所得税。

◆《财政部 国家税务总局关于继续实施小型微利企业所得税优惠政策的通知》（财税〔2011〕4 号）规定：

一、自 2011 年 1 月 1 日至 2011 年 12 月 31 日，对年应纳税所得额低于 3 万元（含 3 万元）的小型微利企业，其所得减按 50％计入应纳税所得额，按 20％的税率缴纳企业所得税。

二、本通知所称小型微利企业，是指符合《中华人民共和国企业所得税法》及其实施条例以及相关税收政策规定的小型微利企业。

◆《国家税务总局关于小型微利企业预缴 2010 年度企业所得税有关问题的通知》（国税函〔2010〕185 号）规定：

一、上一纳税年度年应纳税所得额低于 3 万元（含 3 万元），同时符合《中华人民共和国企业所得税法实施条例》第九十二条规定的资产和从业人数标准，2010 年纳税年度按实际利润额预缴所得税的小型微利企业（以下称符合条件的小型微利企业），在预缴申报时，将《国家税务总局关于印发〈中华人民共和国企业所得税月（季）度预缴纳税申报表〉等报表的通知》（国税函〔2008〕44 号）附件 1 第 4 行"利润总额"与 15％的乘积，暂填入第 7 行"减免所得税额"内。

二、符合条件的小型微利企业"从业人数"、"资产总额"的计算标准按照《国家税务总局关于小型微利企业所得税预缴问题的通知》（国税函〔2008〕251 号）第二条规定执行。

三、符合条件的小型微利企业在 2010 年纳税年度预缴企业所得税时，须向主管税务机关提供上一纳税年度符合小型微利企业条件的相关证明材料。主管税务机关对企业提供的相关证明材料核实后，认定企业上一纳税年度不符合规定条件的，不得按本通知第一条规定填报纳税申报表。

◆《国家税务总局关于企业所得税年度纳税申报口径问题的公告》（国家税务总局公告 2011 年第 29 号）规定：

一、关于符合条件的小型微利企业所得减免申报口径。根据《财政部、国家税务总局关于小型微利企业有关企业所得税政策的通知》（财税〔2009〕133 号）规定：对年应纳税所得额低于 3 万元（含 3 万元）的小型微利企业，其所得与 15％计算的乘积，填报《国家税务总局关于印发〈中华人民共和国企业所得税年度纳税申报表〉的通知（国税发〔2008〕101 号）附件 1 的附表五"税收优惠明细表"第 34 行"（一）符合条件的小型微利企业"。

◆《财政部 国家税务总局关于小型微利企业所得税优惠政策有关问题的通知》（财税〔2011〕第 117 号）规定：

为了进一步支持小型微利企业发展，经国务院批准，现就小型微利企业所得税政策通知如下：

一、自 2012 年 1 月 1 日至 2015 年 12 月 31 日，对年应纳税所得额低于 6 万元（含 6 万元）的小型微利企业，其所得减按 50％ 计入应纳税所得额，按 20％ 的税率缴纳企业所得税。

二、本通知所称小型微利企业，是指符合《中华人民共和国企业所得税法》及其实施条例，以及相关税收政策规定的小型微利企业。

◆《国家税务总局关于小型微利企业预缴企业所得税有关问题的公告》（国家税务总局公告 2012 年第 14 号）规定：

一、上一纳税年度年应纳税所得额低于 6 万元（含 6 万元），同时符合《中华人民共和国企业所得税法实施条例》第九十二条规定的资产和从业人数标准，实行按实际利润额预缴企业所得税的小型微利企业（以下称符合条件的小型微利企业），在预缴申报企业所得税时，将《国家税务总局关于发布〈中华人民共和国企业所得税月（季）度预缴纳税申报表〉等报表的公告》（国家税务总局公告〔2011〕64 号）中华人民共和国企业所得税月（季）度预缴纳税申报表（A 类）第 9 行"实际利润总额"与 15％ 的乘积，暂填入第 12 行"减免所得税额"内。

二、符合条件的小型微利企业"从业人数"、"资产总额"的计算标准按照《国家税务总局关于小型微利企业所得税预缴问题的通知》（国税函〔2008〕251 号）第二条规定执行。

三、符合条件的小型微利企业在预缴申报企业所得税时，须向主管税务机关提供上一纳税年度符合小型微利企业条件的相关证明材料。主管税务机关对企业提供的相关证明材料核实后，认定企业上一纳税年度不符合规定条件的，不得按本公告第一条规定填报纳税申报表。

四、纳税年度终了后，主管税务机关应核实企业纳税年度是否符合上述小型微利企业规定条件。不符合规定条件、已按本公告第一条规定计算减免企业所得税预缴的，在年度汇算清缴时要按照规定补缴企业所得税。

本公告自 2012 年 1 月 1 日起施行。

4. 高新技术企业

〔《中华人民共和国企业所得税法》〕

★国家需要重点扶持的高新技术企业，减按 15％ 的税率征收企业所得税。

〔《中华人民共和国企业所得税法实施条例》〕

☆第九十三条　企业所得税法第二十八条第二款所称国家需要重点扶持的高新技术企业，是指拥有核心自主知识产权，并同时符合下列条件的企业：

（一）产品（服务）属于《国家重点支持的高新技术领域》规定的范围；

（二）研究开发费用占销售收入的比例不低于规定比例；

（三）高新技术产品（服务）收入占企业总收入的比例不低于规定比例；

（四）科技人员占企业职工总数的比例不低于规定比例；

（五）高新技术企业认定管理办法规定的其他条件。

《国家重点支持的高新技术领域》和高新技术企业认定管理办法由国务院科技、财政、税务主管部门商国务院有关部门制订，报国务院批准后公布施行。

〔与税收相关的规定〕

◇《科技部 财政部 国家税务总局关于印发〈高新技术企业认定管理办法〉的通知》（国科发火〔2008〕172 号）规定：

《高新技术企业认定管理办法》，其认定管理程序为：第一，由高新技术企业对照《办法》规定的条件进行自我评价，向认定机构提出认定申请；第二，由高新技术企业认定评审专家库专家对申报企业进行审查；第三，公示认定结果，第四，颁发《高新技术企业证书》。

附件《国家重点支持的高新技术领域》包括：电子信息技术、生物与新医药技术、航空航天技术、新材料技术、高技术服务业、新能源及节能技术、资源与环境技术和高新技术改造传统产业八个领域。

◇《科技部 财政部 国家税务总局关于印发〈高新技术企业认定管理工作指引〉的通知》（国科发火〔2008〕362 号）规定：

2007 年底前国家高新技术产业开发区（包括北京市新技术产业开发试验区）内、外已按原认定办法认定的仍在有效期内的高新技术企业资格依然有效。对原依法享受企业所得税定期减免税优惠未期满的高新技术企业，可依照《国务院关于实施企业所得税过渡优惠政策的通知》（国发〔2007〕39 号）的有关规定执行。

该文明确了：核心自主知识产权的定义和条件、细化了认定程序和所需时间、具体化了认定指标的确认方法、规定了享受税收优惠的起始时间、指定中介机构进行审计。

◇《科技部 财政部 国家税务总局关于认真做好 2008 年高新技术企业认定管理工作的通知》（国科发火〔2008〕705 号）规定：

为了保证政策实施的规范化，不提倡制定本地区高新技术企业认定管理工作的"实施细则"、"实施条例"，已经制定的，须报领导小组办公室备案，有问题的要及时纠正。

〔税收规范性文件〕

◆《国家税务总局关于实施高新技术企业所得税优惠有关问题的通知》（国税函〔2009〕203 号）规定：

一、当年可减按 15% 的税率征收企业所得税或按照《国务院关于经济特区和上海浦东新区新设立高新技术企业实行过渡性税收优惠的通知》（国发〔2007〕40 号）享受过渡性税收优惠的高新技术企业，在实际实施有关税收优惠的当年，减免税条件发生变化的，应按《科学技术部财政部国家税务总局关于印发〈高新技术企业认定管理办法〉的通知》（国科发火〔2008〕172 号）第九条第二款的规定处理。

二、原依法享受企业所得税定期减免税优惠尚未期满同时符合本通知第一条规定条件的高新技术企业，根据《高新技术企业认定管理办法》以及《科学技术部财政部国家税务总局关于印发〈高新技术企业认定管理工作指引〉的通知》（国科发火〔2008〕362号）的相关规定：在按照新标准取得认定机构颁发的高新技术企业资格证书之后，可以在 2008 年 1 月 1 日后，享受对尚未到期的定期减免税优惠执行到期满的过渡政策。

三、2006 年 1 月 1 日至 2007 年 3 月 16 日期间成立，截止到 2007 年底仍未获利（弥补完以前年度亏损后应纳税所得额为零）的高新技术企业，根据《高新技术企业认定管理办法》以及《高新技术企业认定管理工作指引》的相关规定：按照新标准取得认定机构颁发的高新技术企业证书后，可依据企业所得税法第五十七条的规定：免税期限自 2008 年 1 月 1 日起计算。

四、认定（复审）合格的高新技术企业，自认定（复审）批准的有效期当年开始，可申请享受企业所得税优惠。企业取得省、自治区、直辖市、计划单列市高新技术企业认定管理机构颁发的高新技术企业证书后，可持"高新技术企业证书"及其复印件和有关资料，向主管税务机关申请办理减免税手续。手续办理完毕后，高新技术企业可按 15％的税率进行所得税预缴申报或享受过渡性税收优惠。

六、未取得高新技术企业资格、或虽取得高新技术企业资格但不符合企业所得税法及实施条例以及本通知有关规定条件的企业，不得享受高新技术企业的优惠；已享受优惠的，应追缴其已减免的企业所得税税款。

◆《国家税务总局关于进一步明确企业所得税过渡期优惠政策执行口径问题的通知》（国税函〔2010〕157 号）规定：

一、关于居民企业选择适用税率及减半征税的具体界定问题（一）居民企业被认定为高新技术企业，同时又处于《国务院关于实施企业所得税过渡优惠政策的通知》（国发〔2007〕39 号）第一条第三款规定享受企业所得税"两免三减半"、五免五减半"等定期减免税优惠过渡期的，该居民企业的所得税适用税率可以选择依照过渡期适用税率并适用减半征税至期满，或者选择适用高新技术企业的 15％税率，但不能享受 15％税率的减半征税。

（二）居民企业被认定为高新技术企业，同时又符合软件生产企业和集成电路生产企业定期减半征收企业所得税优惠条件的，该居民企业的所得税适用税率可以选择适用高新技术企业的 15％税率，也可以选择依照 25％的法定税率减半征税，但不能享受 15％税率的减半征税。

（四）高新技术企业减低税率优惠属于变更适用条件的延续政策而未列入过渡政策，因此，凡居民企业经税务机关核准 2007 年度及以前享受高新技术企业或新技术企业所得税优惠，2008 年及以后年度未被认定为高新技术企业的，自 2008 年起不得适用高新技术企业的 15％税率，也不适用《国务院实施企业所得税过渡优惠政策的通知》（国发〔2007〕39 号）第一条第二款规定的过渡税率，而应自 2008 年度起适用 25％的法定税率。

◆《国家税务总局 关于高新技术企业资格复审期间企业所得税预缴问题的公告》（国家税务总局 公告 2011 年第 4 号）规定：

高新技术企业应在资格期满前三个月内提出复审申请，在通过复审之前，在其高新技术企业资格有效期内，其当年企业所得税暂按 15％的税率预缴。本公告自 2011 年 2 月 1 日起施行。

5. 民族自治地方优惠

〔《中华人民共和国企业所得税法》〕

★第二十九条　民族自治地方的自治机关对本民族自治地方的企业应缴纳的企业所得税中属于地方分享的部分，可以决定减征或者免征。自治州、自治县决定减征或者免征的，须报省、自治区、直辖市人民政府批准。

〔《中华人民共和国企业所得税法实施条例》〕

☆第九十四条　企业所得税法第二十九条所称民族自治地方，是指依照《中华人民共和国民族区域自治法》的规定：实行民族区域自治的自治区、自治州、自治县。对民族自治地方内国家限制和禁止行业的企业，不得减征或者免征企业所得税。

〔税收规范性文件〕

◆《西藏自治区人民政府关于印发西藏自治区企业所得税税收优惠政策实施办法的通知》（藏政发〔2008〕33号）：

西藏自治区企业所得税税收优惠政策实施办法

第一条　根据《中华人民共和国企业所得税法》及其实施条例和有关法律、法规，结合我区实际，制定本办法。

第二条　我区除执行《中华人民共和国企业所得税法》及其实施条例规定的税收优惠政策外，对下列产业或项目给予企业所得税优惠。

（一）为促进农牧区经济发展，对下列项目或企业在一定期限内免征企业所得税，具体规定如下：

1. 农牧民群众在农牧区开办的旅游接待服务项目，暂免征企业所得税。

2. 在农牧区兴办扶贫企业或项目，暂免征企业所得税。

3. 符合自治区产业导向政策的乡镇企业（除矿产业、建筑业外），免征企业所得税7年。

4. 从事农林牧渔产品生产和加工的企业，免征企业所得税5年。

（二）对手工制作氆氇、藏毯、围裙、藏被、木碗、酥油桶、马鞍具等民族手工业产品，暂免征企业所得税。具体免税目录由自治区国家税务局明确。

（三）从事下列社会事业的，按以下规定给予税收优惠：

1. 在县以下城镇（不含县城）和农牧区从事卫生事业的，暂免征企业所得税。

2. 对兴办各类学校、文化培训班、学习班、幼儿园以及文艺团体演出、体育比赛、展览馆、博物馆、寺庙、公园等的门票收入和电影放映收入等，暂免征企业所得税。

3. 对福利院、养老院、陵园、图书馆、博物馆、宗教场所从事与本主业有关的生产经营所得和其他所得，暂免征企业所得税。

（四）对符合以下条件的企业，按规定在一定期限内给予免税优惠：

1. 投资水利、交通、能源、城市（镇）公共设施等基础设施和生态环境保护项目建设、经营的，上述项目业务收入占企业总收入70%以上的，自项目取得第一笔生产经营收入所属纳税年度起，免征企业所得税7年。企业承包经营、承包建设和内部自建自用的项目除外。

2. 投资太阳能、风能、沼气等新能源建设经营的，自项目取得第一笔生产经营收入所属纳税年度起，免征企业所得税6年。企业承包经营、承包建设和内部自建自用的项目除外。

3. 投资者从事地质勘查的，自取得第一笔生产经营收入所属纳税年度起，免征企业所得税3年。

4. 经国家、自治区认定为高新技术企业，且高新技术产品产值达到国家规定比例的，自被认定之日起，可分别免征企业所得税10年、8年；高新技术产品产值达不到国家规定比例的，仅对该产品进行免税。

5. 从事新型建筑材料生产的，自开业之日起，免征企业所得税5年。新型建筑材料必须经自治区经委和自治区建设厅共同认定并符合国家制定的《新型建材及制品发展导向目录》范围。

6. 对具备下列条件之一的药品生产企业，自开业之日起，免征企业所得税6年：

（1）对传统藏药剂型改良、配方革新和规模化生产，新型药品研究、开发、生产，并经自治区食品药品监督管理局认定且取得《药品生产许可证》的企业。

（2）根据《中药材生产质量管理规范》要求，经行业管理部门批准，从事藏药材种植、养殖、经营的。

（五）为了支持和鼓励发展第三产业企业，可按以下规定免征企业所得税：

1. 新办的旅游企业或项目，自开业之日起，免征企业所得税5年。旅游企业或项目具体内容由自治区财政厅、自治区国家税务局商自治区旅游局确定。

2. 对新办的独立核算的从事咨询业（包括科技、法律、会计、审计、税务等咨询业）、信息业、技术服务业的企业或经营单位，自开业之日起，免征企业所得税2年。

3. 对新办的独立核算的从事公用事业、商业、物资业、物资回收业、对外贸易业、仓储业、居民服务业、餐饮业的企业或经营单位，自开业之日起，免征企业所得税1年。

（六）为促进国有企业的改革与发展，实行以下税收优惠：

1. 兼并、收购西藏国有微利或亏损企业，被兼并、收购企业属于企业所得税独立纳税人的，对被兼并、收购企业，自兼并、收购签约之日起，免征企业所得税8年，同时对兼并、收购企业，按照被兼并、收购企业经营性资产占兼并、收购企业经营性资产的比例享受同比例免征企业所得税8年的税收优惠。

被兼并、收购企业与兼并、收购企业融为一体、合并经营，不作为企业所得税独立纳税人的，自兼并、收购签约之日起，按被兼并、收购企业经营性资产占兼并、收购企业经营性资产的比例享受同比例免征企业所得税8年的税收优惠。

2. 托管、租赁西藏国有亏损企业的，对所托管、租赁企业，自托管、租赁签约之日起免征企业所得税6年。

（七）就业与再就业的税收优惠：

1. 对商贸企业、服务型企业（除广告业、房屋中介、典当、桑拿、按摩、氧吧外）、民族用品生产企业、加工型企业和街道社区具有加工性质的小型企业实体在新增加的岗位中，当年新招用持《就业和再就业优惠证》人员或应届高校毕业生，与其签订6个月以上期限劳动合同并依法缴纳社会保险费的，按实际招用人数每人 5 000 元的限额，依次扣减营业税、城市维护建设税、教育费附加和企业所得税。

2. 对国有企业通过主辅分离或企业改制分流安置本企业富余人员兴办的经济实体（从事金融保险业、邮电通讯业、娱乐业以及销售不动产、转让土地使用权，服务型企业中的广告业、桑拿、按摩、氧吧，建筑业中从事工程总承包的除外），凡符合以下条件的，经有关部门认定，税务机关审核，3 年内免征企业所得税。

（1）利用原企业的非主业资产、闲置资产或关闭破产企业的有效资产。

（2）独立核算、产权清晰并逐步实行产权主体多元化。

（3）吸纳原企业富余人员达到本企业职工总数 30% 以上（含 30%），从事工程总承包以外的建筑企业吸纳原企业富余人员达到本企业职工总数 70% 以上（含 70%）。

（4）与安置的职工变更或签订新的劳动合同。

第三条　本办法第二条所称各项企业所得税免税额均指属于我区地方分享的部分，应上缴中央的部分仍需照章纳税。对上缴中央的该部分企业所得税，根据预算级次，分别由自治区和地（市）财政部门按企业实际上缴税额进行返还。

第四条　本办法公布前已经批准设立的企业，依照当时的税收法律、法规及自治区人民政府有关规定，享受定期减免税优惠的，可以在本办法施行后继续享受到期满为止，但因未获利而尚未享受优惠的，优惠期限从本办法施行年度起计算。

第五条　西藏自治区财政厅、西藏自治区国家税务局根据本办法制定具体办法。

第六条　本办法自 2008 年 1 月 1 日起执行。《西藏自治区人民政府关于印发〈西藏自治区关于招商引资的若干规定〉的通知》（藏政发〔1999〕33 号）和《西藏自治区人民政府印发〈西藏自治区关于招商引资的补充规定〉的通知》（藏政发〔2000〕35 号）中有关企业所得税优惠政策同时废止。本办法施行后，国家出台的有关规定优于本办法的，从其规定。

◆《西藏自治区人民政府关于我区企业所得税税率问题的通知》（藏政发〔2011〕14 号）规定：

根据国家西部大开发税收优惠政策，结合我区实际，现将我区企业所得税税率问题通知如下：

对设在我区的各类企业（含西藏驻区外企业），在 2011 年至 2020 年期间，继续按15% 的税率征收企业所得税。

6. 研究开发加计扣除

〔《中华人民共和国企业所得税法》〕

★第三十条　企业的下列支出，可以在计算应纳税所得额时加计扣除：

（一）开发新技术、新产品、新工艺发生的研究开发费用；

（二）安置残疾人员及国家鼓励安置的其他就业人员所支付的工资。

〔《中华人民共和国企业所得税法实施条例》〕

☆第九十五条 企业所得税法第三十条第（一）项所称研究开发费用的加计扣除，是指企业为开发新技术、新产品、新工艺发生的研究开发费用，未形成无形资产计入当期损益的，在按照规定据实扣除的基础上，按照研究开发费用的50％加计扣除；形成无形资产的，按照无形资产成本的150％摊销。

〔税收规范性文件〕

◆《国家税务总局关于印发〈企业研究开发费用税前扣除管理办法（试行）〉的通知》（国税发〔2008〕116号）规定：

第三条 本办法所称研究开发活动是指企业为获得科学与技术（不包括人文、社会科学）新知识，创造性运用科学技术新知识，或实质性改进技术、工艺、产品（服务）而持续进行的具有明确目标的研究开发活动。

创造性运用科学技术新知识，或实质性改进技术、工艺、产品（服务），是指企业通过研究开发活动在技术、工艺、产品（服务）方面的创新取得了有价值的成果，对本地区（省、自治区、直辖市或计划单列市）相关行业的技术、工艺领先具有推动作用，不包括企业产品（服务）的常规性升级或对公开的科研成果直接应用等活动（如直接采用公开的新工艺、材料、装置、产品、服务或知识等）。

第四条 企业从事《国家重点支持的高新技术领域》和国家发展改革委员会等部门公布的《当前优先发展的高技术产业化重点领域指南（2007年度）》规定项目的研究开发活动，其在一个纳税年度中实际发生的下列费用支出，允许在计算应纳税所得额时按照规定实行加计扣除。

（一）新产品设计费、新工艺规程制定费以及与研发活动直接相关的技术图书资料费、资料翻译费。

（二）从事研发活动直接消耗的材料、燃料和动力费用。

（三）在职直接从事研发活动人员的工资、薪金、奖金、津贴、补贴。

（四）专门用于研发活动的仪器、设备的折旧费或租赁费。

（五）专门用于研发活动的软件、专利权、非专利技术等无形资产的摊销费用。

（六）专门用于中间试验和产品试制的模具、工艺装备开发及制造费。

（七）勘探开发技术的现场试验费。

（八）研发成果的论证、评审、验收费用。

第五条 对企业共同合作开发的项目，凡符合上述条件的，由合作各方就自身承担的研发费用分别按照规定计算加计扣除。

第六条 对企业委托给外单位进行开发的研发费用，凡符合上述条件的，由委托方按照规定计算加计扣除，受托方不得再进行加计扣除。

第十二条 企业实际发生的研究开发费，在年度中间预缴所得税时，允许据实计算扣除，在年度终了进行所得税年度申报和汇算清缴时，再依照本办法的规定计算加计扣除。

第十五条 企业集团根据生产经营和科技开发的实际情况，对技术要求高、投资数额大，需要由集团公司进行集中开发的研究开发项目，其实际发生的研究开发费，可以按照合理的分摊方法在受益集团成员公司间进行分摊。

第十八条 企业集团采取合理分摊研究开发费的，企业集团母公司负责编制集中研究开发项目的立项书、研究开发费用预算表、决算表和决算分摊表。

〔**与税收相关的规定**〕

◇《财政部关于企业加强研发费用财务管理的若干意见》（财企〔2007〕194号）规定：

一、企业研发费用（即原"技术开发费"），指企业在产品、技术、材料、工艺、标准的研究、开发过程中发生的各项费用，包括：

（一）研发活动直接消耗的材料、燃料和动力费用。

（二）企业在职研发人员的工资、奖金、津贴、补贴、社会保险费、住房公积金等人工费用以及外聘研发人员的劳务费用。

（三）用于研发活动的仪器、设备、房屋等固定资产的折旧费或租赁费以及相关固定资产的运行维护、维修等费用。

（四）用于研发活动的软件、专利权、非专利技术等无形资产的摊销费用。

（五）用于中间试验和产品试制的模具、工艺装备开发及制造费，设备调整及检验费，样品、样机及一般测试手段购置费，试制产品的检验费等。

（六）研发成果的论证、评审、验收、评估以及知识产权的申请费、注册费、代理费等费用。

（七）通过外包、合作研发等方式，委托其他单位、个人或者与之合作进行研发而支付的费用。

（八）与研发活动直接相关的其他费用，包括技术图书资料费、资料翻译费、会议费、差旅费、办公费、外事费、研发人员培训费、培养费、专家咨询费、高新科技研发保险费用等。

二、企业应当明确研发费用的开支范围和标准，严格审批程序，并按照研发项目或者承担研发任务的单位，设立台账归集核算研发费用。企业依法取得知识产权后，在境内外发生的知识产权维护费、诉讼费、代理费、"打假"及其他相关费用支出，从管理费用据实列支，不应纳入研发费用。企业研发机构发生的各项开支纳入研发费用管理，但同时承担生产任务的，要合理划分研发与生产费用。

三、对技术要求高、投资数额大、单个企业难以独立承担的研发项目，或者研发力量集中在集团公司、由其统筹管理集团研发活动的，集团公司可以在所属全资及控股企业范围内集中使用研发费用。集团公司集中使用的研发费用总额，原则上不超过集团合并会计报表年营业收入的2%，使用后的年末余额连续3年超过当年集中总额20%或者出现赤字的，集团公司应当调整集中的标准。集团公司集中使用研发费用的，应当按照权责利一致等原则，确定研发费用集中收付方式以及研发成果的分享办法，维护所属全资及控股企业的合法权益。

四、企业可以建立研发准备金制度，根据研发计划及资金需求，提前安排资金，确保研发资金的需要，研发费用按实际发生额列入成本（费用）。

五、企业应当在年度财务会计报告中，按规定披露研发费用相关财务信息，包括研发费用支出规模及其占销售收入的比例，集中收付研发费用情况等。会计师事务所在审计企业年度会计报表时，应当对企业研发费用的使用和管理情况予以关注。

六、本意见所称企业研发人员，指从事研究开发活动的企业在职和外聘的专业技术人员以及为其提供直接服务的管理人员。本意见所称企业研发机构，指按照《国家认定企业技术中心管理办法》（国家发展改革委令第53号）认定的企业技术中心及分中心，企业按照国家有关规定组建的国家（重点、工程）实验室、国家工程（技术）研究中心及其他形式的研发机构，以及企业内部设置的、经当地市级以上有关主管部门认定的研发中心、研究院所，与高等院校及科研机构联合设立的博士后站、中试基地、实验室等。

〔税收规范性文件〕

◆《财政部 国家税务总局对中关村科技园区建设国家自主创新示范区有关研究开发费用加计扣除试点政策的通知》（财税〔2010〕81号）规定：

七、法律、行政法规和财政部、国家税务总局规定不允许在企业所得税前扣除的费用和支出项目，均不允许计入研究开发费用。

八、企业未设立专门的研发机构或企业研发机构同时承担生产经营任务的，应对研发费用和生产经营费用分开进行核算，准确、合理的计算各项研究开发费用支出，对划分不清的，不得实行加计扣除。

九、企业必须对研究开发费用实行专账管理，同时必须按照本通知附件的规定项目，准确归集填写年度可加计扣除的各项研究开发费用实际发生金额。企业在一个纳税年度内进行多个研究开发活动的，应按照不同研发项目分别归集可加计扣除的研究开发费用额。

十、企业应于年度终了办理企业所得税汇算清缴申报时向主管税务机关报送本通知规定的各项资料。企业可以聘请具有资质的会计师事务所或税务师事务所，出具年度可加计扣除研究开发费用专项审计报告或鉴证报告。企业申报的研究开发费用不真实或者资料不齐全的，不得享受研究开发费用加计扣除，主管税务机关有权对企业申报的结果进行合理调整。主管税务机关对企业申报的研究开发项目有异议的，可要求企业提供市级科技部门出具的研究开发项目鉴定意见书。

十一、企业申请研究开发费用加计扣除时，应向主管税务机关报送如下资料：

（一）自主、委托、合作研究开发项目计划书和研究开发费预算。

（二）自主、委托、合作研究开发专门机构或项目组的编制情况和专业人员名单。

（三）《研发项目可加计扣除研究开发费用情况归集表》（附件1）、《企业年度研究开发费用汇总表》（附件2）。

（四）企业总经理办公会或董事会关于自主、委托、合作研究开发项目立项的决议文件。

（五）委托、合作研究开发项目的合同或协议。

（六）主管税务机关要求提供科技部门鉴定意见的，应提供市级科技部门出具的《企业研究开发项目鉴定意见书》（附件3）。

（七）研究开发项目的效用情况说明、研究成果报告等资料。

◆《国家税务总局关于企业所得税若干税务事项衔接问题的通知》（国税函〔2009〕98号）规定：

八、关于技术开发费的加计扣除形成的亏损的处理企业技术开发费加计扣除部分已形成企业年度亏损，可以用以后年度所得弥补，但结转年限最长不得超过5年。

7. 安置残疾人加计扣除

〔《中华人民共和国企业所得税法实施条例》〕

☆第九十六条　企业所得税法第三十条第（二）项所称企业安置残疾人员所支付的工资的加计扣除，是指企业安置残疾人员的，在按照支付给残疾职工工资据实扣除的基础上，按照支付给残疾职工工资的100％加计扣除。残疾人员的范围适用《中华人民共和国残疾人保障法》的有关规定。

企业所得税法第三十条第（二）项所称企业安置国家鼓励安置的其他就业人员所支付的工资的加计扣除办法，由国务院另行规定。

〔税收规范性文件〕

◆《财政部 国家税务总局安置残疾人员就业有关企业所得税优惠政策问题的通知》（财税〔2009〕70号）规定：

一、企业安置残疾人员的，在按照支付给残疾职工工资据实扣除的基础上，可以在计算应纳税所得额时按照支付给残疾职工工资的100％加计扣除。

企业就支付给残疾职工的工资，在进行企业所得税预缴申报时，允许据实计算扣除；在年度终了进行企业所得税年度申报和汇算清缴时，再依照本条第一款的规定计算加计扣除。

二、残疾人员的范围适用《中华人民共和国残疾人保障法》的有关规定。

三、企业享受安置残疾职工工资100％加计扣除应同时具备如下条件：

（一）依法与安置的每位残疾人签订了1年以上（含1年）的劳动合同或服务协议，并且安置的每位残疾人在企业实际上岗工作。

（二）为安置的每位残疾人按月足额缴纳了企业所在区县人民政府根据国家政策规定的基本养老保险、基本医疗保险、失业保险和工伤保险等社会保险。

（三）定期通过银行等金融机构向安置的每位残疾人实际支付了不低于企业所在区县适用的经省级人民政府批准的最低工资标准的工资。

（四）具备安置残疾人上岗工作的基本设施。

四、企业应在年度终了进行企业所得税年度申报和汇算清缴时，向主管税务机关报送本通知第四条规定的相关资料、已安置残疾职工名单及其《中华人民共和国残疾人证》或《中华人民共和国残疾军人证（1至8级）》复印件和主管税务机关要求提供的其他资料，办理享受企业所得税加计扣除优惠的备案手续。

8. 创业投资企业

〔《中华人民共和国企业所得税法》〕

★第三十一条　创业投资企业从事国家需要重点扶持和鼓励的创业投资，可以按投资额的一定比例抵扣应纳税所得额。

〔《中华人民共和国企业所得税法实施条例》〕

☆第九十七条　企业所得税法第三十一条所称抵扣应纳税所得额，是指创业投资企业采取股权投资方式投资于未上市的中小高新技术企业2年以上的，可以按照其投资额的70%在股权持有满2年的当年抵扣该创业投资企业的应纳税所得额；当年不足抵扣的，可以在以后纳税年度结转抵扣。

〔税收规范性文件〕

◆《国家税务总局关于实施创业投资企业所得税优惠问题的通知》（国税发〔2009〕87号）规定：

一、创业投资企业是指依照《创业投资企业管理暂行办法》（国家发展和改革委员会等10部委令2005年第39号，以下简称《暂行办法》）和《外商投资创业投资企业管理规定》（商务部等5部委令2003年第2号）在中华人民共和国境内设立的专门从事创业投资活动的企业或其他经济组织。

二、创业投资企业采取股权投资方式投资于未上市的中小高新技术企业2年（24个月）以上，凡符合以下条件的，可以按照其对中小高新技术企业投资额的70%，在股权持有满2年的当年抵扣该创业投资企业的应纳税所得额；当年不足抵扣的，可以在以后纳税年度结转抵扣。

（一）经营范围符合《暂行办法》规定：且工商登记为"创业投资有限责任公司"、"创业投资股份有限公司"等专业性法人创业投资企业。

（二）按照《暂行办法》规定的条件和程序完成备案，经备案管理部门年度检查核实，投资运作符合《暂行办法》的有关规定。

（三）创业投资企业投资的中小高新技术企业，除应按照科技部、财政部、国家税务总局《关于印发〈高新技术企业认定管理办法〉的通知》（国科发火〔2008〕172号）和《关于印发〈高新技术企业认定管理工作指引〉的通知》（国科发火〔2008〕362号）的规定，通过高新技术企业认定以外，还应符合职工人数不超过500人，年销售（营业）额不超过2亿元，资产总额不超过2亿元的条件。2007年底前按原有规定取得高新技术企业资格的中小高新技术企业，且在2008年继续符合新的高新技术企业标准的，向其投资满24个月的计算，可自创业投资企业实际向其投资的时间起计算。

（四）财政部、国家税务总局规定的其他条件。

三、中小企业接受创业投资之后，经认定符合高新技术企业标准的，应自其被认定为高新技术企业的年度起，计算创业投资企业的投资期限。该期限内中小企业接受创业投资后，企业规模超过中小企业标准，但仍符合高新技术企业标准的，不影响创业投企业享受有关税收优惠。

四、创业投资企业申请享受投资抵扣应纳税所得额，应在其报送申请投资抵扣应纳税所得额年度纳税申报表以前，向主管税务机关报送以下资料备案：

（一）经备案管理部门核实后出具的年检合格通知书（副本）；

（二）关于创业投资企业投资运作情况的说明；

（三）中小高新技术企业投资合同或章程的复印件、实际所投资金验资报告等相关材料；

（四）中小高新技术企业基本情况（包括企业职工人数、年销售（营业）额、资产总额等）说明；

（五）由省、自治区、直辖市和计划单列市高新技术企业认定管理机构出具的中小高新技术企业有效的高新技术企业证书（复印件）。

◆《财政部　国家税务总局关于执行企业所得税优惠政策若干问题的通知》（财税〔2009〕69号）规定：

十一、实施条例第九十七条所称投资于未上市的中小高新技术企业2年以上的，包括发生在2008年1月1日以前满2年的投资；所称中小高新技术企业是指按照《高新技术企业认定管理办法》（国科发火〔2008〕172号）和《高新技术企业认定管理工作指引》（国科发火〔2008〕362号）取得高新技术企业资格，且年销售额和资产总额均不超过2亿元、从业人数不超过500人的企业，其中2007年底前已取得高新技术企业资格的，在其规定有效期内不需重新认定。

〔与税收相关的规定〕

◆《国家发展改革委办公厅关于进一步规范试点地区股权投资企业发展和备案管理工作的通知》（发改办财金〔2011〕253号）规定：

北京市、天津市、上海市、江苏省、浙江省、湖北省人民政府办公厅：

一、规范股权投资企业的设立、资本募集与投资领域股权投资企业应当遵照《中华人民共和国公司法》和《中华人民共和国合伙企业法》有关规定设立。其中，以有限责任公司、股份有限公司形式设立的股权投资企业，可以通过组建内部管理团队实行自我管理，也可采取委托管理方式将资产委托其他股权投资企业或股权投资管理企业管理。

股权投资企业的投资领域限于非公开交易的企业股权，投资过程中的闲置资金只能存放银行或用于购买国债等固定收益类投资产品；投资方向应当符合国家产业政策、投资政策和宏观调控政策。

股权投资企业所投资项目必须履行固定资产投资项目审批、核准和备案的有关规定。外资股权投资企业进行投资，应当依照国家有关规定办理投资项目核准手续。

◇《中国证券监督管理委员会关于填报〈上市公司并购重组财务顾问专业意见附表〉的规定》（中国证券监督管理委员会公告〔2010〕31号）规定：

一、财务顾问根据《财务顾问办法》、《重组办法》、《收购办法》等规定：对相关并购重组申请事项出具专业意见的，应当填报相应的《上市公司并购重组财务顾问专业意见附表》以下简称《专业意见附表》），并将《专业意见附表》作为财务顾问专业意见的附件一并上报。

二、财务顾问需要在审慎核查的基础上针对《专业意见附表》中所述问题回答"是"或"否"；如未能对相关问题进行核查、无法发表核查意见或存在需要说明事项的，应当在备注中加以说明；如有未尽事项需要予以说明的，可以加项说明；如有特别事项需要予以说明的，可以另附书面文件说明。

◇中国证券监督管理委员会《上市公司重大资产重组管理办法》（中国证券监督管理委员会令第〔2011〕73号）规定：

第十一条 上市公司及其控股或者控制的公司购买、出售资产，达到下列标准之一的，构成重大资产重组：

（一）购买、出售的资产总额占上市公司最近一个会计年度经审计的合并财务会计报告期末资产总额的比例达到50％以上；

（二）购买、出售的资产在最近一个会计年度所产生的营业收入占上市公司同期经审计的合并财务会计报告营业收入的比例达到50％以上；

（三）购买、出售的资产净额占上市公司最近一个会计年度经审计的合并财务会计报告期末净资产额的比例达到50％以上，且超过5 000万元人民币。

购买、出售资产未达到前款规定标准，但中国证监会发现存在可能损害上市公司或者投资者合法权益的重大问题的，可以根据审慎监管原则责令上市公司按照本办法的规定补充披露相关信息、暂停交易并报送申请文件。

第十二条 自控制权发生变更之日起，上市公司向收购人购买的资产总额，占上市公司控制权发生变更的前一个会计年度经审计的合并财务会计报告期末资产总额的比例达到100％以上的，除符合本办法第十条、第四十二条规定的要求外，上市公司购买的资产对应的经营实体持续经营时间应当在3年以上，最近两个会计年度净利润均为正数且累计超过人民币2 000万元。上市公司购买的资产属于金融、创业投资等特定行业的，由中国证监会另行规定。

前款规定的重大资产重组完成后，上市公司应当符合中国证监会关于上市公司治理与规范运作的相关规定，在业务、资产、财务、人员、机构等方面独立于控股股东、实际控制人及其控制的其他企业，与控股股东、实际控制人及其控制的其他企业间不存在同业竞争或者显失公平的关联交易。

第十三条 计算本办法第十一条、第十二条规定的比例时，应当遵守下列规定：

（一）购买的资产为股权的，其资产总额以被投资企业的资产总额与该项投资所占股权比例的乘积和成交金额二者中的较高者为准，营业收入以被投资企业的营业收入与该项投资所占股权比例的乘积为准，资产净额以被投资企业的净资产额与该项投资所占股权比例的乘积和成交金额二者中的较高者为准；出售的资产为股权的，其资产总额、营业收入以及资产净额分别以被投资企业的资产总额、营业收入以及净资产额与该项投资所占股权比例的乘积为准。

购买股权导致上市公司取得被投资企业控股权的，其资产总额以被投资企业的资产总额和成交金额二者中的较高者为准，营业收入以被投资企业的营业收入为准，资产净额以被投资企业的净资产额和成交金额二者中的较高者为准；出售股权导致上市公司丧失被投资企业控股权的，其资产总额、营业收入以及资产净额分别以被投资企业的资产总额、营业收入以及净资产额为准。

（二）购买的资产为非股权资产的，其资产总额以该资产的账面值和成交金额二者中的较高者为准，资产净额以相关资产与负债的账面值差额和成交金额二者中的较高者为准；出售的资产为非股权资产的，其资产总额、资产净额分别以该资产的账面值、相关资产与负债账面值的差额为准；该非股权资产不涉及负债的，不适用第十一条第一款第（三）项规定的资产净额标准。

（三）上市公司同时购买、出售资产的，应当分别计算购买、出售资产的相关比例，并以二者中比例较高者为准。

（四）上市公司在 12 个月内连续对同一或者相关资产进行购买、出售的，以其累计数分别计算相应数额。已按照本办法的规定报经中国证监会核准的资产交易行为，无须纳入累计计算的范围，但本办法第十二条规定情形除外。

交易标的资产属于同一交易方所有或者控制，或者属于相同或者相近的业务范围，或者中国证监会认定的其他情形下，可以认定为同一或者相关资产。

第十四条　本办法第二条所称通过其他方式进行资产交易，包括：

（一）与他人新设企业、对已设立的企业增资或者减资；

（二）受托经营、租赁其他企业资产或者将经营性资产委托他人经营、租赁；

（三）接受附义务的资产赠与或者对外捐赠资产；

（四）中国证监会根据审慎监管原则认定的其他情形。

上述资产交易实质上构成购买、出售资产，且按照本办法规定的标准计算的相关比例达到 50％以上的，应当按照本办法的规定履行信息披露等相关义务并报送申请文件。

9. 固定资产加速折旧

〔《中华人民共和国企业所得税法》〕

★第三十二条　企业的固定资产由于技术进步等原因，确需加速折旧的，可以缩短折旧年限或者采取加速折旧的方法。

〔《中华人民共和国企业所得税法实施条例》〕

☆第九十八条　企业所得税法第三十二条所称可以采取缩短折旧年限或者采取加速折旧的方法的固定资产，包括：

（一）由于技术进步，产品更新换代较快的固定资产；

（二）常年处于强震动、高腐蚀状态的固定资产。

采取缩短折旧年限方法的，最低折旧年限不得低于本条例第六十条规定折旧年限的 60％；采取加速折旧方法的，可以采取双倍余额递减法或者年数总和法。

〔**税收规范性文件**〕

◆《国家税务总局关于企业固定资产加速折旧所得税处理有关问题的通知》（国税发〔2009〕81 号）规定：

一、根据《企业所得税法》第三十二条及《实施条例》第九十八条的相关规定：企业拥有并用于生产经营的主要或关键的固定资产，由于以下原因确需加速折旧的，可以缩短折旧年限或者采取加速折旧的方法：

（一）由于技术进步，产品更新换代较快的；

（二）常年处于强震动、高腐蚀状态的。

二、企业拥有并使用的固定资产符合本通知第一条规定的，可按以下情况分别处理：

（一）企业过去没有使用过与该项固定资产功能相同或类似的固定资产，但有充分的证据证明该固定资产的预计使用年限短于《实施条例》规定的计算折旧最低年限的，企业可根据该固定资产的预计使用年限和本通知的规定：对该固定资产采取缩短折旧年限或者加速折旧的方法。

（二）企业在原有的固定资产未达到《实施条例》规定的最低折旧年限前，使用功能相同或类似的新固定资产替代旧固定资产的，企业可根据旧固定资产的实际使用年限和本通知的规定：对新替代的固定资产采取缩短折旧年限或者加速折旧的方法。

三、企业采取缩短折旧年限方法的，对其购置的新固定资产，最低折旧年限不得低于《实施条例》第六十条规定的折旧年限的60％；若为购置已使用过的固定资产，其最低折旧年限不得低于《实施条例》规定的最低折旧年限减去已使用年限后剩余年限的60％。最低折旧年限一经确定，一般不得变更。

四、企业拥有并使用符合本通知第一条规定条件的固定资产采取加速折旧方法的，可以采用双倍余额递减法或者年数总和法。加速折旧方法一经确定，一般不得变更。

（一）双倍余额递减法，是指在不考虑固定资产预计净残值的情况下，根据每期期初固定资产原值减去累计折旧后的金额和双倍的直线法折旧率计算固定资产折旧的一种方法。应用这种方法计算折旧额时，由于每年年初固定资产净值没有减去预计净残值，所以在计算固定资产折旧额时，应在其折旧年限到期前的两年期间，将固定资产净值减去预计净残值后的余额平均摊销。计算公式如下：

年折旧率＝2÷预计使用寿命(年)×100％

月折旧率＝年折旧率÷12

月折旧额＝月初固定资产账面净值×月折旧率

（二）年数总和法，又称年限合计法，是指将固定资产的原值减去预计净残值后的余额，乘以一个以固定资产尚可使用寿命为分子、以预计使用寿命逐年数字之和为分母的逐年递减的分数计算每年的折旧额。计算公式如下：

年折旧率＝尚可使用年限÷预计使用寿命的年数总和×100％

月折旧率＝年折旧率÷12

月折旧额＝(固定资产原值－预计净残值)×月折旧率

五、企业确需对固定资产采取缩短折旧年限或者加速折旧方法的，应在取得该固定资产后一个月内，向其企业所得税主管税务机关（以下简称主管税务机关）备案，并报送以下资料：

（一）固定资产的功能、预计使用年限短于《实施条例》规定计算折旧的最低年限的理由、证明资料及有关情况的说明；

（二）被替代的旧固定资产的功能、使用及处置等情况的说明；

（三）固定资产加速折旧拟采用的方法和折旧额的说明；

（四）主管税务机关要求报送的其他资料。

企业主管税务机关应在企业所得税年度纳税评估时，对企业采取加速折旧的固定资产的使用环境及状况进行实地核查。对不符合加速折旧规定条件的，主管税务机关有权要求企业停止该项固定资产加速折旧。

六、对于采取缩短折旧年限的固定资产，足额计提折旧后继续使用而未进行处置（包括报废等情形）超过 12 个月的，今后对其更新替代、改造改建后形成的功能相同或者类似的固定资产，不得再采取缩短折旧年限的方法。

七、对于企业采取缩短折旧年限或者采取加速折旧方法的，主管税务机关应设立相应的税收管理台账，并加强监督，实施跟踪管理。

对发现不符合《实施条例》第九十八条及本通知规定的，主管税务机关要及时责令企业进行纳税调整。

八、适用总、分机构汇总纳税的企业，对其所属分支机构使用的符合《实施条例》第九十八条及本通知规定情形的固定资产采取缩短折旧年限或者采取加速折旧方法的，由其总机构向其所在地主管税务机关备案。分支机构所在地主管税务机关应负责配合总机构所在地主管税务机关实施跟踪管理。

10. 综合利用资源

〔《中华人民共和国企业所得税法》〕

★第三十三条　企业综合利用资源，生产符合国家产业政策规定的产品所取得的收入，可以在计算应纳税所得额时减计收入。

〔《中华人民共和国企业所得税法实施条例》〕

☆第九十九条　企业所得税法第三十三条所称减计收入，是指企业以《资源综合利用企业所得税优惠目录》规定的资源作为主要原材料，生产国家非限制和禁止并符合国家和行业相关标准的产品取得的收入，减按 90％计入收入总额。

〔**税收规范性文件**〕

◆《财政部 国家税务总局 国家发展改革委关于公布资源综合利用企业所得税优惠目录（2008 年版）的通知》（财税〔2008〕117 号）（共生、伴生矿产资源，废水（液）、废气、废渣和再生资源 3 大类别、16 项资源被列为综合利用的资源。此外发改办环资〔2008〕981 号规定：

利用电石渣生产水泥的企业，经国家循环经济主管部门认定后，可享受国家资源综合利用税收优惠政策。）

前款所称原材料占生产产品材料的比例不得低于《资源综合利用企业所得税优惠目录》规定的标准。

◆《财政部 国家税务总局关于执行资源综合利用企业所得税优惠目录有关问题的通知》（财税〔2008〕47号）规定：

一、企业自2008年1月1日起以《目录》中所列资源为主要原材料，生产《目录》内符合国家或行业相关标准的产品取得的收入，在计算应纳税所得额时，减按90%计入当年收入总额。享受上述税收优惠时，《目录》内所列资源占产品原料的比例应符合《目录》规定的技术标准。

二、企业同时从事其他项目而取得的非资源综合利用收入，应与资源综合利用收入分开核算，没有分开核算的，不得享受优惠政策。

三、企业从事不符合实施条例和《目录》规定范围、条件和技术标准的项目，不得享受资源综合利用企业所得税优惠政策。

四、根据经济社会发展需要及企业所得税优惠政策实施情况，国务院财政、税务主管部门会同国家发展改革委等有关部门适时对《目录》内的项目进行调整和修订，并在报国务院批准后对《目录》进行更新。

◆《国家税务总局关于资源综合利用企业所得税优惠管理问题的通知》（国税函〔2009〕185号）规定：

一、本通知所称资源综合利用企业所得税优惠，是指企业自2008年1月1日起以《资源综合利用企业所得税优惠目录（2008年版）》（以下简称《目录》）规定的资源作为主要原材料，生产国家非限制和非禁止并符合国家及行业相关标准的产品取得的收入，减按90%计入企业当年收入总额。

二、经资源综合利用主管部门按《目录》规定认定的生产资源综合利用产品的企业（不包括仅对资源综合利用工艺和技术进行认定的企业），取得《资源综合利用认定证书》，可按本通知规定申请享受资源综合利用企业所得税优惠。

三、企业资源综合利用产品的认定程序，按《国家发展改革委财政部国家税务总局关于印发〈国家鼓励的资源综合利用认定管理办法〉的通知》（发改环资〔2006〕1864号）的规定执行。

四、2008年1月1日之前经资源综合利用主管部门认定取得《资源综合利用认定证书》的企业，应按本通知第二条、第三条的规定，重新办理认定并取得《资源综合利用认定证书》，方可申请享受资源综合利用企业所得税优惠。

五、企业从事非资源综合利用项目取得的收入与生产资源综合利用产品取得的收入没有分开核算的，不得享受资源综合利用企业所得税优惠。

◆《国家税务总局关于资源综合利用有关企业所得税优惠问题的批复》（国税函〔2009〕567号）批复：

其生产活动虽符合《资源综合利用企业所得税优惠目录（2008年版）》的规定范围，但由于旋窑余热利用电厂属于江西泰和玉华水泥有限公司的内设非法人分支机构，不构成企业所得税纳税人，且其余热发电产品直接供给所属公司使用，不计入企业收入，因此，旋窑余热利用电厂利用该公司旋窑水泥生产过程中产生的余热发电业务不能享受资源综合利用减计收入的企业所得税优惠政策。

11. 专用设备抵免

〔《中华人民共和国企业所得税法》〕

★第三十四条 企业购置用于环境保护、节能节水、安全生产等专用设备的投资额，可以按一定比例实行税额抵免。

〔《中华人民共和国企业所得税法实施条例》〕

☆第一百条 企业所得税法第三十四条所称税额抵免，是指企业购置并实际使用《环境保护专用设备企业所得税优惠目录》、节能节水专用设备企业所得税优惠目录》和《安全生产专用设备企业所得税优惠目录》规定的环境保护、节能节水、安全生产等专用设备的，该专用设备的投资额的10%可以从企业当年的应纳税额中抵免；当年不足抵免的，可以在以后5个纳税年度结转抵免。

〔税收规范性文件〕

◆《财政部 国家税务总局 国家发展改革委关于公布节能节水专用设备企业所得税优惠目录（2008年版）和环境保护专用设备企业所得税优惠目录（2008年版）的通知》（财税〔2008〕115号）规定：

列入新版"节能目录"的主要包括中小型三项电动机，空气调节设备，通风机、水泵、空气压缩机，配电变压器，高压电动机，节电器，交流接触器，用电过程优化控制器，工业锅炉，工业加热装置，节煤、节油、节气关键件，洗衣机，换热器，冷却塔，喷灌机和喷灌带（管）18类节能、节水产品。新版"环保目录"，主要有5大类设备中的19款产品。其中，水污染治理设备7款，大气污染防治设备4款，固体废物处置设备2款，环境监测仪器仪表3款以及清洁生产设备的3款。

◆《财政部 国家税务总局 国家发展改革委关于公布安全生产专用设备企业所得税优惠目录（2008年版）的通知》（财税〔2008〕118号）包括：

煤矿、非煤矿山、危险化学品、烟花爆竹行业、公路行业、铁路行业、民航行业和应急救援设备八大类50种安全生产专用设备。

◆《国家税务总局2008年版企业所得税年度纳税申报业务需求》（国税函〔2008〕1000号）规定：

减免税信息中存在减免退方式为"额度"，减免种类为"抵免企业所得税"或"抵免外商企业和外国企业所得税"，减免原因为"内资企业采购国产设备"或"外资企业采购国产设备"的，则年度纳税申报表中《税收优惠明细表》第44行"（四）其他"栏允许填入数据，且不能大于减免税信息中前五年余额之和。享受前款规定的企业所得税优惠的企业，应当实际购置并自身实际投入使用前款规定的专用设备；企业购置上述专用设备在5年内转让、出租的，应当停止享受企业所得税优惠，并补缴已经抵免的企业所得税税款。

◆《财政部 国家税务总局关于执行环境保护专用设备企业所得税优惠目录节能节

水专用设备企业所得税优惠目录和安全生产专用设备企业所得税优惠目录有关问题的通知》（财税〔2008〕48号）规定：

一、企业自2008年1月1日起购置并实际使用列入《目录》范围内的环境保护、节能节水和安全生产专用设备，可以按专用设备投资额的10％抵免当年企业所得税应纳税额；企业当年应纳税额不足抵免的，可以向以后年度结转，但结转期不得超过5个纳税年度。

二、专用设备投资额，是指购买专用设备发票价税合计价格，但不包括按有关规定退还的增值税税款以及设备运输、安装和调试等费用。

三、当年应纳税额，是指企业当年的应纳税所得额乘以适用税率，扣除依照企业所得税法和国务院有关税收优惠规定以及税收过渡优惠规定减征、免征税额后的余额。

四、企业利用自筹资金和银行贷款购置专用设备的投资额，可以按企业所得税法的规定抵免企业应纳所得税额；企业利用财政拨款购置专用设备的投资额，不得抵免企业应纳所得税额。

五、企业购置并实际投入适用、已开始享受税收优惠的专用设备，如从购置之日起5个纳税年度内转让、出租的，应在该专用设备停止使用当月停止享受企业所得税优惠，并补缴已经抵免的企业所得税税款。转让的受让方可以按照该专用设备投资额的10％抵免当年企业所得税应纳税额；当年应纳税额不足抵免的，可以在以后5个纳税年度结转抵免。

六、根据经济社会发展需要及企业所得税优惠政策实施情况，国务院财政、税务主管部门会同国家发展改革委、安监总局等有关部门适时对《目录》内的项目进行调整和修订，并在报国务院批准后对《目录》进行更新。

◆《财政部 国家税务总局关于执行企业所得税优惠政策若干问题的通知》（财税〔2009〕69号）规定：

十、实施条例第一百条规定的购置并实际使用的环境保护、节能节水和安全生产专用设备，包括承租方企业以融资租赁方式租入的、并在融资租赁合同中约定租赁期届满时租赁设备所有权转移给承租方企业，且符合规定条件的上述专用设备。凡融资租赁期届满后租赁设备所有权未转移至承租方企业的，承租方企业应停止享受抵免企业所得税优惠，并补缴已经抵免的企业所得税税款。

◆《国家税务总局关于环境保护节能节水安全生产等专用设备投资抵免企业所得税有关问题的通知》（国税函〔2010〕256号）规定：

自2009年1月1日起，纳税人购进并实际使用《环境保护专用设备企业所得税优惠目录》、《节能节水专用设备企业所得税优惠目录》和《安全生产专用设备企业所得税优惠目录》范围内的专用设备并取得增值税专用发票的，在按照《财政部国家税务总局关于执行环境保护专用设备企业所得税优惠目录节能节水专用设备企业所得税优惠目录和安全生产专用设备企业所得税优惠目录有关问题的通知》（财税〔2008〕48号）第二条规定进行税额抵免时，如增值税进项税额允许抵扣，其专用设备投资额不再包括增值税进项税额；如增值税进项税额不允许抵扣，其专用设备投资额应为增值税专用发票上注明的价税合计金额。企业购买专用设备取得普通发票的，其专用设备投资额为普通发票上注明的金额。

12. 税收优惠管理

〔《中华人民共和国企业所得税法实施条例》〕

☆第一百零一条　本章第八十七条、第九十九条、第一百条规定的企业所得税优惠目录，由国务院财政、税务主管部门商国务院有关部门制订，报国务院批准后公布施行。

☆第一百零二条　企业同时从事适用不同企业所得税待遇的项目的，其优惠项目应当单独计算所得，并合理分摊企业的期间费用；没有单独计算的，不得享受企业所得税优惠。

〔税收规范性文件〕

◆《国家税务总局关于做好 2009 年度企业所得税汇算清缴工作的通知》（国税函〔2010〕148 号）规定：

（六）税收优惠填报口径。对企业取得的免税收入、减计收入以及减征、免征所得额项目，不得弥补当期及以前年度应税项目亏损；当期形成亏损的减征、免征所得额项目，也不得用当期和以后纳税年度应税项目所得抵补。

〔《中华人民共和国企业所得税法》〕

★第三十五条　本法规定的税收优惠的具体办法，由国务院规定。

〔税收规范性文件〕

◆《国家税务总局关于企业所得税减免税管理问题的通知》（国税发〔2008〕111 号）规定：

一、企业所得税的各类减免税应按照《国家税务总局关于印发〈税收减免管理办法（试行）〉的通知》（国税发〔2005〕129 号）的相关规定办理。

国税发〔2005〕129 号文件规定与《中华人民共和国企业所得税法》及其实施条例规定不一致的，按《中华人民共和国企业所得税法》及其实施条例的规定执行。

二、企业所得税减免税实行审批管理的，必须是《中华人民共和国企业所得税法》及其实施条例等法律法规和国务院明确规定需要审批的内容。

对列入备案管理的企业所得税减免的范围、方式，由各省、自治区、直辖市和计划单列市国家税务局、地方税务局（企业所得税管理部门）自行研究确定，但同一省、自治区、直辖市和计划单列市范围内必须一致。

三、企业所得税减免税期限超过一个纳税年度的，主管税务机关可以进行一次性确认，但每年必须对相关减免税条件进行审核，对情况变化导致不符合减免税条件的，应停止享受减免税政策。

四、企业所得税减免税有资质认定要求的，纳税人须先取得有关资质认定，税务部门在办理减免税手续时，可进一步简化手续，具体认定方式由各省、自治区、直辖市和计划单列市国家税务局、地方税务局研究确定。

五、对各类企业所得税减免税管理，税务机关应本着精简、高效、便利的原则，方便纳税人，减少报送资料，简化手续。

◆《国家税务总局关于企业所得税税收优惠管理问题的补充通知》（国税函〔2009〕255号）规定：

一、列入企业所得税优惠管理的各类企业所得税优惠包括免税收入、定期减免税、优惠税率、加计扣除、抵扣应纳税所得额、加速折旧、减计收入、税额抵免和其他专项优惠政策。

二、除国务院明确的企业所得税过渡类优惠政策、执行新税法后继续保留执行的原企业所得税优惠政策、新企业所得税法第二十九条规定的民族自治地方企业减免税优惠政策，以及国务院另行规定实行审批管理的企业所得税优惠政策外，其他各类企业所得税优惠政策，均实行备案管理。

三、备案管理的具体方式分为事先备案和事后报送相关资料两种。具体划分除国家税务总局确定的外，由各省、自治区、直辖市和计划单列市国家税务局和地方税务局在协商一致的基础上确定。列入事先备案的税收优惠，纳税人应向税务机关报送相关资料，提请备案，经税务机关登记备案后执行。对需要事先向税务机关备案而未按规定备案的，纳税人不得享受税收优惠；经税务机关审核不符合税收优惠条件的，税务机关应书面通知纳税人不得享受税收优惠。列入事后报送相关资料的税收优惠，纳税人应按照新企业所得税法及其实施条例和其他有关税收规定：在年度纳税申报时附报相关资料，主管税务机关审核后如发现其不符合享受税收优惠政策的条件，应取消其自行享受的税收优惠，并相应追缴税款。

四、今后国家制定的各项税收优惠政策，凡未明确为审批事项的，均实行备案管理。

◆《国家税务总局关于加大监督检查力度切实维护税收秩序的通知》（国税发〔2008〕112号）强调：

坚持依法治税，坚决防止违法违规组织税收收入；加强纳税服务，确保各项税收政策落实到位；严格执法监督，切实维护税收征管秩序。

◆《财政部 国家税务总局关于坚决制止越权减免税加强依法治税工作的通知》（财税〔2009〕1号）强调：

根据现行有关税收管理权限的规定：中央税、共享税以及地方税的立法权都集中在中央，除有关税收法律、行政法规规定下放地方的具体政策管理权限外，税收政策管理权全部集中在中央。对超越税收管理权限和违背国家税法的规定：应拒绝执行，并及时向上级机关报告。对本地区越权减免税、税收先征后返等变相减免税情况进行一次全面检查和清理。

13. 专项税收优惠

〔《中华人民共和国企业所得税法》〕

★第三十六条　根据国民经济和社会发展的需要，或者由于突发事件等原因对企业经营活动产生重大影响的，国务院可以制定企业所得税专项优惠政策，报全国人民代表大会常务委员会备案。

（1）软件产业和集成电路产业

〔税收规范性文件〕

◆《财政部　国家税务总局关于企业所得税若干优惠政策的通知》（财税〔2008〕1号）规定：

第一条　关于鼓励软件产业和集成电路产业发展的优惠政策

（一）软件生产企业实行增值税即征即退政策所退还的税款，由企业用于研究开发软件产品和扩大再生产，不作为企业所得税应税收入，不予征收企业所得税。

（二）我国境内新办软件生产企业经认定后，自获利年度起，第一年和第二年免征企业所得税，第三年至第五年减半征收企业所得税。（《国家税务总局〈关于软件企业和高新技术企业所得税优惠政策有关规定执行口径等问题〉的通知》（国税发〔2003〕82号）规定（软件生产企业的开始获利年度，是指企业开始经营后第一个有应纳税所得额的年度，企业开办初期有亏损的，可依照税收有关规定逐年结转弥补，以弥补亏损后有应纳税所得额的年度为获利年度。）

（三）国家规划布局内的重点软件生产企业，如当年未享受免税优惠的，减按10%的税率征收企业所得税。（注《关于公布2010年度国家规划布局内重点软件企业名单的通知》（发改高技〔2011〕342号））

（四）软件生产企业的职工培训费用，可按实际发生额在计算应纳税所得额时扣除。

（五）企事业单位购进软件，凡符合固定资产或无形资产确认条件的，可以按照固定资产或无形资产进行核算，经主管税务机关核准，其折旧或摊销年限可以适当缩短，最短可为2年。

（六）集成电路设计企业视同软件企业，享受上述软件企业的有关企业所得税政策。

（七）集成电路生产企业的生产性设备，经主管税务机关核准，其折旧年限可以适当缩短，最短可为3年。

（八）投资额超过80亿元人民币或集成电路线宽小于0.25um的集成电路生产企业，可以减按15%的税率缴纳企业所得税，其中，经营期在15年以上的，从开始获利的年度起，第一年至第五年免征企业所得税，第六年至第十年减半征收企业所得税。

（九）对生产线宽小于0.8微米（含）集成电路产品的生产企业，经认定后，自获利年度起，第一年和第二年免征企业所得税，第三年至第五年减半征收企业所得税。已经享受自获利年度起企业所得税"两免三减半"政策的企业，不再重复执行本条规定。

（十）自2008年1月1日起至2010年底，对集成电路生产企业、封装企业的投资者，以其取得的缴纳企业所得税后的利润，直接投资于本企业增加注册资本，或作为资本投资开办其他集成电路生产企业、封装企业，经营期不少于5年的，按40%的比例退还其再投资部分已缴纳的企业所得税税款。再投资不满5年撤出该项投资的，追缴已退的企业所得税税款，自2008年1月1日起至2010年底，对国内外经济组织作为投资者，以其在境内取得的缴纳企业所得税后的利润，作为资本投资于西部地区开办集成电路生产企业、封装企业或软件产品生产企业，经营期不少于 5 年的，按 80％的比例退还其再投资部分已缴纳的企业所得税税款。再投资不满 5 年撤出该项投资的，追缴已退的企业所得税税款。

◆《财政部 国家税务总局关于进一步鼓励软件产业和集成电路产业发展企业所得税政策的通知》（财税〔2012〕27 号）规定：

一、集成电路线宽小于 0.8 微米（含）的集成电路生产企业，经认定后，在 2017 年 12 月 31 日前自获利年度起计算优惠期，第一年至第二年免征企业所得税，第三年至第五年按照 25％的法定税率减半征收企业所得税，并享受至期满为止。

二、集成电路线宽小于 0.25 微米或投资额超过 80 亿元的集成电路生产企业，经认定后，减按 15％的税率征收企业所得税，其中经营期在 15 年以上的，在 2017 年 12 月 31 日前自获利年度起计算优惠期，第一年至第五年免征企业所得税，第六年至第十年按照 25％的法定税率减半征收企业所得税，并享受至期满为止。

三、我国境内新办的集成电路设计企业和符合条件的软件企业，经认定后，在 2017 年 12 月 31 日前自获利年度起计算优惠期，第一年至第二年免征企业所得税，第三年至第五年按照 25％的法定税率减半征收企业所得税，并享受至期满为止。

四、国家规划布局内的重点软件企业和集成电路设计企业，如当年未享受免税优惠的，可减按 10％的税率征收企业所得税。

五、符合条件的软件企业按照《财政部 国家税务总局关于软件产品增值税政策的通知》（财税〔2011〕100 号）规定取得的即征即退增值税款，由企业专项用于软件产品研发和扩大再生产并单独进行核算，可以作为不征税收入，在计算应纳税所得额时从收入总额中减除。

六、集成电路设计企业和符合条件软件企业的职工培训费用，应单独进行核算并按实际发生额在计算应纳税所得额时扣除。

七、企业外购的软件，凡符合固定资产或无形资产确认条件的，可以按照固定资产或无形资产进行核算，其折旧或摊销年限可以适当缩短，最短可为 2 年（含）。

八、集成电路生产企业的生产设备，其折旧年限可以适当缩短，最短可为 3 年（含）。

九、本通知所称集成电路生产企业，是指以单片集成电路、多芯片集成电路、混合集成电路制造为主营业务并同时符合下列条件的企业：

（一）依法在中国境内成立并经认定取得集成电路生产企业资质的法人企业；

（二）签订劳动合同关系且具有大学专科以上学历的职工人数占企业当年月平均职工总人数的比例不低于 40％，其中研究开发人员占企业当年月平均职工总数的比例不低于 20％；

（三）拥有核心关键技术，并以此为基础开展经营活动，且当年度的研究开发费用总额占企业销售（营业）收入（主营业务收入与其他业务收入之和，下同）总额的比例不低于 5％；其中，企业在中国境内发生的研究开发费用金额占研究开发费用总额的比例不低于 60％；

（四）集成电路制造销售（营业）收入占企业收入总额的比例不低于 60％；

（五）具有保证产品生产的手段和能力，并获得有关资质认证（包括 ISO 质量体系认证、人力资源能力认证等）；

（六）具有与集成电路生产相适应的经营场所、软硬件设施等基本条件。

《集成电路生产企业认定管理办法》由发展改革委、工业和信息化部、财政部、税务总局会同有关部门另行制定。

十、本通知所称集成电路设计企业或符合条件的软件企业，是指以集成电路设计或软件产品开发为主营业务并同时符合下列条件的企业：

（一）2011 年 1 月 1 日后依法在中国境内成立并经认定取得集成电路设计企业资质或软件企业资质的法人企业；

（二）签订劳动合同关系且具有大学专科以上学历的职工人数占企业当年月平均职工总人数的比例不低于 40%，其中研究开发人员占企业当年月平均职工总数的比例不低于 20%；

（三）拥有核心关键技术，并以此为基础开展经营活动，且当年度的研究开发费用总额占企业销售（营业）收入总额的比例不低于 6%；其中，企业在中国境内发生的研究开发费用金额占研究开发费用总额的比例不低于 60%；

（四）集成电路设计企业的集成电路设计销售（营业）收入占企业收入总额的比例不低于 60%，其中集成电路自主设计销售（营业）收入占企业收入总额的比例不低于 50%；软件企业的软件产品开发销售（营业）收入占企业收入总额的比例一般不低于 50%（嵌入式软件产品和信息系统集成产品开发销售（营业）收入占企业收入总额的比例不低于 40%），其中软件产品自主开发销售（营业）收入占企业收入总额的比例一般不低于 40%（嵌入式软件产品和信息系统集成产品开发销售（营业）收入占企业收入总额的比例不低于 30%）；

（五）主营业务拥有自主知识产权，其中软件产品拥有省级软件产业主管部门认可的软件检测机构出具的检测证明材料和软件产业主管部门颁发的《软件产品登记证书》；

（六）具有保证设计产品质量的手段和能力，并建立符合集成电路或软件工程要求的质量管理体系并提供有效运行的过程文档记录；

（七）具有与集成电路设计或者软件开发相适应的生产经营场所、软硬件设施等开发环境（如 EDA 工具、合法的开发工具等），以及与所提供服务相关的技术支撑环境；

《集成电路设计企业认定管理办法》、《软件企业认定管理办法》由工业和信息化部、发展改革委、财政部、税务总局会同有关部门另行制定。

十一、国家规划布局内重点软件企业和集成电路设计企业在满足本通知第十条规定条件的基础上，由发展改革委、工业和信息化部、财政部、税务总局等部门根据国家规划布局支持领域的要求，结合企业年度集成电路设计销售（营业）收入或软件产品开发销售（营业）收入、盈利等情况进行综合评比，实行总量控制、择优认定。

《国家规划布局内重点软件企业和集成电路设计企业认定管理办法》由发展改革委、工业和信息化部、财政部、税务总局会同有关部门另行制定。

十二、本通知所称新办企业认定标准按照《财政部 国家税务总局关于享受企业所得税优惠政策的新办企业认定标准的通知》（财税〔2006〕1 号）规定执行。

十三、本通知所称研究开发费用政策口径按照《国家税务总局关于印发〈企业研究开发费用税前扣除管理办法（试行）〉的通知》（国税发〔2008〕116 号）规定执行。

十四、本通知所称获利年度，是指该企业当年应纳税所得额大于零的纳税年度。

十五、本通知所称集成电路设计销售（营业）收入，是指集成电路企业从事集成电路（IC）功能研发、设计并销售的收入。

十六、本通知所称软件产品开发销售（营业）收入，是指软件企业从事计算机软件、信息系统或嵌入式软件等软件产品开发并销售的收入，以及信息系统集成服务、信息技术咨询服务、数据处理和存储服务等技术服务收入。

十七、符合本通知规定须经认定后享受税收优惠的企业，应在获利年度当年或次年的企业所得税汇算清缴之前取得相关认定资质。如果在获利年度次年的企业所得税汇算清缴之前取得相关认定资质，该企业可从获利年度起享受相应的定期减免税优惠；如果在获利年度次年的企业所得税汇算清缴之后取得相关认定资质，该企业应在取得相关认定资质起，就其从获利年度起计算的优惠期的剩余年限享受相应的定期减免优惠。

十八、符合本通知规定条件的企业，应在年度终了之日起 4 个月内，按照本通知及《国家税务总局关于企业所得税减免税管理问题的通知》（国税发〔2008〕111 号）的规定，向主管税务机关办理减免税手续。在办理减免税手续时，企业应提供具有法律效力的证明材料。

十九、享受上述税收优惠的企业有下述情况之一的，应取消其享受税收优惠的资格，并补缴已减免的企业所得税税款：

（一）在申请认定过程中提供虚假信息的；

（二）有偷、骗税等行为的；

（三）发生重大安全、质量事故的；

（四）有环境等违法、违规行为，受到有关部门处罚的。

二十、享受税收优惠的企业，其税收优惠条件发生变化的，应当自发生变化之日起 15 日内向主管税务机关报告；不再符合税收优惠条件的，应当依法履行纳税义务；未依法纳税的，主管税务机关应当予以追缴。同时，主管税务机关在执行税收优惠政策过程中，发现企业不符合享受税收优惠条件的，可暂停企业享受的相关税收优惠。

二十一、在 2010 年 12 月 31 日前，依照《财政部 国家税务总局关于企业所得税若干优惠政策的通知》（财税〔2008〕1 号）第一条规定，经认定并可享受原定期减免税优惠的企业，可在本通知施行后继续享受到期满为止。

二十二、集成电路生产企业、集成电路设计企业、软件企业等依照本通知规定可以享受的企业所得税优惠政策与企业所得税其他相同方式优惠政策存在交叉的，由企业选择一项最优惠政策执行，不叠加享受。

二十三、本通知自 2011 年 1 月 1 日起执行。《财政部 国家税务总局关于企业所得税若干优惠政策的通知》（财税〔2008〕1 号）第一条第（一）项至第（九）项自 2011 年 1 月 1 日起停止执行。

◆《国家税务总局关于软件和集成电路企业认定管理有关问题的公告》（国家税务总局公告 2012 年第 19 号）规定：

对 2011 年 1 月 1 日后按照原认定管理办法认定的软件和集成电路企业，在财税〔2012〕27 号文件所称的《集成电路生产企业认定管理办法》、《集成电路设计企业认定管理办法》及《软件企业认定管理办法》公布前，凡符合财税〔2012〕27 号文件规定的优惠政策适用条件的，可依照原认定管理办法申请享受财税〔2012〕27 号文件规定的减免税优惠。在《集成电路生产企业认定管理办法》、《集成电路设计企业认定管理办法》及《软件企业认定管理办法》公布后，按新认定管理办法执行。对已按原认定管理办法享受优惠并进行企业所得税汇算清缴的企业，若不符合新认定管理办法条件的，应在履行相关程序后，重新按照税法规定计算申报纳税。

◆《财政部　国家税务总局关于执行企业所得税优惠政策若干问题的通知》（财税〔2009〕69 号）第九条规定：

2007 年底前设立的软件生产企业和集成电路生产企业，经认定后可以按《财政部　国家税务总局关于企业所得税若干优惠政策的通知》（财税〔2008〕1 号）的规定享受企业所得税定期减免税优惠政策。在 2007 年度或以前年度已获利并开始享受定期减免税优惠政策的，可自 2008 年度起继续享受至期满为止。

〔**与税收相关的规定**〕

◇《国务院关于印发进一步鼓励软件产业和集成电路产业发展若干政策的通知》（国发〔2011〕4 号）规定：

（三）对集成电路线宽小于 0.8 微米（含）的集成电路生产企业，经认定后，自获利年度起，第一年至第二年免征企业所得税，第三年至第五年按照 25% 的法定税率减半征收企业所得税（以下简称企业所得税"两免三减半"优惠政策）。

（四）对集成电路线宽小于 0.25 微米或投资额超过 80 亿元的集成电路生产企业，经认定后，减按 15% 的税率征收企业所得税，其中经营期在 15 年以上的，自获利年度起，第一年至第五年免征企业所得税，第六年至第十年按照 25% 的法定税率减半征收企业所得税（以下简称企业所得税"五免五减半"优惠政策）。

（六）对我国境内新办集成电路设计企业和符合条件的软件企业，经认定后，自获利年度起，享受企业所得税"两免三减半"优惠政策。经认定的集成电路设计企业和符合条件的软件企业的进口料件，符合现行法律法规规定的，可享受保税政策。

（七）国家规划布局内的集成电路设计企业符合相关条件的，可比照国发 18 号文件享受国家规划布局内重点软件企业所得税优惠政策。具体办法由发展改革委会同有关部门制定。

（八）为完善集成电路产业链，对符合条件的集成电路封装、测试、关键专用材料企业以及集成电路专用设备相关企业给予企业所得税优惠。具体办法由财政部、税务总局会同有关部门制定。

（九）国家对集成电路企业实施的所得税优惠政策，根据产业技术进步情况实行动态调整。符合条件的软件企业和集成电路企业享受企业所得税"两免三减半"、"五免五减半"优惠政策，在 2017 年 12 月 31 日前自获利年度起计算优惠期，并享受至期满为止。符合条件的软件企业和集成电路企业所得税优惠政策与企业所得税其他优惠政策存在交叉的，由企业选择一项最优惠政策执行，不叠加享受。

（三十二）凡在我国境内设立的符合条件的软件企业和集成电路企业，不分所有制性质，均可享受本政策。

（三十三）继续实施国发 18 号文件明确的政策，相关政策与本政策不一致的，以本政策为准。本政策由发展改革委会同财政部、税务总局、工业和信息化部、商务部、海关总署等部门负责解释。

（三十四）本政策自发布之日起实施。

〔税收规范性文件〕

◆《财政部 国家税务总局关于扶持动漫产业发展有关税收政策问题的通知》（财税〔2009〕65 号）规定：

从 2009 年 1 月 1 日起，经认定的动漫企业自主开发、生产动漫产品，可申请享受国家现行鼓励软件产业发展的所得税优惠政策。

〔与税收相关的规定〕

◇《文化部 财政部 国家税务总局印发〈动漫企业认定管理办法（试行）〉的通知》（文市发〔2008〕51 号）（国办发〔2006〕32 号规定：

经国务院有关部门认定的动漫企业自主开发、生产动漫产品，可申请享受国家现行鼓励软件产业发展的有关增值税、所得税优惠政策。

◇《文化部 财政部 国家税务总局关于实施〈动漫企业认定管理办法（试行）〉有关问题的通知》（文产发〔2009〕18 号）规定：

二、严格把握认定标准。

《办法》所称动漫企业，不包括漫画出版、发行，动画播出、放映，网络动漫传播以及动漫衍生产品生产、销售等为主营业务的企业。企业拥有的自主知识产权是指企业近 3 年内（至申报日前）获得的自主知识产权。企业营业场所产权证明或者租赁意向书（含出租方的产权证明），营业场所为企业自有产权的，提供房产证复印件加盖企业公章；营业场所为企业租赁的，提供产权方房产证复印件加盖公章或房主签字，并提供房屋租赁合同加盖企业公章。

企业申请动漫企业资格，应提供具有资质的中介机构鉴证的企业财务年度报表（含资产负债表、损益表、现金流量表）等企业经营情况，以及企业年度研究开发费用情况表，并附研究开发活动说明材料，并加盖具有资质的中介机构的公章。

各地认定机构应认真核验申请材料。

三、动漫企业认定年审受理申请时间为每年的 5 月 1 日—7 月 31 日。

(2) 支持文化企业发展

〔税收规范性文件〕

◆《财政部 国家税务总局关于文化体制改革中经营性文化事业单位转制为企业的若干税收优惠政策的通知》（财税〔2009〕34 号）规定：

一、经营性文化事业单位转制为企业，自转制注册之日起免征企业所得税。

五、经营性文化事业单位是指从事新闻出版、广播影视和文化艺术的事业单位；转制包括文化事业单位整体转为企业和文化事业单位中经营部分剥离转为企业。

六、适用于文化体制改革地区的所有转制文化单位和不在文化体制改革地区的转制企业。执行期限为 2009 年 1 月 1 日至 2013 年 12 月 31 日。

◆《财政部 国家税务总局关于支持文化企业发展若干税收政策问题的通知》（财税〔2009〕31 号）规定：

五、在文化产业支撑技术等领域内，依据《关于印发〈高新技术企业认定管理办法〉的通知》（国科发火〔2008〕172 号）和《关于印发〈高新技术企业认定管理工作指引〉的通知》（国科发火〔2008〕362 号）的规定认定的高新技术企业，减按 15% 的税率征收企业所得税；文化企业开发新技术、新产品、新工艺发生的研究开发费用，允许按国家税法规定在计算应纳税所得额时加计扣除。文化产业支撑技术等领域的具体范围由科技部、财政部、国家税务总局和中宣部另行发文明确。

六、出版、发行企业库存呆滞出版物，纸质图书超过五年（包括出版当年，下同）、音像制品、电子出版物和投影片（含缩微制品）超过两年、纸质期刊和挂历年画等超过一年的，可以作为财产损失在税前据实扣除。已作为财产损失税前扣除的呆滞出版物，以后年度处置的，其处置收入应纳入处置当年的应税收入。

八、对 2008 年 12 月 31 日前新办文化企业，其企业所得税优惠政策可以按照财税〔2005〕2 号文件规定执行到期。

九、本通知适用于所有文化企业。文化企业是指从事新闻出版、广播影视和文化艺术的企业。

◆《国家税务总局关于新办文化企业企业所得税有关政策问题的通知》（国税函〔2010〕86 号）规定：

对 2008 年 12 月 31 日前新办的政府鼓励的文化企业，自工商注册登记之日起，免征 3 年企业所得税，享受优惠的期限截止至 2010 年 12 月 31 日。

◆《财政部 国家税务总局关于关于转制文化企业名单及认定问题的通知》（财税〔2009〕105 号）规定：

一、2008 年 12 月 31 日之前已经审核批准执行《财政部、海关总署、国家税务总局关于文化体制改革中经营性文化事业单位转制后企业的若干税收政策问题的通知》（财税〔2005〕1 号）的转制文化企业，2009 年 1 月 1 日至 2013 年 12 月 31 日期间，相关税收政策按照财税〔2009〕34 号文件的规定执行。

二、从 2009 年 1 月 1 日起，需认定享受财税〔2009〕34 号规定的相关税收优惠政策的转制文化企业应同时符合以下条件

四、经认定的转制文化企业，可向主管税务机关申请办理减免税手续，并向主管税务机关备案以下材料：

(3) 鼓励证券基金发展

〔税收规范性文件〕

◆《财政部 国家税务总局关于企业所得税若干优惠政策的通知》（财税〔2008〕1

号）规定：

第二条　关于鼓励证券投资基金发展的优惠政策（一）对证券投资基金从证券市场中取得的收入，包括买卖股票、债券的差价收入，股权的股息、红利收入，债券的利息收入及其他收入，暂不征收企业所得（二）对投资者从证券投资基金分配中取得的收入，暂不征收企业所得（三）对证券投资基金管理人运用基金买卖股票、债券的差价收入，暂不征收企业所得税。

◆《财政部 国家税务总局关于中非发展基金有限公司有关企业所得税政策问题的通知》（财税〔2009〕36号）规定：

一、对中非发展基金有限公司取得的下列对非洲投资项目的投资收益，免征企业所得税：

1. 中非发展基金有限公司通过股权、准股权（包括可转换债券等）、债权（包括股东借款、委托贷款等）等形式直接投资于非洲取得的股息、红利、利息、股权转让收入等投资收益；

2. 中非发展基金有限公司在境内或境外设立合资公司（或专项基金），由该合资公司（或专项基金）直接投资于非洲取得的股息、红利、利息、股权转让收入等投资收益，中非发展基金有限公司按其在合资公司（或专项基金）中的持股比例应享有的部分。

二、对中非发展基金有限公司以暂未用于投资的闲置资金购买债券取得的利息收入和债券买卖差价收入以及闲置资金银行存款利息收入，免征企业所得税。

◆《财政部 国家税务总局关于中国清洁发展机制基金及清洁发展机制项目实施企业有关企业所得税政策问题的通知》（财税〔2009〕30号）规定：

一、关于清洁基金的企业所得税政策

对清洁基金取得的下列收入，免征企业所得税：

（一）CDM项目温室气体减排量转让收入上缴国家的部分；

（二）国际金融组织赠款收入；

（三）基金资金的存款利息收入、购买国债的利息收入；

（四）国内外机构、组织和个人的捐赠收入。

二、关于CDM项目实施企业的企业所得税政策

（一）CDM项目实施企业按照《清洁发展机制项目运行管理办法》

（发展改革委、科技部、外交部、财政部令第37号）的规定：将温室气体减排量的转让收入，按照以下比例上缴给国家的部分，准予在计算应纳税所得额时扣除：

1. 氢氟碳化物（HFC）和全氟碳化物（PFC）类项目，为温室气体减排量转让收入的65%；

2. 氧化亚氮（N2O）类项目，为温室气体减排量转让收入的30%；

3. 《清洁发展机制项目运行管理办法》第四条规定的重点领域以及植树造林项目等类清洁发展机制项目，为温室气体减排量转让收入的2%。

（二）对企业实施的将温室气体减排量转让收入的65%上缴给国家的HFC和PFC类CDM项目，以及将温室气体减排量转让收入的30%上缴给国家的N2O类CDM项目，其实施该类CDM项目的所得，自项目取得第一笔减排量转让收入所属纳税年度

起，第一年至第三年免征企业所得税，第四年至第六年减半征收企业所得税。企业实施CDM 项目的所得，是指企业实施 CDM 项目取得的温室气体减排量转让收入扣除上缴国家的部分，再扣除企业实施 CDM 项目发生的相关成本、费用后的净所得。

（4）支持农村金融企业

〔税收规范性文件〕

◆《财政部　国家税务总局关于农村金融有关税收政策的通知》（财税〔2010〕4号）规定：

一、自 2009 年 1 月 1 日至 2013 年 12 月 31 日，对金融机构农户小额贷款的利息收入，免征营业税。

二、自 2009 年 1 月 1 日至 2013 年 12 月 31 日，对金融机构农户小额贷款的利息收入在计算应纳税所得额时，按 90％计入收入总额。

三、自 2009 年 1 月 1 日至 2011 年 12 月 31 日，对农村信用社、村镇银行、农村资金互助社、由银行业机构全资发起设立的贷款公司、法人机构所在地在县（含县级市、区、旗）及县以下地区的农村合作银行和农村商业银行的金融保险业收入减按 3％的税率征收营业税。

四、自 2009 年 1 月 1 日至 2013 年 12 月 31 日，对保险公司为种植业、养殖业提供保险业务取得的保费收入，在计算应纳税所得额时，按 90％比例减计收入。

五、本通知所称农户，是指长期（一年以上）居住在乡镇（不包括城关镇）行政管理区域内的住户，还包括长期居住在城关镇所辖行政村范围内的住户和户口不在本地而在本地居住一年以上的住户，国有农场的职工和农村个体工商户。位于乡镇（不包括城关镇）行政管理区域内和在城关镇所辖行政村范围内的国有经济的机关、团体、学校、企事业单位的集体户；有本地户口，但举家外出谋生一年以上的住户，无论是否保留承包耕地均不属于农户。农户以户为统计单位，既可以从事农业生产经营，也可以从事非农业生产经营。农户贷款的判定应以贷款发放时的承贷主体是否属于农户为准。

本通知所称小额贷款，是指单笔且该户贷款余额总额在 5 万元以下（含 5 万元）的贷款。本通知所称村镇银行，是指经中国银行监督管理委员会依据有关法律、法规批准，由境内外金融机构、境内非金融机构企业法人、境内自然人出资，在农村地区设立的主要为当地农民、农业和农村经济发展提供金融服务的银行业金融机构。

本通知所称农村资金互助社，是指经银行业监督管理机构批准，由乡（镇）、行政村村民和农村小企业自愿入股组成，为社员提供存款、贷款、结算等业务的社区互助性银行业金融机构。本通知所称由银行业机构全资发起设立的贷款公司，是指经中国银行业监督管理委员会依据有关法律、法规批准，由境内商业银行或农村合作银行在农村地区设立的专门为县域农民、农业和农村经济发展提供贷款服务的非银行业金融机构。

本通知所称县（县级市、区、旗），不包括市（含直辖市、地级市）所辖城区。本通知所称保费收入，是指原保险保费收入加上分保费收入减去分出保费后的余额。

六、金融机构应对符合条件的农户小额贷款利息收入进行单独核算，不能单独核算的不得适用本通知第一条、第二条规定的优惠政策。

七、适用暂免或减半征收企业所得税优惠政策至 2009 年底的农村信用社执行现有政策到期后，再执行本通知第二条规定的企业所得税优惠政策。

◆《财政部 国家税务总局关于中国扶贫基金会小额信贷试点项目税收政策的通知》（财税〔2010〕35 号）规定：

一、中和农信项目管理有限公司和中国扶贫基金会举办的农户自立服务社（中心）从事农户小额贷款取得的利息收入，按照《财政部国家税务总局关于农村金融有关税收政策的通知》（财税〔2010〕4 号）第一条、第二条规定执行营业税和企业所得税优惠政策。

二、中和农项目管理有限公司和中国扶贫基金会举办的农户自立

服务社（中心）应对符合条件的农户小额贷款利息收入进行单独核算，不能单独核算的不得适用本通知规定的优惠政策。

(5) 促进节能服务业

〔税收规范性文件〕

◆《财政部 国家税务总局关于促进节能服务产业发展增值税营业税和企业所得税政策问题的通知》（财税〔2010〕110 号）规定：

二、关于企业所得税政策问题

（一）对符合条件的节能服务公司实施合同能源管理项目，符合企业所得税税法有关规定的，自项目取得第一笔生产经营收入所属纳税年度起，第一年至第三年免征企业所得税，第四年至第六年按照 25% 的法定税率减半征收企业所得税。

（二）对符合条件的节能服务公司，以及与其签订节能效益分享型合同的用能企业，实施合同能源管理项目有关资产的企业所得税税务处理按以下规定执行：

1. 用能企业按照能源管理合同实际支付给节能服务公司的合理支出，均可以在计算当期应纳税所得额时扣除，不再区分服务费用和资产价款进行税务处理；

2. 能源管理合同期满后，节能服务公司转让给用能企业的因实施合同能源管理项目形成的资产，按折旧或摊销期满的资产进行税务处理，用能企业从节能服务公司接受有关资产的计税基础也应按折旧或摊销期满的资产进行税务处理；

3. 能源管理合同期满后，节能服务公司与用能企业办理有关资产的权属转移时，用能企业已支付的资产价款，不再另行计入节能服务公司的收入。

（三）本条所称"符合条件"是指同时满足以下条件：

1. 具有独立法人资格，注册资金不低于 100 万元，且能够单独提供用能状况诊断、节能项目设计、融资、改造（包括施工、设备安装、调试、验收等）、运行管理、人员培训等服务的专业化节能服务公司；

2. 节能服务公司实施合同能源管理项目相关技术应符合国家质量监督检验检疫总局和国家标准化管理委员会发布的《合同能源管理技术通则》（GB/T24915－2010）规定的技术要求；

3. 节能服务公司与用能企业签订《节能效益分享型》合同，其合同格式和内容，符合《合同法》和国家质量监督检验检疫总局和国家标准化管理委员会发布的《合同能

源管理技术通则》（GB/T24915—2010）等规定；

4. 节能服务公司实施合同能源管理的项目符合《财政部国家税务总局国家发展改革委关于公布环境保护节能节水项目企业所得税优惠目录（试行）的通知》（财税〔2009〕166 号）"4. 节能减排技术改造"类中第一项至第八项规定的项目和条件；

5. 节能服务公司投资额不低于实施合同能源管理项目投资总额的 70%；

6. 节能服务公司拥有匹配的专职技术人员和合同能源管理人才，具有保障项目顺利实施和稳定运行的能力。

（四）节能服务公司与用能企业之间的业务往来，应当按照独立企业之间的业务往来收取或者支付价款、费用。不按照独立企业之间的业务往来收取或者支付价款、费用，而减少其应纳税所得额的，税务机关有权进行合理调整。

（五）用能企业对从节能服务公司取得的与实施合同能源管理项目有关的资产，应与企业其他资产分开核算，并建立辅助账或明细账。

（六）节能服务公司同时从事适用不同税收政策待遇项目的，其享受税收优惠项目应当单独计算收入、扣除，并合理分摊企业的期间费用；没有单独计算的，不得享受税收优惠政策。

三、本通知自 2011 年 1 月 1 日起执行。

〔与税收相关的规定〕

◇《国家发展改革委办公厅、财政部办公厅关于财政奖励合同能源管理项目有关事项的补充通知》（发改办环资〔2010〕2528 号）规定：

2010 年 10 月 20 日以后签订的能源管理合同，须参照《合同能源管理技术通则》中的标准合同格式签订。

◇《国务院办公厅转发发展改革委等部门关于加快推行合同能源管理促进节能服务产业发展意见的通知》（国办发〔2010〕25 号）规定：

二是节能服务公司实施合同能源管理项目，符合税法有关规定的，自项目取得第一笔生产经营收入所属纳税年度起，第一年至第三年免征企业所得税，第四年至第六年减半征收企业所得税。

三是用能企业按照能源管理合同实际支付给节能服务公司的合理支出，均可以在计算当期应纳税所得额时扣除，不再区分服务费用和资产价款进行税务处理。

四是能源管理合同期满后，节能服务公司转让给用能企业的因实施合同能源管理项目形成的资产，按折旧或摊销期满的资产进行税务处理。节能服务公司与用能企业办理上述资产的权属转移时，也不再另行计入节能服务公司的收入。

（6）支持技术先进型服务企业

〔税收规范性文件〕

◆《财政部 国家税务总局关于技术先进型服务企业有关企业所得税政策问题的通知》（财税〔2010〕65 号）规定：

一、自 2010 年 7 月 1 日起至 2013 年 12 月 31 日止，在北京、天津、上海、重庆、大连、深圳、广州、武汉、哈尔滨、成都、南京、西安、济南、杭州、合肥、南昌、长沙、大庆、苏州、无锡、厦门等21个中国服务外包示范城市（以下简称示范城市）实行以下企业所得税优惠政策：

1. 对经认定的技术先进型服务企业，减按15％的税率征收企业所得税。

2. 经认定的技术先进型服务企业发生的职工教育经费支出，不超过工资薪金总额8％的部分，准予在计算应纳税所得额时扣除；超过部分，准予在以后纳税年度结转扣除。

二、享受本通知第一条规定的企业所得税优惠政策的技术先进型服务企业必须同时符合以下条件：

1. 从事《技术先进型服务业务认定范围（试行）》（详见附件）中的一种或多种技术先进型服务业务，采用先进技术或具备较强的研发能力；

2. 企业的注册地及生产经营地在示范城市（含所辖区、县、县级市等全部行政区划）内；

3. 企业具有法人资格，近两年在进出口业务管理、财务管理、税收管理、外汇管理、海关管理等方面无违法行为；

4. 具有大专以上学历的员工占企业职工总数的50％以上；

5. 从事《技术先进型服务业务认定范围（试行）》中的技术先进型服务业务取得的收入占企业当年总收入的50％以上。

6. 从事离岸服务外包业务取得的收入不低于企业当年总收入的50％。从事离岸服务外包业务取得的收入，是指企业根据境外单位与其签订的委托合同，由本企业或其直接转包的企业为境外单位提供《技术先进型服务业务认定范围（试行）》中所规定的信息技术外包服务（ITO）、技术性业务流程外包服务（BPO）和技术性知识流程外包服务（KPO），而从上述境外单位取得的收入。

（7）伤残人员专门用品企业

〔税收规范性文件〕

◆《财政部 国家税务总局 民政部关于生产和装配伤残人员专门用品企业免征企业所得税的通知》（财税〔2011〕81号）规定：

为了帮助伤残人员康复或者恢复残疾肢体功能，保证伤残人员人身安全、劳动就业以及平等参与社会生活，保障和提高伤残人员的权益，经请示国务院同意，现对生产和装配伤残人员专门用品的企业征免企业所得税问题明确如下：

一、符合下列条件的居民企业，可在2015年底以前免征企业所得税：

（一）生产和装配伤残人员专门用品，且在民政部发布的《中国伤残人员专门用品目录》范围之内；

（二）以销售本企业生产或者装配的伤残人员专门用品为主，且所取得的年度伤残人员专门用品销售收入（不含出口取得的收入）占企业全部收入60％以上；

（三）企业账证健全，能够准确、完整地向主管税务机关提供纳税资料，且本企业生产或者装配的伤残人员专门用品所取得的收入能够单独、准确核算；

（四）企业拥有取得注册登记的假肢、矫形器（辅助器具）制作师执业资格证书的专业技术人员不得少于1人；其企业生产人员如超过20人，则其拥有取得注册登记的假肢、矫形器（辅助器具）制作师执业资格证书的专业技术人员不得少于全部生产人员的1/6；

（五）企业取得注册登记的假肢、矫形器（辅助器具）制作师执业资格证书的专业技术人员每年须接受继续教育，制作师《执业资格证书》须通过年检；

（六）具有测量取型、石膏加工、抽真空成型、打磨修饰、钳工装配、对线调整、热塑成型、假肢功能训练等专用设备和工具；

（七）具有独立的接待室、假肢或者矫形器（辅助器具）制作室和假肢功能训练室，使用面积不少于115平方米。

二、符合前条规定的企业，可在年度终了4个月内向当地税务机关办理免税手续。办理免税手续时，企业应向主管税务机关提供下列资料：

（一）免税申请报告；

（二）伤残人员专门用品制作师名册、《执业资格证书》（复印件），以及申请前年度制作师《执业资格证书》检查合格证明；

（三）收入明细资料；

（四）税务机关要求的其他材料。

三、税务机关收到企业的免税申请后，应严格按照本通知规定的免税条件及《国家税务总局关于企业所得税减免税管理问题的通知》（国税发〔2008〕111号）的有关规定：对申请免税的企业进行认真审核，符合条件的应及时办理相关免税手续。企业在未办理免税手续前，必须按统一规定报送纳税申报表、相关的纳税资料以及财务会计报表，并按规定预缴企业所得税；企业办理免税手续后，税务机关应依法及时退回已经预缴的税款。

四、企业以隐瞒、欺骗等手段骗取免税的，按照《中华人民共和国税收征收管理法》的有关规定进行处理。

五、本通知自2011年1月1日起至2015年12月31日止执行。

(8) 扶持促进就业

〔税收规范性文件〕

◆《财政部　国家税务总局关于支持和促进就业有关税收政策的通知》（财税〔2010〕84号）规定：

二、对商贸企业、服务型企业（除广告业、房屋中介、典当、桑拿、按摩、氧吧外）、劳动就业服务企业中的加工型企业和街道社区具有加工性质的小型企业实体，在新增加的岗位中，当年新招用持《就业失业登记证》（注明"企业吸纳税收政策"）人员，与其签订1年以上期限劳动合同并依法缴纳社会保险费的，在3年内按实际招用人数予以定额依次扣减营业税、城市维护建设税、教育费附加和企业所得税优惠。定额标准为每人每年4 000元，可上下浮动20％，由各省、自治区、直辖市人民政府根据本地区实际情况在此幅度内确定具体定额标准，并报财政部和国家税务总局备案。

按上述标准计算的税收扣减额应在企业当年实际应缴纳的营业税、城市维护建设税、教育费附加和企业所得税税额中扣减，当年扣减不足的，不得结转下年使用。

本条所称持《就业失业登记证》（注明"企业吸纳税收政策"）人员是指：1. 国有企业下岗失业人员；2. 国有企业关闭破产需要安置的人员；3. 国有企业所办集体企业（即厂办大集体企业）下岗职工；4. 享受最低生活保障且失业1年以上的城镇其他登记失业人员。

以上所称的国有企业所办集体企业（即厂办大集体企业）是指20世纪70、80年代，由国有企业批准或资助兴办的，以安置回城知识青年和国有企业职工子女就业为目的，主要向主办国有企业提供配套产品或劳务服务，在工商行政机关登记注册为集体所有制的企业。厂办大集体企业下岗职工包括在国有企业混岗工作的集体企业下岗职工。

本条所称服务型企业是指从事现行营业税"服务业"税目规定经营活动的企业。

三、享受本通知第一条、第二条优惠政策的人员按以下规定申领《就业失业登记证》、《高校毕业生自主创业证》等凭证：

（一）按照《就业服务与就业管理规定》（中华人民共和国劳动和社会保障部令第28号）第六十三条的规定：在法定劳动年龄内，有劳动能力，有就业要求，处于无业状态的城镇常住人员，在公共就业服务机构进行失业登记，申领《就业失业登记证》。其中，农村进城务工人员和其他非本地户籍人员在常住地稳定就业满6个月的，失业后可以在常住地登记。

（二）零就业家庭凭社区出具的证明，城镇低保家庭凭低保证明，在公共就业服务机构登记失业，申领《就业失业登记证》。

（三）毕业年度内高校毕业生在校期间凭学校出具的相关证明，经学校所在地省级教育行政部门核实认定，取得《高校毕业生自主创业证》（仅在毕业年度适用），并向创业地公共就业服务机构申请取得《就业失业登记证》；高校毕业生离校后直接向创业地公共就业服务机构申领《就业失业登记证》。

（四）本通知第二条规定的人员，在公共就业服务机构申领《就业失业登记证》。

（五）《再就业优惠证》不再发放，原持证人员应到公共就业服务机构换发《就业失业登记证》。正在享受下岗失业人员再就业税收优惠政策的原持证人员，继续享受原税收优惠政策至期满为止；未享受税收优惠政策的原持证人员，申请享受下岗失业人员再就业税收优惠政策的期限截至2010年12月31日。

（六）上述人员申领相关凭证后，由就业和创业地人力资源和社会保障部门对人员范围、就业失业状态、已享受政策情况审核认定，在《就业失业登记证》上注明"自主创业税收政策"或"企业吸纳税收政策"字样，同时符合自主创业和企业吸纳税收政策条件的，可同时加注；主管税务机关在《就业失业登记证》上加盖戳记，注明减免税所属时间。

四、本通知规定的税收优惠政策的审批期限为2011年1月1日至2013年12月31日，以纳税人到税务机关办理减免税手续之日起作为优惠政策起始时间。税收优惠政策在2013年12月31日未执行到期的，可继续享受至3年期满为止。下岗失业人员再就业税收优惠政策在2010年12月31日未执行到期的，可继续享受至3年期满为止。

◆《国家税务总局关于支持和促进就业有关税收政策具体实施问题的公告》（国家税务总局公告 2010 年第 25 号）规定：

二、企业吸纳税收政策申请、审核程序

（一）人员认定

符合条件的企业吸纳符合条件的人员可向县以上人力资源社会保障部门提出认定申请。县以上人力资源社会保障部门应当按照财税〔2010〕84 号文件的规定：重点核查以下情况：一是新招用人员是否属于企业吸纳就业税收政策扶持范围；二是新招用人员缴纳社会保险费记录；三是新招用人员是否领取过《再就业优惠证》并申请享受过税收扶持政策。核实后，对符合条件人员在《就业失业登记证》上注明"企业吸纳税收政策"。

（二）企业认定

企业吸纳持《就业失业登记证》（注明"企业吸纳税收政策"）人员可向县以上人力资源社会保障部门递交认定申请，并需报送下列材料：

1. 新招用人员持有的《就业失业登记证》（注明"企业吸纳税收政策"）。

2. 职工花名册（企业盖章，注明新增人员）。

3. 企业工资支付凭证（工资表）。

4. 企业与新招用持《就业失业登记证》（注明"企业吸纳税收政策"）人员签订的劳动合同（副本）。

5. 企业为职工缴纳的社会保险费记录。

6.《持〈就业失业登记证〉人员本年度在企业预定（实际）工作时间表》（见附件）。

7. 人力资源社会保障部门要求的其他材料。其中，劳动就业服务企业要提交《劳动就业服务企业证书》。县以上人力资源社会保障部门接到企业报送的材料后，应当按照财税〔2010〕84 号文件的规定：重点核查以下情况：一是核查当期新招用人员是否属于规定享受税收扶持政策对象，是否已享受税收扶持政策；二是核查企业是否与新招用人员签订了 1 年以上期限劳动合同；三是企业为新招用失业人员缴纳社会保险费的记录；四是《持〈就业失业登记证〉人员本年度在企业预定（实际）工作时间表》和企业上年职工总数是否真实，企业是否用新增岗位招用失业人员。必要时，应深入企业现场核实；五是企业的经营范围是否符合税收政策规定：对不符合享受优惠经营范围的企业不应核发《企业实体吸纳失业人员认定证明》。核实后，对符合条件的企业，相应核发《企业实体吸纳失业人员认定证明》，并在《持〈就业失业登记证〉人员本年度在企业预定（实际）工作时间表》上加盖认定戳记，作为认定证明的附表。

（三）税收减免申请及审核

具有县以上人力资源社会保障部门核发的《企业实体吸纳失业人员认定证明》及加盖人力资源社会保障部门认定戳记的《持〈就业失业登记证〉人员本年度在企业预定（实际）工作时间表》的企业可依法向主管税务机关申请减免税，并同时报送下列材料：

1. 减免税申请表。

2.《企业实体吸纳失业人员认定证明》及其附表。

3.《就业失业登记证》及主管税务机关要求的其他材料。

（四）税收减免办法

县以上主管税务机关按财税〔2010〕84文件规定条件审核无误的，在年度减免税定额内，依次扣减营业税、城市维护建设税、教育费附加和企业所得税。

1. 营业税、城市维护建设税、教育费附加和企业所得税均由地方税务局征管的，由主管税务机关在审核时按人力资源社会保障部门认定的企业吸纳人数和签订的劳动合同时间预核定企业减免税总额，在预核定减免税总额内每月依次预减营业税、城市维护建设税、教育费附加。纳税人实际应缴纳的营业税、城市维护建设税、教育费附加小于预核定减免税总额的，以实际应缴纳的营业税、城市维护建设税、教育费附加为限；实际应缴纳的营业税、城市维护建设税、教育费附加大于预核定减免税总额的，以预核定减免税总额为限。

2. 营业税、城市维护建设税、教育费附加与企业所得税分属国家税务局和地方税务局征管的，统一由企业所在地主管地方税务局按前款规定的办法预核定企业减免税总额并将核定结果通报当地国家税务局。纳税年度内先由主管地方税务局在核定的减免总额内每月依次预减营业税、城市维护建设税、教育费附加。如果企业实际减免的营业税、城市维护建设税、教育费附加小于核定的减免税总额的，县级地方税务局要在次年2月底之前将企业实际减免的营业税、城市维护建设税、教育费附加和剩余额度等信息交换给同级国家税务局，剩余额度由主管国家税务局在企业所得税汇算清缴时按企业所得税减免程序扣减企业所得税。当年扣减不足的，不再结转以后年度扣减。

3. 企业在认定或年度检查合格后，纳税年度终了前招用失业人员发生变化的，企业应当在人员变化次月按本通知第二条第（二）项规定申请认定。对人员变动较大的企业，主管税务机关可按规定调整一次预核定，具体办法由省级税务机关规定。

无论企业是否发生前款情形的，应当于次年1月10日前向税务机关提供人力资源社会保障部门出具的《持〈就业失业登记证〉人员本年度在企业预定（实际）工作时间表》，税务机关据此清算企业减免税总额。主管税务机关应当按照规定重新核定企业年度减免税总额，税务机关根据企业实际减免营业税、城市维护建设税、教育费附加的情况，为企业办理减免企业所得税或追缴多减免的税款。

计算公式为：

$$企业年度减免税总额 = \sum 每名失业人员本年度在本企业实际工作月份 \div 12 \times 定额$$

4. 第二年及以后年度以当年新招用人员、原招用人员及其工作时间按上述程序和办法执行。每名失业人员享受税收政策的期限最长不超过3年。

〔与税收相关的规定〕

◇《国务院关于做好当前经济形势下就业工作的通知》（国发〔2009〕4号）规定：

（十一）鼓励企业吸纳就业。切实落实鼓励企业吸纳就业困难人员的社会保险补贴政策。延续鼓励企业吸纳下岗失业人员的税收扶持政策，对符合条件的企业在新增加的岗位中，当年新招用持《再就业优惠证》人员，与其签订 1 年以上期限劳动合同并缴纳社会保险费的，按规定在相应期限内定额依次减免营业税、城市维护建设税、教育费附加和企业所得税，审批期限延长至 2009 年底。

〔税收规范性文件〕

◆《财政部 国家税务总局关于延长下岗失业人员再就业有关税收政策的通知》（财税〔2009〕23 号）规定：

对符合条件的企业在新增加的岗位中，当年新招用持《再就业优惠证》人员，与其签订 1 年以上期限劳动合同并缴纳社会保险费的，3 年内按实际招用人数予以定额依次扣减营业税、城市维护建设税、教育费附加和企业所得税。定额标准为每人每年 4 000 元，可上下浮动 20%。由各省、自治区、直辖市人民政府根据本地区实际情况在此幅度内确定具体定额标准，并报财政部和国家税务总局备案。

◆《财政部 国家税务总局关于延长下岗失业人员再就业有关税收政策审批期限的通知》（财税〔2010〕10 号）规定：

经国务院批准，《财政部国家税务总局关于延长下岗失业人员再就业有关税收政策的通知》（财税〔2009〕23 号）规定的税收优惠政策的审批期限于 2009 年 12 月 31 日到期后，继续执行至 2010 年 12 月 31 日。

◆《财政部 国家税务总局关于下岗失业人员再就业税收政策问题的通知》（财税〔2005〕186 号）规定：

定额标准为每人每年 4 000 元，可上下浮动 20%，由各省、自治区、直辖市人民政府根据本地区实际情况在此幅度内确定具体定额标准，并报财政部和国家税务总局备案。

◆《国家税务总局劳动和社会保障部关于下岗失业人员再就业有关税收政策具体实施意见的通知》（国税发〔2006〕8 号）规定：

一、企业吸纳下岗失业人员的认定、审核程序

二、国有大中型业通过主辅分离和辅业改制分流安置本企业富余人员兴办的经济实体（以下简称"经济实体"）的认定、审核程序

三、下岗失业人员从事个体经营

四、监督管理

主管税务机关应当在审批减免税时，在《再就业优惠证》中加盖戳记，注明减免税所属时间。

（9）扶持西部大开发

〔税收规范性文件〕

◆《财政部 海关总署 国家税务总局关于深入实施西部大开发战略有关税收政策问题的通知》（财税〔2011〕58 号）规定：

为贯彻落实党中央、国务院关于深入实施西部大开发战略的精神，进一步支持西部大开发，现将有关税收政策问题通知如下：

一、对西部地区内资鼓励类产业、外商投资鼓励类产业及优势产业的项目在投资总额内进口的自用设备，在政策规定范围内免征关税。

二、自2011年1月1日至2020年12月31日，对设在西部地区的鼓励类产业企业减按15％的税率征收企业所得税。

上述鼓励类产业企业是指以《西部地区鼓励类产业目录》中规定的产业项目为主营业务，且其主营业务收入占企业收入总额70％以上的企业。《西部地区鼓励类产业目录》另行发布。

三、对西部地区2010年12月31日前新办的、根据《财政部、国家税务总局、海关总署关于西部大开发税收优惠政策问题的通知》（财税〔2001〕202号）第二条第三款规定可以享受企业所得税"两免三减半"优惠的交通、电力、水利、邮政、广播电视企业，其享受的企业所得税"两免三减半"优惠可以继续享受到期满为止。

四、本通知所称西部地区包括重庆市、四川省、贵州省、云南省、西藏自治区、陕西省、甘肃省、宁夏回族自治区、青海省、新疆维吾尔自治区、新疆生产建设兵团、内蒙古自治区和广西壮族自治区。湖南省湘西土家族苗族自治州、湖北省恩施土家族苗族自治州、吉林省延边朝鲜族自治州，可以比照西部地区的税收政策执行。

五、本通知自2011年1月1日起执行。《财政部、国家税务总局、海关总署关于西部大开发税收优惠政策问题的通知》（财税〔2001〕202号）、《国家税务总局关于落实西部大开发有关税收政策具体实施意见的通知》（国税发〔2002〕47号）、《财政部、国家税务总局关于西部大开发税收优惠政策适用目录变更问题的通知》（财税〔2006〕165号）、《财政部、国家税务总局关于将西部地区旅游景点和景区经营纳入西部大开发税收优惠政策范围的通知》（财税〔2007〕65号）自2011年1月1日起停止执行。

◆《财政部 国家税务总局关于新疆困难地区新办企业所得税优惠政策的通知》（财税〔2011〕53号）规定：

为推进新疆跨越式发展和长治久安，根据中共中央、国务院关于支持新疆经济社会发展的指示精神，现就新疆困难地区有关企业所得税优惠政策通知如下：

一、2010年1月1日至2020年12月31日，对在新疆困难地区新办的属于《新疆困难地区重点鼓励发展产业企业所得税优惠目录》（以下简称《目录》）范围内的企业，自取得第一笔生产经营收入所属纳税年度起，第一年至第二年免征企业所得税，第三年至第五年减半征收企业所得税。

二、新疆困难地区包括南疆三地州、其他国家扶贫开发重点县和边境县市。

三、属于《目录》范围内的企业是指以《目录》中规定的产业项目为主营业务，其主营业务收入占企业收入总额70％以上的企业。

四、第一笔生产经营收入，是指新疆困难地区重点鼓励发展产业项目已建成并投入运营后所取得的第一笔收入。

五、按照本通知规定享受企业所得税定期减免税政策的企业，在减半期内，按照企业所得税25％的法定税率计算的应纳税额减半征税。

六、财政部、国家税务总局会同有关部门研究制订《目录》，经国务院批准后公布实施，并根据新疆经济社会发展需要及企业所得税优惠政策实施情况适时调整。

七、对难以界定是否属于《目录》范围的项目，税务机关应当要求企业提供省级以上（含省级）有关行业主管部门出具的证明文件，并结合其他相关材料进行认定。

◆《财政部　国家税务总局　国家发展和改革委员会　工业和信息化部关于公布新疆困难地区重点鼓励发展产业企业所得税优惠目录（试行）的通知》（财税〔2011〕60号）规定：

一、申请享受新疆困难地区重点鼓励发展产业企业所得税优惠政策的企业，涉及外商投资的，应符合现行外商投资产业政策。

二、新疆困难地区各级财政、税务机关应根据《财政部、国家税务总局关于新疆困难地区新办企业所得税优惠政策的通知》（财税〔2011〕53号）和《目录》的规定，认真落实相关企业所得税优惠政策，对执行中发现的新情况、新问题要及时向上级财政、税务主管部门反映。

三、本通知自2010年1月1日起施行。

附件：新疆困难地区重点鼓励发展产业企业所得税优惠目录（试行）

一、农林业

1. 中低产田综合治理与稳产高产基本农田建设。

2. 农产品基地建设。

3. 蔬菜、瓜果、花卉设施栽培（含无土栽培）先进技术开发与应用。

4. 优质、高产、高效标准化栽培技术开发与应用。

5. 畜禽标准化规模养殖技术开发与应用。

6. 重大病虫害及动物疫病防治。

7. 农作物、家畜、家禽及水生动植物、野生动植物遗传工程及基因库建设。

8. 动植物（含野生）优良品种选育、繁育、保种和开发；生物育种；种子生产、加工、贮藏及鉴定。

9. 种（苗）脱毒技术开发与应用。

10. 旱作节水农业、保护性耕作、生态农业建设、耕地质量建设及新开耕地快速培肥技术开发与应用。

11. 生态种（养）技术开发与应用。

12. 农用薄膜无污染降解技术及农田土壤重金属降解技术开发与应用。

13. 绿色无公害饲料及添加剂开发。

14. 内陆流域性大湖资源增殖保护工程。

15. 牛羊胚胎（体内）及精液工厂化生产。

16. 农业生物技术开发与应用。

17. 耕地保养管理与土、肥、水速测技术开发与应用。

18. 农、林作物和渔业种质资源保护地、保护区建设；动植物种质资源收集、保存、鉴定、开发与应用。

19. 农作物秸秆还田与综合利用（青贮饲料，秸秆氨化养牛、还田，秸秆沼气及热解、气化，培育食用菌，固化成型燃料，秸秆人造板，秸秆纤维素燃料乙醇、非粮饲料资源开发利用等）。

20. 农村可再生资源综合利用开发工程（沼气工程、"三沼"综合利用、沼气灌装提纯等）。

21. 食（药）用菌菌种培育。

22. 草原、森林灾害综合治理工程。

23. 利用非耕地的退耕（牧）还林（草）及天然草原植被恢复工程。

24. 动物疫病新型诊断试剂、疫苗及低毒低残留兽药（含兽用生物制品）新工艺、新技术开发与应用。

25. 优质高产牧草人工种植与加工。

26. 无公害农产品及其产地环境的有害元素监测技术开发与应用。

27. 有机废弃物无害化处理及有机肥料产业化技术开发与应用。

28. 农牧渔产品无公害、绿色生产技术开发与应用。

29. 农林牧渔产品储运、保鲜、加工与综合利用。

30. 天然林等自然资源保护工程。

31. 碳汇林建设、植树种草工程及林木种苗工程。

32. 水土流失综合治理技术开发与应用。

33. 生态系统恢复与重建工程。

34. 海洋、森林、野生动植物、湿地、荒漠、草原等自然保护区建设及生态示范工程。

35. 防护林工程。

36. 固沙、保水、改土新材料生产。

37. 抗盐与耐旱植物培植。

38. 速生丰产林工程、工业原料林工程、珍贵树种培育及名特优新经济林建设。

39. 森林抚育、低产林改造工程。

40. 野生经济林树种保护、改良及开发利用。

41. 珍稀濒危野生动植物保护工程。

42. 林业基因资源保护工程。

43. 次小薪材、沙生灌木及三剩物深加工与产品开发。

44. 野生动植物培植、驯养繁育基地及疫源疫病监测预警体系建设。

45. 道地中药材及优质、丰产、濒危或紧缺动植物药材的种植（养殖）。

46. 香料、野生花卉等林下资源人工培育与开发。

47. 木基复合材料及结构用人造板技术开发。

48. 木质复合材料、竹质工程材料生产及综合利用。

49. 松脂林建设、林产化学品深加工。

50. 数字（信息）农业技术开发与应用。

51. 农业环境与治理保护技术开发与应用。

52. 生态清洁型小流域建设及面源污染防治。

53. 农田主要机耕道（桥）建设。

54. 生物质能源林定向培育与产业化。

55. 粮油干燥节能设备、农户绿色储粮生物技术、驱鼠技术、农户新型储粮仓（彩钢板组合仓、钢骨架矩形仓、钢网式干燥仓、热浸镀锌钢板仓等）推广应用。

56. 农作物、林木害虫密度自动监测技术开发与应用。

57. 森林、草原火灾自动监测报警技术开发与应用。

58. 气象卫星工程（卫星研制、生产及配套软件系统、地面接收处理设备等）和气象信息服务。

59. 荒漠化和沙化监测体系及能力建设。

60. 盐渍羊肠衣及制品开发与生产。

61. 防沙治沙工程。

62. 退耕还林还草、天然林保护等国家重点生态工程后续产业开发。

63. 优质番茄、特色香梨、葡萄、甜瓜、红枣、核桃和枸杞的种植及深加工。

64. 优质酿酒葡萄基地。

65. 天然香料的种植、加工。

66. 甜菜糖加工及副产品综合利用。

67. 亚麻种植及其制品生产。

68. 高档棉毛产品升级改造。

69. 丝绸产品深加工。

70. 畜禽骨深加工新技术。

二、水利

1. 江河堤防建设及河道、水库治理工程。

2. 跨流域调水工程。

3. 城乡供水水源工程。

4. 农村饮水安全工程。

5. 蓄滞洪区建设。

6. 病险水库、水闸除险加固工程。

7. 城市积涝预警和防洪工程。

8. 综合利用水利枢纽工程。

9. 牧区水利工程。

10. 灌区改造及配套设施建设。

11. 防洪抗旱应急设施建设。

12. 高效输配水、节水灌溉技术推广应用。

13. 水文应急测报、旱情监测基础设施建设。

14. 灌溉排水泵站更新改造工程。

15. 农田水利设施建设工程（灌排渠道、涵闸、泵站建设等）。

16. 防汛抗旱新技术新产品开发与应用。

17. 山洪地质灾害防治工程（山洪地质灾害防治区监测预报预警体系建设及山洪沟、泥石流沟和滑坡治理等）。

18. 水生态系统及地下水保护与修复工程。

19. 水源地保护工程（水源地保护区划分、隔离防护、水土保持、水资源保护、水生态环境修复及有关技术开发推广）。

20. 水文站网基础设施建设及其仪器设备开发与应用。

三、煤炭

1. 煤田地质及地球物理勘探。

2. 120 万吨/年及以上高产高效煤矿（含矿井、露天）、高效选煤厂建设。

3. 矿井灾害（瓦斯、煤尘、矿井水、火、围岩、地温、冲击地压等）防治。

4. 型煤及水煤浆技术开发与应用。

5. 煤炭共伴生资源加工与综合利用。

6. 煤层气勘探、开发、利用和煤矿瓦斯抽采、利用。

7. 煤矸石、煤泥、洗中煤等低热值燃料综合利用。

8. 管道输煤。

9. 煤炭高效洗选脱硫技术开发与应用。

10. 选煤工程技术开发与应用。

11. 地面沉陷区治理、矿井水资源保护与利用。

12. 煤电一体化建设。

13. 提高资源回收率的采煤方法、工艺开发与应用。

14. 矿井采空区矸石回填技术开发与应用。

15. 井下救援技术及特种装备开发与应用。

16. 煤炭生产过程综合监控技术、装备开发与应用。

17. 大型煤炭储运中心、煤炭交易市场建设。

18. 新型矿工避险自救器材开发与应用。

19. 建筑物下、铁路等基础设施下、水体下采用煤矸石等物质充填采煤技术开发与应用。

20. 煤炭加工应用技术开发和产品生产。

四、电力

1. 水力发电。

2. 缺水地区单机 60 万千瓦及以上大型空冷机组电站建设。

3. 重要用电负荷中心且天然气充足地区天然气调峰发电项目。

4. 30 万千瓦及以上循环流化床、增压流化床、整体煤气化联合循环发电等洁净煤发电。

5. 单机 30 万千瓦及以上采用流化床锅炉并利用煤矸石、中煤、煤泥等发电。

6. 在役发电机组脱硫、脱硝改造。

7. 跨区电网互联工程技术开发与应用。

8. 输变电节能、环保技术推广应用。

9. 降低输、变、配电损耗技术开发与应用。

10. 分布式供电及并网技术推广应用。

11. 燃煤发电机组脱硫、脱硝及复合污染物治理。

12. 火力发电脱硝催化剂开发生产。

13. 水力发电中低温水恢复措施工程、过鱼措施工程技术开发与应用。

14. 大容量电能储存技术开发与应用。

15. 电动汽车充电设施。

16. 乏风瓦斯发电技术及开发利用。

17. 利用余热余压、煤层气、高炉气、焦炉气、垃圾发电。

18. 采用单机30万千瓦以上集中供热机组的热电联产，背压式热电联产，以及热、电、冷多联产。

19. 南疆喀什、和田应急燃机电站。

五、新能源

1. 生物质纤维素乙醇、生物柴油等非粮生物质燃料生产技术开发与应用。

2. 太阳能热发电集热系统、太阳能光伏发电系统集成技术开发应用、逆变控制系统开发制造。

3. 风电与光伏发电互补系统技术开发与应用。

六、石油、天然气

1. 油气伴生资源综合利用。

2. 放空天然气回收利用及装置制造。

七、钢铁

1. 黑色金属矿山接替资源勘探及关键勘探技术开发。

2. 高性能、高质量及升级换代钢材产品技术开发与应用。包括600兆帕级及以上高强度汽车板、油气输送高性能管线钢、高强度船舶用宽厚板、海洋工程用钢、420兆帕级及以上建筑和桥梁等结构用中厚板、高速重载铁路用钢、低铁损高磁感硅钢、耐腐蚀耐磨损钢材、节约合金资源不锈钢（现代铁素体不锈钢、双相不锈钢、含氮不锈钢）、高性能基础件（高性能齿轮、12.9级及以上螺栓、高强度弹簧、长寿命轴承等）用特殊钢棒线材、高品质特钢锻轧材（工模具钢、不锈钢、机械用钢等）等。

3. 焦炉、高炉、热风炉用长寿命节能环保耐火材料生产工艺；精炼钢用低碳、无碳耐火材料和高效连铸用功能环保性耐火材料生产工艺。

4. 生产过程在线质量检测技术应用。

5. 利用钢铁生产设备处理社会废弃物。

6. 烧结烟气脱硫、脱硝、脱二恶英等多功能干法脱除，以及副产物资源化、再利用化技术。

7. 难选贫矿、（共）伴生矿综合利用先进工艺技术。

8. 冶金固体废弃物（含冶金矿山废石、尾矿，钢铁厂产生的各类尘、泥、渣、铁皮等）综合利用先进工艺技术。

9. 冶金废液（含废水、废酸、废油等）循环利用工艺技术与设备。

10. 高炉、转炉煤气干法除尘。

八、有色金属

1. 有色金属现有矿山接替资源勘探开发，紧缺资源的深部及难采矿床开发。

2. 高效、低耗、低污染、新型冶炼技术开发。

3. 高效、节能、低污染、规模化再生资源回收与综合利用（1）废杂有色金属回收（2）有价元素的综合利用（3）赤泥及其他冶炼废渣综合利用（4）高铝粉煤灰提取氧化铝。

4. 铝铜硅钨钼等大规格高纯靶材、超大规模集成电路铜镍硅和铜铬锆引线框架材料、电子焊料等开发与生产。

5. 抗压强度不低于500Mpa、导电率不低于80％IACS的铜合金精密带材和超长线材制品等高强铜合金、交通运输工具主承力结构用的新型高强、高韧、耐蚀铝合金材料及大尺寸制品开发与生产。

6. 铜、铅、锌、铝等有色金属精深加工。

九、黄金

1. 从尾矿及废石中回收黄金资源。

十、石化化工

1. 含硫含酸重质、劣质原油炼制技术，高标准油品生产技术开发与应用。

2. 高效、安全、环境友好的农药新品种、新剂型（水基化剂型等）、专用中间体、助剂（水基化助剂等）的开发与生产；甲叉法乙草胺、水相法毒死蜱工艺，草甘膦回收氯甲烷工艺、定向合成法手性和立体结构农药生产、乙基氯化物合成技术等清洁生产工艺的开发和应用，生物农药新产品、新技术的开发与生产。

3. 改性型、水基型胶粘剂和新型热熔胶，环保型吸水剂、水处理剂，分子筛固汞、无汞等新型高效、环保催化剂和助剂，安全型食品添加剂、饲料添加剂，纳米材料，功能性膜材料，超净高纯试剂、光刻胶、电子气、高性能液晶材料等新型精细化学品的开发与生产。

4. 聚合物改性沥青开发与生产。

5. 硫、钾、硼、锂等短缺化工矿产资源开发及综合利用，以及精细无机盐产品生产。

6. 优质钾肥及各种专用肥、缓控释肥的生产，钾肥生产剩余物的综合开发利用，氮肥企业节能减排和原料结构调整，磷石膏综合利用技术开发与应用。

7. 水性木器、工业、船舶涂料、高固体分、无溶剂、辐射固化、功能性外墙保温涂料等环境友好、资源节约型涂料生产。

8. 采用离子膜法烧碱生产技术、烧碱用盐水膜法脱硝、纯碱行业干法蒸馏、联碱不冷碳化等清洁生产技术对现有装置进行改造和回收锅炉烟道气 CO2 生产纯碱。

9. 盐化工下游产品生产及开发（列入《产业结构调整指导目录》、《外商投资产业指导目录》限制类、禁止类的除外）。

十一、建材

1. 一次冲洗用水量6升及以下的坐便器、蹲便器、节水型小便器及节水控制设备开发与生产。

2. 使用合成矿物纤维、芳纶纤维等作为增强材料的无石棉摩擦、密封材料新工艺、新产品开发与生产。

3. 废矿石、尾矿和建筑废弃物的综合利用。

4. 农用田间建设材料技术开发与生产。

5. 利用工业副产石膏生产新型墙体材料及技术装备开发与制造。

6. 2 000吨/日及以上新型干法水泥和利用2 000吨/日及以上新型干法水泥窑炉处置工业废弃物、城市污泥和生活垃圾的生产，纯低温余热发电；粉磨系统等节能改造。

7. 3万吨/年及以上无碱玻璃纤维池窑拉丝技术和高性能玻璃纤维及制品技术开发与生产。

8. 优质节能复合门窗及五金配件生产。

9. 20万立方米/年以上大型石材荒料、30万平方米/年以上超薄复合石材生产。

10. 年产100万平方米及以上建筑陶瓷砖生产线。

11. 3 000万标砖/年及以上的煤矸石、页岩等非粘土烧结构多孔砖和空心砖生产线。

12. 年产500万平方米及以上改性沥青类防水卷材生产线。

13. 新型墙体材料开发与生产。

14. 蛭石、云母、石棉、菱镁矿、石墨、石灰石、红柱石、石材等非金属矿产的综合利用（勘查、开发除外）。

15. 特殊品种（超白、超薄、在线Low-E）优质浮法玻璃技术开发及深加工。

十二、医药

1. 拥有自主知识产权的新药开发和生产，天然药物开发和生产，新型计划生育药物（包括第三代孕激素的避孕药）开发和生产，满足我国重大、多发性疾病防治需求的通用名药物首次开发和生产，药物新剂型、新辅料的开发和生产，药物生产过程中的膜分离、超临界萃取、新型结晶、手性合成、酶促合成、生物转化、自控等技术开发与应用，原料药生产节能降耗减排技术、新型药物制剂技术开发与应用。

2. 新型药用包装材料及其技术开发和生产（一级耐水药用玻璃，可降解材料，具有避光、高阻隔性、高透过性的功能性材料，新型给药方式的包装；药包材无苯油墨印刷工艺等）。

3. 濒危稀缺药用动植物人工繁育技术及代用品开发和生产，先进农业技术在中药材规范化种植、养殖中的应用，中药有效成份的提取、纯化、质量控制新技术开发和应用，中药现代剂型的工艺技术、生产过程控制技术和装备的开发与应用，中药饮片创新技术开发和应用，中成药二次开发和生产。

4. 民族药物开发和生产。

5. 基本药物质量和生产技术水平提升及降低成本。

6. 以牛羊内脏为原料的生物制药产品的开发利用。

十三、机械

1. 土壤修复技术装备制造。

2. 适合新疆煤炭蕴藏特点的煤矿采掘设备制造。

3. 农业、林果业、畜牧业机械制造。

4. 安全饮水设备制造。

十四、轻工

1. 无元素氯（ECF）和全无氯（TCF）化学纸浆漂白工艺开发及应用。

2. 生物可降解塑料及其系列产品开发、生产与应用。

3. 农用塑料节水器材和长寿命（三年及以上）功能性农用薄膜的开发、生产。

4. 新型塑料建材（高气密性节能塑料窗、大口径排水排污管道、抗冲击改性聚氯乙烯管、地源热泵系统用聚乙烯管、非开挖用塑料管材、复合塑料管材、塑料检查井）；防渗土工膜；塑木复合材料和分子量≥200万的超高分子量聚乙烯管材及板材生产。

5. 少数民族特需用品制造。

6. 制革及毛皮加工清洁生产、皮革后整饰新技术开发及关键设备制造、皮革废弃物综合利用；皮革铬鞣废液的循环利用，三价铬污泥综合利用；无灰膨胀（助）剂、无氨脱灰（助）剂、无盐浸酸（助）剂、高吸收铬鞣（助）剂、天然植物鞣剂、水性涂饰（助）剂等高档皮革用功能性化工产品开发、生产与应用。

7. 多效、节能、节水、环保型表面活性剂和浓缩型合成洗涤剂的开发与生产。

8. 节能环保型玻璃窑炉（含全电熔、电助熔、全氧燃烧技术）的设计、应用；废（碎）玻璃回收再利用。

9. 水性油墨、紫外光固化油墨、植物油油墨等节能环保型油墨生产。

10. 天然食品添加剂、天然香料新技术开发与生产。

11. 热带果汁、浆果果汁、谷物饮料、本草饮料、茶浓缩液、茶粉、植物蛋白饮料等高附加价值植物饮料的开发生产与加工原料基地建设；果渣、茶渣等的综合开发与利用。

12. 营养健康型大米、小麦粉（食品专用米、发芽糙米、留胚米、食品专用粉、全麦粉及营养强化产品等）及制品的开发生产；传统主食工业化生产；杂粮加工专用设备开发与生产。

13. 菜籽油生产线：采用膨化、负压蒸发、热能自平衡利用、低消耗蒸汽真空系统等技术，油菜籽主产区日处理油菜籽400吨及以上、吨料溶剂消耗1.5公斤以下（其中西部地区日处理油菜籽200吨及以上、吨料溶剂消耗2公斤）以下；花生油生产线：花生主产区日处理花生200吨及以上，吨料溶剂消耗2公斤以下；棉籽油生产线：棉籽产区日处理棉籽300吨及以上，吨料溶剂消耗2公斤以下；米糠油生产线：采用分散快速膨化，集中制油、精炼技术；玉米胚芽油生产线；油茶籽、核桃等木本油料和胡麻、芝麻、葵花籽等小品种油料加工生产线。

14. 发酵法工艺生产小品种氨基酸（赖氨酸、谷氨酸除外），新型酶制剂（糖化酶、淀粉酶除外）、多元醇、功能性发酵制品（功能性糖类、真菌多糖、功能性红曲、发酵法抗氧化和复合功能配料、活性肽、微生态制剂）等生产。

15. 薯类变性淀粉。

16. 畜禽骨、血及内脏等副产物综合利用与无害化处理。

17. 采用生物发酵技术生产优质低温肉制品。

18. 单条生产线年生产能力化学木浆年产30万吨及以上、化学机械木浆10万吨及以上、非木原料制浆5万吨及以上、箱纸板和白板纸10万吨及以上的造纸项目。

19. 高档营养配方乳粉、优质工业乳粉、奶酪、酪蛋白、奶油、炼乳、酸奶等固态、半固态乳制品生产。

20. 年产 10 万千升以上啤酒生产线。

21. 年产 1 万千升以上葡萄酒生产线。

22. 年产 1000 千升以上果酒生产线。

23. 民族乐器及其零件生产。

24. 手工地毯、玉雕、民族刺绣等民族特色手工艺品、工艺美术品和旅游纪念品生产。

25. 粮油加工副产物（稻壳、米糠、麸皮、胚芽、饼粕、秸秆等）综合利用关键技术开发应用。

26. 综合利用钾盐生产剩余物生产鲜皮处理剂。

27. 年产 10 万件及以上木制家具、5 万件及以上金属家具、3 万件及以上塑料家具、1 万件及以上软体家具生产。

28. 年产 3 万吨以上玻璃瓶罐、玻璃包装容器生产线。

29. 金属包装容器、日用金属工具、日用金属制品、建筑及家具用金属配件、建筑装饰及水暖管道零件、建筑安全消防用金属制品生产。

30. 包装容器材料及日用玻璃制品生产。

十五、纺织

1. 符合生态、资源综合利用与环保要求的特种动物纤维、麻纤维、竹原纤维、桑柞茧丝、彩色棉花、彩色桑茧丝类天然纤维的加工技术与产品。

2. 采用紧密纺、低扭矩纺、赛络纺、嵌入式纺纱等高速、新型纺纱技术生产多品种纤维混纺纱线及采用自动络筒、细络联、集体络纱等自动化设备生产高品质纱线。

3. 采用编织、非织造布复合、多层在线复合、长效多功能整理等高新技术，生产满足国民经济各领域需求的产业用纺织品。

4. 高档地毯、抽纱、刺绣产品生产。

5. 5 万锭以上棉纺织生产。

6. 大容量聚酯及涤纶纤维生产。

7. 差别化、功能性改性化学纤维生产。

8. 新型聚酯及纤维、再生资源纤维、生物质纤维开发、生产及应用。

9. 采用无梭织机、大圆机等先进织造设备生产高档机织、针织纺织品。

10. 节能环保型印染高档面料生产。

11. 采用信息化、自动化技术的服装生产。

12. 纺织行业三废高效治理以及废旧资源回收再利用技术的推广应用。

十六、建筑

1. 集中供热系统计量与调控技术、产品的研发与推广。

2. 商品混凝土、商品砂浆及其施工技术开发。

十七、城市基础设施

1. 城市公共交通建设。

2. 城市道路及智能交通体系建设。

3. 城镇安全饮水工程。

4. 城镇地下管道共同沟建设。

5. 城镇供排水管网工程、供水水源及净水厂工程。

6. 城市燃气工程。

7. 城镇集中供热建设和改造工程。

8. 城镇园林绿化及生态小区建设。

9. 城市建设管理信息化技术应用。

10. 城市生态系统关键技术应用。

11. 城市节水技术开发与应用。

12. 城市照明智能化、绿色照明产品及系统技术开发与应用。

13. 再生水利用技术与工程。

14. 城市下水管线非开挖施工技术开发与应用。

15. 城市供水、排水、燃气塑料管道应用工程。

十八、铁路

1. 铁路新线建设。

2. 既有铁路改扩建。

3. 客运专线、高速铁路系统技术开发与建设。

4. 铁路行车及客运、货运安全保障系统技术与装备，铁路列车运行控制与车辆控制系统、铁路运输信息系统开发建设。

5. 铁路运输信息系统开发与建设。

6. 7 200千瓦及以上交流传动电力机车、6 000马力及以上交流传动内燃机车、时速200公里以上动车组、海拔3 000米以上高原机车、大型专用货车、机车车辆特种救援设备。

7. 干线轨道车辆交流牵引传动系统、制动系统及核心元器件（含IGCT、IGBT元器件）。

8. 时速200公里及以上铁路接触网、道岔、扣配件、牵引供电设备。

9. 电气化铁路牵引供电功率因数补偿技术应用。

10. 大型养路机械、铁路工程建设机械装备、线桥隧检测设备。

11. 行车调度指挥自动化技术开发。

12. 混凝土结构物修补和提高耐久性技术、材料开发。

13. 铁路旅客列车集便器及污物地面接收、处理工程。

14. 铁路GSM-R通信信号系统。

15. 铁路宽带通信系统开发与建设。

16. 数字铁路与智能运输开发建设。

17. 时速在300公里及以上高速铁路或客运专线减震降噪技术应用。

18. 城际轨道交通建设。

十九、公路及道路运输（含城市客运）

1. 西部开发公路干线、国家高速公路网项目建设。

2. 国省干线改造升级。

3. 汽车客货运站、城市公交站。

4. 高速公路不停车收费系统相关技术开发与应用。

5. 公路智能运输、快速客货运输、公路甩挂运输系统开发与建设。

6. 公路管理服务、应急保障系统开发与建设。

7. 公路工程新材料开发生产。

8. 公路集装箱和厢式运输。

9. 特大跨径桥梁修筑和养护维修技术应用。

10. 长大隧道修筑和维护技术应用。

11. 农村客货运输网络开发与建设。

12. 农村公路建设。

13. 城际快速系统开发与建设。

14. 出租汽车服务调度信息系统开发与建设。

15. 高速公路车辆应急疏散通道建设。

16. 低噪音路面技术开发。

17. 高速公路快速修筑与维护技术和材料开发应用。

18. 城市公交。

19. 运营车辆安全监控记录系统开发应用。

二十、水运

1. 水上交通安全监管和救助系统建设。

2. 港口危险化学品、油品应急设施建设及设备制造。

3. 水上高速客运。

4. 水运行业信息系统建设。

二十一、航空运输

1. 机场建设。

2. 公共航空运输。

3. 通用航空。

4. 空中交通管制和通讯导航系统建设。

5. 航空计算机管理及其网络系统开发与建设。

6. 航空油料设施建设。

7. 小型航空器应急起降场地建设。

二十二、综合交通运输

1. 综合交通枢纽建设及改造。

2. 综合交通枢纽便捷换乘及行李捷运系统建设。

3. 综合交通枢纽运营管理信息系统建设及应用。

4. 综合交通枢纽诱导系统建设。

5. 综合交通枢纽一体化服务设施建设。

6. 综合交通枢纽防灾救灾及应急疏散系统。

7. 综合交通枢纽便捷货运换装系统建设。

8. 集装箱多式联运系统建设。

二十三、信息产业

1. 软件开发生产（含民族语言信息化标准研究与推广应用）。

2. 电子商务和电子政务系统开发及应用服务。

3. 数字音乐、手机媒体、动漫游戏等数字内容产品的开发系统。

4. 防伪技术开发与运用。

5. 卫星数字电视广播系统建设。

6. 通信"村村通"工程。

7. 信息安全产品开发生产。

8. 宽带光缆、宽带无线接入网络技术开发及通信管道和网络建设。

9. 物联网和下一代互联网技术产品开发与建设及应用平台建设和服务。

10. 应急通信、农村通信、行业和信息化通信设施建设、设备制造及网络改造、业务运营。

11. 增值电信业务开发与运营。

二十四、现代物流业

1. 粮食、棉花、食用油、食糖、化肥、石油等重要商品现代化物流设施建设。

2. 农产品物流配送（含冷链）设施建设，食品物流质量安全控制技术服务。

3. 药品物流配送（含冷链）技术应用和设施建设，药品物流质量安全控制技术服务。

4. 出版物等文化产品供应链管理技术服务。

5. 第三方物流服务设施建设。

6. 仓储和转运设施设备、运输工具、物流器具的标准化改造。

7. 自动识别和标识技术、电子数据交换技术、可视化技术、货物跟踪和快速分拣技术、移动物流信息服务技术、全球定位系统、地理信息系统、道路交通信息通讯系统、智能交通系统、物流信息系统安全技术及立体仓库技术的研发和应用。

8. 应急物流设施建设。

9. 物流公共信息平台建设。

10. 实现铁路与公路、民用航空与地面交通等多式联运物流节点设施建设与经营。

11. 空港、产业聚集区、商贸集散地的物流中心建设。

二十五、金融服务业

1. 信用担保服务体系建设。

2. 农村金融服务体系建设。

3. 农业保险、责任保险、信用保险。

4. 创业投资。

二十六、科技服务业

1. 工业设计、气象、生物、新材料、新能源、节能、环保、测绘、海洋等专业科技服务，商品质量认证和质量检测服务、科技普及。

2. 数字音乐、手机媒体、网络出版等数字内容服务，地理、国际贸易等领域信息资源开发服务。

3. 科技信息交流、文献信息检索、技术咨询、技术孵化、科技成果评估和科技鉴证等服务。

4. 知识产权代理、转让、登记、鉴定、检索、评估、认证、咨询和相关投融资服务。

5. 信息技术外包、业务流程外包、知识流程外包等技术先进型服务。

二十七、商务服务业

1. 工程咨询服务（包括规划编制与咨询、投资机会研究、可行性研究、评估咨询、工程勘查设计、招标代理、工程和设备监理、工程项目管理等）。

2. 产权交易服务平台。

3. 广告创意、广告策划、广告设计、广告制作。

4. 就业和创业指导、网络招聘、培训、人员派遣、高级人才访聘、人员测评、人力资源管理咨询、人力资源服务外包等人力资源服务业。

5. 人力资源市场及配套服务设施建设。

6. 农村劳动力转移就业服务平台建设。

7. 会展服务（不含会展场馆建设）。

二十八、商贸服务业

1. 现代化的农产品、生产资料市场流通设施建设。

2. 种子、种苗、种畜禽和鱼苗（种）、化肥、农药、农机具、农膜等农资连锁经营。

3. 面向农村的日用品、药品、出版物等生活用品连锁经营。

4. 农产品拍卖服务。

5. 商贸企业的统一配送和分销网络建设。

6. 利用信息技术改造提升传统商品交易市场。

二十九、旅游业

1. 休闲、登山、滑雪、潜水、探险等各类户外活动用品开发与营销服务。

2. 乡村旅游、生态旅游、森林旅游、工业旅游、体育旅游、红色旅游、民族风情游及其他旅游资源综合开发服务。

3. 旅游基础设施建设及旅游信息服务。

4. 旅游商品、旅游纪念品开发及营销。

5. 旅游景区（点）保护、开发和经营及其配套设施建设。

三十、邮政业

1. 邮政储蓄网络建设。

2. 邮政综合业务网建设。

3. 邮件处理自动化工程。

4. 邮政普遍服务基础设施台账、快递企业备案许可、邮（快）件时限监测、消费者申诉、满意度调查与公示、邮编及行业资费查询等公共服务和市场监管功能等邮政业公共服务信息平台建设。

5. 城乡快递营业网点、门店等快递服务网点建设。

6. 城市、区域内和区域间的快件分拣中心、转运中心、集散中心、处理枢纽等快递处理设施建设。

7. 快件跟踪查询、自动分拣、运递调度、快递客服呼叫中心等快递信息系统开发与应用。

8. 快件分拣处理、数据采集、集装容器等快递技术、装备开发与应用。

9. 邮件、快件运输与交通运输网络融合技术开发。

三十一、教育、文化、卫生、体育服务业

1. 学前教育。

2. 特殊教育。

3. 职业教育。

4. 远程教育。

5. 文化创意设计服务。

6. 广播影视制作、发行、交易、播映、出版、衍生品开发。

7. 动漫创作、制作、传播、出版、衍生产品开发。

8. 移动多媒体广播电视、广播影视数字化、数字电影服务监管技术及应用。

9. 语言文字技术开发与应用。

10. 非物质文化遗产保护与开发。

11. 民族和民间艺术、传统工艺美术保护与发展。

12. 民族文化艺术精品的国际营销与推广。

13. 计划生育、优生优育、生殖健康咨询与服务。

14. 全科医疗服务。

15. 远程医疗服务。

16. 卫生咨询、健康管理、医疗知识等医疗信息服务。

17. 传染病、儿童、精神卫生专科医院和护理院（站）设施建设与服务。

18. 残疾人社会化、专业化康复服务和托养服务。

19. 体育竞赛表演、体育场馆设施建设及运营、大众体育健身休闲服务。

20. 中华老字号的保护与发展。

三十二、其他服务业

1. 保障性住房建设与管理。

2. 老年人、未成年人活动场所。

3. 养老服务。

4. 社区照料服务。

5. 病患陪护服务。

6. 再生资源回收利用网络体系建设。

7. 基层就业和社会保障服务设施建设。

8. 农民工留守家属服务设施建设。

9. 工伤康复中心建设。

三十三、环境保护与资源节约综合利用

1. 矿山生态环境恢复工程。

2. 环境监测体系工程。

3. "三废"综合利用及治理工程。

4. "三废"处理用生物菌种和添加剂开发及生产。

5. 重复用水技术应用。

6. 高效、低能耗污水处理与再生技术开发。

7. 城镇垃圾及其他固体废弃物减量化、资源化、无害化处理和综合利用工程。

8. 废物填埋防渗技术与材料。

9. 新型水处理药剂开发与生产。

10. 节能、节水、节材环保及资源综合利用等技术开发、应用及设备制造。

11. 鼓励推广共生、伴生矿产资源中有价元素的分离及综合利用技术。

12. 低品位、复杂、难处理矿开发及综合利用。

13. 尾矿、废渣等资源综合利用。

14. 再生资源回收利用产业化。

15. 高效、节能、环保采选矿技术。

16. 为用户提供节能诊断、设计、融资、改造、运行管理等服务。

三十四、公共安全与应急产品

1. 生物灾害、动物疫情监测预警技术开发与应用。

2. 堤坝、尾矿库安全自动监测报警技术开发与应用。

3. 煤炭、矿山等安全生产监测报警技术开发与应用。

4. 公共交通工具事故预警技术开发与应用。

5. 水、土壤、空气污染物快速监测技术与产品。

6. 食品药品安全快速检测仪器。

7. 新发传染病检测试剂和仪器。

8. 城市公共安全监测预警平台技术。

9. 易燃、易爆、高腐蚀性、放射性等危险物品快速检测技术与产品。

10. 应急救援人员防护用品开发与应用。

11. 社会群体个人防护用品开发与应用。

12. 矿井等特殊作业场所应急避险设施。

13. 突发事件现场信息探测与快速获取技术及产品。

14. 大型公共建筑、高层建筑、森林、水上和地下设施消防灭火救援技术与产品。

15. 因灾损毁交通设施应急抢通装备及器材开发与应用。

16. 公共交通设施除冰雪机械及环保型除雪剂开发与应用。

17. 突发环境灾难应急环保技术装备：热墙式沥青路面地热再生设备（再生深度：0～60毫米）；无辐射高速公路雾雪屏蔽器；有毒有害液体快速吸纳处理技术装备；移

动式医疗垃圾快速处理装置；移动式小型垃圾清洁处理装备；人畜粪便无害化快速处理装置；禽类病原体无害化快速处理装置；危险废物特性鉴别专用仪器。

18. 应急发电设备。

19. 应急照明器材及灯具。

20. 机动医疗救护系统。

21. 防控突发公共卫生和生物事件疫苗和药品。

22. 饮用水快速净化装置。

23. 应急通信技术与产品的开发与生产。

24. 应急决策指挥平台技术开发与应用。

25. 反恐技术与装备。

26. 交通、社区等应急救援社会化服务。

27. 应急物流设施及服务。

28. 应急咨询、培训、租赁和保险服务。

29. 应急物资储备基础设施建设。

30. 应急救援基地、公众应急体验基础设施建设。

◆新疆自治区财政厅、新疆自治区发展和改革委员会、新疆自治区经济和信息化委员会、新疆自治区国家税务局、新疆自治区地方税务局《关于贯彻落实中央新疆困难地区新办企业"两免三减半"所得税优惠政策有关问题的通知》（新财法税〔2011〕51号）规定：

一、关于新疆困难地区范围的确定

《关于新疆困难地区新办企业所得税优惠政策的通知》（财税〔2011〕53号）中规定的"新疆困难地区"范围，是指喀什地区、和田地区、克孜勒苏柯尔克孜自治州等三地州、其他国家扶贫开发重点县和边境县市，共计50个县市。（附件1）

二、关于新办企业的确定

《关于新疆困难地区新办企业所得税优惠政策的通知》（财税〔2011〕53号）中规定的"新办企业"是指：在2010年1月1日至2020年12月31日期间，按照法律、法规以及其他有关规定，经新疆困难地区工商行政管理机关核准注册或其他相关部门核准设立的企业、事业单位、社会团体以及其他取得收入的组织。

附件1：南疆三地州及自治区边境县、贫困县一览表

序号	县市名称	边境县（32个）	贫困县（30个）	县市数（50个）
	一、伊犁哈萨克自治州			4
1	察布查尔锡伯自治县	是	国定	1
2	霍城县	是		1
3	尼勒克县		国定	1
4	昭苏县	是		1
	二、塔城地区			5
5	塔城市	是		1
6	额敏县	是		1

序号	县市名称	边境县（32个）	贫困县（30个）	县市数（50个）
7	托里县	是	国定	1
8	裕民县	是	区定	1
9	和布克赛尔蒙古自治县	是	区定	1
	三、阿勒泰地区			7
10	阿勒泰市	是		1
11	布尔津县	是		1
12	哈巴河县	是		1
13	吉木乃县	是	国定	1
14	福海县	是		1
15	富蕴县	是		1
16	青河县	是	国定	1
	四、博尔塔拉蒙古自治州			2
17	博乐市	是		1
18	温泉县	是		1
	五、昌吉回族自治州			2
19	奇台县	是		1
20	木垒哈萨克自治县	是		1
	六、克孜勒苏柯尔克孜自治州			4
21	阿图什市	是	国定	1
22	阿克陶县	是	国定	1
23	乌恰县	是	国定	1
24	阿合奇县	是	国定	1
	七、阿克苏地区			3
25	温宿县	是		
26	乌什县	是	国定	
27	柯坪县		国定	
	八、喀什地区			12
28	喀什市			1
29	莎车县		国定	1
30	疏勒县		国定	1
31	巴楚县			1
32	泽普县			1
33	疏附县		国定	1
34	叶城县	是	国定	1
35	伽师县		国定	1
36	英吉沙县		国定	1
37	麦盖提县			1
38	岳普湖县		国定	1
39	塔什库尔干塔吉克自治县	是	国定	1
	九、和田地区			8
40	皮山县	是	国定	1

续表

序号	县市名称	边境县（32个）	贫困县（30个）	县市数（50个）
41	墨玉县		国定	1
42	和田市			1
43	和田县	是	国定	1
44	洛浦县		国定	1
45	策勒县		国定	1
46	于田县		国定	1
47	民丰县		国定	1
	十、哈密地区			3
48	哈密市	是		1
49	巴里坤哈萨克自治县	是	国定	1
50	伊吾县	是	区定	1

◆《国家税务总局关于深入实施西部大开发战略有关企业所得税问题的公告》（国家税务总局公告2012年第12号）规定：

一、自2011年1月1日至2020年12月31日，对设在西部地区以《西部地区鼓励类产业目录》中规定的产业项目为主营业务，且其当年度主营业务收入占企业收入总额70％以上的企业，经企业申请，主管税务机关审核确认后，可减按15％税率缴纳企业所得税。

上述所称收入总额，是指《企业所得税法》第六条规定的收入总额。

二、企业应当在年度汇算清缴前向主管税务机关提出书面申请并附送相关资料。第一年须报主管税务机关审核确认，第二年及以后年度实行备案管理。各省、自治区、直辖市和计划单列市税务机关可结合本地实际制定具体审核、备案管理办法，并报国家税务总局（所得税司）备案。

凡对企业主营业务是否属于《西部地区鼓励类产业目录》难以界定的，税务机关应要求企业提供省级（含副省级）政府有关行政主管部门或其授权的下一级行政主管部门出具的证明文件。

企业主营业务属于《西部地区鼓励类产业目录》范围的，经主管税务机关确认，可按照15％税率预缴企业所得税。年度汇算清缴时，其当年度主营业务收入占企业总收入的比例达不到规定标准的，应按税法规定的税率计算申报并进行汇算清缴。

三、在《西部地区鼓励类产业目录》公布前，企业符合《产业结构调整指导目录（2005年版）》、《产业结构调整指导目录（2011年版）》、《外商投资产业指导目录（2007年修订）》和《中西部地区优势产业目录（2008年修订）》范围的，经税务机关确认后，其企业所得税可按照15％税率缴纳。《西部地区鼓励类产业目录》公布后，已按15％税率进行企业所得税汇算清缴的企业，若不符合本公告第一条规定的条件，可在履行相关程序后，按税法规定的适用税率重新计算申报。

四、2010年12月31日前新办的交通、电力、水利、邮政、广播电视企业，凡已经按照《国家税务总局关于落实西部大开发有关税收政策具体实施意见的通知》（国税发〔2002〕47号）第二条第二款规定，取得税务机关审核批准的，其享受的企业所得税"两免三减半"优惠可以继续享受到期满为止；凡符合享受原西部大开发税收优惠规定条件，但由于尚未取得收入或尚未进入获利年度等原因，2010 年 12 月 31 日前尚未按照国税发〔2002〕47 号第二条规定完成税务机关审核确认手续的，可按照本公告的规定，履行相关手续后享受原税收优惠。

五、根据《财政部、国家税务总局关于执行企业所得税优惠政策若干问题的通知》（财税〔2009〕69 号）第一条及第二条的规定，企业既符合西部大开发 15％优惠税率条件，又符合《企业所得税法》及其实施条例和国务院规定的各项税收优惠条件的，可以同时享受。在涉及定期减免税的减半期内，可以按照企业适用税率计算的应纳税额减半征税。

六、在优惠地区内外分别设有机构的企业享受西部大开发优惠税率问题

（一）总机构设在西部大开发税收优惠地区的企业，仅就设在优惠地区的总机构和分支机构（不含优惠地区外设立的二级分支机构在优惠地区内设立的三级以下分支机构）的所得确定适用 15％优惠税率。在确定该企业是否符合优惠条件时，以该企业设在优惠地区的总机构和分支机构的主营业务是否符合《西部地区鼓励类产业目录》及其主营业务收入占其收入总额的比重加以确定，不考虑该企业设在优惠地区以外分支机构的因素。该企业应纳所得税额的计算和所得税缴纳，按照《国家税务总局关于印发〈跨地区经营汇总纳税企业所得税征收管理暂行办法〉的通知》（国税发〔2008〕28 号）第十六条和《国家税务总局关于跨地区经营汇总纳税企业所得税征收管理若干问题的通知》（国税函〔2009〕221 号）第二条的规定执行。有关审核、备案手续向总机构主管税务机关申请办理。

（二）总机构设在西部大开发税收优惠地区外的企业，其在优惠地区内设立的分支机构（不含仅在优惠地区内设立的三级以下分支机构），仅就该分支机构所得确定适用 15％优惠税率。在确定该分支机构是否符合优惠条件时，仅以该分支机构的主营业务是否符合《西部地区鼓励类产业目录》及其主营业务收入占其收入总额的比重加以确定。该企业应纳所得税额的计算和所得税缴纳，按照国税发〔2008〕28 号第十六条和国税函〔2009〕221 号第二条的规定执行。有关审核、备案手续向分支机构主管税务机关申请办理，分支机构主管税务机关需将该分支机构享受西部大开发税收优惠情况及时函告总机构所在地主管税务机关。

七、本公告自 2011 年 1 月 1 日起施行。

（10）支持灾后重建

〔税收规范性文件〕

◆《财政部 海关总署 国家税务总局关于支持舟曲灾后恢复重建有关税收政策问题的通知》（财税〔2010〕107 号）规定：

四、关于鼓励社会各界支持抢险救灾和灾后恢复重建的税收政策

1. 自 2010 年 8 月 8 日起，对单位和个体经营者将自产、委托加工或购买的货物通过公益性社会团体、县级以上人民政府及其部门捐赠给受灾地区的，免征增值税、城市维护建设税及教育费附加。

2. 自 2010 年 8 月 8 日起，对企业、个人通过公益性社会团体、县级以上人民政府及其部门向灾区的捐赠，允许在当年企业所得税前和当年个人所得税前全额扣除。

3. 对财产所有人将财产（物品）直接捐赠或通过公益性社会团体、县级以上人民政府及其部门捐赠给灾区或受灾居民所书立的产权转移书据，免征印花税。

4. 对专项用于抢险救灾和灾后恢复重建、能够提供由县级以上（含县级）人民政府或其授权单位出具的抢险救灾证明的新购特种车辆，免征车辆购置税。符合免税条件但已经征税的特种车辆，退还已征税款。

〔税收规范性文件〕

◆《财政部 国家税务总局关于汶川地震灾区农村信用社企业所得税有关问题的通知》（财税〔2010〕3 号）规定：

一、从 2009 年 1 月 1 日至 2013 年 12 月 31 日，对四川、甘肃、陕西、重庆、云南、宁夏等 6 省（自治区、直辖市）汶川地震灾区农村信用社继续免征企业所得税。

二、本通知所称汶川地震灾区是指《民政部发展改革委财政部国土资源部地震局关于印发汶川地震灾害范围评估结果的通知》（民发〔2008〕105 号）所规定的极重灾区 10 个县（市）、重灾区 41 个县（市、区）和一般灾区 186 个县（市、区）。

（11）支持海峡两岸直航

〔税收规范性文件〕

◆《财政部 国家税务总局关于海峡两岸空中直航营业税和企业所得税政策的通知》（财税〔2010〕63 号）规定：

二、自 2009 年 6 月 25 日起，对台湾航空公司从事海峡两岸空中直航业务取得的来源于大陆的所得，免征企业所得税。对台湾航空公司在 2009 年 6 月 25 日起至文到之日已缴纳应予免征的企业所得税，在 2010 年内予以退还。享受企业所得税免税政策的台湾航空公司应当按照企业所得税法实施条例的有关规定：单独核算其从事上述业务在大陆取得的收入和发生的成本、费用；未单独核算的，不得享受免征企业所得税政策。

三、本通知所称台湾航空公司，是指取得中国民用航空局颁发的"经营许可"或依据《海峡两岸空运协议》和《海峡两岸空运补充协议》规定：批准经营两岸旅客、货物和邮件不定期（包机）运输业务，且公司登记地址在台湾的航空公司。

◆《财政部、国家税务总局关于海峡两岸海上直航营业税和企业所得税政策的通知》（财税〔2009〕4 号）规定：

二、自 2008 年 12 月 15 日起，对台湾航运公司从事海峡两岸海上直航业务取得的来源于大陆的所得，免征企业所得税。享受企业所得税免税政策的台湾航运公司应当按照企业所得税法实施条例的有关规定：单独核算其从事上述业务在大陆取得的收入和发生的成本、费用；未单独核算的，不得享受免征企业所得税政策。

三、本通知所称台湾航运公司，是指取得交通运输部颁发的"台湾海峡两岸间水路运输许可证"且上述许可证上注明的公司登记地址在台湾的航运公司。

★第五章 源泉扣缴

〔《中华人民共和国企业所得税法》〕

★第三十七条 对非居民企业取得本法第三条第三款规定的所得应缴纳的所得税，实行源泉扣缴，以支付人为扣缴义务人。税款由扣缴义务人在每次支付或者到期应支付时，从支付或者到期应支付的款项中扣缴。

〔税收规范性文件〕

◆《国家税务总局关于印发〈新企业所得税法精神宣传提纲〉的通知》（国税函〔2008〕159 号）规定：

汇出境外利润的预提税为解决改革开放初期我国资金不足，吸引外资，原税法规定：对汇出境外的利润暂免征收预提所得税。按照国际通行做法，来源国对汇出境外的利润有优先征税权，一般征收预提所得税，税率多在 10% 以上，如越南、泰国税率为 10%，美国、匈牙利、菲律宾、哥伦比亚的税率分别为 30%、20%、15%、7%。如果税收协定规定减免的，可以按照协定规定减免，如我国与美国的协定税率为 10%、内地与香港的安排为 5%（25% 以上股权）或 10%。新企业所得税法及其实施条例借鉴国际惯例，规定对汇出境外利润减按 10% 的税率征收企业所得税，没有给予普遍的免税政策，这样有利于通过双边互惠维护我国税收权益和"走出去"企业的利益。

〔《中华人民共和国企业所得税法实施条例》〕

☆第一百零三条 依照企业所得税法对非居民企业应当缴纳的企业所得税实行源泉扣缴的，应当依照企业所得税法第十九条的规定计算应纳税所得额。

企业所得税法第十九条所称收入全额，是指非居民企业向支付人收取的全部价款和价外费用。

☆第一百零四条 企业所得税法第三十七条所称支付人，是指依照有关法律规定或者合同约定对非居民企业直接负有支付相关款项义务的单位或者个人。

〔税收规范性文件〕

◆《国家税务总局关于印发〈非居民企业所得税源泉扣缴管理暂行办法〉的通知》（国税发〔2009〕3 号）规定：

第九条 扣缴义务人对外支付或者到期应支付的款项为人民币以外货币的，在申报扣缴企业所得税时，应当按照扣缴当日国家公布的人民币汇率中间价，折合成人民币计算应纳税所得额。

第十条 扣缴义务人与非居民企业签订与本办法第三条规定的所得有关的业务合同时，凡合同中约定由扣缴义务人负担应纳税款的，应将非居民企业取得的不含税所得换算为含税所得后计算征税。

第十二条 非居民企业可以适用的税收协定与本办法有不同规定的，可申请执行税收协定规定；非居民企业未提出执行税收协定规定申请的，按国内税收法律法规的有关规定执行。

第十五条 扣缴义务人未依法扣缴或者无法履行扣缴义务的，非居民企业应于扣缴义务人支付或者到期应支付之日起7日内，到所得发生地主管税务机关申报缴纳企业所得税。

股权转让交易双方为非居民企业且在境外交易的，由取得所得的非居民企业自行或委托代理人向被转让股权的境内企业所在地主管税务机关申报纳税。被转让股权的境内企业应协助税务机关向非居民企业征缴税款。

第十七条 非居民企业未依照本办法第十五条的规定申报缴纳企业所得税，由申报纳税所在地主管税务机关责令限期缴纳，逾期仍未缴纳的，申报纳税所在地主管税务机关可以收集、查实该非居民企业在中国境内其他收入项目及其支付人的相关信息，并向其他支付人发出《税务事项通知书》，从其他支付人应付的款项中，追缴该非居民企业的应纳税款和滞纳金。

◆《国家税务总局关于非居民企业不享受小型微利企业所得税优惠政策问题的通知》（国税函〔2008〕650号）规定：

企业所得税法第二十八条规定的小型微利企业是指企业的全部生产经营活动产生的所得均负有我国企业所得税纳税义务的企业。因此，仅就来源于我国所得负有我国纳税义务的非居民企业，不适用该条规定的对符合条件的小型微利企业减按20%税率征收企业所得税的政策。

◆《国家税务总局关于进一步加强非居民税收管理工作的通知》（国税发〔2009〕32号）提出：

非居民税收管理对象为外国居民，税源跨国（境）流动性大、隐蔽性强，需要依据国内税收法律法规和税收协定判定税收管辖权及纳税义务，管理政策性、时效性和专业性较强。

◆《财政部 国家税务总局关于非居民企业征收企业所得税有关问题的通知》（财税〔2008〕130号）规定：

根据《中华人民共和国企业所得税法》第十九条及《中华人民共和国企业所得税实施条例》第一百零三条规定，在对非居民企业取得《中华人民共和国企业所得税法》第三条第三款规定的所得计算征收企业所得税时，不得扣除上述条款规定以外的其他税费支出。

◆《财政部 国家税务总局关于个人金融商品买卖等营业税若干免税政策的通知》（财税〔2009〕111号）规定：

四、境外单位或者个人在境外向境内单位或者个人提供的完全发生在境外的《中华人民共和国营业税暂行条例》（国务院令第540号）规定的劳务，不属于条例第一条所称在境内提供条例规定的劳务，征收营业税。上述劳务的具体范围由财政部、国家税务总局规定。

根据上述原则,对境外单位或者个人在境外向境内单位或者个人提供的文化体育业(除播映),娱乐业,服务业中的旅店业、饮食业、仓储业,以及其他服务业中的沐浴、理发、洗染、裱画、誊写、镌刻、复印、打包劳务,不征收营业税。

〔与税收相关的规定〕

◇《中华人民共和国海关审定进出口货物完税价格办法》(海关总署〔2006〕第148号令)规定:

第十一条 以成交价格为基础审查确定进口货物的完税价格时,未包括在该货物实付、应付价格中的下列费用或者价值应当计入完税价格:

(一)由买方负担的下列费用:

1. 除购货佣金以外的佣金和经纪费;

2. 与该货物视为一体的容器费用;

3. 包装材料费用和包装劳务费用。

(二)与进口货物的生产和向中华人民共和国境内销售有关的,由买方以免费或者以低于成本的方式提供,并可以按适当比例分摊的下列货物或者服务的价值:

1. 进口货物包含的材料、部件、零件和类似货物;

2. 在生产进口货物过程中使用的工具、模具和类似货物;

3. 在生产进口货物过程中消耗的材料;

4. 在境外进行的为生产进口货物所需的工程设计、技术研发、工艺及制图等相关服务。

(三)买方需向卖方或者有关方直接或者间接支付的特许权使用费,但是符合下列情形之一的除外:

1. 特许权使用费与该货物无关;

2. 特许权使用费的支付不构成该货物向中华人民共和国境内销售的条件。

(四)卖方直接或者间接从买方对该货物进口后销售、处置或者使用所得中获得的收益。

纳税义务人应当向海关提供本条所述费用或者价值的客观量化数据资料。纳税义务人不能提供的,海关与纳税义务人进行价格磋商后,按照本办法第六条列明的方法审查确定完税价格。

第十二条 在根据本办法第十一条第一款第(二)项确定应当计入进口货物完税价格的货物价值时,应当按照下列方法计算有关费用:

(一)由买方从与其无特殊关系的第三方购买的,应当计入的价值为购入价格;

(二)由买方自行生产或者从有特殊关系的第三方获得的,应当计入的价值为生产成本;

(三)由买方租赁获得的,应当计入的价值为买方承担的租赁成本;

(四)生产进口货物过程中使用的工具、模具和类似货物的价值,应当包括其工程设计、技术研发、工艺及制图等费用。

如果货物在被提供给卖方前已经被买方使用过,应当计入的价值为根据国内公认的会计原则对其进行折旧后的价值。

第十三条 符合下列条件之一的特许权使用费，应当视为与进口货物有关：

（一）特许权使用费是用于支付专利权或者专有技术使用权，且进口货物属于下列情形之一的：

1. 含有专利或者专有技术的；

2. 用专利方法或者专有技术生产的；

3. 为实施专利或者专有技术而专门设计或者制造的。

（二）特许权使用费是用于支付商标权，且进口货物属于下列情形之一的：

1. 附有商标的；

2. 进口后附上商标直接可以销售的；

3. 进口时已含有商标权，经过轻度加工后附上商标即可以销售的。

（三）特许权使用费是用于支付著作权，且进口货物属于下列情形之一的：

1. 含有软件、文字、乐曲、图片、图像或者其他类似内容的进口货物，包括磁带、磁盘、光盘或者其他类似介质的形式；

2. 含有其他享有著作权内容的进口货物。

（四）特许权使用费是用于支付分销权、销售权或者其他类似权利，且进口货物属于下列情形之一的：

1. 进口后可以直接销售的；

2. 经过轻度加工即可以销售的。

第十四条 买方不支付特许权使用费则不能购得进口货物，或者买方不支付特许权使用费则该货物不能以合同议定的条件成交的，应当视为特许权使用费的支付构成进口货物向中华人民共和国境内销售的条件。

第十五条 进口货物的价款中单独列明的下列税收、费用，不计入该货物的完税价格：

（一）厂房、机械或者设备等货物进口后发生的建设、安装、装配、维修或者技术援助费用，但是保修费用除外；

（二）进口货物运抵中华人民共和国境内输入地点起卸后发生的运输及其相关费用、保险费；

（三）进口关税、进口环节海关代征税及其他国内税；

（四）为在境内复制进口货物而支付的费用；

（五）境内外技术培训及境外考察费用。

同时符合下列条件的利息费用不计入完税价格：

（一）利息费用是买方为购买进口货物而融资所产生的；

（二）有书面的融资协议的；

（三）利息费用单独列明的；

（四）纳税义务人可以证明有关利率不高于在融资当时当地此类交易通常应当具有的利率水平，且没有融资安排的相同或者类似进口货物的价格与进口货物的实付、应付价格非常接近的。

〔税收规范性文件〕

◆《国家税务总局关于加强非居民企业股权转让所得企业所得税管理的通知》（国税函〔2009〕698号）规定：

三、股权转让所得是指股权转让价减除股权成本价后的差额。

股权转让价是指股权转让人就转让的股权所收取的包括现金、非货币资产或者权益等形式的金额。如被持股企业有未分配利润或税后提存的各项基金等，股权转让人随股权一并转让该股东留存收益权的金额，不得从股权转让价中扣除。股权成本价是指股权转让人投资入股时向中国居民企业实际交付的出资金额，或购买该项股权时向该股权的原转让人实际支付的股权转让金额。

四、在计算股权转让所得时，以非居民企业向被转让股权的中国居民企业投资时或向原投资方购买该股权时的币种计算股权转让价和股权成本价。如果同一非居民企业存在多次投资的，以首次投入资本时的币种计算股权转让价和股权成本价，以加权平均法计算股权成本价；多次投资时币种不一致的，则应按照每次投入资本当日的汇率换算成首次投资时的币种。

五、境外投资方（实际控制方）间接转让中国居民企业股权，如果被转让的境外控股公司所在国（地区）实际税负低于12.5％或者对其居民境外所得不征所得税的，应自股权转让合同签订之日起30日内，向被转让股权的中国居民企业所在地主管税务机关提供以下资料：

（一）股权转让合同或协议；

（二）境外投资方与其所转让的境外控股公司在资金、经营、购销等方面的关系；

（三）境外投资方所转让的境外控股公司的生产经营、人员、账务、财产等情况；

（四）境外投资方所转让的境外控股公司与中国居民企业在资金、经营、购销等方面的关系；

（五）境外投资方设立被转让的境外控股公司具有合理商业目的的说明；

（六）税务机关要求的其他相关资料。

六、境外投资方（实际控制方）通过滥用组织形式等安排间接转让中国居民企业股权，且不具有合理的商业目的，规避企业所得税纳税义务的，主管税务机关层报税务总局审核后可以按照经济实质对该股权转让交易重新定性，否定被用作税收安排的境外控股公司的存在。

七、非居民企业向其关联方转让中国居民企业股权，其转让价格不符合独立交易原则而减少应纳税所得额的，税务机关有权按照合理方法进行调整。

〔与税收相关的规定〕

◇《国家外汇管理局国家税务总局关于服务贸易等项目对外支付提交税务证明有关问题的通知》（汇发〔2008〕64号）规定：

一、境内机构和个人向境外单笔支付等值3万美元以上（不含等值3万美元）下列服务贸易、收益、经常转移和资本项目外汇资金，应当按国家有关规定向主管税务机关申请办理《服务贸易、收益、经常转移和部分资本项目对外支付税务证明》：

（一）境外机构或个人从境内获得的服务贸易收入；

（二）境外个人在境内的工作报酬、境外机构或个人从境内获得的股息、红利、利润、直接债务利息、担保费等收益和经常转移项目收入；

（三）境外机构或个人从境内获得的融资租赁租金、不动产的转让收入、股权转让收益。

四、境内机构或个人对外支付下列项目，无须办理和提交《税务证明》：

（一）境内机构在境外发生的差旅、会议、商品展销等各项费用；

（二）境内机构在境外代表机构的办公经费，以及境内机构在境外承包工程所垫付的工程款；

（三）境内机构发生在境外的进出口贸易佣金、保险费、赔偿款；

（四）进口贸易项下境外机构获得的国际运输费用；

（五）境内运输企业在境外从事运输业务发生的修理、油料、港杂等各项费用；

（六）境内个人境外留学、旅游、探亲等因私用汇；

（七）国家规定的其他情形。

〔税收规范性文件〕

◆《国家税务总局关于印发〈服务贸易等项目对外支付出具税务证明管理办法〉的通知》（国税发〔2008〕122号）规定：

第四条 境内机构和个人在申请办理《税务证明》时，应当首先向主管国税机关提出申请，在取得主管国税机关出具的《税务证明》后，再向主管地税机关提出申请。

第五条 境内机构和个人在向主管税务机关提出申请时，应当填写《服务贸易等项目对外支付出具〈税务证明〉申请表》，并附送下列资料：

（一）合同、协议或其他能证明双方权利义务的书面资料（复印件）；

（二）发票或境外机构付汇要求文书（复印件）；

（三）完税证明或批准免税文件（复印件）；

（四）税务机关要求提供的其他资料。

第九条 对于涉及境外劳务不予征税的支付项目，主管税务机关应予以审核，并于5个工作日内为境内机构和个人出具《税务证明》或填写相关栏目。

〔与税收相关的规定〕

◇《国家外汇管理局 国家税务总局关于进一步明确服务贸易等项目对外支付提交税务证明有关问题的通知》（汇发〔2009〕52号）规定：

一、境内机构或个人对外支付下列项目外汇资金，无需办理和提交《服务贸易、收益、经常转移和部分资本项目对外支付税务证明》（以下简称《税务证明》）。

（一）境内旅行社从事出境旅游业务的团费以及代订、代办的住宿、交通等相关费用；

（二）从事远洋渔业的境内机构在境外发生的修理、油料、港杂等各项费用；

（三）国际空运和陆运项下运费及相关费用；

（四）保险项下保费、保险金等相关费用；

（五）境内机构在境外承包工程的工程款；

（六）亚洲开发银行和世界银行集团下属的国际金融公司从我国取得的所得或收入，包括投资合营企业分得的利润和转让股份所得、在华财产（含房产）出租或转让收入以及贷款给我国境内机构取得的利息；

（七）外国政府和国际金融组织向我国提供的外国政府（转）贷款（含外国政府混合（转）贷款）和国际金融组织贷款项下的利息，本通知所称国际金融组织是指国际货币基金组织、世界银行集团、国际开发协会、国际农业发展基金组织、欧洲投资银行等；

（八）外汇指定银行除本条第七项外的其他自身对外融资如境外借款、境外同业拆借、海外代付以及其他债务等项下的利息；

（九）我国省级以上国家机关对外无偿捐赠援助资金；

（十）境内证券公司或登记结算公司向境外机构或境外个人支付其依法获得的股息、红利、利息收入及有价证券卖出所得收益。

五、境内机构办理下列境内外汇划转或境内再投资、增资活动时，应向主管国税机关和地税机关申请办理《税务证明》，并按规定向所在地外汇局或外汇指定银行提交由主管国税机关和地税机关出具并签章的《税务证明》。

（一）外商投资企业的外国投资者以其在境内所得利润以及外商投资企业将属于外国投资者的资本公积金、盈余公积金、未分配利润等在境内转增资本或再投资；

（二）外国投资者从其已投资的外商投资企业中因先行回收投资、清算、股权转让、减资等所得财产在境内再投资；

（三）投资性外商投资企业所投资的企业以外汇向投资性外商投资企业划转利润。

六、合格境外机构投资者对外支付其投资收益以及依法取得境内上市公司 A 股股份的境外投资者减持 A 股上市公司流通股份及分红所得资金的购汇汇出时，应向主管国税机关和地税机关申请办理《税务证明》，并按规定向所在地外汇局或外汇指定银行提交由主管国税机关和地税机关出具并签章的《税务证明》。

十一、境内外机构或个人服务贸易等项目外汇资金的对外支付，无论是否须在国税机关或地税机关缴税，各地国税机关和地税机关都应按规定为境内外机构或个人及时出具《税务证明》，并填注相关栏目以及签章。执行过程中如发现问题，应及时向上级部门反馈。

〔税收规范性文件〕

◆《国家税务总局国家外汇管理局关于加强外国公司船舶运输收入税收管理及国际海运业对外支付管理的通知》（国税发〔2001〕139 号）规定：

直接或间接支付运费的单位或个人（以下简称"扣缴义务人"），包括外商独资船务公司、国际船舶代理公司、国际货运代理公司、以及其他对外支付国际海运运费的单位或个人。

扣缴义务人应按照我国法律法规的有关规定履行代扣代缴、代收代缴税款的义务。

◆《国家税务总局 国家外汇管理局关于加强外国公司船舶运输收入税收管理及国际海运业对外支付管理的补充通知》（国税发〔2002〕107号）规定：

"纳税人可以享受国际运输收入或所得免税待遇的"，是指符合我国同其他国家缔结的避免双重征税协定、互免海运企业国际运输收入协定、海运协定以及其他有关协议或者换文（以下简称"协定或协议"，《国际海运收入减免税情况一览表》附后），具有与我国签订上述"协定或协议"国家（地区）居民身份的外国公司，以船舶经营国际运输业务取得的运费收入或所得，以及《国家税务总局关于税收协定中有关国际运输问题解释的通知》（国税函〔1998〕241号）明确的附属于国际运输业务的收入或所得，不包括各类运输代理公司取得的代理费收入。

〔《中华人民共和国企业所得税法实施条例》〕

☆第一百零五条　企业所得税法第三十七条所称支付，包括现金支付、汇拨支付、转账支付和权益兑价支付等货币支付和非货币支付。

☆企业所得税法第三十七条所称到期应支付的款项，是指支付人按照权责发生制原则应当计入相关成本、费用的应付款项。

〔税收规范性文件〕

◆《国家税务总局关于加强非居民企业来源于我国利息所得扣缴企业所得税工作的通知》（国税函〔2008〕955号）规定：

一、自2008年1月1日起，我国金融机构向境外外国银行支付贷款利息、我国境内外资金融机构向境外支付贷款利息，应按照企业所得税法及其实施条例规定代扣代缴企业所得税。

二、我国境内机构向我国银行的境外分行支付的贷款利息，应按照企业所得税法及其实施条例规定代扣代缴企业所得税。

三、各地应建立健全非居民企业利息所得源泉扣缴企业所得税监控机制，确保及时足额扣缴税款。

◆《国家税务总局关于境外分行取得来源于境内利息所得扣缴企业所得税问题的通知》（国税函〔2010〕266号）规定：

一、税收协定列名的免税外国金融机构设在第三国的非法人分支机构与其总机构属于同一法人，除税收协定中明确规定只有列名金融机构的总机构可以享受免税待遇情况外，该分支机构取得的利息可以享受中国与其总机构所在国签订的税收协定中规定的免税待遇。在执行上述规定时，应严格按《国家税务总局关于印发〈非居民享受税收协定待遇管理办法（试行）〉的通知》（国税发〔2009〕124号）有关规定办理审批手续。

二、属于中国居民企业的银行在境外设立的非法人分支机构同样是中国的居民，该分支机构取得的来源于中国的利息，不论是由中国居民还是外国居民设在中国的常设机构支付，均不适用我国与该分支机构所在国签订的税收协定，应适用我国国内法的相关规定：即按照《国家税务总局关于加强非居民企业来源于我国利息所得扣缴企业所得税工作的通知》（国税函〔2008〕955号）文件办理。

◆《国家税务总局关于中国居民企业向 QFII 支付股息、红利、利息代扣代缴企业所得税有关问题的通知》（国税函〔2009〕47 号）规定：

一、QFII 取得来源于中国境内的股息、红利和利息收入，应当按照企业所得税法规定缴纳 10％的企业所得税。如果是股息、红利，则由派发股息、红利的企业代扣代缴；如果是利息，则由企业在支付或到期支付时代扣代缴。

二、QFII 取得股息、红利和利息收入，需要享受税收协定（安排）待遇的，可向主管税务机关提出申请，主管税务机关审核无误后按照税收协定的规定执行；涉及退税的，应及时予以办理。

◆《国家税务总局关于非居民企业取得 B 股等股票股息征收企业所得税问题的批复》（国税函〔2009〕394 号）规定：

在中国境内外公开发行、上市股票（A 股、B 股和海外股）的中国居民企业，在向非居民企业股东派发 2008 年及以后年度股息时，应统一按 10％的税率代扣代缴企业所得税。

◆《国家税务总局关于中国居民企业向全国社会保障基金所持 H 股派发股息不予代扣代缴企业所得税的通知》（国税函〔2009〕173 号）规定：

根据《财政部国家税务总局关于全国社会保障基金有关企业所得税问题的通知》（财税〔2008〕136 号）规定：全国社会保障基金（以下简称"社保基金"）从证券市场取得的收入为企业所得税不征税收入。在香港上市的境内居民企业派发股息时，可凭香港中央结算（代理人）有限公司确定的社保基金所持 H 股证明，不予代扣代缴企业所得税。

在香港以外上市的境内居民企业向境外派发股息时，可凭有关证券结算公司确定的社保基金所持股证明，不予代扣代缴企业所得税。在境外上市的境内居民企业向其他经批准对股息不征企业所得税的机构派发股息时，可参照本通知执行。

〔《中华人民共和国企业所得税法》〕
★第三十八条　对非居民企业在中国境内取得工程作业和劳务所得应缴纳的所得税，税务机关可以指定工程价款或者劳务费的支付人为扣缴义务人。

〔《中华人民共和国企业所得税法实施条例》〕
☆第一百零六条　企业所得税法第三十八条规定的可以指定扣缴义务人的情形，包括：

（一）预计工程作业或者提供劳务期限不足一个纳税年度，且有证据表明不履行纳税义务的；

（二）没有办理税务登记或者临时税务登记，且未委托中国境内的代理人履行纳税义务的；

（三）未按照规定期限办理企业所得税纳税申报或者预缴申报的。

前款规定的扣缴义务人，由县级以上税务机关指定，并同时告知扣缴义务人所扣税款的计算依据、计算方法、扣缴期限和扣缴方式。

〔税收规范性文件〕

◆《非居民承包工程作业和提供劳务税收管理暂行办法》（国家税务总局令〔2009〕第 19 号）规定：

第十四条　工程价款或劳务费的支付人所在地县（区）以上主管税务机关根据附件 1 及非居民企业申报纳税证明资料或其他信息，

确定符合企业所得税法实施条例第一百零六条所列指定扣缴的三种情形之一的，可指定工程价款或劳务费的支付人为扣缴义务人，并将《非居民企业承包工程作业和提供劳务企业所得税扣缴义务通知书》送达被指定方。

第十五条　指定扣缴义务人应当在申报期限内向主管税务机关报送扣缴企业所得税报告表及其他有关资料。

〔《中华人民共和国企业所得税法》〕

★第三十九条　依照本法第三十七条、第三十八条规定应当扣缴的所得税，扣缴义务人未依法扣缴或者无法履行扣缴义务的，由纳税人在所得发生地缴纳。纳税人未依法缴纳的，税务机关可以该纳税人在中国境内其他收入项目的支付人应付的款项中，追缴该纳税人的应纳税款。

〔《中华人民共和国企业所得税法实施条例》〕

☆第一百零七条　企业所得税法第三十九条所称所得发生地，是指依照本条例第七条规定的原则确定的所得发生地。在中国境内存在多处所得发生地的，由纳税人选择其中之一申报缴纳企业所得税。

☆第一百零八条　企业所得税法第三十九条所称该纳税人在中国境内其他收入，是指该纳税人在中国境内取得的其他各种来源的收入。

☆税务机关在追缴该纳税人应纳税款时，应当将追缴理由、追缴数额、缴纳期限和缴纳方式等告知该纳税人。

〔税收规范性文件〕

◆《非居民承包工程作业和提供劳务税收管理暂行办法》（国家税务总局令〔2009〕第 19 号）规定：

第十六条　扣缴义务人未依法履行扣缴义务或无法履行扣缴义务的，由非居民企业在项目所在地申报缴纳。主管税务机关应自确定未履行扣缴义务之日起 15 日内通知非居民企业在项目所在地申报纳税。

第十七条　非居民企业逾期仍未缴纳税款的，项目所在地主管税务机关应自逾期之日起 15 日内，收集该非居民企业从中国境内取得其他收入项目的信息，包括收入类型，支付人的名称、地址，支付金额、方式和日期等，并向其他收入项目支付人（以下简称其他支付人）发出《非居民企业欠税追缴告知书》，并依法追缴税款和滞纳金。

非居民企业从中国境内取得其他收入项目，包括非居民企业从事其他工程作业或劳务项目所得，以及企业所得税法第三条第二、三款规定的其他收入项目。非居民企业有多个其他支付人的，项目所在地主管税务机关应根据信息准确性、收入金额、追缴成本等因素确定追缴顺序。

第十八条　其他支付人主管税务机关应当提供必要的信息，协助项目所在地主管税务机关执行追缴事宜。

〔《中华人民共和国企业所得税法》〕

★第四十条　扣缴义务人每次代扣的税款，应当自代扣之日起七日内缴入国库，并向所在地的税务机关报送扣缴企业所得税报告表。

★第六章　特别纳税调整

〔《中华人民共和国企业所得税法》〕

★第四十一条　企业与其关联方之间的业务往来，不符合独立交易原则而减少企业或者其关联方应纳税收入或者所得额的，税务机关有权按照合理方法调整。

〔税收规范性文件〕

◆《国家税务总局关于印发〈新企业所得税法精神宣传提纲〉的通知》（国税函〔2008〕159 号）规定：

独立交易原则的判断实施条例规定，独立交易原则是指没有关联关系的交易各方之间按照公平成交价格和营业常规进行业务往来所遵循的原则。在判断关联企业与其关联方之间的业务往来是否符合独立交易原则时，强调将关联交易定价或利润水平与可比情形下没有关联关系的交易定价和利润水平进行比较，如果存在差异，就说明因为关联关系的存在而导致企业没有遵循正常市场交易原则和营业常规，从而违背了独立交易原则。

◆《国家税务总局关于印发〈特别纳税调整实施办法（试行）〉的通知》（国税发〔2009〕2 号）：

共 13 章 118 条，涉及表证单书 22 份：

第一章总则（1～8 条）

第二章关联申报（9～12 条）

第三章同期资料管理（13～20 条）

第四章转让定价方法（21～27 条）

第五章转让定价调查及调整（28～45 条）

第六章预约定价安排管理（46～63 条）

第七章成本分摊协议管理（64～75 条）

第八章受控外国企业管理（76～84 条）

第九章资本弱化管理（85～91 条）

企业与其关联方共同开发、受让无形资产，或者共同提供、接受劳务发生的成本，在计算应纳税所得额时应当按照独立交易原则进行分摊。

◆《国家税务总局关于印发〈特别纳税调整实施办法（试行）〉的通知》（国税发〔2009〕2号）规定：

第六十五条　成本分摊协议的参与方对开发、受让的无形资产或参与的劳务活动享有受益权，并承担相应的活动成本。关联方承担的成本应与非关联方在可比条件下为获得上述受益权而支付的成本相一致。参与方使用成本分摊协议所开发或受让的无形资产不需另支付特许权使用费。

第六十六条　企业对成本分摊协议所涉及无形资产或劳务的受益权应有合理的、可计量的预期收益，且以合理商业假设和营业常规为基础。

第六十七条　涉及劳务的成本分摊协议一般适用于集团采购和集团营销策划。

第六十八条　成本分摊协议主要包括以下内容：

（一）参与方的名称、所在国家（地区）、关联关系、在协议中的权利和义务；

（二）成本分摊协议所涉及的无形资产或劳务的内容、范围，协议涉及研发或劳务活动的具体承担者及其职责、任务；

（三）协议期限；

（四）参与方预期收益的计算方法和假设；

（五）参与方初始投入和后续成本支付的金额、形式、价值确认的方法以及符合独立交易原则的说明；

（六）参与方会计方法的运用及变更说明；

（七）参与方加入或退出协议的程序及处理规定；

（八）参与方之间补偿支付的条件及处理规定；

（九）协议变更或终止的条件及处理规定；

（十）非参与方使用协议成果的规定。

〔《中华人民共和国企业所得税法实施条例》〕

☆第一百零九条　企业所得税法第四十一条所称关联方，是指与企业有下列关联关系之一的企业、其他组织或者个人：

（一）在资金、经营、购销等方面存在直接或者间接的控制关系；

（二）直接或者间接地同为第三者控制；

（三）在利益上具有相关联的其他关系。

〔税收规范性文件〕

◆《国家税务总局关于印发〈特别纳税调整实施办法（试行）〉的通知》（国税发

〔2009〕2 号）规定：

第九条　所得税法实施条例第一百零九条及征管法实施细则第五十一条所称关联关系，主要是指企业与其他企业、组织或个人具有下列之一关系：

（一）一方直接或间接持有另一方的股份总和达到 25％以上，或者双方直接或间接同为第三方所持有的股份达到 25％以上。若一方通过中间方对另一方间接持有股份，只要一方对中间方持股比例达到 25％以上，则一方对另一方的持股比例按照中间方对另一方的持股比例计算。

（二）一方与另一方（独立金融机构除外）之间借贷资金占一方实收资本 50％以上，或者一方借贷资金总额的 10％以上是由另一方（独立金融机构除外）担保。

（三）一方半数以上的高级管理人员（包括董事会成员和经理）或至少一名可以控制董事会的董事会高级成员是由另一方委派，或者双方半数以上的高级管理人员（包括董事会成员和经理）或至少一名可以控制董事会的董事会高级成员同为第三方委派。

（四）一方半数以上的高级管理人员（包括董事会成员和经理）同时担任另一方的高级管理人员（包括董事会成员和经理），或者一方至少一名可以控制董事会的董事会高级成员同时担任另一方的董事会高级成员。

（五）一方的生产经营活动必须由另一方提供的工业产权、专有技术等特许权才能正常进行。

（六）一方的购买或销售活动主要由另一方控制。

（七）一方接受或提供劳务主要由另一方控制。

（八）一方对另一方的生产经营、交易具有实质控制，或者双方在利益上具有相关联的其他关系，包括虽未达到本条第（一）项持股比例，但一方与另一方的主要持股方享受基本相同的经济利益，以及家族、亲属关系等。

〔《中华人民共和国企业所得税法实施条例》〕

☆第一百一十条　企业所得税法第四十一条所称独立交易原则，是指没有关联关系的交易各方，按照公平成交价格和营业常规进行业务往来遵循的原则。

☆第一百一十一条　企业所得税法第四十一条所称合理方法，包括：

（一）可比非受控价格法，是指按照没有关联关系的交易各方进行相同或者类似业务往来的价格进行定价的方法；

（二）再销售价格法，是指按照从关联方购进商品再销售给没有关联关系的交易方的价格，减除相同或者类似业务的销售毛利进行定价的方法；

（三）成本加成法，是指按照成本加合理的费用和利润进行定价的方法；

（四）交易净利润法，是指按照没有关联关系的交易各方进行相同或者类似业务往来取得的净利润水平确定利润的方法；

（五）利润分割法，是指将企业与其关联方的合并利润或者亏损在各方之间采用合理标准进行分配的方法；

（六）其他符合独立交易原则的方法。

〔税收规范性文件〕

◆《国家税务总局关于印发〈特别纳税调整实施办法（试行）〉的通知》（国税发〔2009〕2号）规定：

第二十二条　选用合理的转让定价方法应进行可比性分析。可比性分析因素主要包括以下五个方面：

（一）交易资产或劳务特性，主要包括：有形资产的物理特性、质量、数量等，劳务的性质和范围，无形资产的类型、交易形式、期限、范围、预期收益等；

（二）交易各方功能和风险，功能主要包括：研发、设计、采购，加工、装配、制造，存货管理、分销、售后服务、广告，运输、仓储，融资，财务、会计、法律及人力资源管理等，在比较功能时，应关注企业为发挥功能所使用资产的相似程度；风险主要包括：研发风险，采购风险，生产风险，分销风险，市场推广风险，管理及财务风险等；

（三）合同条款，主要包括：交易标的，交易数量、价格，收付款方式和条件，交货条件，售后服务范围和条件，提供附加劳务的约定，变更、修改合同内容的权利，合同有效期，终止或续签合同的权利；

（四）经济环境，主要包括：行业概况，地理区域，市场规模，市场层级，市场占有率，市场竞争程度，消费者购买力，商品或劳务可替代性，生产要素价格，运输成本，政府管制等；

（五）经营策略，主要包括：创新和开发策略，多元化经营策略，风险规避策略，市场占有策略等。

〔《中华人民共和国企业所得税法实施条例》〕

☆第一百一十二条　企业可以依照企业所得税法第四十一条第二款的规定：按照独立交易原则与其关联方分摊共同发生的成本，达成成本分摊协议。

☆企业与其关联方分摊成本时，应当按照成本与预期收益相配比的原则进行分摊，并在税务机关规定的期限内，按照税务机关的要求报送有关资料。

☆企业与其关联方分摊成本时违反本条第一款、第二款规定的，其自行分摊的成本不得在计算应纳税所得额时扣除。

〔税收规范性文件〕

◆《国家税务总局关于农村信用社省级联合社收取服务费有关企业所得税税务处理问题的通知》（国税函〔2010〕80号）规定：

一、省联社每年度为履行其职能所发生的各项费用支出，包括人员费用、办公费用、差旅费、利息支出、研究与开发费以及固定资产折旧费、无形资产摊销费等，应统一归集，作为其基层社共同发生的费用，按合理比例分摊后由基层社税前扣除。

上款所指每年度固定资产折旧费、无形资产摊销费是指省联社购置的固定资产和无形资产按照税法规定每年度应提取的折旧额或摊销额。

二、省联社发生的本年度各项费用，在分摊时，应根据本年度实际发生数，按照以下公式，分摊给其各基层社。各基层社本年度应分摊的费用＝省联社本年度发生的各项费用×本年度该基层社营业收入/本年度各基层社营业总收入省联社由于特殊情况需要改变上述分摊方法的，由联社提出申请，经省级税务机关确认后执行。

省联社分摊给各基层社的上述费用，在按季或按月申报预缴所得税时，可以按季或按月计算扣除，年度汇算。

三、省联社每年制定费用分摊方案后，应报省级国家税务局确认后执行。各省级国家税务局根据本通知的规定：实施具体管理。

四、本通知实施前，经税务总局批准，有关省联社已向基层社收取专项资金购买固定资产、无形资产等，凡该项资金已按税务总局单项批复由各基层社分摊在税前扣除的，其相应资产不得再按照本办法规定重复提取折旧费、摊销费，并向基层社分摊扣除。各基层社交付给省联社的上述专项资金的税务处理，仍按照税务总局已批准的专项文件规定继续执行到期满。

五、省联社自身从事其它业务取得收入所发生的相应费用，应该单独核算，不能作为基层社共同发生的费用进行分摊。

六、地市与县联社发生上述共同费用的税务处理，也应按照本通知规定执行。

七、本通知自 2009 年 1 月 1 日起执行。2008 年度没有按照本规定或者以前专项规定执行的，可以按照本规定执行，并统一在 2009 年度汇算清缴时进行纳税调整。2008 年度按照以前办法由省联社向基层社收取管理费的，该收取的管理费与按本通知规定计算的可由基层社分摊的费用扣除额的差额，应在 2009 年度汇算清缴时一并进行纳税调整。

〔《中华人民共和国企业所得税法》〕

★第四十二条　企业可以向税务机关提出与其关联方之间业务往来的定价原则和计算方法，税务机关与企业协商、确认后，达成预约定价安排。

〔《中华人民共和国企业所得税法实施条例》〕

☆第一百一十三条　企业所得税法第四十二条所称预约定价安排，是指企业就其未来年度关联交易的定价原则和计算方法，向税务机关提出申请，与税务机关按照独立交易原则协商、确认后达成的协议。

〔《中华人民共和国企业所得税法》〕

★第四十三条　企业向税务机关报送年度企业所得税纳税申报表时，应当就其与关联方之间的业务往来，附送年度关联业务往来报告表。

★税务机关在进行关联业务调查时，企业及其关联方，以及与关联业务调查有关的其他企业，应当按照规定提供相关资料。

〔《中华人民共和国企业所得税法实施条例》〕

☆第一百一十四条　企业所得税法第四十三条所称相关资料，包括：（一）与关联业务往来有关的价格、费用的制定标准、计算方法和说明等同期资料；

〔税收规范性文件〕

◆《国家税务总局关于印发〈特别纳税调整实施办法（试行）〉的通知》（国税发〔2009〕2号）规定：

第十四条 同期资料主要包括以下内容：

（一）组织结构

1. 企业所属的企业集团相关组织结构及股权结构；

2. 企业关联关系的年度变化情况；

3. 与企业发生交易的关联方信息，包括关联企业的名称、法定代表人、董事和经理等高级管理人员构成情况、注册地址及实际经营地址，以及关联个人的名称、国籍、居住地、家庭成员构成等情况，并注明对企业关联交易定价具有直接影响的关联方；

4. 各关联方适用的具有所得税性质的税种、税率及相应可享受的税收优惠。

（二）生产经营情况

1. 企业的业务概况，包括企业发展变化概况、所处的行业及发展概况、经营策略、产业政策、行业限制等影响企业和行业的主要经济和法律问题，集团产业链以及企业所处地位；

2. 企业的主营业务构成，主营业务收入及其占收入总额的比重，主营业务利润及其占利润总额的比重；

3. 企业所处的行业地位及相关市场竞争环境的分析；

4. 企业内部组织结构，企业及其关联方在关联交易中执行的功能、承担的风险以及使用的资产等相关信息，并参照填写《企业功能风险分析表》；

5. 企业集团合并财务报表，可视企业集团会计年度情况延期准备，但最迟不得超过关联交易发生年度的次年12月31日。

（三）关联交易情况

1. 关联交易类型、参与方、时间、金额、结算货币、交易条件等；

2. 关联交易所采用的贸易方式、年度变化情况及其理由；

3. 关联交易的业务流程，包括各个环节的信息流、物流和资金流，与非关联交易业务流程的异同；

4. 关联交易所涉及的无形资产及其对定价的影响；

5. 与关联交易相关的合同或协议副本及其履行情况的说明；

6. 对影响关联交易定价的主要经济和法律因素的分析；

7. 关联交易和非关联交易的收入、成本、费用和利润的划分情况，不能直接划分的，按照合理比例划分，说明确定该划分比例的理由，并参照填写《企业年度关联交易财务状况分析表》。

（四）可比性分析

1. 可比性分析所考虑的因素，包括交易资产或劳务特性、交易各方功能和风险、合同条款、经济环境、经营策略等；

2. 可比企业执行的功能、承担的风险以及使用的资产等相关信息；

3. 可比交易的说明，如：有形资产的物理特性、质量及其效用；融资业务的正常利率水平、金额、币种、期限、担保、融资人的资信、还款方式、计息方法等；劳务的性质与程度；无形资产的类型及交易形式，通过交易获得的使用无形资产的权利，使用无形资产获得的收益；

4. 可比信息来源、选择条件及理由；

5. 可比数据的差异调整及理由。

（五）转让定价方法的选择和使用

1. 转让定价方法的选用及理由，企业选择利润法时，须说明对企业集团整体利润或剩余利润水平所做的贡献；

2. 可比信息如何支持所选用的转让定价方法；

3. 确定可比非关联交易价格或利润的过程中所做的假设和判断；

4. 运用合理的转让定价方法和可比性分析结果，确定可比非关联交易价格或利润，以及遵循独立交易原则的说明；

5. 其他支持所选用转让定价方法的资料。

第十五条 属于下列情形之一的企业，可免于准备同期资料：

（一）年度发生的关联购销金额（来料加工业务按年度进出口报关价格计算）在2亿元人民币以下且其他关联交易金额（关联融通资金按利息收付金额计算）在4 000万元人民币以下，上述金额不包括企业在年度内执行成本分摊协议或预约定价安排所涉及的关联交易金额；

（二）关联交易属于执行预约定价安排所涉及的范围；

（三）外资股份低于50%且仅与境内关联方发生关联交易。

◆《国家税务总局关于强化跨境关联交易监控和调查的通知》（国税函〔2009〕363号）规定：

一、跨国企业在中国境内设立的承担单一生产（来料加工或进料加工）、分销或合约研发等有限功能和风险的企业，不应承担金融危机的市场和决策等风险，按照功能风险与利润相配比的转让定价原则，应保持合理的利润水平。

二、上述承担有限功能和风险的企业如出现亏损，无论是否达到准备同期资料的标准，均应在亏损发生年度准备同期资料及其他相关资料，并于次年6月20日之前报送主管税务机关。

〔《中华人民共和国企业所得税法实施条例》〕第一百一十四条：

☆（二）关联业务往来所涉及的财产、财产使用权、劳务等的再销售（转让）价格或者最终销售（转让）价格的相关资料；

☆（三）与关联业务调查有关的其他企业应当提供的与被调查企业可比的产品价格、定价方式以及利润水平等资料；

☆（四）其他与关联业务往来有关的资料。

☆企业所得税法第四十三条所称与关联业务调查有关的其他企业，是指与被调查企业在生产经营内容和方式上相类似的企业。企业应当在税务机关规定的期限内提供与关联业务往来有关的价格、费用的制定标准、计算方法和说明等资料。关联方以及与关联业务调查有关的其他企业应当在税务机关与其约定的期限内提供相关资料。

〔税收规范性文件〕

◆《国家税务总局关于印发〈中华人民共和国企业年度关联业务往来报告表〉的通知》（国税发〔2008〕114号）包括9张表：

关联关系表（表一）

关联交易汇总表（表二）

购销表（表三）

劳务表（表四）

无形资产表（表五）

固定资产表（表六）

融通资金表（表七）

对外投资情况表（表八）

对外支付款项情况表（表九）

〔《中华人民共和国企业所得税法》〕

★第四十四条 企业不提供与其关联方之间业务往来资料，或者提供虚假、不完整资料，未能真实反映其关联业务往来情况的，税务机关有权依法核定其应纳税所得额。

〔《中华人民共和国企业所得税法实施条例》〕

☆第一百一十五条 税务机关依照企业所得税法第四十四条的规定核定企业的应纳税所得额时，可以采用下列方法：

（一）参照同类或者类似企业的利润率水平核定；

（二）按照企业成本加合理的费用和利润的方法核定；

（三）按照关联企业集团整体利润的合理比例核定；

（四）按照其他合理方法核定。企业对税务机关按照前款规定的方法核定的应纳税所得额有异议的，应当提供相关证据，经税务机关认定后，调整核定的应纳税所得额。

〔《中华人民共和国企业所得税法》〕

★第四十五条 由居民企业，或者由居民企业和中国居民控制的设立在实际税负明显低于本法第四条第一款规定税率水平的国家（地区）的企业，并非由于合理的经营需要而对利润不作分配或者减少分配的，上述利润中应归属于该居民企业的部分，应当计入该居民企业的当期收入。

〔税收规范性文件〕

◆《国家税务总局关于简化判定中国居民股东控制外国企业所在国实际税负的通知》（国税函〔2009〕37号）规定：

中国居民企业或居民个人能够提供资料证明其控制的外国企业设立在美国、英国、法国、德国、日本、意大利、加拿大、澳大利亚、印度、南非、新西兰和挪威的，可免于将该外国企业不作分配或者减少分配的利润视同股息分配额，计入中国居民企业的当期所得。

〔《中华人民共和国企业所得税法实施条例》〕

☆第一百一十六条　企业所得税法第四十五条所称中国居民，是指根据《中华人民共和国个人所得税法》的规定：就其从中国境内、境外取得的所得在中国缴纳个人所得税的个人。

☆第一百一十七条　企业所得税法第四十五条所称控制，包括：

☆（一）居民企业或者中国居民直接或者间接单一持有外国企业10％以上有表决权股份，且由其共同持有该外国企业50％以上股份；

☆（二）居民企业，或者居民企业和中国居民持股比例没有达到第（一）项规定的标准，但在股份、资金、经营、购销等方面对该外国企业构成实质控制。

☆第一百一十八条　企业所得税法第四十五条所称实际税负明显低于企业所得税法第四条第一款规定税率水平，是指低于企业所得税法第四条第一款规定税率的50％。

〔《中华人民共和国企业所得税法》〕

★第四十六条　企业从其关联方接受的债权性投资与权益性投资的比例超过规定标准而发生的利息支出，不得在计算应纳税所得额时扣除。

〔《中华人民共和国企业所得税法实施条例》〕

☆第一百一十九条　企业所得税法第四十六条所称债权性投资，是指企业直接或者间接从关联方获得的，需要偿还本金和支付利息或者需要以其他具有支付利息性质的方式予以补偿的融资。

☆企业间接从关联方获得的债权性投资，包括：

☆（一）关联方通过无关联第三方提供的债权性投资；

☆（二）无关联第三方提供的、由关联方担保且负有连带责任的债权性投资；

☆（三）其他间接从关联方获得的具有负债实质的债权性投资。

☆企业所得税法第四十六条所称权益性投资，是指企业接受的不需要偿还本金和支付利息，投资人对企业净资产拥有所有权的投资。

☆企业所得税法第四十六条所称标准，由国务院财政、税务主管部门另行规定。

〔**税收规范性文件**〕

◆《财政部 国家税务总局关于企业关联方利息支出税前扣除标准有关税收政策问题的通知》（财税〔2008〕121号）规定：

一、在计算应纳税所得额时，企业实际支付给关联方的利息支出，不超过以下规定比例和税法及其实施条例有关规定计算的部分，准予扣除，超过的部分不得在发生当期和以后年度扣除。

企业实际支付给关联方的利息支出，除符合本通知第二条规定外，其接受关联方债权性投资与其权益性投资比例为：

（一）金融企业，为 5：1；

（二）其他企业，为 2：1。

二、企业如果能够按照税法及其实施条例的有关规定提供相关资料，并证明相关交易活动符合独立交易原则的；或者该企业的实际税负不高于境内关联方的，其实际支付给境内关联方的利息支出，在计算应纳税所得额时准予扣除。

三、企业同时从事金融业务和非金融业务，其实际支付给关联方的利息支出，应按照合理方法分开计算；没有按照合理方法分开计算的，一律按本通知第一条有关其他企业的比例计算准予税前扣除的利息支出。

四、企业自关联方取得的不符合规定的利息收入应按照有关规定缴纳企业所得税。

◆《国家税务总局关于企业向自然人借款的利息支出企业所得税税前扣除问题的通知》（国税函〔2009〕777号）规定：

一、企业向股东或其他与企业有关联关系的自然人借款的利息支出，应根据《中华人民共和国企业所得税法》（以下简称税法）第四十六条及《财政部、国家税务总局关于企业关联方利息支出税前扣除标准有关税收政策问题的通知》（财税〔2008〕121号）规定的条件，计算企业所得税扣除额。

二、企业向除第一条规定以外的内部职工或其他人员借款的利息支出，其借款情况同时符合以下条件的，其利息支出在不超过按照金融企业同期同类贷款利率计算的数额的部分，根据税法第八条和税法实施条例第二十七条规定：准予扣除。

（一）企业与个人之间的借贷是真实、合法、有效的，并且不具有非法集资目的或其他违反法律、法规的行为；

（二）企业与个人之间签订了借款合同。

〔《中华人民共和国企业所得税法》〕

★第四十七条　企业实施其他不具有合理商业目的的安排而减少其应纳税收入或者所得额的，税务机关有权按照合理方法调整。

〔《中华人民共和国企业所得税法实施条例》〕

☆第一百二十条　企业所得税法第四十七条所称不具有合理商业目的，是指以减少、免除或者推迟缴纳税款为主要目的。

〔税收规范性文件〕

◆《国家税务总局关于印发〈新企业所得税法精神宣传提纲〉的通知》（国税函〔2008〕159号）规定：

一般反避税条款新企业所得税法借鉴了国外立法经验，将一般反避税条款作为兜底的补充性条款，主要目的在于打击和遏制以规避税收为主要目的，其他反避税措施又无法涉及的避税行为。如果对主要目的是为了获取税收利益而并非出于正常商业目的安排不进行制约，势必造成对其他企业的不公平，破坏公平市场环境。一般反避税条款用以弥补特别反避税条款的不足，有利于增强税法的威慑力。面对各种各样新的避税手法，必须要有相应的应对措施。

　　一般反避税条款规定对不具有合理商业目的的安排进行调整，是指税务机关有权对以减少、免除或者推迟缴纳税款为主要目的的安排进行调整。

　　不具有合理商业目的的安排通常具有以下特征：一是必须存在一个安排，即人为规划的一个或一系列行动或交易；二是企业必须从该安排中获取"税收利益"，即减少企业的应纳税收入或者所得额；三是企业获取税收利益是其安排的主要目的。满足以上三个特征，可推断该安排已经构成了避税事实。

　　◆《国家税务总局关于印发〈特别纳税调整实施办法（试行）〉的通知》（国税发〔2009〕2号）规定：

　　第九十二条　税务机关可依据所得税法第四十七条及所得税法实施条例第一百二十条的规定对存在以下避税安排的企业，启动一般反避税调查：

　　（一）滥用税收优惠；

　　（二）滥用税收协定；

　　（三）滥用公司组织形式；

　　（四）利用避税港避税；

　　（五）其他不具有合理商业目的的安排。

〔《中华人民共和国企业所得税法》〕

　　★第四十八条　税务机关依照本章规定作出纳税调整，需要补征税款的，应当补征税款，并按照国务院规定加收利息。

〔《中华人民共和国企业所得税法实施条例》〕

　　☆第一百二十一条　税务机关根据税收法律、行政法规的规定，对企业作出特别纳税调整的，应当对补征的税款，自税款所属纳税年度的次年6月1日起至补缴税款之日止的期间，按日加收利息。

　　☆前款规定加收的利息，不得在计算应纳税所得额时扣除。

　　☆第一百二十二条　企业所得税法第四十八条所称利息，应当按照税款所属纳税年度中国人民银行公布的与补税期间同期的人民币贷款基准利率加5个百分点计算。

　　☆企业依照企业所得税法第四十三条和本条例的规定提供有关资料的，可以只按前款规定的人民币贷款基准利率计算利息。

　　☆第一百二十三条　企业与其关联方之间的业务往来，不符合独立交易原则，或者企业实施其他不具有合理商业目的的安排的，税务机关有权在该业务发生的纳税年度起10年内，进行纳税调整。

〔税收规范性文件〕

　　◆《国家税务总局关于印发〈特别纳税调整实施办法（试行）〉的通知》（国税发

〔2009〕2号）规定：

第二十九条　转让定价调查应重点选择以下企业：

（一）关联交易数额较大或类型较多的企业；

（二）长期亏损、微利或跳跃性盈利的企业；

（三）低于同行业利润水平的企业；

（四）利润水平与其所承担的功能风险明显不相匹配的企业；

（五）与避税港关联方发生业务往来的企业；

（六）未按规定进行关联申报或准备同期资料的企业；

（七）其他明显违背独立交易原则的企业。

第三十条　实际税负相同的境内关联方之间的交易，只要该交易没有直接或间接导致国家总体税收收入的减少，原则上不做转让定价调查、调整。

第三十二条　税务机关对已确定的调查对象，应根据所得税法第六章、所得税法实施条例第六章、征管法第四章及征管法实施细则第六章的规定：实施现场调查。

（一）现场调查人员须2名以上。

（二）现场调查时调查人员应出示《税务检查证》，并送达《税务检查通知书》。

（三）现场调查可根据需要依照法定程序采取询问、调取账簿资料和实地核查等方式。

（四）询问当事人应有专人记录《询问（调查）笔录》，并告知当事人不如实提供情况应当承担的法律责任。《询问（调查）笔录》应交当事人核对确认。

（五）需调取账簿及有关资料的，应按照征管法实施细则第八十六条的规定：填制《调取账簿资料通知书》、《调取账簿资料清单》，办理有关法定手续，调取的账簿、记账凭证等资料，应妥善保管，并按法定时限如数退还。

（六）实地核查过程中发现的问题和情况，由调查人员填写《询问（调查）笔录》。《询问（调查）笔录》应由2名以上调查人员签字，并根据需要由被调查企业核对确认，若被调查企业拒绝，可由2名以上调查人员签认备案。

（七）可以以记录、录音、录像、照相和复制的方式索取与案件有关的资料，但必须注明原件的保存方及出处，由原件保存或提供方核对签注"与原件核对无误"字样，并盖章或押印。

（八）需要证人作证的，应事先告知证人不如实提供情况应当承担的法律责任。证人的证言材料应由本人签字或押印。

第三十七条　税务机关应选用本办法第四章规定的转让定价方法分析、评估企业关联交易是否符合独立交易原则，分析评估时可以使用公开信息资料，也可以使用非公开信息资料。

第三十八条　税务机关分析、评估企业关联交易时，因企业与可比企业营运资本占用不同而对营业利润产生的差异原则上不做调整。确需调整的，须层报国家税务总局批准。

第三十九条　按照关联方订单从事加工制造，不承担经营决策、产品研发、销售等功能的企业，不应承担由于决策失误、开工不足、产品滞销等原因带来的风险和损失，通常应保持一定的利润率水平。对出现亏损的企业，税务机关应在经济分析的基础上，选择适当的可比价格或可比企业，确定企业的利润水平。

第四十条　企业与关联方之间收取价款与支付价款的交易相互抵消的，税务机关在可比性分析和纳税调整时，原则上应还原抵消交易。

第四十一条　税务机关采用四分位法分析、评估企业利润水平时，企业利润水平低于可比企业利润率区间中位值的，原则上应按照不低于中位值进行调整。

第四十二条　经调查，企业关联交易符合独立交易原则的，税务机关应做出转让定价调查结论，并向企业送达《特别纳税调查结论通知书》。

第四十三条　经调查，企业关联交易不符合独立交易原则而减少其应纳税收入或者所得额的，税务机关应按以下程序实施转让定价纳税调整：

（一）在测算、论证和可比性分析的基础上，拟定特别纳税调查初步调整方案；

（二）根据初步调整方案与企业协商谈判，税企双方均应指定主谈人，调查人员应做好《协商内容记录》，并由双方主谈人签字确认，若企业拒签，可由 2 名以上调查人员签认备案；

（三）企业对初步调整方案有异议的，应在税务机关规定的期限内进一步提供相关资料，税务机关收到资料后，应认真审核，并及时做出审议决定；

（四）根据审议决定，向企业送达《特别纳税调查初步调整通知书》，企业对初步调整意见有异议的，应自收到通知书之日起 7 日内书面提出，税务机关收到企业意见后，应再次协商审议；企业逾期未提出异议的，视为同意初步调整意见；

（五）确定最终调整方案，向企业送达《特别纳税调查调整通知书》。

第四十五条　税务机关对企业实施转让定价纳税调整后，应自企业被调整的最后年度的下一年度起 5 年内实施跟踪管理。在跟踪管理期内，企业应在跟踪年度的次年 6 月 20 日之前向税务机关提供跟踪年度的同期资料，税务机关根据同期资料和纳税申报资料重点分析、评估以下内容：

（一）企业投资、经营状况及其变化情况；

（二）企业纳税申报额变化情况；

（三）企业经营成果变化情况；

（四）关联交易变化情况等。

税务机关在跟踪管理期内发现企业转让定价异常等情况，应及时与企业沟通，要求企业自行调整，或按照本章有关规定开展转让定价调查调整。

★第七章　征收管理

〔《中华人民共和国企业所得税法》〕

★第四十九条　企业所得税的征收管理除本法规定外，依照《中华人民共和国税收征收管理法》的规定执行。

★**第五十条　除税收法律、行政法规另有规定外，居民企业以企业登记注册地为纳税地点；但登记注册地在境外的，以实际管理机构所在地为纳税地点。**

〔**税收规范性文件**〕

◆《国家税务总局关于印发〈新企业所得税法精神宣传提纲〉的通知》（国税函〔2008〕159号）规定：

解决跨地区汇总纳税后地区间税源转移问题新企业所得税法规定，不具有法人资格的营业机构应实行法人汇总纳税制度，由此会出现地区间税源转移问题。经请示国务院同意，将按照"统一核算、分级管理、就地预缴、集中清算、财政调库"的原则，合理确定总、分机构所在地区的企业所得税分享比例和办法，妥善解决实施新企业所得税法后引起的税收转移问题，处理好地区间利益分配关系。

◆《国家税务总局关于广西中金矿业有限公司转让股权企业所得税收入确认问题的批复》（国税函〔2010〕150号）规定：

二、关于股权转让所得纳税地点问题

根据《中华人民共和国企业所得税法》第五十条的规定：广西中金矿业有限公司和福建省泉州市丰源房地产开发有限公司各自转让武宣县盘龙铅锌矿有限责任公司的相关股权所取得的所得，应在各自的企业登记注册地申报缴纳企业所得税。

◆《财政部 国家税务总局关于建筑业营业税若干政策问题的通知》（财税〔2006〕177号）规定：

1. 纳税人提供建筑业应税劳务，施工单位与发包单位签订书面合同，如合同明确规定付款（包括提供原材料、动力和其他物资，不含预收工程价款）日期的，按合同规定的付款日期为纳税义务发生时间；合同未明确付款（同上）日期的，其纳税义务发生时间为纳税人收讫营业收入款项或者取得索取营业款项凭据的当天。

上述预收工程价款是指工程项目尚未开工时收到的款项。对预收工程价款，其纳税义务发生时间为工程开工后，主管税务机关根据工程形象进度按月确定的纳税义务发生时间。

2. 纳税人提供建筑业应税劳务，施工单位与发包单位未签订书面合同的，其纳税义务发生时间为纳税人收讫营业收入款项或者取得索取营业收入款项凭据的当天。

◆《国家税务总局关于建筑企业所得税征管有关问题的通知》（国税函〔2010〕39号）规定：

一、实行总、分机构体制的跨地区经营建筑企业应严格执行国税发〔2008〕28号文件规定：按照"统一计算、分级管理、就地预缴、汇总清算、财政调库"的办法计算缴纳企业所得税。

二、建筑企业跨地区设立的不符合二级分支机构条件的项目经理部（包括与项目经理部性质相同的工程指挥部、合同段等），应汇总到总机构或二级分支机构统一计算，按照国税发〔2008〕28号文件规定的办法计算缴纳企业所得税。

◆《国家税务总局关于跨地区经营建筑企业所得税征收管理问题的通知》（国税函〔2010〕156号）规定：

一、实行总分机构体制的跨地区经营建筑企业应严格执行国税发〔2008〕28号文件规定：按照"统一计算，分级管理，就地预缴，汇总清算，财政调库"的办法计算缴纳企业所得税。

二、建筑企业所属二级或二级以下分支机构直接管理的项目部（包括与项目部性质相同的工程指挥部、合同段等，下同）不就地预缴企业所得税，其经营收入、职工工资和资产总额应汇总到二级分支机构统一核算，由二级分支机构按照国税发〔2008〕28号文件规定的办法预缴企业所得税。

三、建筑企业总机构直接管理的跨地区设立的项目部，应按项目实际经营收入的0.2%按月或按季由总机构向项目所在地预分企业所得税，并由项目部向所在地主管税务机关预缴。

四、建筑企业总机构应汇总计算企业应纳所得税，按照以下方法进行预缴：

（一）总机构只设跨地区项目部的，扣除已由项目部预缴的企业所得税后，按照其余额就地缴纳；

（二）总机构只设二级分支机构的，按照国税发〔2008〕28号文件规定计算总、分支机构应缴纳的税款；

（三）总机构既有直接管理的跨地区项目部，又有跨地区二级分支机构的，先扣除已由项目部预缴的企业所得税后，再按照国税发〔2008〕28号文件规定计算总、分支机构应缴纳的税款。

五、建筑企业总机构应按照有关规定办理企业所得税年度汇算清缴，各分支机构和项目部不进行汇算清缴。总机构年终汇算清缴后应纳所得税额小于已预缴的税款时，由总机构主管税务机关办理退税或抵扣以后年度的应缴企业所得税。

六、跨地区经营的项目部（包括二级以下分支机构管理的项目部）应向项目所在地主管税务机关出具总机构所在地主管税务机关开具的《外出经营活动税收管理证明》，未提供上述证明的，项目部所在地主管税务机关应督促其限期补办；不能提供上述证明的，应作为独立纳税人就地缴纳企业所得税。同时，项目部应向所在地主管税务机关提供总机构出具的证明该项目部属于总机构或二级分支机构管理的证明文件。

七、建筑企业总机构在办理企业所得税预缴和汇算清缴时，应附送其所直接管理的跨地区经营项目部就地预缴税款的完税证明。

八、建筑企业在同一省、自治区、直辖市和计划单列市设立的跨地（市、县）项目部，其企业所得税的征收管理办法，由各省、自治区、直辖市和计划单列市国家税务局、地方税务局共同制定，并报国家税务总局备案。

九、本通知自2010年1月1日起施行。

居民企业在中国境内设立不具有法人资格的营业机构的，应当汇总计算并缴纳企业所得税。

〔与税收相关的规定〕

◇《财政部　国家税务总局　中国人民银行关于印发〈跨省市总分机构企业所得税分配及预算管理暂行办法〉的通知》（财预〔2008〕10号）规定：

四、预缴税款缴库程序

（一）分支机构分摊的预缴税款由分支机构办理就地缴库。分支机构所在地税务机关开具税收缴款书，预算科目栏按企业所有制性质对应填写1010440项"分支机构预缴所得税"下的有关目级科目名称及代码，级次"栏填写"中央60%，地方40%"。

（二）总机构就地预缴税款和总机构预缴中央国库税款由总机构合并办理就地缴库。中央地方分配方式为中央60%，企业所得税待分配收入（暂列中央收入）20%，总机构所在地20%。总机构所在地税务机关开具税收缴款书，预算科目栏按企业所有制性质对应填写1010441项"总机构预缴所得税"下的有关目级科目名称及代码，"级次"栏按上述分配比例填写"中央60%、中央20%（待分配）、地方20%"。

五、汇总清算

各分支机构不进行企业所得税汇算清缴，统一由总机构按照相关规定进行。

总机构所在地税务机关根据汇总计算的企业年度全部应纳税额，扣除总机构和各境内分支机构已预缴的税款，多退少补。

（一）补缴的税款由总机构全额就地缴入中央国库，不实行与总机构所在地分享。总机构所在地税务机关开具税收缴款书，预算科目按企业所有制性质对应填写1010442项"总机构汇算清缴所得税"下的有关目级科目名称及代码，级次"栏填写"中央60%，中央40%（待分配）"。国库部门收到税款后，按共享收入进行业务处理，将其中60%列入中央级1010442项"总机构汇算清缴所得税"下有关目级科目，40%列入中央级1010443项"企业所得税待分配收入"下有关目级科目。

（二）多缴的税款由总机构所在地税务机关开具收入退还书并按规定办理退库。收入退还书预算科目按企业所有制性质对应填写1010442项"总机构汇算清缴所得税"下的有关目级科目名称及代码，"级次"栏填写"中央60%、中央40%（待分配）"。国库部门办理时，按共享收入进行业务处理，将所退税款的60%列中央级1010442项"总机构汇算清缴所得税"下有关目级科目，40%列中央级1010443项"企业所得税待分配收入"下有关目级科目。（粤财预2008] 30号补充，实行本办法后，相应取消原省与各市的跨地区经营企业所得税增量返还结算。对财政部汇总清缴后按核定的系数调整分配给我省的收入部分作为省级收入。）

◇《财政部关于核定跨省市总分机构企业所得税地区间分配系数的通知》（财预〔2008〕25号）制定了跨省市总分机构企业所得税地区间分配系数表。

◇《财政部 中国人民银行 国家税务总局关于增设跨市县总分机构企业所得税科目的通知》财预〔2008〕37号）规定：

既跨省市又跨市县经营的总分机构企业在缴纳所得税时，按《〈财政部国家税务总局跨省市总分机构企业所得税分配及预算管理暂行办法〉的通知》（财预〔2008〕10号）文件执行。

〔税收规范性文件〕

◆《国家税务总局关于印发〈跨地区经营汇总纳税企业所得税征收管理暂行办法〉的通知》（国税发〔2008〕28号）规定：

第九条　总机构和具有主体生产经营职能的二级分支机构，就地分期预缴企业所得税。二级分支机构及其下属机构均由二级分支机构集中就地预缴企业所得税；三级及以下分支机构不就地预缴企业所得税，其经营收入、职工工资和资产总额统一计入二级分支机构。

第十条　总机构设立具有独立生产经营职能部门，且具有独立生产经营职能部门的经营收入、职工工资和资产总额与管理职能部门分开核算的，可将具有独立生产经营职能的部门视同一个分支机构，就地预缴企业所得税。具有独立生产经营职能部门与管理职能部门的经营收入、职工工资和资产总额不能分开核算的，具有独立生产经营职能的部门不得视同一个分支机构，不就地预缴企业所得税。

第十一条　不具有主体生产经营职能，且在当地不缴纳增值税、营业税的产品售后服务、内部研发、仓储等企业内部辅助性的二级及以下分支机构，不就地预缴企业所得税。

第十二条　上年度认定为小型微利企业的，其分支机构不就地预缴企业所得税。

第十三条　新设立的分支机构，设立当年不就地预缴企业所得税。

第十四条　撤销的分支机构，撤销当年剩余期限内应分摊的企业所得税款由总机构缴入中央国库。

第十六条　总机构和分支机构处于不同税率地区的，先由总机构统一计算全部应纳税所得额，然后依照本办法第十九条规定的比例和第二十三条规定的三因素及其权重，计算划分不同税率地区机构的应纳税所得额后，再分别按总机构和分支机构所在地的适用税率计算应纳税额。

第十七条　总机构和分支机构2007年及以前年度按独立纳税人计缴所得税尚未弥补完的亏损，允许在法定剩余年限内继续弥补。

第十九条　总机构和分支机构应分期预缴的企业所得税，50%在各分支机构间分摊预缴，50%由总机构预缴。总机构预缴的部分，其中25%就地入库，25%预缴入中央国库，按照财预〔2008〕10号文件的有关规定进行分配。

第二十条　按照当期实际利润额预缴的税款分摊方法

（一）分支机构应分摊的预缴数总机构根据统一计算的企业当期实际应纳所得税额，在每月或季度终了后10日内，按照各分支机构应分摊的比例，将本期企业全部应纳所得税额的50%在各分支机构之间进行分摊并通知到各分支机构；各分支机构应在每月或季度终了之日起15日内，就其分摊的所得税额向所在地主管税务机关申报预缴。

（二）总机构应分摊的预缴数总机构根据统一计算的企业当期应纳所得税额的25%，在每月或季度终了后15日内自行就地申报预缴。

（三）总机构缴入中央国库分配税款的预缴数

总机构根据统一计算的企业当期应纳所得税额的25%，在每月或季度终了后15日内自行就地申报预缴。

第二十三条　总机构应按照以前年度（1—6月份按上上年度，7—12月份按上年度）分支机构的经营收入、职工工资和资产总额三个因素计算各分支机构应分摊所得税款的比例，三因素的权重依次为0.35、0.35、0.30。计算公式如下：

$$某分支机构分摊比例 = 0.35 \times \left(\frac{该分支机构营业收入}{各分支机构营业收入之和} \right) + 0.35 \times \left(\frac{该分支机构工资总额}{各分支机构工资总额之和} \right)$$
$$+ 0.30 \times \left(\frac{该分支机构资产总额}{各分支机构资产总额之和} \right)$$

◆《国家税务总局关于跨地区经营汇总纳税企业所得税征收管理有关问题的通知》（国税函〔2008〕747号）规定：

一、关于总机构不向分支机构提供企业所得税分配表，导致分支机构无法正常就地申报预缴企业所得税的处理问题首先，分支机构主管税务机关要对二级分支机构进行审核鉴定，如该二级分支机构具有主体生产经营职能，可以确定为应就地申报预缴所得税的二级分支机构；其次，对确定为就地申报预缴所得税的二级分支机构，主管税务机关应责成该分支机构督促总机构限期提供税款分配表，同时函请总机构主管税务机关责成总机构限期提供税款分配表，并由总机构主管税务机关对总机构按照《中华人民共和国税收征收管理法》的有关规定予以处罚；总机构主管税务机关未尽责的，由上级税务机关对总机构主管税务机关依照税收执法责任制的规定严肃处理。

二、关于实行跨地区汇总纳税的企业能否核定征收所得税的问题跨地区汇总纳税企业的所得税收入涉及到跨区利益，跨区法人应健全财务核算制度并准确计算经营成果，不适用《国家税务总局关于印发〈企业所得税核定征收办法（试行）〉的通知》（国税发〔2008〕30号）。

◆《国家税务总局关于跨地区经营外商独资银行汇总纳税问题的通知》（国税函〔2008〕958号）规定：

一、由外国银行在中国设立的分行改制而成的跨地区经营外商独资银行，其所属跨地区经营分支机构应按照《国家税务总局关于印发〈跨地区经营汇总纳税企业所得税征收管理暂行办法〉的通知》（国税发〔2008〕28号）的规定就地预缴企业所得税。

二、对外商独资银行当年新设立的跨地区经营分支机构，因总机构无法获得新设分支机构上上年度的经营收入、职工工资和资产总额三个因素的相关数据而未分配税金的，新设分支机构在次年上半年可不就地预缴企业所得税。

四、其他跨地区经营汇总纳税企业，符合上述情况的，参照上述规定执行。

◆《财政部国家税务总局关于广东发展银行企业所得税先征后返和总行汇总纳税政策问题的通知》（财税〔2008〕73号）规定：

在共管基金存续期内，广发行企业所得税全部作为中央收入，执行由广发行总行汇总缴纳企业所得税政策，暂不实行企业所得税地区间分配就地预缴办法。

◆《国家税务总局关于推广应用汇总纳税信息管理系统有关问题的通知》（国税函〔2009〕141号）规定：

总分机构信息系统是针对总分机构分属于不同税务机关管理、税款分配相关要素和管理信息不对称的情况，为加强税收管理所采取的有效措施。税务总局决定，2009年7月1日起全国范围内全面推行。

◆《国家税务总局关于跨地区经营汇总纳税企业所得税征收管理若干问题的通知》（国税函〔2009〕221号）规定：

一、关于二级分支机构的判定问题

二级分支机构是指总机构对其财务、业务、人员等直接进行统一核算和管理的领取非法人营业执照的分支机构。

总机构应及时将其所属二级分支机构名单报送总机构所在地主管税务机关，并向其所属二级分支机构及时出具有效证明（支持证明的材料包括总机构拨款证明、总分机构协议或合同、公司章程、管理制度等）。

二级分支机构在办理税务登记时应向其所在地主管税务机关报送非法人营业执照（复印件）和由总机构出具的二级分支机构的有效证明。其所在地主管税务机关应对二级分支机构进行审核鉴定，督促其及时预缴企业所得税。

以总机构名义进行生产经营的非法人分支机构，无法提供有效证据证明其二级及二级以下分支机构身份的，应视同独立纳税人计算并就地缴纳企业所得税，不执行《国家税务总局关于印发〈跨地区经营汇总纳税企业所得税征收管理暂行办法〉的通知》（国税发〔2008〕28号）的相关规定。

二、关于总分支机构适用不同税率时企业所得税款计算和缴纳问题

预缴时，总机构和分支机构处于不同税率地区的，先由总机构统一计算全部应纳税所得额，然后按照国税发〔2008〕28号文件第十九条规定的比例和第二十三条规定的三因素及其权重，计算划分不同税率地区机构的应纳税所得额，再分别按各自的适用税率计算应纳税额后加总计算出企业的应纳所得税总额。再按照国税发〔2008〕28号文件第十九条规定的比例和第二十三条规定的三因素及其权重，向总机构和分支机构分摊就地预缴的企业所得税款。汇缴时，企业年度应纳所得税额应按上述方法并采用各分支机构汇算清缴所属年度的三因素计算确定。除《国务院关于实施企业所得税过渡优惠政策的通知》（国发〔2007〕39号）、《财政部国家税务总局关于企业所得税若干优惠政策的通知》（财税〔2008〕1号）和《财政部国家税务总局关于贯彻落实国务院关于实施企业所得税过渡优惠政策有关问题的通知》（财税〔2008〕21号）有关规定外，跨地区经营汇总纳税企业不得按照上述总分支机构处于不同税率地区的计算方法计算并缴纳企业所得税，应按照企业适用统一的税率计算并缴纳企业所得税。

三、关于预缴和年度汇算清缴时分支机构报送资料问题

跨地区经营汇总纳税企业在进行企业所得税预缴和年度汇算清缴时，二级分支机构应向其所在地主管税务机关报送其本级及以下分支机构的生产经营情况，主管税务机关应对报送资料加强审核，并作为对二级分支机构计算分摊税款比例的三项指标和应分摊入库所得税税款进行查验核对的依据。

四、关于应执行未执行或未准确执行国税发〔2008〕28号文件企业的处理问题

对应执行国税发〔2008〕28号文件规定而未执行或未正确执行上述文件规定的跨地区经营汇总纳税企业，在预缴企业所得税时造成总机构与分支机构之间同时存在一方（或几方）多预缴另一方（或几方）少预缴税款的，其总机构或分支机构就地预缴的企业所得税低于按上述文件规定计算分配的数额的，应在随后的预缴期间内，由总机构将按上述文件规定计算分配的税款差额分配到总机构或分支机构补缴；其总机构或分支机构就地预缴的企业所得税高于按上述文件规定计算分配的数额的，应在随后的预缴期间内，由总机构

将按上述文件规定计算分配的税款差额从总机构或分支机构的预缴数中扣减。

五、国税发〔2008〕28 号文件第二条第二款所列企业不适用本通知规定。

◆《国家税务总局关于中国工商银行股份有限公司等企业企业所得税有关征管问题的通知》（国税函〔2010〕184 号）规定：

为加强企业所得税收入全额归属中央的企业所得税征管，现就铁路运输企业（包括广铁集团和大秦铁路公司）、国有邮政企业、中国工商银行股份有限公司、中国农业银行、中国银行股份有限公司、国家开发银行、中国农业发展银行、中国进出口银行、中央汇金投资有限责任公司、中国建设银行股份有限公司、中国建银投资有限责任公司以及海洋石油天然气企业（包括港澳台和外商投资、外国海上石油天然气企业）等企业的所得税征管问题通知如下：

一、上述企业下属二级分支机构均应按照企业所得税的有关规定向当地主管税务机关报送企业所得税预缴申报表或其他相关资料，但其税款由总机构统一汇总计算后向总机构所在地主管税务机关缴纳。

二、上述企业下属二级（含二级以下）分支机构发生的需要税务机关审批的财产损失，由其二级分支机构将财产损失的有关资料上报其所在地主管税务机关，由二级分支机构所在省、自治区、直辖市和计划单列市税务机关按照国税发〔2009〕88 号文件印发的《企业资产损失税前扣除管理办法》规定的权限审批。

三、上述企业下属二级分支机构名单总局将另行发文明确。企业二级以下（不含二级）分支机构名单，由二级分支机构向所在地主管税务机关提供，经省级税务机关审核后发文明确并报总局备案。对不在总局及省级税务机关文件中明确的名单内的分支机构，不得作为所属企业的分支机构管理。

◆《国家税务总局关于印发中国工商银行股份有限公司等企业所属二级分支机构名单的公告》（国家税务总局公告 2010 年第 21 号）规定：

· 将中国工商银行股份有限公司等企业所得税收入全额归属中央的企业所属二级分支机构名单予以公布。经公布的二级分支机构从 2010 年第四季度起严格按国税函〔2010〕184号规定办理相关涉税事宜。

◆《财政部 国家税务总局 中国人民银行关于印发〈跨省市总分机构企业所得税分配及预算管理办法〉的通知》（财预〔2012〕40 号）规定：

为了保证《中华人民共和国企业所得税法》的顺利实施，妥善处理地区间利益分配关系，做好跨省市总分机构企业所得税收入的征缴和分配管理工作，制定本办法。

一、主要内容

（一）基本方法。属于中央与地方共享范围的跨省市总分机构企业缴纳的企业所得税，按照统一规范、兼顾总机构和分支机构所在地利益的原则，实行"统一计算、分级管理、就地预缴、汇总清算、财政调库"的处理办法，总分机构统一计算的当期应纳税额的地方分享部分中，25％由总机构所在地分享，50％由各分支机构所在地分享，25％按一定比例在各地间进行分配。

统一计算，是指居民企业应统一计算包括各个不具有法人资格营业机构在内的企业全部应纳税所得额、应纳税额。总机构和分支机构适用税率不一致的，应分别按适用税率计算应纳所得税额。

分级管理，是指居民企业总机构、分支机构，分别由所在地主管税务机关属地进行监督和管理。

就地预缴，是指居民企业总机构、分支机构，应按本办法规定的比例分别就地按月或者按季向所在地主管税务机关申报、预缴企业所得税。

汇总清算，是指在年度终了后，总分机构企业根据统一计算的年度应纳税所得额、应纳所得税额，抵减总机构、分支机构当年已就地分期预缴的企业所得税款后，多退少补。

财政调库，是指财政部定期将缴入中央总金库的跨省市总分机构企业所得税待分配收入，按照核定的系数调整至地方国库。

（二）适用范围。跨省市总分机构企业是指跨省（自治区、直辖市和计划单列市，下同）设立不具有法人资格分支机构的居民企业。

总机构和具有主体生产经营职能的二级分支机构就地预缴企业所得税。三级及三级以下分支机构，其营业收入、职工薪酬和资产总额等统一并入二级分支机构计算。

按照现行财政体制的规定，国有邮政企业（包括中国邮政集团公司及其控股公司和直属单位）、中国工商银行股份有限公司、中国农业银行股份有限公司、中国银行股份有限公司、国家开发银行股份有限公司、中国农业发展银行、中国进出口银行、中国投资有限责任公司、中国建设银行股份有限公司、中国建银投资有限责任公司、中国信达资产管理股份有限公司、中国石油天然气股份有限公司、中国石油化工股份有限公司、海洋石油天然气企业（包括中国海洋石油总公司、中海石油（中国）有限公司、中海油田服务股份有限公司、海洋石油工程股份有限公司）、中国长江电力股份有限公司等企业总分机构缴纳的企业所得税（包括滞纳金、罚款收入）为中央收入，全额上缴中央国库，不实行本办法。

不具有主体生产经营职能且在当地不缴纳营业税、增值税的产品售后服务、内部研发、仓储等企业内部辅助性的二级分支机构以及上年度符合条件的小型微利企业及其分支机构，不实行本办法

居民企业在中国境外设立不具有法人资格分支机构的，按本办法计算有关分期预缴企业所得税时，其应纳税所得额、应纳所得税额及分摊因素数额，均不包括其境外分支机构。

二、预算科目

从 2013 年起，在《政府收支分类科目》中增设 1010449 项"分支机构汇算清缴所得税"科目，其下设 01 目"国有企业分支机构汇算清缴所得税"、02 目"股份制企业分支机构汇算清缴所得税"、03 目"港澳台和外商投资企业分支机构汇算清缴所得税"、99 目"其他企业分支机构汇算清缴所得税"，有关科目说明及其他修订情况见《2013 年政府收支分类科目》。

三、税款预缴

由总机构统一计算企业应纳税所得额和应纳所得税额，并分别由总机构、分支机构按月或按季就地预缴。

（一）分支机构分摊预缴税款。总机构在每月或每季终了之日起十日内，按照上年度

各省市分支机构的营业收入、职工薪酬和资产总额三个因素，将统一计算的企业当期应纳税额的50％在各分支机构之间进行分摊（总机构所在省市同时设有分支机构的，同样按三个因素分摊），各分支机构根据分摊税款就地办理缴库，所缴纳税款收入由中央与分支机构所在地按60∶40分享。分摊时三个因素权重依次为0.35、0.35和0.3。当年新设立的分支机构第二年起参与分摊；当年撤销的分支机构自办理注销税务登记之日起不参与分摊。

本办法所称的分支机构营业收入，是指分支机构销售商品、提供劳务、让渡资产使用权等日常经营活动实现的全部收入。其中，生产经营企业分支机构营业收入是指生产经营企业分支机构销售商品、提供劳务、让渡资产使用权等取得的全部收入；金融企业分支机构营业收入是指金融企业分支机构取得的利息、手续费、佣金等全部收入；保险企业分支机构营业收入是指保险企业分支机构取得的保费等全部收入。

本办法所称的分支机构职工薪酬，是指分支机构为获得职工提供的服务而给予职工的各种形式的报酬。

本办法所称的分支机构资产总额，是指分支机构在12月31日拥有或者控制的资产合计额。

各分支机构分摊预缴额按下列公式计算：

各分支机构分摊预缴额＝所有分支机构应分摊的预缴总额×该分支机构分摊比例

其中：

所有分支机构应分摊的预缴总额＝统一计算的企业当期应纳所得税额×50％

$$该分支机构分摊比例＝\left(\frac{该分支机构营业收入}{各分支机构营业收入之和}\right)×0.35+\left(\frac{该分支机构职工薪酬}{各分支机构职工薪酬之和}\right)×0.35+\left(\frac{该分支机构资产总额}{各分支机构资产总额之和}\right)×0.30$$

以上公式中，分支机构仅指需要参与就地预缴的分支机构。

（二）总机构就地预缴税款。总机构应将统一计算的企业当期应纳税额的25％，就地办理缴库，所缴纳税款收入由中央与总机构所在地按60∶40分享。

（三）总机构预缴中央国库税款。总机构应将统一计算的企业当期应纳税额的剩余25％，就地全额缴入中央国库，所缴纳税款收入60％为中央收入，40％由财政部按照2004年至2006年各省市三年实际分享企业所得税占地方分享总额的比例定期向各省市分配。

四、汇总清算

企业总机构汇总计算企业年度应纳所得税额，扣除总机构和各境内分支机构已预缴的税款，计算出应补应退税款，分别由总机构和各分支机构（不包括当年已办理注销税务登记的分支机构）就地办理税款缴库或退库。

（一）补缴的税款按照预缴的分配比例，50％由各分支机构就地办理缴库，所缴纳税款收入由中央与分支机构所在地按60∶40分享；25％由总机构就地办理缴库，所缴纳税款收入由中央与总机构所在地按60∶40分享；其余25％部分就地全额缴入中央国库，所缴纳税款收入中 60％为中央收入，40％由财政部按照 2004 年至 2006 年各省市三年实际分享企业所得税占地方分享总额的比例定期向各省市分配。

（二）多缴的税款按照预缴的分配比例，50％由各分支机构就地办理退库，所退税款由中央与分支机构所在地按 60：40 分担；25％由总机构就地办理退库，所退税款由中央与总机构所在地按 60：40 分担；其余 25％部分就地从中央国库退库，其中 60％从中央级 1010442 项"总机构汇算清缴所得税"下有关科目退付，40％从中央级 1010443 项"企业所得税待分配收入"下有关科目退付。

五、税款缴库程序

（一）分支机构分摊的预缴税款、汇算补缴税款、查补税款（包括滞纳金和罚款）由分支机构办理就地缴库。分支机构所在地税务机关开具税收缴款书，预算科目栏按企业所有制性质对应填写 1010440 项"分支机构预缴所得税"、1010449 项"分支机构汇算清缴所得税"和 1010450 项"企业所得税查补税款、滞纳金、罚款收入"下的有关目级科目名称及代码，"级次"栏填写"中央 60％、地方 40％"。

（二）总机构就地预缴、汇算补缴、查补税款（包括滞纳金和罚款）由总机构合并办理就地缴库。中央与地方分配方式为中央 60％，企业所得税待分配收入（暂列中央收入）20％，总机构所在地 20％。总机构所在地税务机关开具税收缴款书，预算科目栏按企业所有制性质对应填写 1010441 项"总机构预缴所得税"、1010442 项"总机构汇算清缴所得税"和 1010450 项"企业所得税查补税款、滞纳金、罚款收入"下的有关目级科目名称及代码，"级次"栏按上述分配比例填写"中央 60％、中央 20％（待分配）、地方 20％"。

国库部门收到税款（包括滞纳金和罚款）后，将其中 60％列入中央级 1010441 项"总机构预缴所得税"、1010442 项"总机构汇算清缴所得税"和 1010450 项"企业所得税查补税款、滞纳金、罚款收入"下有关目级科目，20％列入中央级 1010443 项"企业所得税待分配收入"下有关目级科目，20％列入地方级 1010441 项"总机构预缴所得税"、1010442 项"总机构汇算清缴所得税"和 1010450 项"企业所得税查补税款、滞纳金、罚款收入"下有关目级科目。

（三）多缴的税款由分支机构和总机构所在地税务机关开具收入退还书并按规定办理退库。收入退还书预算科目按企业所有制性质对应填写，预算级次按原缴款时的级次填写。

六、财政调库

财政部根据 2004 年至 2006 年各省市三年实际分享企业所得税占地方分享总额的比例，定期向中央总金库按目级科目开具分地区调库划款指令，将"企业所得税待分配收入"全额划转至地方国库。地方国库收款后，全额列入地方级 1010441 项"总机构预缴所得税"下的目级科目办理入库，并通知同级财政部门。

七、其他

（一）跨省市总分机构企业缴纳的所得税查补税款、滞纳金、罚款收入，按中央与地方 60：40 分成比例就地缴库。需要退还的所得税查补税款、滞纳金和罚款收入仍按现行管理办法办理审批退库手续。

（二）财政部于每年 1 月初按中央总金库截至上年 12 月 31 日的跨省市总分机构企业

所得税待分配收入进行分配，并在库款报解整理期（1月1日至1月10日）内划转至地方国库；地方国库收到下划资金后，金额纳入上年度地方预算收入。地方财政列入上年度收入决算。各省市分库在12月31日向中央总金库报解最后一份中央预算收入日报表后，整理期内再收纳的跨省市分机构企业缴纳的所得税，统一作为新年度的缴库收入处理。

（三）税务机关与国库部门在办理总机构缴纳的所得税对账时，需要将1010441项"总机构预缴所得税"、42项"总机构汇算清缴所得税"、43项"企业所得税待分配收入"下设的目级科目按级次核对一致。

（四）本办法自2013年1月1日起执行。《财政部 国家税务总局中国人民银行关于印发〈跨省市总分机构企业所得税分配及预算管理暂行办法〉的通知》（财预〔2008〕10号）同时废止。

（五）分配给地方的跨省市总分机构企业所得税收入，以及省区域内跨市县经营企业缴纳的企业所得税收入，可参照本办法制定省以下分配与预算管理办法。

◆《国家税务总局关于印发〈跨地区经营汇总纳税企业所得税征收管理办法〉的公告》（国家税务总局公告2012年第57号）规定：

跨地区经营汇总纳税企业所得税征收管理办法
第一章 总 则

第一条 为加强跨地区经营汇总纳税企业所得税的征收管理，根据《中华人民共和国企业所得税法》及其实施条例（以下简称《企业所得税法》）、《中华人民共和国税收征收管理法》及其实施细则（以下简称《征收管理法》）和《财政部国家税务总局中国人民银行关于印发〈跨省市总分机构企业所得税分配及预算管理办法〉的通知》（财预〔2012〕40号）等的有关规定，制定本办法。

第二条 居民企业在中国境内跨地区（指跨省、自治区、直辖市和计划单列市，下同）设立不具有法人资格分支机构的，该居民企业为跨地区经营汇总纳税企业（以下简称汇总纳税企业），除另有规定外，其企业所得税征收管理适用本办法。

国有邮政企业（包括中国邮政集团公司及其控股公司和直属单位）、中国工商银行股份有限公司、中国农业银行股份有限公司、中国银行股份有限公司、国家开发银行股份有限公司、中国农业发展银行、中国进出口银行、中国投资有限责任公司、中国建设银行股份有限公司、中国建银投资有限责任公司、中国信达资产管理股份有限公司、中国石油天然气股份有限公司、中国石油化工股份有限公司、海洋石油天然气企业（包括中国海洋石油总公司、中海石油（中国）有限公司、中海油田服务股份有限公司、海洋石油工程股份有限公司）、中国长江电力股份有限公司等企业缴纳的企业所得税（包括滞纳金、罚款）为中央收入，全额上缴中央国库，其企业所得税征收管理不适用本办法。

铁路运输企业所得税征收管理不适用本办法。

第三条 汇总纳税企业实行"统一计算、分级管理、就地预缴、汇总清算、财政调库"的企业所得税征收管理办法：

（一）统一计算，是指总机构统一计算包括汇总纳税企业所属各个不具有法人资格分支机构在内的全部应纳税所得额、应纳税额。

（二）分级管理，是指总机构、分支机构所在地的主管税务机关都有对当地机构进行企业所得税管理的责任，总机构和分支机构应分别接受机构所在地主管税务机关的管理。

（三）就地预缴，是指总机构、分支机构应按本办法的规定，分月或分季分别向所在地主管税务机关申报预缴企业所得税。

（四）汇总清算，是指在年度终了后，总机构统一计算汇总纳税企业的年度应纳税所得额、应纳所得税额，抵减总机构、分支机构当年已就地分期预缴的企业所得税款后，多退少补。

（五）财政调库，是指财政部定期将缴入中央国库的汇总纳税企业所得税待分配收入，按照核定的系数调整至地方国库。

第四条 总机构和具有主体生产经营职能的二级分支机构，就地分摊缴纳企业所得税。

二级分支机构，是指汇总纳税企业依法设立并领取非法人营业执照（登记证书），且总机构对其财务、业务、人员等直接进行统一核算和管理的分支机构。

第五条 以下二级分支机构不就地分摊缴纳企业所得税：

（一）不具有主体生产经营职能，且在当地不缴纳增值税、营业税的产品售后服务、内部研发、仓储等汇总纳税企业内部辅助性的二级分支机构，不就地分摊缴纳企业所得税。

（二）上年度认定为小型微利企业的，其二级分支机构不就地分摊缴纳企业所得税。

（三）新设立的二级分支机构，设立当年不就地分摊缴纳企业所得税。

（四）当年撤销的二级分支机构，自办理注销税务登记之日所属企业所得税预缴期间起，不就地分摊缴纳企业所得税。

（五）汇总纳税企业在中国境外设立的不具有法人资格的二级分支机构，不就地分摊缴纳企业所得税。

第二章 税款预缴和汇算清缴

第六条 汇总纳税企业按照《企业所得税法》规定汇总计算的企业所得税，包括预缴税款和汇算清缴应缴应退税款，50％在各分支机构间分摊，各分支机构根据分摊税款就地办理缴库或退库；50％由总机构分摊缴纳，其中25％就地办理缴库或退库，25％就地全额缴入中央国库或退库。具体的税款缴库或退库程序按照财预〔2012〕40号文件第五条等相关规定执行。

第七条 企业所得税分月或者分季预缴，由总机构所在地主管税务机关具体核定。

汇总纳税企业应根据当期实际利润额，按照本办法规定的预缴分摊方法计算总机构和分支机构的企业所得税预缴额，分别由总机构和分支机构就地预缴；在规定期限内按实际利润额预缴有困难的，也可以按照上一年度应纳税所得额的1/12或1/4，按照本办法规定的预缴分摊方法计算总机构和分支机构的企业所得税预缴额，分别由总机构和分支机构就地预缴。预缴方法一经确定，当年度不得变更。

第八条 总机构应将本期企业应纳所得税额的50％部分，在每月或季度终了后15日内就地申报预缴。总机构应将本期企业应纳所得税额的另外50％部分，按照各分支机构应分摊的比例，在各分支机构之间进行分摊，并及时通知到各分支机构；各分支机构应在每月或季度终了之日起15日内，就其分摊的所得税额就地申报预缴。

分支机构未按税款分配数额预缴所得税造成少缴税款的，主管税务机关应按照《征收管理法》的有关规定对其处罚，并将处罚结果通知总机构所在地主管税务机关。

第九条　汇总纳税企业预缴申报时，总机构除报送企业所得税预缴申报表和企业当期财务报表外，还应报送汇总纳税企业分支机构所得税分配表和各分支机构上一年度的年度财务报表（或年度财务状况和营业收支情况）；分支机构除报送企业所得税预缴申报表（只填列部分项目）外，还应报送经总机构所在地主管税务机关受理的汇总纳税企业分支机构所得税分配表。

在一个纳税年度内，各分支机构上一年度的年度财务报表（或年度财务状况和营业收支情况）原则上只需要报送一次。

第十条　汇总纳税企业应当自年度终了之日起5个月内，由总机构汇总计算企业年度应纳所得税额，扣除总机构和各分支机构已预缴的税款，计算出应缴应退税款，按照本办法规定的税款分摊方法计算总机构和分支机构的企业所得税应缴应退税款，分别由总机构和分支机构就地办理税款缴库或退库。

汇总纳税企业在纳税年度内预缴企业所得税税款少于全年应缴企业所得税税款的，应在汇算清缴期内由总、分机构分别结清应缴的企业所得税税款；预缴税款超过应缴税款的，主管税务机关应及时按有关规定分别办理退税，或者经总、分机构同意后分别抵缴其下一年度应缴企业所得税税款。

第十一条　汇总纳税企业汇算清缴时，总机构除报送企业所得税年度纳税申报表和年度财务报表外，还应报送汇总纳税企业分支机构所得税分配表、各分支机构的年度财务报表和各分支机构参与企业年度纳税调整情况的说明；分支机构除报送企业所得税年度纳税申报表（只填列部分项目）外，还应报送经总机构所在地主管税务机关受理的汇总纳税企业分支机构所得税分配表、分支机构的年度财务报表（或年度财务状况和营业收支情况）和分支机构参与企业年度纳税调整情况的说明。

分支机构参与企业年度纳税调整情况的说明，可参照企业所得税年度纳税申报表附表"纳税调整项目明细表"中列明的项目进行说明，涉及需由总机构统一计算调整的项目不进行说明。

第十二条　分支机构未按规定报送经总机构所在地主管税务机关受理的汇总纳税企业分支机构所得税分配表，分支机构所在地主管税务机关应责成该分支机构在申报期内报送，同时提请总机构所在地主管税务机关督促总机构按照规定提供上述分配表；分支机构在申报期内不提供的，由分支机构所在地主管税务机关对分支机构按照《征收管理法》的有关规定予以处罚；属于总机构未向分支机构提供分配表的，分支机构所在地主管税务机关还应提请总机构所在地主管税务机关对总机构按照《征收管理法》的有关规定予以处罚。

第三章　总分机构分摊税款的计算

第十三条　总机构按以下公式计算分摊税款：

总机构分摊税款＝汇总纳税企业当期应纳所得税额×50％

第十四条　分支机构按以下公式计算分摊税款：

所有分支机构分摊税款总额＝汇总纳税企业当期应纳所得税额×50％

某分支机构分摊税款＝所有分支机构分摊税款总额×该分支机构分摊比例

第十五条　总机构应按照上年度分支机构的营业收入、职工薪酬和资产总额三个因素计算各分支机构分摊所得税款的比例；三级及以下分支机构，其营业收入、职工薪酬和资产总额统一计入二级分支机构；三因素的权重依次为 0.35、0.35、0.30。

计算公式如下：

$$\text{某分支机构分摊比例}=\left(\frac{\text{该分支机构营业收入}}{\text{各分支机构营业收入之和}}\right)\times0.35+\left(\frac{\text{该分支机构职工薪酬}}{\text{各分支机构职工薪酬之和}}\right)\times0.35$$
$$+\left(\frac{\text{该分支机构资产总额}}{\text{各分支机构资产总额之和}}\right)\times0.30$$

分支机构分摊比例按上述方法一经确定后，除出现本办法第五条第（四）项和第十六条第二、三款情形外，当年不作调整。

第十六条　总机构设立具有主体生产经营职能的部门（非本办法第四条规定的二级分支机构），且该部门的营业收入、职工薪酬和资产总额与管理职能部门分开核算的，可将该部门视同一个二级分支机构，按本办法规定计算分摊并就地缴纳企业所得税；该部门与管理职能部门的营业收入、职工薪酬和资产总额不能分开核算的，该部门不得视同一个二级分支机构，不得按本办法规定计算分摊并就地缴纳企业所得税。

汇总纳税企业当年由于重组等原因从其他企业取得重组当年之前已存在的二级分支机构，并作为本企业二级分支机构管理的，该二级分支机构不视同当年新设立的二级分支机构，按本办法规定计算分摊并就地缴纳企业所得税。

汇总纳税企业内就地分摊缴纳企业所得税的总机构、二级分支机构之间，发生合并、分立、管理层级变更等形成的新设或存续的二级分支机构，不视同当年新设立的二级分支机构，按本办法规定计算分摊并就地缴纳企业所得税。

第十七条　本办法所称分支机构营业收入，是指分支机构销售商品、提供劳务、让渡资产使用权等日常经营活动实现的全部收入。其中，生产经营企业分支机构营业收入是指生产经营企业分支机构销售商品、提供劳务、让渡资产使用权等取得的全部收入。金融企业分支机构营业收入是指金融企业分支机构取得的利息、手续费、佣金等全部收入。保险企业分支机构营业收入是指保险企业分支机构取得的保费等全部收入。

本办法所称分支机构职工薪酬，是指分支机构为获得职工提供的服务而给予各种形式的报酬以及其他相关支出。

本办法所称分支机构资产总额，是指分支机构在经营活动中实际使用的应归属于该分支机构的资产合计额。

本办法所称上年度分支机构的营业收入、职工薪酬和资产总额，是指分支机构上年度全年的营业收入、职工薪酬数据和上年度 12 月 31 日的资产总额数据，是依照国家统一会计制度的规定核算的数据。

一个纳税年度内，总机构首次计算分摊税款时采用的分支机构营业收入、职工薪酬和资产总额数据，与此后经过中国注册会计师审计确认的数据不一致的，不作调整。

第十八条　对于按照税收法律、法规和其他规定，总机构和分支机构处于不同税率地区的，先由总机构统一计算全部应纳税所得额，然后按本办法第六条规定的比例和按第十五条计算的分摊比例，计算划分不同税率地区机构的应纳税所得额，再分别按各自的适用税率计算应纳税额后加总计算出汇总纳税企业的应纳所得税总额，最后按本办法第六条规定的比例和按第十五条计算的分摊比例，向总机构和分支机构分摊就地缴纳的企业所得税款。

第十九条　分支机构所在地主管税务机关应根据经总机构所在地主管税务机关受理的汇总纳税企业分支机构所得税分配表、分支机构的年度财务报表（或年度财务状况和营业收支情况）等，对其主管分支机构计算分摊税款比例的三个因素、计算的分摊税款比例和应分摊缴纳的所得税税款进行查验核对；对查验项目有异议的，应于收到汇总纳税企业分支机构所得税分配表后 30 日内向企业总机构所在地主管税务机关提出书面复核建议，并附送相关数据资料。

总机构所在地主管税务机关必须于收到复核建议后 30 日内，对分摊税款的比例进行复核，作出调整或维持原比例的决定，并将复核结果函复分支机构所在地主管税务机关。分支机构所在地主管税务机关应执行总机构所在地主管税务机关的复核决定。

总机构所在地主管税务机关未在规定时间内复核并函复复核结果的，上级税务机关应对总机构所在地主管税务机关按照有关规定进行处理。

复核期间，分支机构应先按总机构确定的分摊比例申报缴纳税款。

第二十条　汇总纳税企业未按照规定准确计算分摊税款，造成总机构与分支机构之间同时存在一方（或几方）多缴另一方（或几方）少缴税款的，其总机构或分支机构分摊缴纳的企业所得税低于按本办法规定计算分摊的数额的，应在下一税款缴纳期内，由总机构将按本办法规定计算分摊的税款差额分摊到总机构或分支机构补缴；其总机构或分支机构就地缴纳的企业所得税高于按本办法规定计算分摊的数额的，应在下一税款缴纳期内，由总机构将按本办法规定计算分摊的税款差额从总机构或分支机构的分摊税款中扣减。

第四章　日常管理

第二十一条　汇总纳税企业总机构和分支机构应依法办理税务登记，接受所在地主管税务机关的监督和管理。

第二十二条　总机构应将其所有二级及以下分支机构（包括本办法第五条规定的分支机构）信息报其所在地主管税务机关备案，内容包括分支机构名称、层级、地址、邮编、纳税人识别号及企业所得税主管税务机关名称、地址和邮编。

分支机构（包括本办法第五条规定的分支机构）应将其总机构、上级分支机构和下属分支机构信息报其所在地主管税务机关备案，内容包括总机构、上级机构和下属分支机构名称、层级、地址、邮编、纳税人识别号及企业所得税主管税务机关名称、地址和邮编。

上述备案信息发生变化的，除另有规定外，应在内容变化后 30 日内报总机构和分支机构所在地主管税务机关备案，并办理变更税务登记。

分支机构注销税务登记后 15 日内，总机构应将分支机构注销情况报所在地主管税务机关备案，并办理变更税务登记。

第二十三条　以总机构名义进行生产经营的非法人分支机构，无法提供汇总纳税企业分支机构所得税分配表，应在预缴申报期内向其所在地主管税务机关报送非法人营业执照（或登记证书）的复印件、由总机构出具的二级及以下分支机构的有效证明和支持有效证明的相关材料（包括总机构拨款证明、总分机构协议或合同、公司章程、管理制度等），证明其二级及以下分支机构身份。

二级及以下分支机构所在地主管税务机关应对二级及以下分支机构进行审核鉴定，对应按本办法规定就地分摊缴纳企业所得税的二级分支机构，应督促其及时就地缴纳企业所得税。

第二十四条 以总机构名义进行生产经营的非法人分支机构，无法提供汇总纳税企业分支机构所得税分配表，也无法提供本办法第二十三条规定相关证据证明其二级及以下分支机构身份的，应视同独立纳税人计算并就地缴纳企业所得税，不执行本办法的相关规定。

按上款规定视同独立纳税人的分支机构，其独立纳税人身份一个年度内不得变更。

汇总纳税企业以后年度改变组织结构的，该分支机构应按本办法第二十三条规定报送相关证据，分支机构所在地主管税务机关重新进行审核鉴定。

第二十五条 汇总纳税企业发生的资产损失，应按以下规定申报扣除：

（一）总机构及二级分支机构发生的资产损失，除应按专项申报和清单申报的有关规定各自向所在地主管税务机关申报外，二级分支机构还应同时上报总机构；三级及以下分支机构发生的资产损失不需向所在地主管税务机关申报，应并入二级分支机构，由二级分支机构统一申报。

（二）总机构对各分支机构上报的资产损失，除税务机关另有规定外，应以清单申报的形式向所在地主管税务机关申报。

（三）总机构将分支机构所属资产捆绑打包转让所发生的资产损失，由总机构向所在地主管税务机关专项申报。

二级分支机构所在地主管税务机关应对二级分支机构申报扣除的资产损失强化后续管理。

第二十六条 对于按照税收法律、法规和其他规定，由分支机构所在地主管税务机关管理的企业所得税优惠事项，分支机构所在地主管税务机关应加强审批（核）、备案管理，并通过评估、检查和台账管理等手段，加强后续管理。

第二十七条 总机构所在地主管税务机关应加强对汇总纳税企业申报缴纳企业所得税的管理，可以对企业自行实施税务检查，也可以与二级分支机构所在地主管税务机关联合实施税务检查。

总机构所在地主管税务机关应对查实项目按照《企业所得税法》的规定统一计算查增的应纳税所得额和应纳税额。

总机构应将查补所得税款（包括滞纳金、罚款，下同）的50％按照本办法第十五条规定计算的分摊比例，分摊给各分支机构（不包括本办法第五条规定的分支机构）缴纳，各分支机构根据分摊查补税款就地办理缴库；50％分摊给总机构缴纳，其中25％就地办理缴库，25％就地全额缴入中央国库。具体的税款缴库程序按照财预〔2012〕40号文件第五条等相关规定执行。

汇总纳税企业缴纳查补所得税款时，总机构应向其所在地主管税务机关报送汇总纳税企业分支机构所得税分配表和总机构所在地主管税务机关出具的税务检查结论，各分支机构也应向其所在地主管税务机关报送经总机构所在地主管税务机关受理的汇总纳税企业分支机构所得税分配表和税务检查结论。

第二十八条　二级分支机构所在地主管税务机关应配合总机构所在地主管税务机关对其主管二级分支机构实施税务检查，也可以自行对该二级分支机构实施税务检查。

二级分支机构所在地主管税务机关自行对其主管二级分支机构实施税务检查，可对查实项目按照《企业所得税法》的规定自行计算查增的应纳税所得额和应纳税额。

计算查增的应纳税所得额时，应减除允许弥补的汇总纳税企业以前年度亏损；对于需由总机构统一计算的税前扣除项目，不得由分支机构自行计算调整。

二级分支机构应将查补所得税款的50％分摊给总机构缴纳，其中25％就地办理缴库，25％就地全额缴入中央国库；50％分摊给该二级分支机构就地办理缴库。具体的税款缴库程序按照财预〔2012〕40号文件第五条等相关规定执行。

汇总纳税企业缴纳查补所得税款时，总机构应向其所在地主管税务机关报送经二级分支机构所在地主管税务机关受理的汇总纳税企业分支机构所得税分配表和二级分支机构所在地主管税务机关出具的税务检查结论，二级分支机构也应向其所在地主管税务机关报送汇总纳税企业分支机构所得税分配表和税务检查结论。

第二十九条　税务机关应将汇总纳税企业总机构、分支机构的税务登记信息、备案信息、总机构出具的分支机构有效证明情况及分支机构审核鉴定情况、企业所得税月（季）度预缴纳税申报表和年度纳税申报表、汇总纳税企业分支机构所得税分配表、财务报表（或年度财务状况和营业收支情况）、企业所得税款入库情况、资产损失情况、税收优惠情况、各分支机构参与企业年度纳税调整情况的说明、税务检查及查补税款分摊和入库情况等信息，定期分省汇总上传至国家税务总局跨地区经营汇总纳税企业管理信息交换平台。

第三十条　2008年底之前已成立的汇总纳税企业，2009年起新设立的分支机构，其企业所得税的征管部门应与总机构企业所得税征管部门一致；2009年起新增汇总纳税企业，其分支机构企业所得税的管理部门也应与总机构企业所得税管理部门一致。

第三十一条　汇总纳税企业不得核定征收企业所得税。

第五章　附　则

第三十二条　居民企业在中国境内没有跨地区设立不具有法人资格分支机构，仅在同一省、自治区、直辖市和计划单列市（以下称同一地区）内设立不具有法人资格分支机构的，其企业所得税征收管理办法，由各省、自治区、直辖市和计划单列市国家税务局、地方税务局参照本办法联合制定。

居民企业在中国境内既跨地区设立不具有法人资格分支机构，又在同一地区内设立不具有法人资格分支机构的，其企业所得税征收管理实行本办法。

第三十三条　本办法自2013年1月1日起施行。

《国家税务总局关于印发〈跨地区经营汇总纳税企业所得税征收管理暂行办法〉的通知》（国税发〔2008〕28号）、《国家税务总局关于跨地区经营汇总纳税企业所得税征收管理有关问题的通知》（国税函〔2008〕747号）、《国家税务总局关于跨地区经营外商独资银行汇总纳税问题的通知》（国税函〔2008〕958号）、《国家税务总局关于华能国际电力股份有限公司汇总计算缴纳企业所得税问题的通知》（国税函〔2009〕33号）、《国家税务总局关于跨地区经营汇总纳税企业所得税征收管理若干问题的通知》（国税函〔2009〕221号）和《国家税务总局关于华能国际电力股份有限公司所属分支机构2008年度预缴企业所得税款问题的通知》（国税函〔2009〕674号）同时废止。

《国家税务总局关于发布〈中华人民共和国企业所得税月（季）度预缴纳税申报表〉等报表的公告》（税务总局公告2011年第64号）和《国家税务总局关于发布〈中华人民共和国企业所得税月（季）度预缴纳税申报表〉等报表的补充公告》（税务总局公告2011年第76号）规定与本办法不一致的，按本办法执行。

〔《中华人民共和国企业所得税法实施条例》〕

☆第一百二十四条　企业所得税法第五十条所称企业登记注册地，是指企业依照国家有关规定登记注册的住所地。

☆第一百二十五条　企业汇总计算并缴纳企业所得税时，应当统一核算应纳税所得额，具体办法由国务院财政、税务主管部门另行制定。

〔《中华人民共和国企业所得税法》〕

★第五十一条　非居民企业取得本法第三条第二款规定的所得，以机构、场所所在地为纳税地点。非居民企业在中国境内设立两个或者两个以上机构、场所的，经税务机关审核批准，可以选择由其主要机构、场所汇总缴纳企业所得税。

★非居民企业取得本法第三条第三款规定的所得，以扣缴义务人所在地为纳税地点。

〔税收规范性文件〕

◆《国家税务总局关于印发〈中华人民共和国非居民企业所得税申报表〉等报表的通知》（国税函〔2008〕801号）规定了非居民企业的5类申报表：

1. 非居民企业所得税年度纳税申报表（适用于据实申报企业）

2. 非居民企业所得税季度纳税申报表（适用于据实申报企业）

3. 非居民企业所得税年度纳税申报表（适用于核定征收企业）

4. 非居民企业所得税季度纳税申报表（适用于核定征收企业）

5. 扣缴企业所得税报告表

◆《国家税务总局关于印发〈非居民企业所得税汇算清缴管理办法〉的通知》（国税发〔2009〕6号）规定了四类文书：

1. 非居民企业所得税汇算清缴涉税事宜通知书（据实申报企业适用）

2. 非居民企业所得税汇算清缴涉税事宜通知书（核定征收企业适用）

3. 非居民企业汇总申报企业所得税证明

4. 非居民企业所得税应纳税款核定通知书

◆《国家税务总局关于印发〈非居民企业所得税汇算清缴工作规程〉的通知》（国税发〔2009〕11号）规定：

非居民企业所得税汇算清缴包括两方面内容：一是非居民企业应首先按照《办法》的规定：自行调整、计算本纳税年度的实际应纳税所得额、实际应纳所得税额，自核本纳税年度应补（退）所得税税款并缴纳应补税款；二是主管税务机关对企业报送的申报表及其他有关资料进行审核，下发汇缴事项通知书，办理年度所得税多退少补工作，并进行资料汇总、情况分析和工作总结。

1. 资料受理。主管税务机关接到企业的年度所得税纳税申报表和有关资料后，应检查企业报送的资料是否齐全，如发现企业未按规定报齐有关附表、文件等资料，应责令限期补齐；对填报项目不完整的，应退回企业并责令限期补正。

2. 资料审核。对企业报送的有关资料，主管税务机关应就以下几个方面内容进行审核：

（1）企业年度所得税纳税申报表及其附表与年度财务会计报告的数字是否一致，各项目之间的逻辑关系是否对应，计算是否正确。

（2）企业是否按规定结转或弥补以前年度亏损额。

（3）企业是否符合税收减免条件。

（4）企业在中国境内设立两个或者两个以上机构、场所，选择由其主要机构、场所汇总缴纳企业所得税的，是否经税务机关审核批准，以及各机构、场所账表所记载涉及计算应纳税所得额的各项数据是否准确。

（5）企业有来源于中国境外的应纳税所得额的，境外所得应补企业所得税额是否正确。

（6）企业已预缴税款填写是否正确。

3. 结清税款。主管税务机关应结合季度所得税申报表及日常征管情况，对企业报送的年度申报表及其附表和其他有关资料进行初步审核，在 5 月 31 日前，对应补缴所得税、应办理退税的企业发送《非居民企业所得税汇算清缴涉税事宜通知书》，并办理税款多退少补事宜。

◆《非居民承包工程作业和提供劳务税收管理暂行办法》（国家税务总局令〔2009〕第 19 号）规定：

第十二条　非居民企业在中国境内承包工程作业或提供劳务项目的，企业所得税按纳税年度计算、分季预缴，年终汇算清缴，并在工程项目完工或劳务合同履行完毕后结清税款。

第十三条　非居民企业进行企业所得税纳税申报时，应当如实报送纳税申报表，并附送下列资料：

（一）工程作业（劳务）决算（结算）报告或其他说明材料；（二）参与工程作业或劳务项目外籍人员姓名、国籍、出入境时间、在华工作时间、地点、内容、报酬标准、支付方式、相关费用等情况的书面报告；

（三）财务会计报告或财务情况说明；

（四）非居民企业依据税收协定在中国境内未构成常设机构，需要享受税收协定待遇的，应提交《非居民企业承包工程作业和提供劳务享受税收协定待遇报告表》（以下简称报告表），并附送居民身份证明及税务机关要求提交的其他证明资料。

非居民企业未按上述规定提交报告表及有关证明资料，或因项目执行发生变更等情形不符合享受税收协定待遇条件的，不得享受税收协定待遇，应依照企业所得税法规定缴纳税款。

〔《中华人民共和国企业所得税法实施条例》〕

☆第一百二十六条 企业所得税法第五十一条所称主要机构、场所，应当同时符合下列条件：

（一）对其他各机构、场所的生产经营活动负有监督管理责任；

（二）设有完整的账簿、凭证，能够准确反映各机构、场所的收入、成本、费用和盈亏情况。

☆第一百二十七条 企业所得税法第五十一条所称经税务机关审核批准，是指经各机构、场所所在地税务机关的共同上级税务机关审核批准。非居民企业经批准汇总缴纳企业所得税后，需要增设、合并、迁移、关闭机构、场所或者停止机构、场所业务的，应当事先由负责汇总申报缴纳企业所得税的主要机构、场所向其所在地税务机关报告；需要变更汇总缴纳企业所得税的主要机构、场所的，依照前款规定办理。

〔《中华人民共和国企业所得税法》〕

★第五十二条 除国务院另有规定外，企业之间不得合并缴纳企业所得税。

〔税收规范性文件〕

◆《财政部 国家税务总局关于试点企业集团缴纳企业所得税有关问题的通知》（财税〔2008〕119号）规定：

从2009年1月1日起，经国务院批准，对2007年12月31日前经国务院批准或按国务院规定条件批准实行合并缴纳企业所得税的106户企业集团，一律停止执行合并缴纳企业所得税政策。

〔《中华人民共和国企业所得税法》〕

★第五十三条 企业所得税按纳税年度计算。纳税年度自公历1月1日起至12月31日止。

〔税收规范性文件〕

◆《国家税务总局关于外国企业所得税纳税年度有关问题的通知》（国税函〔2008〕301号）规定：

自2008年1月1日起，外国企业一律以公历年度为纳税年度，按照《中华人民共和国企业所得税法》规定的税率计算缴纳企业所得税。

企业在一个纳税年度中间开业，或者终止经营活动，使该纳税年度的实际经营期不足十二个月的，应当以其实际经营期为一个纳税年度。

企业依法清算时，应当以清算期间作为一个纳税年度。

◆《国家税务总局关于企业清算所得税有关问题的通知》（国税函〔2009〕684号）规定：

一、企业清算时，应当以整个清算期间作为一个纳税年度，依法计算清算所得及其应纳所得税。企业应当自清算结束之日起15日内，向主管税务机关报送企业清算所得税纳税申报表，结清税款。企业未按照规定的期限办理纳税申报或者未按照规定期限缴纳税款的，应根据《中华人民共和国税收征收管理法》的相关规定加收滞纳金。

二、进入清算期的企业应对清算事项，报主管税务机关备案。

〔《中华人民共和国企业所得税法》〕

★第五十四条　企业所得税分月或者分季预缴。企业应当自月份或者季度终了之日起十五日内，向税务机关报送预缴企业所得税纳税申报表，预缴税款。

〔税收规范性文件〕

◆《国家税务总局关于发布〈中华人民共和国企业所得税月（季）度预缴纳税申报表〉等报表的公告》（国家税务总局公告2011年第64号）对国税函〔2008〕44号发布的报表进行了修改。

为进一步贯彻落实《中华人民共和国企业所得税法》、《中华人民共和国企业所得税法实施条例》及其配套政策，现将国家税务总局修订的《中华人民共和国企业所得税月（季）度预缴纳税申报表（A类）》、《中华人民共和国企业所得税月（季）度和年度纳税申报表（B类）》、《中华人民共和国企业所得税汇总纳税分支机构所得税分配表》及其填报说明，予以发布，自2012年1月1日起执行。

附件1：中华人民共和国企业所得税月（季）度预缴纳税申报表（A类）

附件2：中华人民共和国企业所得税月（季）度和年度纳税申报表（B类）

附件3：《中华人民共和国企业所得税月（季）度预缴纳税申报表（A类）》填报说明

附件4：中华人民共和国企业所得税汇总纳税分支机构所得税分配表

附件5：《中华人民共和国企业所得税汇总纳税分支机构所得税分配表》填报说明

◆《国家税务总局关于发布〈中华人民共和国企业所得税月（季）度预缴纳税申报表〉等报表的补充公告》（国家税务总局公告2011年第76号）规定：

将2011年第64号公告中《中华人民共和国企业所得税汇总纳税分支机构所得税分配表》填报说明第二条"分配表项目填报说明"第2项"纳税人名称"改为"总机构名称"；第8项"填写基期年度总机构、各分支机构的经营收入总额"改为："填写基期年度各分支机构的经营收入额"；第9项"填写基期年度总机构、各分支机构的工资总额"改为："填写基期年度各分支机构的工资额"；第10项"填写基期年度总机构、各分支机构的资产总额，不包括无形资产"改为："填写基期年度各分支机构的资产额，不包括无形资产"；第13项"填写基期年度总机构、各分支机构的经营收入总额、工资总额和资产总额三项因素的合计数及当期各分支机构分配比例和分配税额的合计数"改为："填写基期年度各分支机构的经营收入总额、工资总额和资产总额三项因素的合计数及当期各分支机构分配比例和分配税额的合计数"。

本公告自 2012 年 1 月 1 日起施行。

◆《国家税务总局关于加强企业所得税预缴工作的通知》（国税函〔2009〕34 号）规定：

一、为确保税款足额及时入库，各级税务机关对纳入当地重点税源管理的企业，原则上应按照实际利润额预缴方法征收企业所得税。

二、各级税务机关根据企业上年度企业所得税预缴和汇算清缴情况，对全年企业所得税预缴税款占企业所得税应缴税款比例明显偏低的，要及时查明原因，调整预缴方法或预缴税额。

三、原则上各地企业所得税年度预缴税款占当年企业所得税入库税款（预缴数＋汇算清缴数）应不少于 70％。

企业应当自年度终了之日起五个月内，向税务机关报送年度企业所得税纳税申报表，并汇算清缴，结清应缴应退税款。

◆《国家税务总局关于印发〈企业所得税汇算清缴管理办法〉的通知》（国税发〔2009〕79 号）规定：

第六条 纳税人需要报经税务机关审批、审核或备案的事项，应按有关程序、时限和要求报送材料等有关规定：在办理企业所得税年度纳税申报前及时办理。

第七条 纳税人应当按照企业所得税法及其实施条例和企业所得税的有关规定，正确计算应纳税所得额和应纳所得税额，如实、正确填写企业所得税年度纳税申报表及其附表，完整、及时报送相关资料，并对纳税申报的真实性、准确性和完整性负法律责任。

第八条 纳税人办理企业所得税年度纳税申报时，应如实填写和报送下列有关资料：

（一）企业所得税年度纳税申报表及其附表；

（二）财务报表；

（三）备案事项相关资料；

（四）总机构及分支机构基本情况、分支机构征税方式、分支机构的预缴税情况；

（五）委托中介机构代理纳税申报的，应出具双方签订的代理合同，并附送中介机构出具的包括纳税调整的项目、原因、依据、计算过程、调整金额等内容的报告；

（六）涉及关联方业务往来的，同时报送《中华人民共和国企业年度关联业务往来报告表》；

（七）主管税务机关要求报送的其他有关资料。纳税人采用电子方式办理企业所得税年度纳税申报的，应按照有关规定保存有关资料或附报纸质纳税申报资料。

第九条 纳税人因不可抗力，不能在汇算清缴期内办理企业所得税年度纳税申报或备齐企业所得税年度纳税申报资料的，应按照税收征管法及其实施细则的规定：申请办理延期纳税申报。

第十条 纳税人在汇算清缴期内发现当年企业所得税申报有误的，可在汇算清缴期内重新办理企业所得税年度纳税申报。

第十一条 纳税人在纳税年度内预缴企业所得税税款少于应缴企业所得税税款的，应在汇算清缴期内结清应补缴的企业所得税税款；

预缴税款超过应纳税款的，主管税务机关应及时按有关规定办理退税，或者经纳税人同意后抵缴其下一年度应缴企业所得税税款。

第十三条　实行跨地区经营汇总缴纳企业所得税的纳税人，由统一计算应纳税所得额和应纳所得税额的总机构，按照上述规定：在汇算清缴期内向所在地主管税务机关办理企业所得税年度纳税申报，进行汇算清缴。分支机构不进行汇算清缴，但应将分支机构的营业收支等情况在报总机构统一汇算清缴前报送分支机构所在地主管税务机关。总机构应将分支机构及其所属机构的营业收支纳入总机构汇算清缴等情况报送各分支机构所在地主管税务机关。

第十九条　主管税务机关受理纳税人企业所得税年度纳税申报表及有关资料时，如发现企业未按规定报齐有关资料或填报项目不完整的，应及时告知企业在汇算清缴期内补齐补正。

第二十条　主管税务机关受理纳税人年度纳税申报后，应对纳税人年度纳税申报表的逻辑性和有关资料的完整性、准确性进行审核。审核重点主要包括：

（一）纳税人企业所得税年度纳税申报表及其附表与企业财务报表有关项目的数字是否相符，各项目之间的逻辑关系是否对应，计算是否正确。

（二）纳税人是否按规定弥补以前年度亏损额和结转以后年度待弥补的亏损额。

（三）纳税人是否符合税收优惠条件、税收优惠的确认和申请是否符合规定程序。

（四）纳税人税前扣除的财产损失是否真实、是否符合有关规定程序。跨地区经营汇总缴纳企业所得税的纳税人，其分支机构税前扣除的财产损失是否由分支机构所在地主管税务机关出具证明。

（五）纳税人有无预缴企业所得税的完税凭证，完税凭证上填列的预缴数额是否真实。跨地区经营汇总缴纳企业所得税的纳税人及其所属分支机构预缴的税款是否与《中华人民共和国企业所得税汇总纳税分支机构分配表》中分配的数额一致。

（六）纳税人企业所得税和其他各税种之间的数据是否相符、逻辑关系是否吻合。

第二十一条　主管税务机关应结合纳税人企业所得税预缴情况及日常征管情况，对纳税人报送的企业所得税年度纳税申报表及其附表和其他有关资料进行初步审核后，按规定程序及时办理企业所得税补、退税或抵缴其下一年度应纳所得税款等事项。

第二十二条　税务机关应做好跨地区经营汇总纳税企业和合并纳税企业汇算清缴的协同管理。

（一）总机构和汇缴企业所在地主管税务机关在对企业的汇总或合并纳税申报资料审核时，发现其分支机构或成员企业申报内容有疑点需进一步核实的，应向其分支机构或成员企业所在地主管税务机关发出有关税务事项协查函；该分支机构或成员企业所在地主管税务机关应在要求的时限内就协查事项进行调查核实，并将核查结果函复总机构或汇缴企业所在地主管税务机关。

（二）总机构和汇缴企业所在地主管税务机关收到分支机构或成员企业所在地主管税务机关反馈的核查结果后，应对总机构和汇缴企业申报的应纳税所得额及应纳所得税额作相应调整。

◆《国家税务总局办公厅关于中国冶金科工集团有限公司所得税涉税诉求回复意见的函》（国税办函〔2010〕443号）规定：

根据《国家税务总局关于建筑企业所得税征管有关问题的通知》（国税函〔2010〕39号）规定：建筑企业跨地区设立的不符合二级分支机构条件的项目管理部（包括与项目经理部性质相同的工程指挥部、合同段等），应汇总到总机构或二级分支机构统一计算，按照《国家税务总局关于印发〈跨地区经营汇总纳税企业所得税征收管理暂行办法〉的通知》（国税发〔2008〕28号）文件规定的办法计算缴纳企业所得税。

2010年度在外省市进行施工所得税征管问题，按照《国家税务总局关于跨地区经营建筑企业所得税征管问题的通知》（国税函〔2010〕156号）的规定执行。

◆《国家税务总局关于做好2009年度企业所得税汇算清缴工作的通知》（国税函〔2010〕148号）规定：

五、在以后纳税年度企业所得税汇算清缴工作中，上述企业所得税纳税申报口径和汇算清缴工作要求未作调整或特殊规定的，按本通知规定执行。

◆《国家税务总局关于印发〈中华人民共和国企业所得税年度纳税申报表〉的通知》（国税发〔2008〕101号）规定：

中华人民共和国企业所得税年度纳税申报表及附表。新的企业所得税年度纳税申报表由1个主表和11个附表组成。附表分为两个层次，附表一到附表六为一级附表，对应主表各项目；附表七到附表十一为二级附表，是附表三纳税调整项目明细表的明细反映：中华人民共和国企业所得税年度纳税申报表（A类）（主表）收入明细表（附表一（1））金融企业收入明细表（附表一（2））事业单位、社会团体、民办非企业单位收入明细表（附表一（3））成本费用明细表（附表二（1））金融企业成本费用明细表（附表二（2））事业单位、社会团体、民办非企业单位支出明细表（附表二（3））纳税调整项目明细表（附表三）企业所得税弥补亏损明细表（附表四）税收优惠明细表（附表五）境外所得税抵免计算明细表（附表六）以公允价值计量资产纳税调整表（附表七）广告费和业务宣传费跨年度纳税调整表（附表八）资产折旧、摊销纳税调整明细表（附表九）资产减值准备项目调整明细表（附表十）长期股权投资所得（损失）明细表（附表十一）

◆《国家税务总局关于〈中华人民共和国企业所得税年度纳税申报表〉的补充通知》（国税函〔2008〕1081号）规定：

按照企业所得税核定征收办法缴纳企业所得税的纳税人在年度申报缴纳企业所得税时，使用中华人民共和国企业所得税月（季）度预缴纳税申报表（B类）。

◆《国家税务总局关于做好2008年度企业所得税汇算清缴工作的通知》（国税函〔2009〕55号）规定：

二、做好2008年度企业所得税汇算清缴工作的几点要求（一）提高企业所得税纳税申报质量，全面落实企业所得税年度纳税申报各项制度，提倡电子申报。（二）抓好年度纳税申报的培训、宣传工作。

三、有关企业所得税政策和征管问题对新税法实施以前财政部、国家税务总局发布的企业所得税有关管理性、程序性文件，凡不违背新税法规定原则，在没有制定新的规定前，可以继续参照执行；对新税法实施以前财政部、国家税务总局发布的企业所得税有关的政策性文件，应以新税法以及新税法实施后发布的相关规章、规范性文件为准。

◆《国家税务总局关于做好2008年度企业所得税汇算清缴工作的补充通知》（国税函

〔2009〕134 号）规定：

将企业关联申报作为企业所得税年度汇算清缴工作的组成部分。

◆《国家税务总局关于企业所得税汇算清缴汇总工作有关问题的通知》（国税函〔2009〕184 号）规定：

根据汇算清缴工作的实际需要，税务总局已制定了新的企业所得税汇算清缴汇总表。通过汇算清缴建立的数据是进行后续管理的基础信息，进行税源分析、纳税评估等后续管理工作的重要依据。

◆《国家税务总局关于 2009 年度企业所得税纳税申报有关问题的通知》（国税函〔2010〕249 号）规定：

一、因 2010 年 5 月 31 日后出台的个别企业所得税政策，涉及 2009 年度企业所得税纳税申报调整、需要补（退）企业所得税款的少数纳税人，可以在 2010 年 12 月 31 日前自行到税务机关补正申报企业所得税，相应所补企业所得税款不予加收滞纳金。

二、各地税务机关对个别企业所得税政策出台、需要补正申报 2009 年企业所得税的企业，应按照规定程序和时间要求及时受理补正申报，补退企业所得税款。

四、本通知仅适用于 2009 年度企业所得税汇算清缴。

企业在报送企业所得税纳税申报表时，应当按照规定附送财务会计报告和其他有关资料。

〔**与税收相关的规定**〕

◇《企业财务会计报告条例》（国务院令〔2000〕第 287 号）：

第二条　财务会计报告，是指企业对外提供的反映企业某一特定日期财务状况和某一会计期间经营成果、现金流量的文件（企业会计准则——基本准则第四十四条规定："财务会计报告包括会计报表及其附注和其他应当在财务会计报告中披露的相关信息和资料。会计报表至少应当包括资产负债表、利润表、现金流量表等报表"）。

第三十七条　财务会计报告须经注册会计师审计的，企业应当将注册会计师及其会计事务所出具的审计报告随同财务会计报告一并对外提供（《中华人民共和国会计法》第二十条第二款规定："财务会计报告由会计报表、会计报表附注和财务情况说明书组成。向不同的会计资料使用者提供的财务会计报告，其编制依据应当一致。有关法律、行政法规规定会计报表、会计报表附注和财务情况说明书须经注册会计师审计的，注册会计师及其所在的会计师事务所出具的审计报告应当随同财务会计报告一并提供。"）

◇《中华人民共和国公司法》（主席令〔2005〕第四十二号）规定：

第二条　公司是指依照本法在中国境内设立的有限责任公司和股份有限公司。

第一百六十五条　公司应当在每一会计年度终了时编制财务会计报告，并依法经会计师事务所审计。财务会计报告应当依照法律、行政法规和国务院财政部门的规定制作。

〔**税收规范性文件**〕

◆《国家税务总局关于未申报税款追缴期限问题的批复》（国税函〔2009〕326 号）规定：

税收征管法第六十四条第二款规定的纳税人不进行纳税申报造成不缴或少缴应纳税款的情形不属于偷税、抗税、骗税，其追征期按照税收征管法第五十二条规定的精神，一般为三年，特殊情况可以延长至五年。

〔与税收相关的规定〕

◇《国务院办公厅转发财政部关于加快发展我国注册会计师行业若干意见的通知》（国办发〔2009〕56号）规定：

在巩固财务会计报告审计、资本验证、涉税鉴证等业务的基础上，积极向企事业单位内部控制、管理咨询、并购重组、资信调查、专项审计、业绩评价、司法鉴定、投资决策、政府购买服务等相关业务领域延伸。

〔《中华人民共和国企业所得税法实施条例》〕

☆第一百二十八条　企业所得税分月或者分季预缴，由税务机关具体核定。

〔税收规范性文件〕

◆《国家税务总局关于企业所得税预缴问题的通知》（国税发〔2008〕17号）规定：

《中华人民共和国企业所得税法》（以下简称"新税法"）已于2008年1月1日起施行，为保证企业所得税预缴工作顺利进行，经研究，现对下列企业预缴问题明确如下：

一、2008年1月1日之前已经被认定为高新技术企业的，在按照新税法有关规定重新认定之前，暂按25％的税率预缴企业所得税。

上述企业如果享受新税法中其他优惠政策和国务院规定的过渡优惠政策，按有关规定执行。

二、深圳市、厦门市经济特区以外的企业以及上海浦东新区内非生产性外商投资企业和内资企业，原采取按月预缴方式的，2008年一季度改为按季度预缴。

三、原经批准实行合并纳税的企业，采取按月预缴方式的，2008年一季度改为按季度预缴。

◆《国家税务总局关于高新技术企业2008年度缴纳企业所得税问题的通知》（国税函〔2008〕985号）规定：

企业根据企业所得税法第五十四条规定分月或者分季预缴企业所得税时，应当按照月度或者季度的实际利润额预缴；按照月度或者季度的实际利润额预缴有困难的，可以按照上一纳税年度应纳税所得额的月度或者季度平均额预缴，或者按照经税务机关认可的其他方法预缴。预缴方法一经确定，该纳税年度内不得随意变更。

◆《国家税务总局关于调整代开货物运输业发票企业所得税预征率的通知》（国税函〔2008〕819号）规定：

代开货物运输业发票的企业，按开票金额2.5％预征企业所得税。

◆《国家税务总局关于房地产开发企业所得税预缴问题的通知》（国税函〔2008〕299号）规定：

一、房地产开发企业按当年实际利润据实分季（或月）预缴企业所得税的，对开发、建造的住宅、商业用房以及其他建筑物、附着物、配套设施等开发产品，在未完工前采取预售方式销售取得的预售收入，按照规定的预计利润率分季（或月）计算出预计利润额，计入利润总额预缴，开发产品完工、结算计税成本后按照实际利润再行调整。

◆《国家税务总局关于印发〈房地产开发经营业务企业所得税处理办法〉的通知》（国税发〔2009〕31号）规定：

第八条企业销售未完工开发产品的计税毛利率由各省、自治、直辖市国家税务局、地方税务局按下列规定进行确定：

（一）开发项目位于省、自治区、直辖市和计划单列市人民政府所在地城市城区和郊区的，不得低于15%。

（二）开发项目位于地及地级市城区及郊区的，不得低于10%。

（三）开发项目位于其他地区的，不得低于5%。

（四）属于经济适用房、限价房和危改房的，不得低于3%。

第九条企业销售未完工开发产品取得的收入，应先按预计计税毛利率分季（或月）计算出预计毛利额，计入当期应纳税所得额。开发产品完工后，企业应及时结算其计税成本并计算此前销售收入的实际毛利额，同时将其实际毛利额与其对应的预计毛利额之间的差额，计入当年度企业本项目与其他项目合并计算的应纳税所得额。

在年度纳税申报时，企业须出具对该项开发产品实际毛利额与预计毛利额之间差异调整情况的报告以及税务机关需要的其他相关资料。

◆《国家税务总局关于印发〈中华人民共和国企业所得税年度纳税申报表〉的通知》（国税发〔2008〕101号）附表三"《纳税调整项目明细表》"规定：

第52行"五、房地产企业预售收入计算的预计利润"：第3列

"调增金额"填报从事房地产开发业务的纳税人本期取得的预售收入，按照税收规定的预计利润率计算的预计利润的金额；第4列"调减金额"填报从事房地产开发业务的纳税人本期将预售收入转为销售收入，转回已按税收规定征税的预计利润的数额。

〔《中华人民共和国企业所得税法实施条例》〕

☆第一百二十九条　企业在纳税年度内无论盈利或者亏损，都应当依照企业所得税法第五十四条规定的期限，向税务机关报送预缴企业所得税纳税申报表、年度企业所得税纳税申报表、财务会计报告和税务机关规定应当报送的其他有关资料。

〔《中华人民共和国企业所得税法》〕

★第五十五条　企业在年度中间终止经营活动的，应当自实际经营终止之日起六十日内，向税务机关办理当期企业所得税汇算清缴。

★企业应当在办理注销登记前，就其清算所得向税务机关申报并依法缴纳企业所得税。

〔税收规范性文件〕

◆国家税务总局关于印发〈中华人民共和国企业清算所得税申报表〉的通知（国税函

〔2009〕388 号）明确：

为贯彻落实《中华人民共和国企业所得税法》及其实施条例，税务总局制定了企业清算所得税申报表及其附表。现将《中华人民共和国企业清算所得税申报表》及附表印发给你们，请各地税务机关及时做好上述报表的印制、发放、学习、培训及软件修改等工作。执行中有何问题，请及时向税务总局（所得税司）报告。

　　附件：1. 中华人民共和国企业清算所得税申报表及附表
　　　　　2. 中华人民共和国企业清算所得税申报表及附表填报说明

〔《中华人民共和国企业所得税法》〕

★第五十六条　依照本法缴纳的企业所得税，以人民币计算。所得以人民币以外的货币计算的，应当折合成人民币计算并缴纳税款。

〔《中华人民共和国企业所得税法实施条例》〕

☆第一百三十条　企业所得以人民币以外的货币计算的，预缴企业所得税时，应当按照月度或者季度最后一日的人民币汇率中间价，折合成人民币计算应纳税所得额。年度终了汇算清缴时，对已经按照月度或者季度预缴税款的，不再重新折合计算，只就该纳税年度内未缴纳企业所得税的部分，按照纳税年度最后一日的人民币汇率中间价，折合成人民币计算应纳税所得额。经税务机关检查确认，企业少计或者多计前款规定的所得的，应当按照检查确认补税或者退税时的上一个月最后一日的人民币汇率中间价，将少计或者多计的所得折合成人民币计算应纳税所得额，再计算应补缴或者应退的税款。

〔税收规范性文件〕

◆《国家税务总局关于外商投资企业和外国企业及外籍个人的外币收入如何折合成人民币计算缴纳税款问题的通知》（国税发〔1995〕070 号）规定：

外商投资企业和外国企业及外籍个人取得的收入和所得为美元、港币和日元的，统一使用中国人民银行公布的外汇牌价；其他可兑换货币的外汇统一使用中国银行公布的挂牌价格，折合成人民币收入和所得计算纳税。

◆《国家税务总局关于贯彻实施〈中华人民共和国税收征收管理法〉有关问题的通知》（国税发〔2001〕54 号）规定：

五、关于计退利息（新《征管法》第五十一条），对纳税人多缴的税款退还时，自2001 年 5 月 1 日起按照人民银行规定的同期活期存款的利率计退利息。

新《征管法》第五十一条对纳税人超过应纳税额缴纳税款的退还，不包括预缴税款的退还、出口退税和政策性税收优惠的先征后退等情形。

◆《国家税务总局 财政部 中国人民银行关于纳税人多缴税款退付利息的范围及退库程序的批复》（国税函〔2002〕566 号）规定：

一、《税收征管法》第五十一条规定的应加算银行同期存款利息的多缴税款退税范围，《国家税务总局关于贯彻实施〈中华人民共和国税收征管法〉有关问题的通知》（国税发〔2001〕54 号）已明确为：不包括依法预缴税款所造成的结算退税、享受税收优惠政策而产生的出口退税和各种减免退税。

二、当纳税人既有应退税款又有欠缴税款时，税务机关应先将欠缴税款及滞纳金从应退税款及应付利息中抵扣，抵扣后尚有应退税款的，按抵扣后的余额办理退税。

三、小额税款退税的应付利息需退付现金的，税务机关应视同小额税款退税办理。

四、为加强预算收入的管理，对多缴税款退税及应付利息，应由税务机关开具"收入退还书"并送国库办理退库。

◆《国家税务总局关于应退税款抵扣欠缴税款有关问题的通知》（国税发〔2002〕150号）规定：

一、可以抵扣的应退税款为 2001 年 5 月 1 日后征收并已经确认应退的下列各项税金：（一）减免（包括"先征后退"）应退税款；（二）依法预缴税款形成的汇算和结算应退税款；（三）误收应退税款、滞纳金、罚款及没收非法所得（简称罚没款，以下同）；（四）其他应退税款、滞纳金和罚没款；（五）误收和其他应退税款的应退利息。

二、可以抵扣的欠缴税款为 2001 年 5 月 1 日后发生的下列各项欠缴税金：

（一）欠税；（二）欠税应缴未缴的滞纳金；（三）税务机关作出行政处罚决定，纳税人逾期不申请行政复议、不提起行政诉讼，又不履行的应缴未缴税收罚没款；纳税人要求抵扣应退税金的应缴未缴罚没款。

三、国家税务局与地方税务局分别征退的税款、滞纳金和罚没款，相互之间不得抵扣；由税务机关征退的农业税及教育费附加、社保费、文化事业建设费等非税收入不得与税收收入相互抵扣。抵扣欠缴税款时，应按欠缴税款的发生时间逐笔抵扣，先发生的先抵扣。

〔与税收相关的规定〕

◇《财政部办公厅关于税收退库问题的复函》（财办库〔2002〕38 号）规定：

为解决税款退库工作中的实际问题，减少工作矛盾，做到依法办事。目前我们正在抓紧研究制定《财政资金收入退库管理办法》，从制度上加以规范。在规范的办法发布实施之前，出口退税、税务部门办理的"先征后退"退税、除"先征后退"外的减免退税、预缴税款造成的汇算和结算退税、技术性差错造成的误收退税和其他原因造成的多缴退税以及各种多缴退税的应付利息退付等，上述事项凡涉及退中央预算收入和中央与地方预算共享收入的暂授权国税部门审批办理。凡应退地方预算收入的，退库办法由省、自治区、直辖市财政部门制定。除上述退税以外的其他退税，税务机关必须有财政部门的明确授权才能审批办理。

国税办发〔2002〕48 号补充：经向财政部反映，财政部解释退中央与地方预算共享收入的应该是谁征收谁审批。

◇《财政部 国家税务总局 中国人民银行关于纳税人多缴税款及应付利息办理退库的通知》财预〔2001〕502 号）规定：

自新征管法实施之日起，凡纳税人申请退付多缴税款，各级税务机关应根据多缴税款数额和开具"收入退还书"当日中国人民银行规定的活期存款利率计算利息，随同多缴的税款一并办理退付手续。计息时间从纳税人结算缴纳税款之日起至税务机关开具"收入退还书"之日止。

二、税务机关对纳税人的退付申请及所附多缴税款的入库凭证（缴款书）进行审核后，开具"收入退还书"。纳税人持"收入退还书"到当地国库就地办理退库。

三、纳税人多缴税款及应付利息，统一采用冲减正税入库科目的办法，由正税入库收入退付。

〔税收规范性文件〕

◆《国家税务总局关于严格执行税款退库办理制度的通知》（国税函〔2011〕19号）规定：

一、办理税款退库属于税收会计业务范围，各级税务机关收入规划核算部门是办理税款退库的专职业务部门，负责办理出口退税、减免退税、汇算结算退税、误收退税等各项税款的退库业务。

各级税务机关要进一步强化内部制约机制，退税审批部门和退库办理部门必须严格分开，不得由一个部门既进行退税审批，又办理具体退库手续。

三、对于符合条件的应退税款，税务机关应按照税收法律法规规定，及时为纳税人办理退税。税务机关发现纳税人多缴税款的，应当自发现之日起10日内办理退还手续；纳税人发现多缴税款，要求退还的，税务机关应当自接到纳税人退还申请之日起30日内查实并办理退还手续。

四、收入规划核算部门要发挥退库办理工作的会计监督职能。要根据退税审批部门转来的退税审批件和纳税人的退税申请书，复核退税原因、退税依据、原完税情况、预算科目、预算级次、退税金额、退税收款账户等退库凭证项目内容，开具《税收收入退还书》发送当地国库办理退库。对于发现退库资料缺失、退库项目不合规定等问题的，应退回审批部门或报告上级领导。

★第八章　附　则

〔《中华人民共和国企业所得税法》〕

第五十七条　本法公布前已经批准设立的企业，依照当时的税收法律、行政法规规定，享受低税率优惠的，按照国务院规定，可以在本法施行后五年内，逐步过渡到本法规定的税率；享受定期减免税优惠的，按照国务院规定，可以在本法施行后继续享受到期满为止，但因未获利而尚未享受优惠的，优惠期限从本法施行年度起计算。

〔与税收相关的规定〕

◇《国务院关于实施企业所得税过渡优惠政策的通知》（国发〔2007〕39号）规定：

一、新税法公布前批准设立的企业税收优惠过渡办法

自2008年1月1日起，原享受低税率优惠政策的企业，在新税法施行后5年内逐步

过渡到法定税率。其中：享受企业所得税 15％税率的企业，2008 年按 18％税率执行，2009 年按 20％税率执行，2010 年按 22％税率执行，2011 年按 24％税率执行，2012 年按 25％税率执行；原执行 24％税率的企业，2008 年起按 25％税率执行。

自 2008 年 1 月 1 日起，原享受企业所得税"两免三减半"、"五免五减半"等定期减免税优惠的企业，新税法施行后继续按原税收法律、行政法规及相关文件规定的优惠办法及年限享受至期满为止，但因未获利而尚未享受税收优惠的，其优惠期限从 2008 年度起计算。

享受上述过渡优惠政策的企业，是指 2007 年 3 月 16 日以前经工商等登记管理机关登记设立的企业；实施过渡优惠政策的项目和范围按《实施企业所得税过渡优惠政策表》（30 项）执行。

二、继续执行西部大开发税收优惠政策

三、实施企业税收过渡优惠政策的其他规定

企业所得税过渡优惠政策与新税法及实施条例规定的优惠政策存在交叉的，由企业选择最优惠的政策执行，不得叠加享受。

〔税收规范性文件〕

◆《国家税务总局关于执行企业所得税优惠政策若干问题的通知》（财税〔2009〕69 号）规定：

一、执行《国务院关于实施企业所得税过渡优惠政策的通知》（国发〔2007〕39 号）规定的过渡优惠政策及西部大开发优惠政策的企业，在定期减免税的减半期内，可以按照企业适用税率计算的应纳税额减半征税。其他各类情形的定期减免税，均应按照企业所得税 25％的法定税率计算的应纳税额减半征税。

二、《国务院关于实施企业所得税过渡优惠政策的通知》（国发〔2007〕39 号）第三条所称不得叠加享受，且一经选择，不得改变的税收优惠情形，限于企业所得税过渡优惠政策与企业所得税法及其实施条例中规定的定期减免税和减低税率类的税收优惠。

企业所得税法及其实施条例中规定的各项税收优惠，凡企业符合规定条件的，可以同时享受。

三、企业在享受过渡税收优惠过程中发生合并、分立、重组等情形的，按照《财政部国家税务总局关于企业重组业务企业所得税处理若干问题的通知》（财税〔2009〕59 号）的统一规定执行。

五、企业在 2007 年 3 月 16 日之前设立的分支机构单独依据原内、外资企业所得税法的优惠规定已享受有关税收优惠的，凡符合《国务院关于实施企业所得税过渡优惠政策的通知》（国发〔2007〕39 号）所列政策条件的，该分支机构可以单独享受国发〔2007〕39 号规定的企业所得税过渡优惠政策。

◆《国家税务总局关于进一步明确企业所得税过渡期优惠政策执行口径问题的通知》（国税函〔2010〕157 号）规定：

二、关于居民企业总分机构的过渡期税率执行问题居民企业经税务机关核准 2007 年度以前依照《国家税务总局关于外商投资企业分支机构适用所得税税率问题的通知》（国税发〔1997〕49 号）规定：其处于不同税率地区的分支机构可以单独享受所得税减低税率优惠的，仍可继续单独适用减低税率优惠过渡政策；优惠过渡期结束后，统一依照《国家税务总局关于印发〈跨地区经营汇总纳税企业所得税征收管理暂行办法〉的通知》（国税发〔2008〕28号）第十六条的规定执行。

◆《国家税务总局关于外商投资企业和外国企业原有若干税收优惠政策取消后有关事项处理的通知》（国税发〔2008〕23号）规定：

关于享受定期减免税优惠的外商投资企业在2008年后条件发生变化的处理外商投资企业按照《中华人民共和国外商投资企业和外国企业所得税法》规定享受定期减免税优惠，2008年后，企业生产经营业务性质或经营期发生变化，导致其不符合《中华人民共和国外商投资企业和外国企业所得税法》规定条件的，仍应依据《中华人民共和国外商投资企业和外国企业所得税法》规定补缴其此前（包括在优惠过渡期内）已经享受的定期减免税税款。各主管税务机关在每年对这类企业进行汇算清缴时，应对其经营业务内容和经营期限等变化情况进行审核。

◆《国家税务总局办公厅关于富士康科技集团有关涉税诉求问题的函》（国税办函〔2010〕611号）规定：

关于经营期10年的要求，应该是实际生产经营期满10年，对已经享受生产性外商投资企业所得税减免税优惠的企业，如其生产经营期间出现中途停业1～2年的情况，该停业期应予以剔除。法律设置的发展对外经济合作和技术交流的特定地区内，以及国务院已规定执行上述地区特殊政策的地区内新设立的国家需要重点扶持的高新技术企业，可以享受过渡性税收优惠，具体办法由国务院规定。

〔与税收相关的规定〕

◇《国务院关于经济特区和上海浦东新区新设立高新技术企业实行过渡性税收优惠的通知》（国发〔2007〕40号）规定：

对经济特区和上海浦东新区内在2008年1月1日（含）之后完成登记注册的国家需要重点扶持的高新技术企业（以下简称新设高新技术企业），在经济特区和上海浦东新区内取得的所得，自取得第一笔生产经营收入所属纳税年度起，第一年至第二年免征企业所得税，第三年至第五年按照25%的法定税率减半征收企业所得税。同时在经济特区和上海浦东新区以外的地区从事生产经营的，应当单独计算其在经济特区和上海浦东新区内取得的所得，并合理分摊企业的期间费用；没有单独计算的，不得享受企业所得税优惠。

◇《国务院关于扩大珠海经济特区范围的批复》（国函〔2010〕87号）文规定：

四、经济特区范围扩大到珠海全市后，新纳入珠海经济特区范围内的区域新设立高新技术企业不享受《国务院关于经济特区和上海浦东新区新设立高新技术企业实行过渡性税收优惠的通知》（国发〔2007〕40号）规定的过渡性优惠政策。五、珠海市扩大经济特区范围，从2010年10月1日起实施。国家已确定的其他鼓励类企业，可以按照国务院规定享受减免税优惠。

〔税收规范性文件〕

◆《财政部　国家税务总局关于贯彻落实国务院关于实施企业所得税过渡优惠政策

有关问题的通知》（财税〔2008〕21号）规定：

对过渡优惠政策要加强规范管理，不得超越权限擅自扩大过渡优惠政策执行范围。

适用15％企业所得税率并享受企业所得税定期减半优惠过渡的企业，应一律按照规定的过渡税率计算的应纳税额实行减半征税。

民族自治地方在新税法实施前已经按照有关减免税规定批准享受减免企业所得税（包括减免中央分享企业所得税的部分）的，自2008年1月1日起计算，对减免税期限在5年以内（含5年）的，继续执行至期满后停止；对减免税期限超过5年的，从第六年起按新税法第二十九条规定执行。

◆《国家税务总局关于政府关停外商投资企业所得税优惠政策处理问题的批复》（国税函〔2010〕69号）规定：

一、根据原《中华人民共和国外商投资企业和外国企业所得税法实施细则》第七十九条的规定：应当补缴或缴回按该条规定已享受的企业所得税优惠税款。二、外商投资企业和外国企业依照原《财政部国家税务总局关于外商投资企业和外国企业购买国产设备投资抵免企业所得税有关问题的通知》（财税字〔2000〕049号）有关规定将已经享受投资抵免的2007年12月31日前购买的国产设备，在购置之日起五年内出租、转让，不论出租、转让行为发生在2008年1月1日之前或之后的，均应在出租、转让时补缴就该购买设备已抵免的企业所得税税款。

三、外商投资企业的外国投资者依照《中华人民共和国外商投资企业和外国企业所得税法》第十条的规定：将从企业取得的利润于2007年12月31日前直接再投资于该企业，增加注册资本，或者作为资本投资开办其他外商投资企业，如经营期不少于五年并经税务机关批准已退还其再投资部分已缴纳所得税的40％税款，再投资不满五年撤出的，应当缴回已退的税款。

◆《国家税务总局关于执行西部大开发税收优惠政策有关问题的批复》（国税函〔2009〕411号）规定：

《财政部国家税务总局海关总署关于西部大开发税收优惠政策问题的通知》（财税〔2001〕202号）第二条第三款规定"新办交通企业是指投资新办从事公路、铁路、航空、港口、码头运营和管道运输的企业"中的交通企业，是指投资于上述设施建设项目并运营该项目取得经营收入的企业。

◆《国家税务总局关于西部大开发企业所得税优惠政策适用目录问题的批复》（国税函〔2009〕399号）规定：

一、享受西部大开发企业所得税优惠政策的国家鼓励类产业内资企业适用目录及衔接问题，继续按照《财政部国家税务总局关于西部大开发税收优惠政策适用目录变更问题的通知》（财税〔2006〕165号）的规定执行。

二、享受西部大开发企业所得税优惠政策的国家鼓励类产业外商投资企业适用目录及衔接问题，按以下原则执行：（一）自2008年1月1日起，财税〔2001〕202号文件中《外商投资产业指导目录》按国家发展和改革委员会公布的《外商投资产业指导目录（2007年修订）》执行。自2009年1月1日起，财税〔2001〕202号文件中《中西部地区外商投资优势产业目录》（第18号令）按国家发展和改革委员会与商务部发布的《中西部地区优势产业目录（2008 年修订）》执行。

（二）在相关目录变更前，已按财税〔2001〕202 号文件规定的目录标准审核享受企业所得税优惠政策的外商投资企业，除属于《外商投资产业指导目录（2007 年修订）》中限制外商投资产业目录、禁止外商投资产业目录外，可继续执行到期满为止；对属于《外商投资产业指导目录（2007 年修订）》中限制外商投资产业目录、禁止外商投资产业目录的企业，应自执行新目录的年度起，停止执行西部大开发企业所得税优惠政策。对符合新目录鼓励类标准但不符合原目录标准的企业，应自执行新目录的年度起，就其按照西部大开发有关企业所得税优惠政策规定计算的税收优惠期的剩余优惠年限享受优惠。

〔《中华人民共和国企业所得税法实施条例》〕

☆第一百三十一条 企业所得税法第五十七条第一款所称本法公布前已经批准设立的企业，是指企业所得税法公布前已经完成登记注册的企业。

〔税收规范性文件〕

◆《财政部国家税务总局关于〈中华人民共和国企业所得税法〉公布后企业适用税收法律问题的通知》（财税〔2007〕115 号）规定：

税法第五十七条第一款所称"本法公布前已经批准设立的企业"，是指在 2007 年 3 月 16 日前经工商等登记管理机关登记成立的企业。

〔《中华人民共和国企业所得税法》〕

★第五十八条 中华人民共和国政府同外国政府订立的有关税收的协定与本法有不同规定的，依照协定的规定办理。

〔税收规范性文件〕

◆《国家税务总局关于下发协定股息税率情况一览表的通知》（国税函〔2008〕112 号）（90 个税收协定＋香港、澳门安排 2 个）

◆《国家税务总局关于执行税收协定利息条款有关问题的通知》（国税函〔2006〕229 号）规定：

一、凡协定利息条款中规定缔约国对方中央银行、政府拥有的金融机构或其他组织从我国取得的利息应在我国免予征税的，上述有关银行（机构）可在每项贷款合同签署后，向利息发生地主管税务机关申请享受有关协定待遇。利息发生地主管税务机关应为其办理免征利息所得税手续。纳税人申请免征利息所得税时，应附报缔约国对方税务主管当局出具的其属于政府拥有银行或金融机构的证明及有关贷款合同副本。

二、凡协定有关条文、议定书、会谈纪要或换函等已列名缔约国对方在我国免征利息所得税具体银行、金融机构的，纳税人可按本通知第一条的规定办理免征利息所得税手续，仅附报有关合同副本即可。

◆《国家税务总局关于执行税收协定股息条款有关问题的通知》（国税函〔2009〕

81 号）规定：

二、按照税收协定股息条款规定：中国居民公司向税收协定缔约对方税收居民支付股息，且该对方税收居民（或股息收取人）是该股息的受益所有人，则该对方税收居民取得的该项股息可享受税收协定待遇，即按税收协定规定的税率计算其在中国应缴纳的所得税。

如果税收协定规定的税率高于中国国内税收法律规定的税率，则纳税人仍可按中国国内税收法律规定纳税。

纳税人需要享受上款规定的税收协定待遇的，应同时符合以下条件：

（一）可享受税收协定待遇的纳税人应是税收协定缔约对方税收居民；

（二）可享受税收协定待遇的纳税人应是相关股息的受益所有人；

（三）可享受税收协定待遇的股息应是按照中国国内税收法律规定确定的股息、红利等权益性投资收益；

（四）国家税务总局规定的其他条件。

三、根据有关税收协定股息条款规定：凡税收协定缔约对方税收居民直接拥有支付股息的中国居民公司一定比例以上资本（一般为 25% 或 10%）的，该对方税收居民取得的股息可按税收协定规定税率征税。该对方税收居民需要享受该税收协定待遇的，应同时符合以下条件：

（一）取得股息的该对方税收居民根据税收协定规定应限于公司；

（二）在该中国居民公司的全部所有者权益和有表决权股份中，该对方税收居民直接拥有的比例均符合规定比例；

（三）该对方税收居民直接拥有该中国居民公司的资本比例，在取得股息前连续 12 个月以内任何时候均符合税收协定规定的比例。

四、以获取优惠的税收地位为主要目的的交易或安排不应构成适用税收协定股息条款优惠规定的理由，纳税人因该交易或安排而不当享受税收协定待遇的，主管税务机关有权进行调整。

五、纳税人需要按照税收协定股息条款规定纳税的，相关纳税人或扣缴义务人应该取得并保有支持其执行税收协定股息条款规定的信息资料，并按有关规定及时根据税务机关的要求报告或提供。有关的信息资料包括：

（一）由协定缔约对方税务主管当局或其授权代表签发的税收居民身份证明以及支持该证明的税收协定缔约对方国内法律依据和相关事实证据；

（二）纳税人在税收协定缔约对方的纳税情况，特别是与取得由中国居民公司支付股息有关的纳税情况；

（三）纳税人是否构成任一第三方（国家或地区）税收居民；

（四）纳税人是否构成中国税收居民；

（五）纳税人据以取得中国居民公司所支付股息的相关投资（转让）合同、产权凭证、利润分配决议、支付凭证等权属证明；

（六）纳税人在中国居民公司的持股情况；

（七）其他与执行税收协定股息条款规定有关的信息资料。

◆《国家税务总局关于外国企业在中国境内提供劳务活动常设机构判定及利润归属问题的批复》（国税函〔2006〕694号）规定：

一、税收协定常设机构条款"缔约国一方企业通过雇员或其他人员，在缔约国另一方为同一项目或相关联的项目提供劳务，包括咨询劳务，仅以在任何十二个月中连续或累计超过六个月的为限"的规定，具体执行中是指，外国企业在中国境内未设立机构场所，仅派其雇员到中国境内为有关项目提供劳务，包括咨询劳务，当这些雇员在中国境内实际工作时间在任何十二个月中连续或累计超过六个月时，则可判定该外国企业在中国境内构成常设机构。

二、如果项目历经数年，而外国企业的雇员只在某一期间被派来华提供劳务，劳务时间超过六个月，而在项目其他时间内派人来华提供劳务未超过六个月的，仍应判定该外国企业在华构成常设机构。该常设机构是对该外国企业在我国境内为有关项目提供的所有劳务而言，而不是某一期间提供的劳务。

三、外国企业通过其雇员在中国境内为某项目提供劳务构成常设机构的，其源自有关项目境内劳务的利润应视为该常设机构的利润并征税。

◆《国家税务总局关于外国企业常驻代表机构是否构成税收协定所述常设机构问题的解释的通知》（国税函〔1999〕607号）规定：

一、税收协定第五条及安排第一条规定：'常设机构'一语特别包括"办事处"，但不包括：

（一）专为储存、陈列或者交付本企业货物或者商品的目的而使用的设施；

（二）专为储存、陈列或者交付的目的而保存本企业货物或者商品的库存；

（三）专为另一企业加工的目的而保存本企业货物或者商品的库存；

（四）专为本企业采购货物或者商品，或者搜集情报的目的所设的固定营业场所；

（五）专为本企业进行其他准备性或辅助性活动的目的所设的固定营业场所；

（六）专为本款第（一）项至第（五）项活动的结合所设的固定营业场所，如果由于这种结合使该固定营业场所全部活动属于准备性质或辅助性质。"

据此规定：代表机构除专门从事上述列举的六项业务活动的以外，均属构成税收协定及安排所说的"常设机构"。

上述列举的六项业务活动中第（五）项所说"其他准备性或辅助性活动"包括的内容，应由税收协定及安排限定的主管当局确定。因此，凡国家税务总局对此未予明确的，各地税务机关不得自行认定"其他准备性或辅助性活动"的内容。

二、虽然根据我国内地有关对代表机构征税的法律法规，对一部分从事我国内地税收法规规定非应税营业活动的代表机构，不予征税或免税，但并不影响对其依照税收协定及安排的规定判定为在我国构成"常设机构"，以及依据有关规定对其非中国居民雇员的工资薪金确定是否为"常设机构"负担。

◆《国家税务总局关于税收协定常设机构认定等有关问题的通知》（国税发〔2006〕35号）规定：

一、"营业"一语是对英语"business"一词的翻译，实际含义不仅仅包括生产经营活动，还包括非赢利机构从事的一般业务活动。

因此，税收协定缔约对方的非赢利机构，通过在我国设立的固定基地或场所从事业务活动，除为该机构进行准备性或辅助性活动外，应认为在我国构成常设机构。

二、对于"准备性或辅助性"活动的判定，应注意以下原则：

（一）固定基地或场所是否仅为总机构提供服务，或者是否与他人有业务往来；

（二）固定基地或场所的业务性质是否与总机构的业务性质一致；

（三）固定基地或场所的业务活动是否为总机构业务的重要组成部分。

如果固定基地或场所不仅为总机构服务，而且与他人有业务往来，或固定基地或场所的业务性质与总机构的业务性质一致，且其业务为总机构业务的重要组成部分，则不能认为该固定基地或场所的活动是准备性或辅助性的。

三、对于缔约国对方居民个人为常设机构工作取得的工资、薪金所得，应按照税收协定"非独立个人劳务"（或"受雇所得"）条款和相关国内税法的规定：计算征收个人所得税。对于涉及为缔约国对方政府提供服务的，按照税收协定"政府服务"条款的规定确定征免税。

四、纳税人认为其在中国境内的机构、场所仅为总机构提供准备性、辅助性服务，不构成常设机构的，应向税务机关提供相关证明资料，由税务机关进行判定。

◆《国家税务总局关于印发〈中国居民（国民）申请启动税务相互协商程序暂行办法〉的通知》（国税发〔2005〕115号）

◆《国家税务总局关于印发国际税收情报交换工作规程的通知》（国税发〔2006〕70号）

◆《国家税务总局办公厅关于进一步规范国际税收情报交换英文写作的通知》（国税办发〔2008〕85号）

◆《国家税务总局关于做好〈中国税收居民身份证明〉开具工作的通知》（国税函〔2008〕829号）

◆《国家税务总局国际税务司关于集中公布税收协定相关解释文件的通知》（际便函〔2009〕47号）

◆《国家税务总局关于印发部分国家〔地区〕税收居民证明样式的通知》（国税函〔2009〕395号）

◆《国家税务总局关于印发〈非居民享受税收协定待遇管理办法〔试行〕〉的通知》（国税发〔2009〕124号）规定：

第九条　在按本办法第十条规定提出非居民享受税收协定待遇审批申请时，纳税人应填报并提交以下资料：

（一）《非居民享受税收协定待遇审批申请表》；

（二）《非居民享受税收协定待遇身份信息报告表》分别企业和个人填报，见附件3和附件4；

（三）由税收协定缔约对方主管当局在上一公历年度开始以后出具的税收居民身份证明；

（四）与取得相关所得有关的产权书据、合同、协议、支付凭证等权属证明或者中介、公证机构出具的相关证明；

（五）税务机关要求提供的与享受税收协定待遇有关的其他资料。

在按前款规定提交资料时，非居民可免予提交已经向主管税务机关提交的资料，但应报告接受的主管税务机关名称和接受时间。

第十条 同一非居民的同一项所得需要多次享受应提请审批的同一项税收协定待遇的，在首次办理享受税收协定待遇审批后的3个公历年度内（含本年度）可免予向同一主管税务机关就同一项所得重复提出审批申请。

前款规定的同一项所得是指下列之一项所得：

（一）持有在同一企业的同一项权益性投资所取得的股息；

（二）持有同一债务人的同一项债权所取得的利息；

（三）向同一人许可同一项权利所取得的特许权使用费。本条第一款所述同一项税收协定待遇是指同一税收协定的同一条款规定的税收协定待遇，不包括不同税收协定的相同条款或者相同税收协定的不同条款规定的税收协定待遇。

第十一条 非居民需要享受以下税收协定条款规定的税收协定待遇的，在发生纳税义务之前或者申报相关纳税义务时，纳税人或者扣缴义务人应向主管税务机关备案：

（一）税收协定常设机构以及营业利润条款；

（二）税收协定独立个人劳务条款；

（三）税收协定非独立个人劳务条款；

（四）除本条第（一）至（三）项和本办法第七条所列税收协定条款以外的其他税收协定条款。

第十二条 在按本办法第七条规定备案时，纳税人应填报并提交以下资料：

（一）《非居民享受税收协定待遇备案报告表》（见附件1）；

（二）由税收协定缔约对方主管当局在上一公历年度开始以后出具的税收居民身份证明；

（三）税务机关要求提供的与享受税收协定待遇有关的其他资料。

◆《国家税务总局关于〈非居民享受税收协定待遇管理办法（试行）〉有关问题的补充通知》（国税函〔2010〕290号）规定：

二、按照《办法》第九条第一款第（三）项或第十二条第一款第（二）项规定应由纳税人提交的税收居民身份证明，包括税收协定缔约对方主管当局以下列方式之一出具的税收居民身份证明：

（一）按照国税发〔2009〕124号文附件1第27栏或附件2第25栏的要求填写的相关内容；

（二）单独出具的专用证明。

三、非居民按《办法》第九条第二款或第十二条第二款规定可以免于提交已经向主管税务机关提交的资料，限于该非居民向同一主管税务机关已经提交的资料。非居民需要向不同主管税务机关提出审批申请或备案报告的，应分别向不同主管税务机关提交相关资料。

七、《国家税务总局关于〈内地和香港特别行政区关于对所得避免双重征税的安排〉有关条文解释和执行问题的通知》（国税函〔1998〕381号）第二条和《国家税务总局关于〈内地和香港特别行政区关于对所得避免双重征税和防止偷漏税的安排〉有关条文解释和执行问题的通知》（国税函〔2007〕403号）第三条第（三）项规定：是依据国家税务总局与香港特别行政区税务局通过相互协商形成的有关执行税收安排的协议做出的规定。根据《办法》第四十四条，该两项规定与《办法》有不同的，应按该两项规定执行。

◆《国家税务总局关于执行税收协定特许权使用费条款有关问题的通知》（国税函〔2009〕507号）规定：

一、凡税收协定特许权使用费定义中明确包括使用工业、商业、科学设备收取的款项（即我国税法有关租金所得）的，有关所得应适用税收协定特许权使用费条款的规定。税收协定对此规定的税率低于税收法律规定税率的，应适用税收协定规定的税率。

上述规定不适用于使用不动产产生的所得，使用不动产产生的所得适用税收协定不动产条款的规定。

二、税收协定特许权使用费条款定义中所列举的有关工业、商业或科学经验的情报应理解为专有技术，一般是指进行某项产品的生产或工序复制所必需的、未曾公开的、具有专有技术性质的信息或资料（以下简称专有技术）。

三、与专有技术有关的特许权使用费一般涉及技术许可方同意将其未公开的技术许可给另一方，使另一方能自由使用，技术许可方通常不亲自参与技术受让方对被许可技术的具体实施，并且不保证实施的结果。被许可的技术通常已经存在，但也包括应技术受让方的需求而研发后许可使用并在合同中列有保密等使用限制的技术。

四、在服务合同中，如果服务提供方提供服务过程中使用了某些专门知识和技术，但并不转让或许可这些技术，则此类服务不属于特许权使用费范围。但如果服务提供方提供服务形成的成果属于税收协定特许权使用费定义范围，并且服务提供方仍保有该项成果的所有权，服务接受方对此成果仅有使用权，则此类服务产生的所得，适用税收协定特许权使用费条款的规定。

五、在转让或许可专有技术使用权过程中如技术许可方派人员为该项技术的使用提供有关支持、指导等服务并收取服务费，无论是单独收取还是包括在技术价款中，均应视为特许权使用费，适用税收协定特许权使用费条款的规定。但如上述人员的服务已构成常设机构，则对服务部分的所得应适用税收协定营业利润条款的规定。如果纳税人不能准确计算应归属常设机构的营业利润，则税务机关可根据税收协定常设机构利润归属原则予以确定。

六、下列款项或报酬不应是特许权使用费，应为劳务活动所得：

（一）单纯货物贸易项下作为售后服务的报酬；

（二）产品保证期内卖方为买方提供服务所取得的报酬；

（三）专门从事工程、管理、咨询等专业服务的机构或个人提供的相关服务所取得的款项；

（四）国家税务总局规定的其他类似报酬。

上述劳务所得通常适用税收协定营业利润条款的规定；但个别税收协定对此另有特殊规定的除外（如中英税收协定专门列有技术费条款）。

七、税收协定特许权使用费条款的规定应仅适用于缔约对方居民受益所有人，第三国设在缔约对方的常设机构从我国境内取得的特许权使用费应适用该第三国与我国的税收协定的规定；我国居民企业设在缔约对方的常设机构不属于对方居民，不应作为对方居民适用税收协定特许权使用费条款的规定；由位于我国境内的外国企业的机构、场所或常设机构负担并支付给与我国签有税收协定的缔约对方居民的特许权使用费，适用我国与该缔约国税收协定特许权使用费条款的规定。

◆《国家税务总局关于税收协定有关条款执行问题的通知》（国税函〔2010〕46号）规定：

一、转让专有技术使用权涉及的技术服务活动应视为转让技术的一部分，由此产生的所得属于税收协定特许权使用费范围。但根据协定关于特许权使用费受益所有人通过在特许权使用费发生国设立的常设机构进行营业，并且据以支付该特许权使用费的权利与常设机构有实际联系的相关规定：如果技术许可方派遣人员到技术使用方为转让的技术提供服务，并提供服务时间已达到按协定常设机构规定标准，构成了常设机构的情况下，对归属于常设机构部分的服务收入应执行协定第七条营业利润条款的规定；对提供服务的人员执行协定非独立个人劳务条款的相关规定；对未构成常设机构的或未归属于常设机构的服务收入仍按特许权使用费规定处理。

二、如果技术受让方在合同签订后即支付费用，包括技术服务费，即事先不能确定提供服务时间是否构成常设机构的，可暂执行特许权使用费条款的规定；待确定构成常设机构，且认定有关所得与该常设机构有实际联系后，按协定相关条款的规定：对归属常设机构利润征收企业所得税及对相关人员征收个人所得税时，应将已按特许权使用费条款规定所做的处理作相应调整。

三、对2009年10月1日以前签订的技术转让及服务合同，凡相关服务活动跨10月1日并尚未对服务所得做出税务处理的，应执行上述规定及国税函〔2009〕507号文有关规定；对涉及跨10月1日的技术服务判定是否构成常设机构时，其所有工作时间应作为计算构成常设机构的时间，但10月1日前对技术转让及相关服务收入执行特许权使用费条款规定已征收的税款部分，不再做调整。

◆《国家税务总局关于如何理解和认定税收协定中"受益所有人"的通知》（国税函〔2009〕601号）规定：

一、"受益所有人"是指对所得或所得据以产生的权利或财产具有所有权和支配权的人。"受益所有人"一般从事实质性的经营活动，可以是个人、公司或其他任何团体。代理人、导管公司等不属于"受益所有人"。

导管公司是指通常以逃避或减少税收、转移或累积利润等为目的而设立的公司。这类公司仅在所在国登记注册，以满足法律所要求的组织形式，而不从事制造、经销、管理等实质性经营活动。

二、在判定"受益所有人"身份时，不能仅从技术层面或国内法的角度理解，还应该从税收协定的目的（即避免双重征税和防止偷漏税）出发，按照"实质重于形式"的原则，结合具体案例的实情况进行分析和判定。一般来说，下列因素不利于对申请人"受益所有人"身份的认定：

（一）申请人有义务在规定时间（比如在收到所得的 12 个月）内将所得的全部或绝大部分（比如 60% 以上）支付或派发给第三国（地区）居民。

（二）除持有所得据以产生的财产或权利外，申请人没有或几乎没有其他经营活动。

（三）在申请人是公司等实体的情况下，申请人的资产、规模和人员配置较小（或少），与所得数额难以匹配。

（四）对于所得或所得据以产生的财产或权利，申请人没有或几乎没有控制权或处置权，也不承担或很少承担风险。

（五）缔约对方国家（地区）对有关所得不征税或免税，或征税但实际税率极低。

（六）在利息据以产生和支付的贷款合同之外，存在债权人与第三人之间在数额、利率和签订时间等方面相近的其他贷款或存款合同。

（七）在特许权使用费据以产生和支付的版权、专利、技术等使用权转让合同之外，存在申请人与第三人之间在有关版权、专利、技术等的使用权或所有权方面的转让合同。

针对不同性质的所得，通过对上述因素的综合分析，认为申请人不符合本通知第一条规定的，不应将申请人认定为"受益所有人"。

◆《国家税务总局关于印发〈中华人民共和国政府和新加坡共和国政府关于对所得避免双重征税和防止偷漏税的协定及议定书条文解释〉的通知》（国税发〔2010〕75 号）规定：

一、我国对外所签协定有关条款规定与中新协定条款规定内容一致的，中新协定条文解释规定同样适用于其他协定相同条款的解释及执行；

二、中新协定条文解释与此前下发的有关税收协定解释与执行文件不同的，以中新协定条文解释为准；

《中华人民共和国和新加坡共和国政府关于对所得避免双重征税和防止偷漏税的协定及议定书条文解释》：

第五条 常设机构常设机构的概念主要用于确定缔约国一方对缔约国另一方企业利润的征税权。即，按此确定在什么情况下中国税务机关可以对新加坡的企业征税。根据协定第七条的规定：中国不得对新加坡企业的利润征税，除非该企业通过其设在中国的常设机构进行营业。

处理本条与其他相关条款关系时，通常应遵循常设机构条款优先的原则。例如，若据以支付股息（第十条）、利息（第十一条）或特许权使用费（第十二条）的股权、债权、权利或财产等与常设机构有实际联系的，有关所得应该归属于常设机构的利润征税。

一、第一款对"常设机构"一语做一般定义。即，常设机构是指一个相对固定的营业场所。通常情况下，具备以下特点：

（一）该营业场所是实质存在的。但这类场所没有规模或范围上的限制，如机器、仓库、摊位等；且不论是企业自有的，还是租用的；也不管房屋、场地、设施或设备是否有一部分被用于其他活动。一个场所可能仅占用市场一角，或是长期租用的仓库的一部分（用于存放应税商品），或设在另一企业内部等等；只要有一定可支配的空间，即可视为具有营业场所。

（二）该营业场所是相对固定的，并且在时间上具有一定的持久性。该特征应从以下几个方面理解：

1. 固定的营业场所包括缔约国一方企业在缔约国另一方从事经营活动经登记注册设立的办事处、分支机构等固定场所，也包括为缔约国一方企业提供服务而使用的办公室或其他类似的设施，如在某酒店长期租用的房间。

2. 对某些经常在相邻的地点之间移动的营业活动，虽然营业场所看似不固定，但如果这种在一定区域内的移动是该营业活动的固有性质，一般可认定为存在单一固定场所。例如，某办事处根据需要在一个宾馆内租用不同的房间、或租用不同的楼层，该宾馆可被视为一个营业场所；又如，某商人在同一个商场或集市内的不同地点设立摊位，该商场或集市也可构成该商人的营业场所。

3. 该营业场所应在时间上具有一定程度的持久性，而不是临时的。同时，营业活动暂时的间断或者停顿并不影响场所时间上的持久性。

4. 如果某一营业场所是基于短期使用目的而设立，但实际存在时间却超出了临时性的范围，则可构成固定场所并可追溯性地构成常设机构。反之，一个以持久性为目的的营业场所如果发生特殊情况，例如投资失败提前清算，即使实际只存在了一段很短的时间，同样可以判定自其设立起就构成常设机构。

（三）全部或部分的营业活动是通过该营业场所进行的。即，一方企业通过在另一方设立常设机构进行营业活动，将其全部或部分活动延伸到另一方，不包括其在常设机构之外的地方直接从事的活动。如果一方企业通过在另一方的常设机构在另一方不同地点进行营业活动，则应判定其只有单一常设机构存在，且应将不同地点的营业活动产生的利润归属于该常设机构。如果一方企业在另一方不同地点直接从事营业活动，则该一方企业有可能在另一方不同地点构成多个常设机构。"营业"一语的实际含义不仅仅包括生产经营活动，还包括非营利机构从事的业务活动，为该机构进行准备性或辅助性的活动除外。但此等非营利机构在中国的常设机构是否获得"营业利润"，则需要根据本协定第七条的规定再做判断。"通过"该营业场所进行活动应作广义理解，包括企业在其可支配的地点从事活动的任何情形。例如，某道路修筑企业应被认为"通过"修筑行为发生地从事营业活动。当新加坡企业与中国不同城市的客户直接订立合同，如果合同是由新方企业设在中方的营业场所履行的，应认为该新方企业"通过"该场所从事营业活动。另外，如果该场所为新方企业与中方企业形成客户关系做出实质贡献，即使合同是两个企业间直接订立的，也应认为该新方企业"通过"该场所从事营业活动。

二、第二款列举了在通常情况下构成常设机构的场所。这些列举并非是穷尽的，并不影响对其他场所按照第一款概括性的定义进行常设机构判定。在理解时应注意：

（一）列举中第一项"管理场所"是指代表企业负有部分管理职责的办事处或事务所等场所，不同于总机构，也不同于作为判定居民公司标准的"实际管理机构"。

（二）列举中最后一项"矿场、油井或气井、采石场或者其他开采自然资源的场所"是指经过投资，拥有开采经营权或与之相关的合同权益，并从事生产经营的场所。至于为勘探或开发上述矿藏资源的承包工程作业，则应按照本协定第五条第三款（一）项的规定：根据作业持续的时间是否超过六个月来判断其是否构成常设机构。

三、第三款规定了承包工程和提供劳务两种情况下常设机构的判定标准。

（一）第（一）项规定：对于缔约国一方企业在缔约对方的建筑工地，建筑、装配或安装工程，或者与其有关的监督管理活动，仅在此类工地、工程或活动持续时间为六个月以上的，构成常设机构。未达到该规定时间的则不构成常设机构，即使这些活动按照第一款或第二款规定可能构成常设机构。执行时应注意：

1. 从事本款规定的工程活动，仅以本款规定的时间标准判定是否构成常设机构；

2. 确定上述活动的起止日期，可以按其所签订的合同从实施合同（包括一切准备活动）开始之日起，至作业（包括试运行作业）全部结束交付使用之日止进行计算。凡上述活动时间持续六个月以上的（不含六个月，跨年度的应连续计算），应视该企业在活动所在国构成常设机构。

3. "与其有关的监督管理活动"是指伴随建筑工地，建筑、装配或安装工程发生的监督管理活动，既包括在项目分包情况时，由分承包商进行作业，总承包商负责指挥监督的活动；也包括独立监理企业从事的监督管理活动。对由总承包商负责的监督管理活动，其时间的计算与整个工地、工程的持续时间一致；对由独立监理企业承包的监督管理活动，应视其为独立项目，并根据其负责监理的工地、工程或项目的持续时间进行活动时间的判定。

4. 如果新加坡企业在中国一个工地或同一工程连续承包两个及两个以上作业项目，应从第一个项目作业开始至最后完成的作业项目止计算其在中国进行工程作业的连续日期，不以每个工程作业项目分别计算。所谓为一个工地或同一工程连续承包两个及两个以上作业项目，是指在商务关系和地理上是同一整体的几个合同项目，不包括该企业承包的或者是以前承包的与本工地或工程没有关联的其他作业项目。例如一个建筑工地从商务关系和地理位置上形成不可分割的整体时，即使分别签订几个合同，该建筑工地仍为单一的整体。再如一些修建公路、挖掘运河、安装水管、铺设管道等活动，其工程作业地点是随工程进展不断改变或迁移的，虽然在某一特定地点工作时间连续未达到规定时间，但要视整体工程看是否达到构成常设机构的时间。一般来说，同一企业在同一工地上承包的项目可认为是商务关系相关联的项目。

5. 对工地、工程或者与其有关的监督管理活动开始计算其连续日期以后，因故（如设备、材料未运到或季节气候等原因）中途停顿作业，但工程作业项目并未终止或结束，人员和设备物资等也未全部撤出，应持续计算其连续日期，不得扣除中间停顿作业的日期。

6. 如果企业将承包工程作业的一部分转包给其他企业，分包商在建筑工地施工的时间应算作总包商在建筑工程上的施工时间。如果分包商实施合同的日期在前，可自分包商开始实施合同之日起计算该企业承包工程作业的连续日期。同时，不影响分包商就其所承担的工程作业单独判定其是否构成常设机构。

（二）根据第（二）项以及第二议定书第一条的规定：缔约国一方企业派其雇员或其雇佣的其他人员到缔约对方提供劳务，仅以任何十二个月内这些人员为从事劳务活动在对方停留连续或累计超过183天的，构成常设机构。

该项规定针对的是缔约国一方企业派其雇员到缔约国另一方从事劳务活动的行为。该行为按本条第一款和第二款规定不构成常设机构，但按本项规定：如活动持续时间达到规定标准，仍构成常设机构。本项规定应从以下几个方面理解：

1. "雇员或雇佣的其他人员"是指本企业的员工，或者该企业聘用的在其控制下按照其指示向缔约对方提供劳务的个人。

2. 本款所称的劳务活动，指从事工程、技术、管理、设计、培训、咨询等专业服务活动。例如：

(1) 对工程作业项目的实施提供技术指导、协助、咨询等服务（不负责具体的施工和作业）；

(2) 对生产技术的使用和改革、经营管理的改进、项目可行性分析以及设计方案的选择等提供的服务；

(3) 在企业经营、管理等方面提供的专业服务等。

3. 同一企业从事的有商业相关性或连贯性的若干个项目应视为"同一项目或相关联的项目"。这里所说的"商业相关性或连贯性"，需视具体情况而定，在判断若干个项目是否为关联项目时，应考虑下列因素：

(1) 这些项目是否被包含在同一个总合同里；

(2) 如果这些项目分属于不同的合同，这些合同是否与同一人或相关联的人所签订；前一项目的实施是否是后一项目实施的必要条件；

(3) 这些项目的性质是否相同；

(4) 这些项目是否由相同的人员实施等。

4. 对劳务活动在任何十二个月中连续或累计超过 183 天的规定，应从以下几个方面掌握：

(1) 若某新加坡企业为中国境内某项目提供劳务（包括咨询劳务），以该企业派其雇员为实施服务项目第一次抵达中国之日期起至完成并交付服务项目的日期止作为计算期间，计算相关人员在中国境内的停留天数。

(2) 具体计算时，应按所有雇员为同一个项目提供劳务活动不同时期在中国境内连续或累计停留的时间来掌握，对同一时间段内的同一批人员的工作不分别计算。例如，新加坡企业派遣 10 名员工为某项目在中国境内工作 3 天，这些员工在中国境内的工作时间为 3 天，而不是按每人 3 天共 30 天来计算。

(3) 如果同一个项目历经数年，新加坡企业只在某一个"十二个月"期间派雇员来中国境内提供劳务超过 183 天，而在其他期间内派人到中国境内提供劳务未超过 183天，仍应判定该企业在中国构成常设机构。常设机构是针对该企业在中国境内为整个项目提供的所有劳务而言，而不是针对某一个"十二个月"期间内提供的劳务。所以，在整个项目进行中，如果新加坡企业于其中一个"十二个月"期间在中国境内提供劳务超过 183 天，则应认为该企业在中国构成常设机构。

5. 如果新加坡企业在向中国客户转让专有技术使用权的同时，也委派人员到中国境内为该项技术的使用提供有关支持、指导等服务并收取服务费，无论其服务费是单独收取还是包括在技术价款中，该服务费均应视为特许权使用费，适用协定第十二条特许权使用费条款的规定。但如果上述人员提供的服务是通过该新加坡企业设在中国的某固定场所进行的或通过其他场所进行，但服务时间达到协定规定构成常设机构的时间标准的，按本款规定：则构成了常设机构，对归属于常设机构部分的服务所得应执行协定第七条的规定。

四、第四款是对第一款常设机构的定义范围作出的例外规定：即缔约国一方企业在缔约国另一方仅由于仓储、展览、采购及信息收集等活动的目的设立的具有准备性或辅助性的固定场所，不应被认定为常设机构。从事"准备性或辅助性"活动的场所通常具备以下特点：一是该场所不独立从事经营活动，并其活动也不构成企业整体活动基本的或重要的组成部分；二是该场所进行第四款列举的活动时，仅为本企业服务，不为其他企业服务；三是其职责限于事务性服务，且不起直接营利作用。

有些情况下，一些机构场所形式上符合本款的规定：但从其业务实质看仍应认定为常设机构。例如：

（一）某新加坡企业的主营业务是为客户提供采购服务并收取服务费，该企业在中国设立办事处，为其在中国进行采购活动。这种情况下，该中国办事处的采购活动看似属于本款第（四）项所说的"专为本企业采购货物或商品"的范围，但由于该办事处业务性质与新加坡企业总部的业务性质完全相同，所以该办事处的活动不是准备性或辅助性的。

（二）某新加坡企业在中国境内设立固定场所，维修、保养该企业销售给中国客户的机器设备，或专为中国客户提供零配件。这种情况下，因其从事的活动是企业总部为客户服务的基本及重要组成部分，所以该固定场所的活动不是准备性或辅助性的。

（三）某新加坡企业在中国设立从事宣传活动的办事处，该办事处不仅为本企业进行业务宣传，同时也为其他企业进行业务宣传。这种情况下，该办事处的活动不是准备性或辅助性的。

此外，如果某固定场所既从事第四款规定的不构成常设机构的活动，也从事构成常设机构的活动，则应视其构成常设机构，并对这两项营业活动的所得合并征税。例如，企业用于交付货物的仓库同时也兼营商品销售，应判定为常设机构并征税。

五、第五款规定：缔约国一方企业通过代理人在另一方进行活动，如果代理人有权并经常行使这种权力以该企业的名义签订合同，则该企业在缔约国另一方构成常设机构。执行时应从如下几个方面理解：

（一）其活动使一方企业在另一方构成常设机构的代理人，通常被称为"非独立代理人"。非独立代理人可以是个人，也可以是办事处、公司或其他任何形式的组织，不一定被企业正式授予代表权，也不一定是企业的雇员或部门。此外，非独立代理人不一定是代理活动所在国家的居民，也不一定在该国拥有营业场所。

（二）对"以该企业的名义签订合同"应做广义理解，包括不是以企业名义签订合同，但其所签合同仍对企业具有约束力的情形。"签订"不仅指合同的签署行为本身，也包括代理人有权代表被代理企业参与合同谈判，商定合同条文等。

（三）本款所称"合同"是指与被代理企业经营活动本身相关的业务合同。如果代理人有权签订的是仅涉及企业内部事务的合同，例如，以企业名义聘用员工以协助代理人为企业工作等，则不能仅凭此认定其构成企业的常设机构。

（四）对于"经常"一语并无精确统一的标准，要结合合同性质、企业的业务性质以及代理人相关活动的频率等综合判断。在某些情况下，企业的业务性质决定了其交易数量不大，但合同签订的相关工作却要花费大量时间，如飞机、巨型轮船或其它高价值商品的销售。如果代理人为这类企业在一国境内寻找买商、参与销售谈判等，即使该人仅代表企业签订了一单销售合同，也应认为该代理人满足"经常"标准，构成企业的非独立代理人。

（五）所谓"行使"权力应以实质重于形式的原则来理解。如果代理人在该缔约国另一方进行合同细节谈判等各项与合同签订相关的活动，且对企业有约束力，即使该合同最终由其他人在企业所在国或其他国家签订，也应认为该代理人在该缔约国另一方行使合同签署权力。

（六）如果代理人在缔约国另一方的活动仅限于本条第四款的准备性或辅助性范围，则不构成企业的非独立代理人（或常设机构）。

（七）判断一方企业是否通过非独立代理人在另一方构成常设机构时，不受本条第三款关于时间要求的限制。

六、并不是所有代理人进行第五款规定的活动都将使其构成代理企业的常设机构，第六款规定的独立代理人即为例外。第六款规定：缔约国一方企业通过代理人在缔约国另一方进行营业时，如果该代理人是专门从事代理业务的，则不应因此视其代理的企业在缔约国另一方构成常设机构。这类专门从事代理业务的代理人一般称作独立代理人，其不仅为某一个企业代理业务，也为其他企业提供代理服务。经纪人、中间商等一般佣金代理人等属于独立代理人。虽有此款规定：为防止独立代理人条款被滥用（比如，某些企业自身的代理人自称为独立代理人以避免构成常设机构），协定执行中要对代理人身份或代理人地位是否独立进行判定。如果代理人的活动全部或几乎全部代表被代理企业，并且该代理人和企业之间在商业和财务上有密切及依附关系，则不应认定该代理人为本款所指的独立代理人。

代理人的活动同时符合下列两个条件的，才属于本款规定的独立代理人，即不构成被代理企业的常设机构。

（一）该代理人在法律上和经济上独立于被代理企业。在判定独立性时，可考虑如下几个因素：

1. 代理人商务活动的自由度。如果代理人在被代理企业的具体指导和全面控制下为企业进行商务活动，而不是自行决定工作方式，那么该代理人一般不具有独立地位。

2. 代理人商务活动的风险由谁承担。如果由被代理企业承担而非由代理人承担，则该代理人一般不能被认为具有独立地位。

3. 代理人代表的企业的数量。如果在相当长一段经营期或时间内，代理人全部或几乎全部仅为一家企业进行活动，该代理人很可能不是独立代理人。

4. 被代理企业对代理人专业知识的依赖程度。一般来说，独立代理人具备独立从事商务活动的专门知识或技术，不需要依赖企业的帮助。相反，被代理企业通常借助代理人的专门知识或技术扩展自己的业务或推销自己的产品，等。

（二）独立代理人在代表企业进行活动时，一般按照常规进行自身业务活动，不从事其他经济上归属于被代理企业的活动。例如，某销售代理人以自己的名义出售某企业的货物或商品，这一行为是销售代理人的常规经营业务。如果该销售代理人在从事上述活动的同时，还经常作为企业的有权签约的代理人进行活动，那么因为这些活动已在自身贸易或营业常规之外，代理人将被视为被代理企业的非独立代理人而构成企业的常设机构。

七、根据第七款的规定：母公司通过投资设立子公司，拥有子公司的股权等形成的控制或被控制关系，不会使子公司构成母公司的常设机构。从税收角度看，子公司本身是一个独立的法人实体，即使它在业务上受母公司管理，也不应仅凭此而被视为母公司的常设机构。但是，由于母子公司之间的特殊关系，现实经济活动中，母子公司之间常存在较为复杂的跨境人员及业务往来。这种情况下，母公司在子公司的活动是否导致母公司在子公司所在国构成常设机构，应从以下几个方面掌握：

（一）应子公司要求，由母公司派人员到子公司为子公司工作，这些人员受雇于子公司，子公司对其工作有指挥权，工作责任及风险与母公司无关，由子公司承担，那么，这些人员的活动不导致母公司在子公司所在国构成常设机构。此种情况下，子公司向此类人员支付的费用，不论是直接支付还是通过母公司转支付，都应视为子公司内部人员收入分配，对支付的人员费用予以列支，其所支付的人员费用应为个人所得，按子公司所在国有关个人所得税法相关规定，以及协定第十五条的有关规定征收个人所得税。

（二）母公司派人员到子公司为母公司工作时，应按本条第一款或第三款的规定判断母公司是否在子公司所在国构成常设机构。符合下列标准之一时，可判断这些人员为母公司工作：

1. 母公司对上述人员的工作拥有指挥权，并承担风险和责任；

2. 被派往子公司工作的人员的数量和标准由母公司决定；

3. 上述人员的工资由母公司负担；

4. 母公司因派人员到子公司从事活动而从子公司获取利润。此种情况下，母公司向子公司收取有关服务费时，应按独立企业公平交易原则，确认母子公司上述费用的合理性后，再对子公司上述费用予以列支。如果上述活动使母公司在子公司所在国构成常设机构，则该子公司所在国可按本协定第七条的规定：对母公司向子公司收取的费用征收企业所得税。

（三）子公司有权并经常以母公司名义签订合同，符合上述第五款关于"非独立代理人"有关条件的，子公司构成母公司的常设机构。

第十二条　特许权使用费

一、第一款规定：居民国对本国居民取得的来自缔约国另一方的特许权使用费拥有征税权，但这种征税权并不是独占的。

二、根据第二款规定：特许权使用费的来源国对该所得也有征税权，但对征税权的行使进行了限制，即设定最高税率为10%。但根据协定议定书第三条的规定：对于使用或有权使用工业、商业、科学设备而支付的特许权使用费，按支付特许权使用费总额的60%确定税基。

适用本条款也必须以受益所有人是缔约国对方居民为前提。关于受益所有人的理解与判断，同样按照《国家税务总局关于如何理解和认定税收协定中"受益所有人"的通知》（国税函〔2009〕601号）的规定执行。在判断受益所有人时，要特别注意审核在特许权使用费据以产生和支付的版权、专利、技术等使用权转让合同之外，是否存在申请人与第三人之间在有关版权、专利、技术等的使用权或所有权方面的转让合同。

三、第三款是对"特许权使用费"一语的定义，需要从以下几个方面理解：

（一）特许权使用费首先应与使用或有权使用以下权利有关：构成权利和财产的各种形式的文学和艺术，有关工业、商业和科学实验的文字和信息中确定的知识产权，不论这些权利是否已经或必须在规定的部门注册登记。还应注意，这一定义既包括了在有许可的情况下支付的款项，也包括因侵权支付的赔偿款。

（二）特许权使用费也包括使用或有权使用工业、商业、科学设备取得的所得，即设备租金。但不包括设备所有权最终转移给用户的有关融资租赁协议涉及的支付款项中被认定为利息的部分；也不包括使用不动产取得的所得，使用不动产取得的所得适用协定第六条的规定。

（三）特许权使用费还包括使用或有权使用有关工业、商业、科学经验的情报取得的所得。对该项所得应理解为专有技术，一般是指进行某项产品的生产或工序复制所必需的、未曾公开的、具有专有技术性质的信息或资料。与专有技术有关的特许权使用费一般涉及技术许可方同意将其未公开的技术许可给另一方，使另一方能自由使用，技术许可方通常不亲自参与技术受让方对被许可技术的具体应用，并且不保证实施的结果。被许可的技术通常已经存在，但也包括应技术受让方的需求而研发后许可使用，并在合同中列有保密等使用限制的技术。

（四）在服务合同中，如果服务提供方在提供服务过程中使用了某些专门知识和技术，但并不许可这些技术使用权，则此类服务不属于特许权使用费范围。如果服务提供方提供服务形成的成果属于特许权使用费定义范围，并且服务提供方仍保有该项成果的所有权，服务接受方对此成果仅有使用权，则此类服务产生的所得属于特许权使用费。

（五）在转让或许可专有技术使用权过程中，如果技术许可方派人员为该项技术的应用提供有关支持、指导等服务，并收取服务费，无论是单独收取还是包括在技术价款中，均应视为特许权使用费，适用本条的规定。但如上述人员的服务已构成常设机构，对归属于常设机构部分的服务所得应执行协定第七条营业利润条款的规定；对提供服务的人员执行协定第十五条非独立个人劳务条款的规定；对未构成常设机构或未归属于常设机构的服务收入仍按特许权使用费规定处理。

（六）单纯货物贸易项下作为售后服务的报酬，产品保证期内卖方为买方提供服务所取得的报酬，专门从事工程、管理、咨询等专业服务的机构或个人提供的相关服务所取得的所得不是特许权使用费，应作为劳务活动所得适用协定第七条营业利润条款的规定。

四、第四款规定：若特许权使用费的受益所有人是缔约国一方居民，在缔约国另一方拥有常设机构，或者通过固定基地从事独立个人劳务，且据以支付特许权使用费的权利或财产构成常设机构或固定基地资产的一部分，或与该常设机构或固定基地有其他方面的实际联系，则来源国可将特许权使用费并入常设机构的利润予以征税。应予注意的是，只有当取得特许权使用费的相关营业活动通过常设机构进行，且特许权使用费据以产生的权利或财产与常设机构有上述实际联系的情况下，才可适用本条款。仅以滥用协定为目的，将权利或财产转移到为特许权使用费提供优惠税收待遇的常设机构的，不应适用本款规定。

五、第五款明确了特许权使用费支付人为其居民的国家是特许权使用费的来源国这一原则。然而该款也规定了一个例外情形，即支付该特许权使用费的人无论是否为缔约国一方的居民，只要其在该缔约国一方拥有常设机构或固定基地，并且支付的费用由该常设机构或固定基地负担，本款认为特许权使用费来源地应是该常设机构或固定基地所在国。例如，某第三国设在中国的常设机构支付给新加坡居民的特许权使用费，在特许权使用费与该常设机构有实际联系的情况下，应认为该特许权使用费发生于中国，由中国根据中新协定行使优先征税权。如新加坡居民为该项特许权使用费的受益所有人，则可享受本协定待遇。

六、第六款对关联交易中协定优惠条款的适用加以限定。当支付人与受益所有人之间或他们与其他人之间由于某种特殊关系而造成超额支付特许权使用费时，支付额中超过按市场公允价格计算所应支付数额的部分不享受协定的优惠。

七、第七款为反滥用条款。以获取优惠的税收地位为主要目的的交易或安排，不适用税收协定特许权使用费条款优惠规定；纳税人因该交易或安排而不当享受税收协定待遇的，主管税务机关有权进行调整。

八、执行第六款和第七款的规定时，应考虑我国国内法关于特别纳税调整的有关规定。

〔《中华人民共和国企业所得税法实施条例》〕

☆第一百三十二条 在香港特别行政区、澳门特别行政区和台湾地区成立的企业，参照适用企业所得税法第二条第二款、第三款的有关规定。

〔税收规范性文件〕

◆《国家税务总局关于〈内地和香港特别行政区关于对所得避免双重征税的安排〉有关条文解释和执行问题的通知》（国税函〔1998〕381号）规定：

二、关于香港特区居民身份的认定程序

根据《安排》第六条第一款法规，在税收上，判定香港、行政区（以下简称香港特区）居民身份可依照下列程序：

（一）根据纳税人有关资料认定

1. 法人居民的判定

判断公司、企业和其他经济组织是否为香港特区居民时，按照其办理税务登记时所填报的实际管理和控制中心的情况和办理工商登记时，由香港有关当局出具的法人证书（副本）、商业登记情况，如注册名称、业务范围等予以确认。

2. 自然人居民的判定

对于来内地从事受雇活动或提供劳务的香港特区个人，根据其自报居住情况、受雇或从事劳务的情况，以及在香港特区所负的纳税义务，并相应查阅其所持有的身份证件；回乡证和派其来内地的公司、企业或香港特区政府有关部门开具的证明进行判断。

（二）要求纳税人提供香港特区税务主管当局出具的香港特区居民身份证明书县（市）级税务机关通过纳税人的正常申报及查证不能确定其是否为香港特区居民；或者来自第三国或地区；确实无从判断，又申请享受《安排》待遇的，由县（市）以上主管税务机关开具《关于请香港特别行政区税务主管当局出具居民身份证明的函》（式样附后，各地可根据需要自行印制），然后由纳税人据此向香港特区政府税务局申请开具其在香港特区负有居民纳税义务的证明（《香港特别行政区居民身份证明书》及其申请表附后）。不能提供证明的，不得享受《安排》的待遇。

◆《国家税务总局关于〈内地和香港特别行政区关于对所得避免双重征税和防止偷漏税的安排〉有关条文解释和执行问题的通知》（国税函〔2007〕403号）第三条规定：

（三）符合居民条件享受《安排》待遇问题

上述1项所述通常居于香港的居民个人如到其他国家或地区工作，虽然会按照工作所在国或地区法律关于居民标准的规定：构成该国家或地区税收居民，但如其按香港法律规定由于其永久性住所在香港等原因仍是香港永久性居民，仍应享受《安排》待遇。

上述2项所述临时居住于香港的个人在内地取得所得或发生纳税义务时，应按其作为永久性居民所属地执行相关协定（安排）。即，如其仅为香港临时居民，同时也是其他国家或地区永久性居民，则应对其执行中国与该其他国家或地区间税收协定；如中国与该其他国家或地区间没有税收协定，则执行国内法的规定。对要求享受《安排》待遇的香港居民，尤其是涉及构成其他国家（地区）居民个人或在香港以外地区成立的居民法人，应慎重执行《安排》规定。对其居民身份判定不清的由县以上主管税务机关向上述居民开具《关于请香港特别行政区税务主管当局出具居民身份证明的函》，由纳税人据此向香港税务局申请为其开具香港居民身份证明（身份证明表样附后），或将情况报送税务总局审定。

◆国家税务总局关于执行《内地和香港特别行政区关于对所得避免双重征税和防止偷漏税的安排》第二议定书有关问题的通知（国税函〔2008〕685号）

◆国家税务总局关于《内地和香港特别行政区关于对所得避免双重征税和防止偷漏税的安排》第三议定书生效执行的公告（国家税务总局公告2011年第1号）

◆《国家税务总局关于〈内地和澳门特别行政区关于对所得避免双重征税和防止偷漏税的安排〉有关条文解释和执行问题的通知》（国税函〔2005〕1081号）

◆国家税务总局关于印发《内地和澳门特别行政区关于对所得避免双重征税和防止偷漏税的安排》议定书和谅解备忘录的通知（国税函〔2009〕396号）

◆国家税务总局关于《内地和澳门特别行政区关于对所得避免双重征税和防止偷漏税的安排》议定书生效执行的公告（总局公告2010年第15号）议定书应自2010年9月15日起生效，并适用于2011年1月1日或以后开始的纳税年度中取得的所得。

◆国家税务总局关于《中华人民共和国政府和英属维尔京群岛政府关于税收情报交换的协议》及议定书生效执行的公告（国家税务总局公告2011年第37号）规定：

《中华人民共和国政府和英属维尔京群岛政府关于税收情报交换的协议》及《中华

人民共和国政府和英属维尔京群岛政府关于税收情报交换协议的议定书》已于二〇〇九年十二月七日在伦敦正式签署，双方分别于二〇一〇年二月十一日和二〇一〇年十二月一日互相通知已完成使该协议和议定书生效所必需的各自法律程序。根据协议第十四条的规定：该协议及议定书应自二〇一〇年十二月三十日起生效，并适用于二〇一一年一月一日或以后取得的所得。

◆《国家税务总局关于韩国出口保险公司更名后继续享受税收协定相关待遇的通知》（国税函〔2011〕358号）规定：

根据1994年签订的《中华人民共和国政府和大韩民国政府关于对所得避免双重征税和防止偷漏税的协定》（以下简称中韩协定）第十一条和第十九条以及2007年签订的中韩协定谅解备忘录第一条和第二条的规定：韩国出口保险公司（KoreaExportInsuranceCorporation）作为韩国政府全资所有且行使政府职能的金融机构，可就其从中国取得的利息等所得享受免税待遇。该公司于2010年7月更名为韩国贸易保险公司（KoreaTradeInsuranceCorporation，在韩语中用汉字表述为"韩国贸易保险公社"），但政府全资所有及行使政府职能的性质不变。

中韩两国税务主管当局经协商确定，自公司更名之日起，由"韩国贸易保险公司"代替原"韩国出口保险公司"继续享受中韩协定及谅解备忘录规定的相关免税待遇。本通知发出之前已征收但本应免税的相关税款，按本通知规定予以退税，请各地遵照执行。

◆《国家税务总局关于〈中华人民共和国政府和马耳他政府对所得避免双重征税和防止偷漏税的协定〉生效执行的公告》（国家税务总局公告2011年第54号）规定：

《中华人民共和国政府和马耳他政府对所得避免双重征税和防止偷漏税的协定》已于2010年10月18日在瓦莱塔正式签署，双方分别于2011年6月10日和2011年7月27日相互通知已完成协定生效所必需的各自国内法律程序。根据协定第三十条的规定：该协定自2011年8月25日生效，并适用于2012年1月1日或以后取得的所得。

〔《中华人民共和国企业所得税法》〕

★第五十九条　国务院根据本法制定实施条例。

★第六十条　本法自2008年1月1日起施行。1991年4月9日第七届全国人民代表大会第四次会议通过的《中华人民共和国外商投资企业和外国企业所得税法》和1993年12月13日国务院发布的《中华人民共和国企业所得税暂行条例》同时废止。

〔《中华人民共和国企业所得税法实施条例》〕

☆第一百三十三条　本条例自2008年1月1日起施行。1991年6月30日国务院发布的《中华人民共和国外商投资企业和外国企业所得税法实施细则》和1994年2月4日财政部发布的《中华人民共和国企业所得税暂行条例实施细则》同时废止。

〔税收规范性文件〕

◆《国家税务总局关于加强企业所得税管理的意见》（国税发〔2008〕88号）

提出：

加强企业所得税管理的指导思想是：以科学发展观为统领，坚持依法治税，全面推进企业所得税科学化、专业化和精细化管理，不断提升企业所得税管理和反避税水平，充分发挥企业所得税组织收入、调节经济、调节收入分配和保障国家税收权益的职能作用。

加强企业所得税管理的主要目标是：全面贯彻《中华人民共和国企业所得税法》及其实施条例，认真落实企业所得税各项政策，进一步完善企业所得税管理和反避税制度及手段，逐步提高企业所得税征收率和税法遵从度。

加强企业所得税管理的总体要求是：分类管理，优化服务，核实税基，完善汇缴，强化评估，防范避税。

◆《国家税务总局关于印发〈企业所得税核定征收办法〉（试行）的通知》（国税发〔2008〕30号）规定：

第三条 纳税人具有下列情形之一的，核定征收企业所得税：

（一）依照法律、行政法规的规定可以不设置账簿的；

（二）依照法律、行政法规的规定应当设置但未设置账簿的；

（三）擅自销毁账簿或者拒不提供纳税资料的；

（四）虽设置账簿，但账目混乱或者成本资料、收入凭证、费用凭证残缺不全，难以查账的；

（五）发生纳税义务，未按照规定的期限办理纳税申报，经税务机关责令限期申报，逾期仍不申报的

（六）申报的计税依据明显偏低，又无正当理由的。特殊行业、特殊类型的纳税人和一定规模以上的纳税人不适用本办法。上述特定纳税人由国家税务总局另行明确。

第四条 税务机关应根据纳税人具体情况，对核定征收企业所得税的纳税人，核定应税所得率或者核定应纳所得税额。具有下列情形之一的，核定其应税所得率：

（一）能正确核算（查实）收入总额，但不能正确核算（查实）成本费用总额的；

（二）能正确核算（查实）成本费用总额，但不能正确核算（查实）收入总额的；

（三）通过合理方法，能计算和推定纳税人收入总额或成本费用总额的。纳税人不属于以上情形的，核定其应纳所得税额。

第五条 税务机关采用下列方法核定征收企业所得税：

（一）参照当地同类行业或者类似行业中经营规模和收入水平相近的纳税人的税负水平核定；

（二）按照应税收入额或成本费用支出额定率核定；

（三）按照耗用的原材料、燃料、动力等推算或测算核定；

（四）按照其他合理方法核定。

采用前款所列一种方法不足以正确核定应纳税所得额或应纳税额的，可以同时采用两种以上的方法核定。采用两种以上方法测算的应纳税额不一致时，可按测算的应纳税额从高核定。

第六条 采用应税所得率方式核定征收企业所得税的，应纳所得税额计算公式如下：

$$应纳所得税额＝应纳税所得额×适用税率$$

$$应纳税所得额＝应税收入额×应税所得率$$

或：　　　$$应纳税所得额＝成本（费用）支出额/（1－应税所得率）×应税所得率$$

第七条　实行应税所得率方式核定征收企业所得税的纳税人，经营多业的，无论其经营项目是否单独核算，均由税务机关根据其主营项目确定适用的应税所得率。

主营项目应为纳税人所有经营项目中，收入总额或者成本（费用）支出额或者耗用原材料、燃料、动力数量所占比重最大的项目。

第八条　应税所得率按下表规定的幅度标准确定：

行业	应税所得率（%）
农、林、牧、渔业	3～10
制造业	5～15
批发和零售贸易业	4～15
交通运输业	7～15
建筑业	8～20
饮食业	8～25
娱乐业	15～30
其他行业	10～30

◆《国家税务总局关于企业所得税核定征收若干问题的通知》（国税函〔2009〕377号）规定：

一、国税发〔2008〕30号文件第三条第二款所称"特定纳税人"包括以下类型的企业：

（一）享受《中华人民共和国企业所得税法》及其实施条例和国务院规定的一项或几项企业所得税优惠政策的企业（不包括仅享受《中华人民共和国企业所得税法》第二十六条规定免税收入优惠政策的企业）；

（二）汇总纳税企业；

（三）上市公司；

（四）银行、信用社、小额贷款公司、保险公司、证券公司、期货公司、信托投资公司、金融资产管理公司、融资租赁公司、担保公司、财务公司、典当公司等金融企业；

（五）会计、审计、资产评估、税务、房地产估价、土地估价、工程造价、律师、价格鉴证、公证机构、基层法律服务机构、专利代理、商标代理以及其他经济鉴证类社会中介机构；

（六）国家税务总局规定的其他企业。

对上述规定之外的企业，主管税务机关要严格按照规定的范围和标准确定企业所得税的征收方式，不得违规扩大核定征收企业所得税范围；对其中达不到查账征收条件的企业核定征收企业所得税，并促使其完善会计核算和财务管理，达到查账征收条件后要及时转为查账征收。

二、国税发〔2008〕30号文件第六条中的"应税收入额"等于收入总额减去不征税收入和免税收入后的余额。用公式表示为：应税收入额＝收入总额－不征税收入－免税收入其中，收入总额为企业以货币形式和非货币形式从各种来源取得的收入。

三、本通知从2009年1月1日起执行。

◆《国家税务总局关于企业所得税核定征收有关问题的公告》（国家税务总局公告2012年第27号）规定：

一、专门从事股权（股票）投资业务的企业，不得核定征收企业所得税。

二、依法按核定应税所得率方式核定征收企业所得税的企业，取得的转让股权（股票）收入等转让财产收入，应全额计入应税收入额，按照主营项目（业务）确定适用的应税所得率计算征税；若主营项目（业务）发生变化，应在当年汇算清缴时，按照变化后的主营项目（业务）重新确定适用的应税所得率计算征税。

三、本公告自2012年1月1日起施行。企业以前年度尚未处理的上述事项，按照本公告的规定处理；已经处理的，不再调整。

◆《国家税务总局关于调整新增企业所得税征管范围问题的通知》（国税发〔2008〕120号）规定：

一、基本规定以2008年为基年，2008年底之前国家税务局、地方税务局各自管理的企业所得税纳税人不作调整。2009年起新增企业所得税纳税人中，应缴纳增值税的企业，其企业所得税由国家税务局管理；应缴纳营业税的企业，其企业所得税由地方税务局管理。同时，2009年起下列新增企业的所得税征管范围实行以下规定：

（一）企业所得税全额为中央收入的企业和在国家税务局缴纳营业税的企业，其企业所得税由国家税务局管理。

（二）银行（信用社）、保险公司的企业所得税由国家税务局管理，除上述规定外的其他各类金融企业的企业所得税由地方税务局管理。

（三）外商投资企业和外国企业常驻代表机构的企业所得税仍由国家税务局管理。

二、对若干具体问题的规定

（一）境内单位和个人向非居民企业支付《中华人民共和国企业所得税法》第三条第三款规定的所得的，该项所得应扣缴的企业所得税的征管，分别由支付该项所得的境内单位和个人的所得税主管国家税务局或地方税务局负责。

（二）2008年底之前已成立跨区经营汇总纳税企业，2009年起新设立的分支机构，其企业所得税的征管部门应与总机构企业所得税征管部门相一致；2009年起新增跨区经营汇总纳税企业，总机构按基本规定确定的原则划分征管归属，其分支机构企业所得税的管理部门也应与总机构企业所得税管理部门相一致。

（三）按税法规定免缴流转税的企业，按其免缴的流转税税种确定企业所得税征管归属；既不缴纳增值税也不缴纳营业税的企业，其企业所得税暂由地方税务局管理。

（四）既缴纳增值税又缴纳营业税的企业，原则上按照其税务登记时自行申报的主营业务应缴纳的流转税税种确定征管归属；企业税务登记时无法确定主营业务的，一般以工商登记注明的第一项业务为准；一经确定，原则上不再调整。

（五）2009 年起新增企业，是指按照《财政部国家税务总局关于享受企业所得税优惠政策的新办企业认定标准的通知》（财税〔2006〕1 号）及有关规定的新办企业认定标准成立的企业。

三、各地国家税务局、地方税务局要加强沟通协调，及时研究和解决实施过程中出现的新问题，本着保证税收收入不流失和不给纳税人增加额外负担的原则，确保征管范围调整方案落实到位。本通知自 2009 年 1 月 1 日起执行。

◆《国家税务总局关于人民法院强制执行被执行人财产有关税收问题的复函》（国税函〔2005〕869 号）规定：

一、人民法院的强制执行活动属司法活动，不具有经营性质，不属于应税行为，税务部门不能向人民法院的强制执行活动征税。

二、无论拍卖、变卖财产的行为是纳税人的自主行为，还是人民法院实施的强制执行活动，对拍卖、变卖财产的全部收入，纳税人均应依法申报缴纳税款。

四、鉴于人民法院实际控制纳税人因强制执行活动而被拍卖、变卖财产的收入，根据《中华人民共和国税收征收管理法》第五条的规定，人民法院应当协助税务机关依法优先从该收入中征收税款。

◆《国家税务总局关于明确非居民企业所得税征管范围的补充通知》（国税函〔2009〕50 号）规定：

二、除"二、对若干具体问题的规定（一）"规定的情形外，不缴纳企业所得税的境内单位，其发生的企业所得税源泉扣缴管理工作仍由国家税务局负责。

◆《国家税务总局关于发布〈税务师事务所职业风险基金管理办法〉的公告》（国家税务总局公告 2010 年第 14 号）规定：

第三条 税务师事务所应当于每个会计年度终了前，以本年度主营业务收入为基数，按照不低于 3％的比例提取职业风险基金，并设立专门账户核算。

主营业务包括涉税鉴证和涉税服务业务。

第四条 税务师事务所存续期间，应当保证结余的职业风险基金不低于近 5 年主营业务收入总和的 3％。税务师事务所因赔付造成职业风险基金额度低于近 5 年主营业务收入总和 3％的，应当于本会计年度终了前提取补足职业风险基金。赔付支出的职业风险基金可按实际发生额在税前列支。

◆《国家税务总局关于加强税种征管促进堵漏增收的若干意见》（国税发〔2009〕85 号）规定：

二、加强所得税征管

（一）企业所得税

1. 全面加强企业所得税预缴管理要认真落实《国家税务总局关于加强企业所得税预缴工作的通知》（国税函〔2009〕34 号），进一步加强企业所得税预缴管理。依法调整预缴方法。对纳入当地重点税源管理的企业，原则上按实际利润额预缴方法进行预缴；对未按要求调整的，要坚决纠正。着力提高预缴税款比例。确保年度预缴税款占当年企业所得税入库税款不少于 70％，防止税款入库滞后。开展分地区预缴工作检查。各地应按照有关要求开展预缴管理自查，税务总局组织督查，确保预缴管理工作落实到位。

2. 进一步加强汇算清缴工作各地要切实做好企业所得税汇算清缴申报审核工作，提高年度申报质量，及时结清税款。汇算清缴结束后，要认真开展纳税评估。对连续三年以上亏损、长期微利微亏、跳跃性盈亏、减免税期满后由盈转亏或应纳税所得额异常变动等情况的企业，要作为评估的重点。要针对汇算清缴发现的问题和税源变化，加强日常监控和检查，堵塞征管漏洞。

3. 加强汇总纳税企业征管各地要按照《国家税务总局关于推广应用汇总纳税信息管理系统有关问题的通知》（国税函〔2009〕141号）的要求，认真做好各项准备工作，确保2009年7月1日在全国推行。要积极应用该系统提供的信息，加强汇总纳税企业的监管。要研究明确二级分支机构的判定标准，加强对挂靠性质非法人分支机构的管理。研究完善分支机构所在地主管税务机关对分支机构的监管措施，充分发挥主管税务机关的监管作用。要按照规定做好汇总纳税企业税款分配、财产损失列支等监督管理工作，税务总局下半年将组织开展汇总纳税企业的交叉检查，防止汇总纳税企业税款应分未分、少分以及漏征漏管等问题发生。要研究完善企业所得税收入全部归中央的汇总纳税企业的管理办法，重新审核确认上述企业的二级分支机构。

4. 加强企业所得税行业管理各地要认真按照银行、房地产、餐饮、钢铁、烟草、电力、建筑业等企业所得税管理操作指南的要求，做好分行业信息采集、预缴分析、纳税评估和日常核查等工作。要着力研究制定建筑业企业所得税管理办法，推进专业化管理。

5. 加强企业所得税优惠审核税务总局将进一步研究明确企业所得税优惠审核审批备案管理问题。各地要加强对享受税收优惠企业的审核认定，做好动态管理；对不再符合条件的，一律停止其享受税收优惠。

◆《国家税务总局关于印发〈进一步加强税收征管若干具体措施〉的通知》（国税发〔2009〕114号）规定：

五、加强对跨地区经营汇总纳税企业总分机构管理。加强总分机构主管税务机关的信息沟通，核实月度或季度预缴税款准确性。对有主体生产经营职能的二级分支机构未按期取得企业所得税汇总纳税企业分配表的，分支机构所在地税务机关提请总机构所在地主管税务机关督促企业按照要求提供分配表，对拒不提供的，按《税收征管法》的有关规定给予处罚。分支机构所在地税务机关要配合总机构所在地税务机关加强对分支机构的检查，查实的分支机构隐匿收入，就地补缴税款入库。

六、加强企业所得税税前扣除项目管理。重点对与同行业投入产出水平偏离较大又无正当理由的成本项目，以及个人和家庭费用混同生产经营费用扣除进行核查。利用个人所得税和社会保险费征管、劳动用工合同等信息，分析工资支出扣除数额，确保扣除项目的准确性。未按规定取得的合法有效凭据不得在税前扣除。按规定由企业自行计算扣除的资产损失，在企业自行计算扣除后，主管税务机关要加强实地核查，进行追踪管理，不符合规定条件的，及时补缴税款。凡应审批而未审批的不得税前扣除。汇总纳税企业财产损失的税前扣除，除企业捆绑资产发生的损失外，未经分支机构主管税务机关核准的，总机构不得扣除。

七、加强企业计税收入管理。加强对纳税人以非货币形式取得收入的核实力度。着重对同一申报属期的增值税销售收入和所得税营业收入存在明显差异的纳税人进行分析排查，有重大问题的追溯到以往年度。

八、加强中介机构税收管理。对税务师事务所、会计师事务所、资产评估和房地产估价等鉴证类中介机构税收，不得实行核定征收。

九、加快非营利性组织认定工作。对享受税收优惠的非营利性组织，其营利性收入和非营利性收入必须分开核算，并对其营利性收入按规定征收企业所得税。营利性收入和非营利性收入及其成本费用无法分开核算的，不得享受符合条件的非营利组织的收入免税政策。

十、加强股权交易税收监管。对居民企业转让股权交易，要主动取得股东在工商部门股权登记变更信息和股权交易所股权转让信息，充分利用现行政策，加大企业所得税征收力度。对非居民企业转让境内股权交易，及时收集交易信息，掌握交易的经济实质，识别和防范非居民企业实施的滥用组织形式、滥用避税地、滥用税收协定的避税行为，防止税收收入流失。

十一、加强境外上市企业认定为中国居民企业的管理。积极推进《国家税务总局关于境外注册中资控股企业依据实际管理机构标准认定为居民企业有关问题的通知》（国税发〔2009〕82号）实施工作，对符合规定条件的境外注册中资控股企业，加快推进居民企业认定管理和登记工作，防止利用海外注册企业进行避税。

十二、加强反避税管理。强化全国联查、区域联查和行业联查，重点调查长期亏损、微利却不断扩大经营规模的企业，切实解决利用关联交易、资本弱化、假"来料加工"等方式避税问题；在高速公路建设融资领域，严查外方利用其境内子公司以高速公路收益权为抵押在我国贷款，再以贷款作为投入，获得高速公路收益权而没有体现独立交易原则的关联交易，确保中国境内子公司所获取的利润与其所承担的功能风险相匹配；对制药行业，重点关注无形资产价值的确定等内容；对饭店连锁行业，重点审查四星级以上连锁集团向国外母公司支付服务费、管理费等关联交易是否符合独立交易原则；强化对跨境关联交易监控，重点监控在中国境内承担单一生产、分销或合约研发等有限功能和风险的企业，防止跨国企业在金融危机背景下将境外企业的经营亏损转移至境内关联企业。

附件：企业所得税税前扣除各项费用明细表（2012）

企业所得税税前扣除各项费用明细表（2012）

费用类别	扣除标准/限额比例	说明事项（限额比例的计算基数，其他说明事项）	政策依据
以前年度实际发生的、应扣而未扣或者少扣的支出		专项申报及说明后，准予追补至该项目发生年度计算扣除，但期限不得超过5年。	《国家税务总局关于企业所得税应纳税所得额若干税务处理问题的公告》（国家税务总局公告2012年第15号）第六条

续表

费用类别	扣除标准/限额比例	说明事项（限额比例的计算基数，其他说明事项）	政策依据
当年度实际发生的相关成本、费用		未能及时取得该成本、费用的有效凭证的，预缴季度所得税时，可暂按账面发生金额进行核算；在汇算清缴时，应补充提供该成本、费用的有效凭证。	《国家税务总局关于企业所得税若干问题的公告》（国家税务总局公告2011年第34号）第六条
职工工资	据实扣除	任职或受雇，合理	《企业所得税法实施条例》第34条
	加计100%扣除	支付残疾人员的工资	《企业所得税法》第30条 《企业所得税法实施条例》第96条 《财政部国家税务总局关于安置残疾人员就业有关企业所得税优惠政策问题的通知》（财税〔2009〕70号）
职工福利费	14%	工资薪金总额	《企业所得税法实施条例》第40条 《国家税务总局关于企业工资薪金及职工福利费扣除问题的通知》（国税函〔2009〕3号）
职工教育经费	2.5%	工资薪金总额；超过部分，准予在以后纳税年度结转扣除	《企业所得税法实施条例》第42条
	8%	经认定的技术先进型服务企业	《财政部国家税务总局商务部科技部国家发展改革委关于技术先进型服务企业有关企业所得税政策问题的通知》（财税〔2010〕65号）
	全额扣除	软件生产企业的职工培训费用	《财政部 国家税务总局关于企业所得税若干优惠政策的通知》（财税〔2008〕1号）
职工工会经费	2%	工资薪金总额；凭工会组织开具的《工会经费收入专用收据》和税务机关代收工会经费凭据扣除	《企业所得税法实施条例》第41条 《关于工会经费企业所得税税前扣除凭据问题的公告》（国家税务总局公告2010年第24号） 《关于税务机关代收工会经费企业所得税前扣除凭据问题的公告》（国家税务总局公告2011年第30号）
雇用季节工、临时工、实习生、返聘离退休人员以及接受外部劳务派遣用工所实际发生的费用	据实扣除	应区分为工资薪金支出和职工福利费支出，属于工资薪金支出的，准予计入企业工资薪金总额的基数，作为计算其他各项相关费用扣除的依据。	《企业所得税法实施条例》第34条 《国家税务总局关于企业所得税应纳税所得额若干税务处理问题的公告》（国家税务总局公告2012年第15号）第一条

续表

费用类别	扣除标准/限额比例	说明事项（限额比例的计算基数，其他说明事项）	政策依据
业务招待费	（60％，5‰）	发生额的 60％，且不超过销售或营业收入的 5‰；股权投资业务企业分回的股息、红利及股权转让收入可作为收入计算基数	《企业所得税法实施条例》第 43 条《关于贯彻落实企业所得税法若干税收问题的通知》（国税函〔2010〕79号）
广告费和业务宣传费	15％	当年销售（营业）收入，超过部分向以后结转	《企业所得税法实施条例》第 44 条
	30％	当年销售（营业）收入；化妆品制作、医药制造、饮料制造（不含酒类制造）企业。签订分摊协议一方发生的不超过当年销售（营业）收入税前扣除限额比例内的广告费和业务宣传支出可以在本企业扣除，也可以将其中的部分或全部按照分摊协议归集至另一方扣除	《财政部 国家税务总局关于广告费和业务宣传费支出税前扣除政策的通知》（财税〔2012〕48 号）（注：该文自 2011 年 1 月 1 日起至 2015 年 12 月 31 日止执行）
	不得扣除	烟草企业的烟草广告费	（同上）
捐赠支出	12％	年度利润（会计利润）总额；公益性捐赠；有捐赠票据，名单内所属年度内可扣，会计利润≤0 不能算限额	《企业所得税法》第 9 条《企业所得税法实施条例》第 53 条《关于公益性捐赠税前扣除有关问题的通知》（财税〔2008〕160 号）、《关于公益性捐赠税前扣除有关问题的补充通知》（财税〔2010〕45 号）、《国家税务总局关于企业所得税执行中若干税务处理问题的通知》（国税函〔2009〕202 号）、《财政部海关总署国家税务总局关于支持玉树地震灾后恢复重建有关税收政策问题的通知》（财税〔2010〕59 号）和《财政部海关总署国家税务总局关于支持舟曲灾后恢复重建有关税收政策问题的通知》（财税〔2010〕107 号）。目前为止企业只有发生为汶川地震灾后重建、举办北京奥运会、上海世博会和玉树地震、甘肃舟曲特大泥石流灾后重建等五项特定事项的捐赠，可以据实在当年企业所得税前全额扣除（对玉树、舟曲分别是从 2010 年 4 月 14 日起、2010 年 8 月 8 日起执行至 2012 年 12 月 31 日止，下同）。其他公益性捐赠一律按照规定计算扣除。

续表

费用类别	扣除标准/限额比例	说明事项（限额比例的计算基数，其他说明事项）	政策依据
利息支出（向企业借款）	据实（非关联企业向金融企业借款）	非金融向金融借款的利息支出、金融企业的各项存款利息支出和同业拆借利息支出、企业经批准发行债券的利息支出	《企业所得税法实施条例》第38条第（一）项 《国家税务总局关于企业所得税若干问题的公告》（国家税务总局公告〔2011〕34号）
	同期同类范围内可扣（非关联企业间借款）	非金融向非金融，不超过按照金融企业同期同类贷款利率计算的数额可扣除。并提供"金融企业的同期同类贷款利率情况说明"（本省任何一家金融企业提供同期同类贷款利率情况）；利率，既可以是金融企业公布的同期同类平均利率，也可以是金融企业对某些企业提供的实际贷款利率。	《企业所得税法实施条例》第38条第（二）项 《国家税务总局关于企业向自然人借款的利息支出企业所得税税前扣除问题的通知》（国税函〔2009〕777号） 《国家税务总局关于企业所得税若干问题的公告》（国家税务总局公告2011年第34号）第一条
	权益性投资5倍或2倍内可扣（关联企业借款）	金融企业债权性投资不超过权益性投资的5倍内，其他行业2倍内	《企业所得税法》第46条 《企业所得税法实施条例》第119条 《财政部国家税务总局关于企业关联方利息支出税前扣除标准有关税收政策问题的通知》（财税〔2008〕121号） 《特别纳税调整实施办法（试行）》（国税发〔2009〕2号）
	据实扣（关联企业付给境内关联方的利息）	提供资料证明交易符合独立交易原则或企业实际税负不高于境内关联方	《企业所得税法》第46条 《企业所得税法实施条例》第119条 《财政部国家税务总局关于企业关联方利息支出税前扣除标准有关税收政策问题的通知》（财税〔2008〕121号） 《特别纳税调整实施办法（试行）》（国税发〔2009〕2号）
利息支出（向自然人借款）	同期同类范围内可扣（无关联关系）	同期同类可扣并签订借款合同	《企业所得税法实施条例》第38条 《国家税务总局关于企业向自然人借款的利息支出企业所得税税前扣除问题的通知》（国税函〔2009〕777号）
	权益性投资5倍或2倍内可扣（有关联关系自然人）		《企业所得税法》第46条 《企业所得税法实施条例》第119条 《财政部国家税务总局关于企业关联方利息支出税前扣除标准有关税收政策问题的通知》（财税〔2008〕121号） 《特别纳税调整实施办法（试行）》（国税发〔2009〕2号）
	据实扣（有关联关系自然人）	能证明关联交易符合独立交易原则	（同上）

续表

费用类别	扣除标准/限额比例	说明事项（限额比例的计算基数，其他说明事项）	政策依据
利息支出（规定期限内未缴足应缴资本额的）	部分不得扣除	不得扣除的借款利息＝该期间借款利息额×该期间未缴足注册资本额÷该期间借款额	《国家税务总局关于企业投资者投资未到位而发生的利息支出企业所得税前扣除问题的批复》（国税函〔2009〕312号）
非银行企业内营业机构间支付利息	不得扣除		《企业所得税法实施条例》第49条
住房公积金	据实	规定范围内	《企业所得税法实施条例》第35条
罚款、罚金和被没收财物损失	不得扣除		《企业所得税法实施条例》第10条
税收滞纳金	不得扣除		《企业所得税法实施条例》第10条
赞助支出	不得扣除		《企业所得税法实施条例》第10条
各类基本社会保障性缴款	据实	规定范围内（"五费一金"：基本养老保险费、基本医疗保险费、失业保险费、工伤保险费、生育保险费等基本社会保险费和住房公积金）	《企业所得税法实施条例》第35条
补充养老保险	5%	工资总额	《企业所得税法实施条例》第35条《财政部国家税务总局关于补充养老保险费、补充医疗保险费有关企业所得税政策问题的通知》（财税〔2009〕27号）
补充医疗保险	5%	工资总额	（同上）
与取得收入无关支出	不得扣除		《企业所得税法实施条例》第10条
不征税收入用于支出所形成费用	不得扣除	包括不征税收入用于支出所形成的财产，不得计算对应的折旧、摊销扣除	《企业所得税法实施条例》第28条
环境保护、生态保护等专项资金	据实	按规提取；改变用途的不得扣除	《企业所得税法实施条例》第45条
财产保险	据实		《企业所得税法实施条例》第46条
特殊工种职工的人身安全险	可以扣除		《企业所得税法实施条例》第36条
其他商业保险	不得扣除	国务院财政、税务主管部门规定可以扣除的除外	《企业所得税法实施条例》第36条

续表

费用类别	扣除标准/ 限额比例	说明事项（限额比例的计算基数，其他说明事项）	政策依据
租入固定资产的租赁费	按租赁期均匀扣除	经营租赁租入	《企业所得税法实施条例》第 47 条
	分期扣除	融资租入构成融资租入固定资产价值的部分可提折旧	《企业所得税法实施条例》第 47 条
劳动保护支出	据实	合理	《企业所得税法实施条例》第 48 条
企业间支付的管理费（如上缴总机构管理费）	不得扣除		《企业所得税法实施条例》第 49 条
企业内营业机构间支付的租金	不得扣除		《企业所得税法实施条例》第 49 条
企业内营业机构间支付的特许权使用费	不得扣除		《企业所得税法实施条例》第 49 条
向投资者支付的股息、红利等权益性投资收益	不得扣除		《企业所得税法实施条例》第 10 条
所得税税款	不得扣除		《企业所得税法实施条例》第 10 条
未经核定提取的准备金	不得扣除		《企业所得税法实施条例》第 10 条 《财政部、国家税务总局关于证券行业准备金支出企业所得税税前扣除有关问题的通知》（财税〔2009〕33 号） 《财政部、国家税务总局关于保险公司准备金支出企业所得税税前扣除有关问题的通知》（财税〔2009〕48 号） 《财政部国家税务总局关于中国银联股份有限公司特别风险准备金税前扣除问题的通知》（财税〔2010〕25 号） 《关于金融企业贷款损失准备金企业所得税税前扣除政策的通知》（财税〔2012〕5 号） 《关于证券行业准备金支出企业所得税税税前扣除有关政策问题的通知》（财税〔2011〕11 号） （注：以上文件执行至 2010 年 12 月 31 日止，目前尚无新的政策规定）

337

费用类别	扣除标准/ 限额比例	说明事项（限额比例的计算基数，其他说明事项）	政策依据
固定资产折旧	规定范围内可扣	不超过最低折旧年限	《企业所得税法》第 11 条 《企业所得税法实施条例》第 57～60 条
生产性生物资产折旧	规定范围内可扣	林木类 10 年，畜类 3 年	《企业所得税法实施条例》第 62～64 条
无形资产摊销	不低于 10 年分摊	一般无形资产	《企业所得税法》第 12 条 《企业所得税法实施条例》第 65～67 条
	法律或合同约定年限分摊	投资或受让的无形资产	《企业所得税法实施条例》第 67 条
	不可扣除	自创商誉；外购商誉的支出，在企业整体转让或清算时扣除	《企业所得税法》第 12 条 《企业所得税法实施条例》第 67 条
	不可扣除	与经营活动无关的无形资产	《企业所得税法》第 12 条
长期待摊费用	限额内可扣	1. 已足额提取折旧的房屋建筑物改建支出，按预计尚可使用年限分摊	《企业所得税法》第 13 条 《企业所得税法实施条例》第 68 条
		2. 租入房屋建筑物的改建支出，按合同约定的剩余租赁期分摊	《企业所得税法》第 13 条 《企业所得税法实施条例》第 68 条
		3. 固定资产大修理支出，按固定资产尚可使用年限分摊	《企业所得税法》第 13 条 《企业所得税法实施条例》第 69 条
		4. 其他长期待摊费用，摊销年限不低于 3 年	《企业所得税法》第 13 条 《企业所得税法实施条例》第 70 条
资产损失	实际资产损失 法定资产损失	清单申报和专项申报两种申报形式申报扣除	《企业所得税法》第 8 条 《企业所得税法实施条例》第 32 条 《财政部、国家税务总局关于企业资产损失税前扣除政策的通知》（财税〔2009〕57 号） 《国家税务总局关于发布〈企业资产损失所得税税前扣除管理办法〉的公告》（国家税务总局公告 2011 年第 25 号）
开办费	可以扣除	开始经营当年一次性扣除或作为长期待摊费用摊销	《国家税务总局关于企业所得税若干税务事项衔接问题的通知》（国税函〔2009〕98 号）

续表

费用类别	扣除标准/限额比例	说明事项（限额比例的计算基数，其他说明事项）	政策依据
筹建期间，发生的与筹办活动有关的业务招待费支出，广告费和业务宣传费		招待费按实际发生额的60％计入企业筹办费；广告费和业务宣传费，按实际发生额计入企业筹办费。并按有关规定在税前扣除	《国家税务总局关于企业所得税应纳税所得额若干税务处理问题的公告》（国家税务总局公告2012年第15号）第五条
低值易耗品摊销	据实		
股权投资发生的损失	一次性	在经确认的损失发生年度，作为企业的损失一次性扣除。	《国家税务总局关于企业股权投资损失所得税处理问题的公告》（国家税务总局公告2010年第6号）
审计及公证费	据实		
研究开发费用	加计扣除（未形成无形资产的，据被扣附后基础上按研发费用的50％加计扣除；形成无形资产的，按成本的150％摊销）	从事国家规定项目的研发活动发生的研发费，年度汇算时向税局申请加扣	《企业所得税法》第30条《企业所得税法实施条例》第95条《企业研究开发费用税前扣除管理办法（试行）》（国税发〔2008〕116号）
税金	可以扣除	所得税和增值税不得扣除	
咨询、诉讼费	据实		
差旅费	据实		
会议费	据实	会议纪要等证明真实的材料	
工作服饰费用	据实	根据工作性质和特点，企业统一制作并要求员工工作时统一着装所发生的工作服饰费用可扣除。	《企业所得税法实施条例》第27条《国家税务总局关于企业所得税若干问题的公告》（国家税务总局公告2011年第34号）第二条
运输、装卸、包装费等费用	据实		
印刷费	据实		
咨询费	据实		
诉讼费	据实		
邮电费	据实		
租赁费	据实		
水电费	据实		
取暖费/防暑降温费	并入福利费算限额	属职工福利费范畴，福利费超标需调增	

费用类别	扣除标准/限额比例	说明事项（限额比例的计算基数，其他说明事项）	政策依据
公杂费	据实		
车船燃料费	据实		
交通补贴及员工交通费用	08年以前并入工资，08年以后的并入福利费算限额	2008年以前计入工资总额同时缴纳个税；2008年以后的则作为职工福利费列支	
电子设备转运费	据实		
修理费	据实		
安全防卫费	据实		
董事会费	据实		
绿化费	据实		
证券、期货、保险代理等企业向经纪人、代办商支付手续费及佣金		为取得该类收入而实际发生的手续费及佣金支出等营业成本，准予据实扣除	《国家税务总局关于企业所得税应纳税所得额若干税务处理问题的公告》（国家税务总局公告2012年第15号）第三条
电信企业向经纪人、代办商支付的手续费、佣金		不超过企业当年收入总额5%的部分	《国家税务总局关于企业所得税应纳税所得额若干税务处理问题的公告》（国家税务总局公告2012年第15号）第四条
手续费和佣金支出	5%（一般企业）	按服务协议或合同确认的收入金额的5%算限额，企业须转账支付，否则不可扣	《财政部国家税务总局关于企业手续费及佣金支出税前扣除政策的通知》（财税〔2009〕29号）
	15%（财产保险企业）	按当年全部保费收入扣除退保金等后余额的15%算限额	（同上）
	10%（人身保险企业）	按当年全部保费收入扣除退保金等后余额的10%算限额	（同上）
	不得扣除	为发行权益性证券支付给有关证券承销机构的手续费及佣金	（同上）
投资者保护基金	0.5%~5%	营业收入的0.5%~5%	《财政部国家税务总局关于证券行业准备金支出企业所得税税前扣除有关问题的通知》（财税〔2009〕33号）（注：该文执行至2010年12月31日止，目前尚无新的政策规定）

续表

费用类别	扣除标准/限额比例	说明事项（限额比例的计算基数，其他说明事项）	政策依据
贷款损失准备金（金融企业）	1%	贷款资产余额的1%；允许从事贷款业务，按规定范围提取	《财政部国家税务总局关于金融企业贷款损失准备企业所得税税前扣除有关问题的通知》（财税〔2009〕64号）（注：该文执行至2010年12月31日止，目前尚无新的政策规定）
	不得扣除	委托贷款等不承担风险和损失的资产不得提取贷款损失准备在税前扣除	（同上）
	按比例扣除——关注类贷款2%	涉农贷款和中小企业（年销售额和资产总额均不超过2亿元）贷款	《财政部国家税务总局关于金融企业涉农贷款和中小企业贷款损失准备金税前扣除政策的通知》（财税〔2009〕99号）《财政部国家税务总局关于延长金融企业涉农贷款和中小企业贷款损失准备金税前扣除政策执行期限的通知》（财税〔2011〕104号）（注：该文将财税〔2009〕99号规定的执行期限至2013年12月31日止）
	——次级类贷款25%		（同上）
	——可疑类贷款50%		（同上）
	——损失类贷款100%		（同上）
农业巨灾风险准备金（保险公司）	25%	本年保费收入的25%，适用经营中央财政和地方财政保费补贴的种植业险种	《财政部国家税务总局关于保险公司提取农业巨灾风险准备金企业所得税税前扣除问题的通知》（财税〔2009〕110号）（注：该文执行至2010年12月31日止，目前尚无新的政策规定）
担保赔偿准备（中小企业信用担保机构）	1%	当年年末担保责任余额	《财政部、国家税务总局关于中小企业信用担保机构有关准备金税前扣除问题的通知》（财税〔2009〕62号）（注：该文执行至2010年12月31日止，目前尚无新的政策规定）
未到期责任准备（中小企业信用担保机构）	50%	当年担保费收入	（同上）

费用类别	扣除标准/限额比例	说明事项（限额比例的计算基数，其他说明事项）	政策依据
煤矿企业维简费支出 高危行业企业安全生产费用支出	实际发生扣除；预提不得在税前扣除	属于收益性支出的，可直接作为当期费用在税前扣除；属于资本性支出的，应计入有关资产成本，并按企业所得税法规定计提折旧或摊销费用在税前扣除	《国家税务总局关于煤矿企业维简费和高危行业企业安全生产费用企业所得税税前扣除问题的公告》（国家税务总局公告〔2011〕第26号）
交易所会员年费	据实	票据	
交易席位费摊销	按10年分摊		
同业公会会费	据实	票据	
信息披露费	据实		
公告费	据实		
其他	视情况而定		

第三部分
企业所得税疑难问题案例精解

案例一　税前扣除的合法凭据有哪些规定？

【企业提问】 没有取得发票，就不允许税前扣除吗？是否只要取得发票，就可以税前扣除？

【解答精要】《税收征收管理法》第十九条规定：

纳税人、扣缴义务人按照有关法律、行政法规和国务院财政、税务主管部门的规定设置账簿，根据合法、有效凭证记账，进行核算。

《国家税务总局关于进一步加强普通发票管理工作的通知》（国税发〔2008〕80号）规定：

在日常检查中发现纳税人使用不符合规定发票特别是没有填开付款方全称的发票，不得允许纳税人用于税前扣除、抵扣税款、出口退税和财务报销。

《营业税暂行条例实施细则》第十九条规定：

条例第六条所称符合国务院税务主管部门有关规定的凭证（以下统称合法有效凭证），是指：

（一）支付给境内单位或者个人的款项，且该单位或者个人发生的行为属于营业税或者增值税征收范围的，以该单位或者个人开具的发票为合法有效凭证；

（二）支付的行政事业性收费或者政府性基金，以开具的财政票据为合法有效凭证；

（三）支付给境外单位或者个人的款项，以该单位或者个人的签收单据为合法有效凭证，税务机关对签收单据有疑义的，可以要求其提供境外公证机构的确认证明；

（四）国家税务总局规定的其他合法有效凭证。

《国家税务总局关于金融企业销售未取得发票的抵债不动产和土地使用权征收营业税问题的批复》（国税函〔2005〕77号）规定：

合法有效凭证，包括法院判决书、裁定书、调解书，以及可由人民法院执行的仲裁裁决书、公证债权文书。

需要特别说明的是，该文件已被总局出台文件给予作废了，但在有些省份，该文件的精神仍在执行，建议企业碰到类似情况时与税务机关沟通。

《国家税务总局关于工会经费企业所得税税前扣除凭据问题的公告》（国家税务总局公告2010年第24号）规定：

自2010年7月1日起，企业拨缴的职工工会经费，不超过工资薪金总额2%的部分，凭工会组织开具的《工会经费收入专用收据》在企业所得税税前扣除。

税务机关代收工会经费的也可凭合法、有效的工会经费代收凭据依法在税前扣除。

《财政部、国家税务总局、民政部关于公益性捐赠税前扣除有关问题的补充通知》（财税〔2010〕45号）规定：

对于通过公益性社会团体发生的公益性捐赠支出，企业或个人应提供省级以上（含省级）财政部门印制并加盖接受捐赠单位印章的公益性捐赠票据，或加盖接受捐赠单印章的《非税收入一般缴款书》收据联，方可按规定进行税前扣除。

《国家税务总局关于部队取得应税收入税收征管问题的批复》（国税函〔2000〕466号）规定：

根据《发票管理办法》中"销售商品、提供服务以及从事其他经营活动的单位和个人，对外发生经营业务收取款项，收款方应当向付款方开具发票"，以及《国家税务总局关于军队事业单位对外有偿服务征收企业所得税若干问题的通知》（国税发〔2000〕61号）中"对外有偿服务应使用税务机关统一印制的发票"的规定，武警、军队对外出租房屋、提供有偿服务应使用税务机关统一印制的发票。

《国家税务总局、中国民用航空局关于国际客票使用〈航空运输电子客票行程单〉有关问题的通知》（国税发〔2012〕83号）规定：

《行程单》同时作为国内、国际客票的报销凭证，其印制、领购、发放、保管、缴销以及监督检查等工作按照《航空运输电子客票行程单管理办法（暂行）》（国税发〔2008〕54号）相关规定执行。

依据上述规定，纳税人提供真实、合法、有效凭据，按照规定的税前扣除范围、标准方可税前扣除。合法有效凭证包括发票，财政票据，境外签收单据或公证机构证明，工会经费收入专用收据，公益性捐赠票据，法院判决书、裁定书、调解书，以及可由人民法院执行的仲裁裁决书、公证债权文书。另外，还包括自制的有效凭证。

需要注意的是，并不是只要取得了发票就可以税前扣除。还要注意特殊规定，比如，《财政部、国家税务总局关于企业手续费及佣金支出税前扣除政策的通知》（财税〔2009〕29号）规定，除委托个人代理外，企业以现金等非转账方式支付的手续费及佣金不得在税前扣除。企业为发行权益性证券支付给有关证券承销机构的手续费及佣金不得在税前扣除。

因此，对于税法有特殊规定的，即使取得了发票，也要按税法具体规定进行扣除。税法规定扣除有限额的，此时不能按发票金额进行扣除，而应该按税法相应规定来扣除；要求必须通过银行转账的，只有符合了规定才能扣除，即使取得了发票，也要符合真实性原则，有真实的业务活动作基础，才能按税法规定扣除。

案例二　善意取得假发票将面临何种处罚？

【企业提问】我单位在购买原材料时，善意取得假发票，税务检查时要求我公司做纳税调整，按25％的税率补缴企业所得税，另外还要罚款。请问税务局有何处罚依据？

【解答精要】《国家税务总局关于纳税人善意取得虚开的增值税专用发票处理问题的通知》（国税发〔2000〕187号）明确规定：

购货方与销售方存在真实的交易，销售方使用的是其所在省（自治区、直辖市和计划单列市）的专用发票，专用发票注明的销售方名称、印章、货物数量、金额及税额等全部内容与实际相符，且没有证据表明购货方知道销售方提供的专用发票是以非法手段获得的，对购货方不以偷税或者骗取出口退税论处。但应按有关法规不予抵扣进项税款或者不予出口、退税；购货方已经抵扣的进项税款或者取得的出口退税，应依法追缴。

购货方能够重新从销售方取得防伪税控系统开出的合法、有效专用发票的，或者取得手工开出的合法、有效专用发票且取得了销售方所在地税务机关或者正在依法对销售方虚开专用发票行为进行查处证明的，购货方所在地税务机关应依法准予抵扣进项税款或者出口退税。

《发票管理办法》相关规定如下：

第二十一条　不符合规定的发票，不得作为财务报销凭证，任何单位和个人有权拒收。

第三十七条　违反本办法第二十二条第二款的规定虚开发票的，由税务机关没收违法所得；虚开金额在1万元以下的，可以并处5万元以下的罚款；虚开金额超过1万元的，并处5万元以上50万元以下的罚款；构成犯罪的，依法追究刑事责任。

第四十一条　违反发票管理法规，导致其他单位或者个人未缴、少缴或者骗取税款的，由税务机关没收违法所得，可以并处未缴、少缴或者骗取的税款1倍以下的罚款。

根据上述规定，对于企业所得税税前扣除，应遵循《国家税务总局关于纳税人善意取得虚开的增值税专用发票处理问题的通知》（国税发〔2000〕187号）精神，即确属善意取得假发票，可以免予处罚，但与假发票相关的费用或货物成本，不得税前扣除；重新按规定取得增值税专用发票相关的费用或货物成本，可在费用或成本所属期间税前扣除。

案例三　信托公司出具的税务监制收据能否税前扣除？

【企业提问】我公司向一家信托公司（系非银行金融机构）申请了一笔信托融资，期限2年，年利率18%，对于我公司支付的利息，信托公司只能出具由地方税务部门监制的收据，不能出具发票，因为该款项中绝大部分要由信托公司分配给投资者，并非信托公司自身收取。请问我公司能否以信托公司出具的收据进行税前扣除？

【解答精要】《国家税务总局关于印发〈营业税税目注释（试行稿）〉的通知》（国税发〔1993〕149号）第三条规定：

金融保险业是指经营金融，保险的业务。本税目的征收范围包括：金融，保险。其中，金融是指经营货币资金融通活动的业务，包括贷款，融资租赁，金融商品转让，金融经纪业和其他金融业务。

贷款，是指将资金贷与他人使用的业务，包括自有资金贷款和转贷。

自有资金贷款，是指将自有资本金或吸收的单位，个人的存款贷与他人使用。

转贷，是指将借来的资金贷与他人使用。典当业的抵押贷款业务，无论其资金来源如何，均按自有资金贷款征税。

《发票管理办法》第十九条规定：

销售商品、提供服务以及从事其他经营活动的单位和个人，对外发生经营业务收取款项，收款方应当向付款方开具发票；特殊情况下，由付款方向收款方开具发票。

《国家税务总局关于进一步加强普通发票管理工作的通知》（国税发〔2008〕80 号）第八条第二款规定：

在日常检查中发现纳税人使用不符合规定发票特别是没有填开付款方全称的发票，不得允许纳税人用于税前扣除、抵扣税款、出口退税和财务报销。

《营业税暂行条例实施细则》第十九条规定：

条例第六条所称符合国务院税务主管部门有关规定的凭证（以下统称合法有效凭证），是指：（一）支付给境内单位或者个人的款项，且该单位或者个人发生的行为属于营业税或者增值税征收范围的，以该单位或者个人开具的发票为合法有效凭证。

依据上述规定，信托投资公司无论以何种方式将资金贷与贵公司使用并收取利息行为，都属于营业税征税范围。信托投资公司应当开具符合规定的发票给贵公司，否则不得作为税前扣除凭证。但在实务征管中，只要信托公司全额缴纳了营业税，企业取得税务收据，也有部分税务机关是认可的。

需要补充说明的：《关于企业所得税若干问题的公告》（国家税务总局公告〔2011〕第 34 号）第一条，关于金融企业同期同类贷款利率确定问题中规定：

根据《实施条例》第三十八条规定，非金融企业向非金融企业借款的利息支出，不超过按照金融企业同期同类贷款利率计算的数额的部分，准予税前扣除。鉴于目前我国对金融企业利率要求的具体情况，企业在按照合同要求首次支付利息并进行税前扣除时，应提供"金融企业的同期同类贷款利率情况说明"，以证明其利息支出的合理性。

"金融企业的同期同类贷款利率情况说明"中，应包括在签订该借款合同当时，本省任何一家金融企业提供同期同类贷款利率情况。该金融企业应为经政府有关部门批准成立的可以从事贷款业务的企业，包括银行、财务公司、信托公司等金融机构。"同期同类贷款利率"是指在贷款期限、贷款金额、贷款担保以及企业信誉等条件基本相同下，金融企业提供贷款的利率。既可以是金融企业公布的同期同类平均利率，也可以是金融企业对某些企业提供的实际贷款利率。

根据人民银行法以及商业银行法的规定，信托公司属于金融机构，向其融资所发生的利息支出可以全额在税前扣除。

案例四　劳务派遣人员工资能否作为三项经费扣除基数？

【企业提问】 公司根据与劳务派遣公司签订的派遣协议，支付劳务派遣人员的工资、福利，其支付给劳务派遣人员的工资，能否当成工资费用在企业所得税税前扣除？能否作为计算三项经费税前扣除数的基数？

【解答精要】《企业所得税法实施条例》第三十四条规定：

企业发生的合理的工资、薪金支出，准予在税前扣除。

前款所称工资、薪金，指企业每一纳税年度支付给在本企业任职或者受雇的员工的所有现金或者非现金形式的劳动报酬，包括基本工资、奖金、津贴、补贴、年终加薪、加班工资，以及与员工任职或者受雇有关的其他支出。

所谓"在本企业任职或者受雇的员工"，一般是指有连续的服务关系，提供服务的任职者或雇员的主要收入来自于任职的企业，同时企业要按国家有关规定为其取得的收入代扣代缴个人所得税，支付"五险一金"等。而劳务派遣人员的工资收入等是在接收企业按协议支付给劳务派遣企业的雇佣金中支付，个人所得税由劳务派遣企业代扣代缴。

因此，劳务派遣人员工资、福利可根据协议及劳动派遣公司开具的发票税前扣除，但不能作为企业三费计算基数。

案例五 "福利费"口径应如何掌握？

【企业提问】《国家税务总局关于企业工资薪金及职工福利费扣除问题的通知》（国税函〔2009〕3号）、《个人所得税法》第四条第四项、《个人所得税法实施条例》第十四条等规定的福利费口径是否一致？具体有哪些联系与区别？

【解答精要】

1. 会计规定的职工福利费范围。

《财政部关于企业加强职工福利费财务管理的通知》（财企〔2009〕242号）规定：

企业职工福利费是指企业为职工提供的除职工工资、奖金、津贴、纳入工资总额管理的补贴、职工教育经费、社会保险费和补充养老保险费（年金）、补充医疗保险费及住房公积金以外的福利待遇支出，包括发放给职工或为职工支付的以下各项现金补贴和非货币性集体福利：

（一）为职工卫生保健、生活等发放或支付的各项现金补贴和非货币性福利，包括职工因公外地就医费用、暂未实行医疗统筹企业职工医疗费用、职工供养直系亲属医疗补贴、职工疗养费用、自办职工食堂经费补贴或未办职工食堂统一供应午餐支出、符合国家有关财务规定的供暖费补贴、防暑降温费等。

（二）企业尚未分离的内设集体福利部门所发生的设备、设施和人员费用，包括职工食堂、职工浴室、理发室、医务所、托儿所、疗养院、集体宿舍等集体福利部门设备、设施的折旧、维修保养费用以及集体福利部门工作人员的工资薪金、社会保险费、住房公积金、劳务费等人工费用。

（三）职工困难补助，或者企业统筹建立和管理的专门用于帮助、救济困难职工的基金支出。

（四）离退休人员统筹外费用，包括离休人员的医疗费及离退休人员其他统筹外费用。企业重组涉及的离退休人员统筹外费用，按照《财政部关于企业重组有关职工安置费用财务管理问题的通知》（财企〔2009〕117号）执行。国家另有规定的，从其规定。

（五）按规定发生的其他职工福利费，包括丧葬补助费、抚恤费、职工异地安家费、独生子女费、探亲假路费，以及符合企业职工福利费定义但没有包括在本通知各条款项目中的其他支出。

2. 企业所得税规定的职工福利费范围。

《国家税务总局关于企业工资薪金及职工福利费扣除问题的通知》（国税函〔2009〕3号）规定：

《实施条例》第四十条规定的企业职工福利费，包括以下内容：

（一）尚未实行分离办社会职能的企业，其内设福利部门所发生的设备、设施和人员费用，包括职工食堂、职工浴室、理发室、医务所、托儿所、疗养院等集体福利部门的设备、设施及维修保养费用和福利部门工作人员的工资薪金、社会保险费、住房公积金、劳务费等。

（二）为职工卫生保健、生活、住房、交通等所发放的各项补贴和非货币性福利，包括企业向职工发放的因公外地就医费用、未实行医疗统筹企业职工医疗费用、职工供养直系亲属医疗补贴、供暖费补贴、职工防暑降温费、职工困难补贴、救济费、职工食堂经费补贴、职工交通补贴等。

（三）按照其他规定发生的其他职工福利费，包括丧葬补助费、抚恤费、安家费、探亲假路费等。

3. 个人所得税规定的福利费中生活补助费范围。

《国家税务总局关于生活补助费范围确定问题的通知》（国税发〔1998〕155号）规定，《个人所得税法实施条例》第十四条所说的从福利费或者工会经费中支付给个人的生活补助费明确如下：

一、上述所称生活补助费是指由于某些特定事件或原因而给纳税人或其家庭的正常生活造成一定困难其任职单位按国家规定从提留的福利费或者工会经费中向其支付的临时性生活困难补助。

二、下列收入不属于免税的福利费范围，应当并入纳税人的工资薪金收入计征个人所得税：

（一）从超出国家规定的比例或基数计提的福利、工会经费中支付给个人的各种补贴补助；

（二）从福利费和工会经费中支付给单位职工的人人有份的补贴补助；

（三）单位为个人购买汽车、住房、电子计算机等不属于临时性生活困难补助性质的支出。

综上所述，会计规定的职工福利费范围，采取列举及定义相结合；企业所得税规定的职工福利费范围，采取列举式；个人所得税规定的福利费中生活补助费范围，采取定义与排除列举式。

三方面的规定有相同之处，但应用却不同。会计核算应按照财企〔2009〕242号文件规定执行；企业所得税职工福利费税前扣除应按照国税函〔2009〕3号文件规定执行；个人所得税免税福利费中生活补助费范围应按照国税发〔1998〕155号文件规定执行。

案例六　取暖费发放标准是如何规定的?

【企业提问】我公司是河南省企业，拟为职工发放冬季取暖费，不知道河南省有无发放标准的相关规定，发放的取暖费是否可以在企业所得税前列支? 职工个人是否需要缴纳个人所得税?

【解答精要】《国家税务总局关于企业工资薪金及职工福利费扣除问题的通知》（国税函〔2009〕3号）第三条规定，《实施条例》第四十条规定的企业职工福利费，包括以下内容：

（二）为职工卫生保健、生活、住房、交通等所发放的各项补贴和非货币性福利，包括企业向职工发放的因公外地就医费用、未实行医疗统筹企业职工医疗费用、职工供养直系亲属医疗补贴、供暖费补贴、职工防暑降温费、职工困难补贴、救济费、职工食堂经费补贴、职工交通补贴等。

根据上述规定，发放给员工取暖费补贴要通过福利费开支在税前扣除。

《个人所得税法》第四条第三项规定，按照国家统一规定发给的补贴、津贴免纳个人所得税，但该规定的补贴不包括取暖费。《个人所得税法实施条例》第十三条对此是这样解释的：

税法第四条第三项所说的按照国家统一规定发给的补贴、津贴，是指按照国务院规定发给的政府特殊津贴、院士津贴、资深院士津贴，以及国务院规定免纳个人所得税的其他补贴、津贴。

根据上述规定，取暖费不属于免征个人所得税中所称的"补贴、津贴"，应按"工资、薪金"计算缴纳个人所得税。但在实际征收管理中，各地也有做出不征税规定的。

例如，《河北省地方税务局关于取暖补贴征免个人所得税问题的通知》（冀地税函〔2008〕236号）规定，各类企业职工取得的取暖补贴按以下原则执行：

（1）当地政府对企业的取暖补贴发放标准有具体规定的，按政府规定执行；没有具体标准的可参照当地政府对行政事业单位的取暖补贴标准执行，但企业职工取得取暖补贴的标准最高不得超过3500元，在标准内据实扣除。

（2）企业职工取得的超过当地政府规定标准或超过3500元最高限额的取暖补贴，分摊到取暖期所属月份计征个人所得税。

（3）对取暖补贴仍然实行"暗补"的企业或企业职工不需要负担取暖费的，企业职工取得的取暖补贴收入应在发放月并入其当月的工资薪金收入计征个人所得税。

另外，《辽宁省地方税务局关于明确个人所得税若干政策问题的通知》（辽地税发〔2002〕4号）规定，个人领取的采暖费不属于工资、薪金性质的补贴，不征收个人所得税。

根据上述规定，若公司所在地的税务机关未规定支付标准的情况下，职工取得的该项补贴应并入当月工资薪金中，计算个人所得税。

案例七　一次性伤残就业补助金是否属于劳动保护费范畴？

【企业提问】我公司员工张某因工作中受伤致残，工伤鉴定级数后我公司给予其一次性伤残就业补助金共计 15 万元，此补助金是否属于劳动保护费范畴？如果我公司与伤残员工协商一致后，解除合同给予的离职补助金应记入哪个科目？

【解答精要】劳动保护费是指确因工作需要为雇员配备或提供工作服、手套、安全保护用品等所发生支出。《劳动防护用品配备标准（试行）》规定，劳动保护支出的范围包括：工作服、工作帽、工作鞋、劳防手套、防寒服、雨衣胶鞋、眼护具、防尘口罩、防毒护具、安全帽、安全带、护听器等。

企业按照工伤管理相关规定给予其一次性伤残就业补助金不属于劳动保护费支出范围。

《企业会计准则第 9 号——职工薪酬》应用指南规定，辞退福利包括：

（1）职工劳动合同到期前，不论职工本人是否愿意，企业决定解除与职工的劳动关系而给予的补偿；

（2）职工劳动合同到期前，为鼓励职工自愿接受裁减而给予的补偿，职工有权选择继续在职或接受补偿离职。

辞退福利通常采取在解除劳动关系时一次性支付补偿的方式，也有通过提高退休后养老金或其他离职后福利的标准，或者将职工工资支付至辞退后未来某一期间的方式。

满足条件的解除劳动关系计划或自愿裁减建议的辞退福利应当计入当期管理费用，并确认应付职工薪酬。

正式的辞退计划或建议应当经过批准。辞退工作一般应当在一年内实施完毕，但因付款程序等原因使部分款项推迟至一年后支付的，视为符合应付职工薪酬的确认条件。

根据上述规定，企业与伤残员工协商一致后解除劳动合同，给予的离职补助属于辞退福利，应通过"应付职工薪酬——辞退福利"科目，记入当期"管理费用——辞退福利"科目。

案例八　支付非本企业人员的赔偿金是否可以税前扣除？

【企业提问】我公司 2011 年 12 月 5 日，临时请两名非企业职工对一厂房进行修理施工，发生意外事故，造成一人死亡，经县劳动仲裁委员会调查确认，属于工伤事故，由我企业承担 80%的赔偿金即 30 万元，请问该笔赔偿金是否可以在今年税前扣除？

【解答精要】企业工伤赔偿属于与生产经营有关的支出，可以税前扣除。对合理的补偿支出，应依据双方签订的赔偿协议、事故（工伤）鉴定意见（医疗证明）、医药费、收款收据等入账。

但是在实务操作中，有很多地方税务机关对于该部分支付是在费用中直接扣除，还是在职工福利费中扣除争议很大。工伤赔偿往往数额较大，如果属于职工福利费支出则其不堪重负。我们认为，企业工伤赔偿属于与生产经营有关的支出，可以在管理费用中直接税前扣除。

《企业所得税法》第八条规定："企业实际发生的与取得收入有关的合理的支出，包括成本、费用、税金、损失和其他支出，准予在计算应纳税所得额时扣除。"并明确规定企业为职工缴纳的工伤保险费、企业按照经济合同规定支付的违约金（包括银行罚息）、罚款和诉讼费可以税前扣除。

《工伤保险条例》第十四条规定，职工有下列情形之一应当认定为工伤：

（一）在工作时间和工作场所内，因工作原因受到事故伤害的；

（二）工作时间前后在工作场所内，从事与工作有关的预备性或者收尾性工作受到事故伤害的；

（三）在工作时间和工作场所内，因履行工作职责受到暴力等意外伤害的；

（四）患职业病的；

（五）因工外出期间，由于工作原因受到伤害或者发生事故下落不明的；

（六）在上下班途中，受到机动车事故伤害的；

（七）法律、行政法规规定应当认定为工伤的其他情形。

认定工伤的关键在于是否因为工作原因受到伤害，因此，企业雇用人员发生工伤赔偿款属于与生产经营有关的赔偿支出，并非一般意义上的福利费用，应直接在税前扣除。而纳税人发生的与生产经营有关的工伤事故，减除责任人赔偿和保险赔款后的余额，属于医疗费用应在"应付福利费"中开支，不得直接在税前扣除；纳税人在生产经营中作为责任人而向服务对象或者第三方（如客运企业对承运的旅客、施工企业在露天施工时对过路行人的伤害等）支付的赔偿款，可以在税前扣除。

案例九　以前年度交通事故赔偿可否税前列支？

【企业提问】我公司车辆 2008 年在厂内发生交通事故，导致对方人身伤亡。经当地公安机关调解，同意赔偿对方人身伤害损失，并出具了加盖公安机关公章的调解协议书，另外该事故没有保险赔偿收入。请问该损失公司能否在 2008 年税前列支？如果能列支，在 2008 年未税前列支，2011 年能否进行税前扣除？

【解答精要】《企业所得税法实施条例》第三十二条规定：

企业所得税法第八条所称损失，是指企业在生产经营活动中发生的固定资产和存货的盘亏、毁损、报废损失，转让财产损失，呆账损失，坏账损失，自然灾害等不可抗力因素造成的损失以及其他损失。

企业发生的损失，减除责任人赔偿和保险赔款后的余额，依照国务院财政、税务主管部门的规定扣除。

《河北省地方税务局关于企业所得税若干业务问题的公告》（河北省地方税务局公告2011年第1号）规定：

纳税人因意外事故发生的生产经营损失，经有权地税机关批准可在税前扣除，支付的抚恤和补赔偿金允许其在进行纳税申报时自行扣除。如果纳税人为其雇员缴纳了工伤保险，可先用工伤保险基金支付，其差额由纳税人在进行纳税申报时自行扣除。

依据上述规定，纳税人因意外事故发生的赔偿支出，可以依据法院判决书等有效书证在2008年的企业所得税税前列支。

《企业所得税法实施条例》第九条规定：

企业应纳税所得额的计算，以权责发生制为原则，属于当期的收入和费用，不论款项是否收付，均作为当期的收入和费用；不属于当期的收入和费用，即使款项已经在当期收付，均不作为当期的收入和费用。

《国家税务总局关于企业以前年度未扣除资产损失企业所得税处理问题的通知》（国税函〔2009〕772号）第一条规定：

根据《国家税务总局关于印发〈企业资产损失税前扣除管理办法〉的通知》（国税发〔2009〕88号）第三条规定的精神，企业以前年度（包括2008年度新企业所得税法实施以前年度）发生，按当时企业所得税有关规定符合资产损失确认条件的损失，在当年因为各种原因未能扣除的，不能结转在以后年度扣除；可以按照《中华人民共和国企业所得税法》和《中华人民共和国税收征收管理法》的有关规定，追补确认在该项资产损失发生的年度扣除，而不能改变该项资产损失发生的所属年度。

《国家税务总局关于印发〈企业资产损失税前扣除管理办法〉的通知》（国家税务总局公告〔2011〕第25号）：

第六条 企业以前年度发生的资产损失未能在当年税前扣除的，可以按照本办法的规定，向税务机关说明并进行专项申报扣除。其中，属于实际资产损失，准予追补至该项损失发生年度扣除，其追补确认期限一般不得超过五年，但因计划经济体制转轨过程中遗留的资产损失、企业重组上市过程中因权属不清出现争议而未能及时扣除的资产损失、因承担国家政策性任务而形成的资产损失以及政策定性不明确而形成资产损失等特殊原因形成的资产损失，其追补确认期限经国家税务总局批准后可适当延长。属于法定资产损失，应在申报年度扣除。

企业因以前年度实际资产损失未在税前扣除而多缴的企业所得税税款，可在追补确认年度企业所得税应纳税款中予以抵扣，不足抵扣的，向以后年度递延抵扣。

企业实际资产损失发生年度扣除追补确认的损失后出现亏损的，应先调整资产损失发生年度的亏损额，再按弥补亏损的原则计算以后年度多缴的企业所得税税款，并按前款办法进行税务处理。

因各类原因导致资产损失未能在发生当年准确计算并按期扣除的，经税务机关批准后，可追补确认在损失发生的年度税前扣除，并相应调整该资产损失发生年度的应纳所得税额。调整后计算的多缴税额，应按照有关规定予以退税，或者抵顶企业当期应纳税款。

依据上述规定，2008 年发生的赔偿支出，不可以作为 2011 年支出税前列支，经税务机关批准后，可追补确认在该项赔偿支出发生的 2008 年度扣除。

案例十　职工保险互助金可否在所得税前扣除？

【企业提问】我公司 2011 年 7 月向由全国总工会主办的中国职工保险互助会缴纳的 30 万元的职工保险互助金能否在企业所得税税前扣除？

【解答精要】《财政部、国家税务总局关于职工个人取得中国职工保险互助会分配的红利所得征免个人所得税问题的通知》（财税〔2000〕137 号）规定：

中国职工保险互助会是经劳动部批准、民政部注册，组织职工开展互助互济活动的社会团体，隶属全国总工会。它向参加互助合作保险的职工筹集资金，委托金融机构主要通过购买国债等形式进行运作，所获利润主要用于对遭遇工伤事故和意外事故的职工进行补偿，剩余部分分配给参加互助合作保险的职工。

鉴于中国职工保险互助会筹集的大部分资金来自国有企业的困难职工，其所获利润主要来自购买国债的利息收入，分配使用体现了职工互助互济、解决自身困难的原则，现决定对职工个人 2000 年及以前年度从中国职工保险互助会取得的红利所得特案免征个人所得税。从 2001 年 1 月 1 日起，职工个人从中国职工保险互助会取得的红利所得应依法缴纳个人所得税；中国职工保险互助会应严格履行扣缴会员红利所得个人所得税的义务。

《企业所得税法》第八条规定：

企业实际发生的与取得收入有关的、合理的支出，包括成本、费用、税金、损失和其他支出，准予在计算应纳税所得额时扣除。

依据上述规定，企业缴纳与取得收入无关的职工保险互助金，不允许税前扣除。职工个人从中国职工保险互助会取得的红利所得应依法缴纳个人所得税。

案例十一　董事工资能否作为计提职工福利费的基数？

【企业提问】我公司董事王某在其他单位任职，但也在我公司领取工资。王某的工资是否可计入企业职工工资，并作为福利费的计算基数？

【解答精要】《企业所得税法实施条例》第三十四条规定：

企业发生的合理的工资薪金支出，准予扣除。

前款所称工资薪金，是指企业每一纳税年度支付给在本企业任职或者受雇的员工的所有现金形式或者非现金形式的劳动报酬，包括基本工资、奖金、津贴、补贴、年终加薪、加班工资，以及与员工任职或者受雇有关的其他支出。

《企业会计准则第9号——职工薪酬》应用指南规定：

职工，是指与企业订立劳动合同的所有人员，含全职、兼职和临时职工；也包括虽未与企业订立劳动合同但由企业正式任命的人员，如董事会成员、监事会成员等。在企业的计划和控制下，虽未与企业订立劳动合同或未由其正式任命，但为其提供与职工类似服务的人员，也纳入职工范畴，如劳务用工合同人员。

《国家税务总局关于明确个人所得税若干政策执行问题的通知》（国税发〔2009〕121号）关于董事费征税问题规定如下：

（一）《国家税务总局关于印发〈征收个人所得税若干问题的规定〉的通知》（国税发〔1994〕89号）第八条规定的董事费按劳务报酬所得项目征税方法，仅适用于个人担任公司董事、监事，且不在公司任职、受雇的情形。

（二）个人在公司（包括关联公司）任职、受雇，同时兼任董事、监事的，应将董事费、监事费与个人工资收入合并，统一按工资、薪金所得项目缴纳个人所得税。

根据上述规定，"合理工资薪金"的主体是支付给在本企业任职或者受雇的员工，该董事若不在企业兼职、受雇，在企业领取的报酬属于劳务性质的所得，不能作为计提职工福利费的基数，如果王某在公司也任职，则领取的是属于工资薪金所得，可以作为计提职工福利费的基数。

案例十二　支付出国人员住宿费如何缴纳所得税？

【企业提问】 在出国期间，单位按财政部颁布的《临时出国人员费用开支标准和管理办法》（财行〔2001〕73号）的标准，直接支付给出国人员的住宿费（没有发票）每人每天70美元，是否能在所得税前扣除？是否需缴纳个人所得税？

【解答精要】《企业所得税法》第八条规定：

企业实际发生的与取得收入有关的、合理的支出，包括成本、费用、税金、损失和其他支出，准予在计算应纳税所得额时扣除。

《临时出国人员费用开支标准和管理办法》（财行〔2001〕73号）第十一条规定：

出国人员回国报销费用时，必须凭有效票据填报有团组负责人审核签字的国外费用报销单（具体表格由各单位制定）。各种报销凭证必须用中文注明开支内容、日期、数量、金额等，并由经办人签字。

《国家税务总局关于转发〈中央国家机关和事业单位差旅费管理办法〉的通知》（国税函〔2006〕1314号）向各省、自治区、直辖市和计划单列市国家税务局，扬州税务进修学院，局内各预算单位进行转发，要求上述单位按《中央国家机关和事业单位差旅费管理办法》（财行〔2006〕313号）执行。

《中央国家机关和事业单位差旅费管理办法》（财行〔2006〕313号）第十二条规定：

出差人员无住宿费发票，一律不予报销住宿费。

《国务院关于修改〈中华人民共和国发票管理办法〉的决定》（国务院令 2010 年第 587 号）第三十三条规定：

单位和个人从中国境外取得的与纳税有关的发票或者凭证，税务机关在纳税审查时有疑义的，可以要求其提供境外公证机构或者注册会计师的确认证明，经税务机关审核认可后，方可作为记账核算的凭证。

从上述规定来看，出差人员无住宿发票（或消费凭据）的住宿费不能在税前扣除。

《国家税务总局关于印发〈征收个人所得税若干问题的规定〉的通知》（国税发〔1994〕89 号）规定，下列不属于工资、薪金性质的补贴、津贴或者不属于纳税人本人工资、薪金所得项目的收入不征税：

1. 独生子女补贴；2. 执行公务员工资制度未纳入基本工资总额的补贴、津贴差额和家属成员的副食品补贴；3. 托儿补助费；4. 差旅费津贴、误餐补助。

根据上述规定，出差津贴按照《财政部、外交部关于印发〈临时出国人员费用开支标准和管理办法〉的通知》（财行〔2001〕73 号）的标准可以在个人所得税前扣除，住宿费用不属于出差津贴，不能在个人所得税税前扣除。

案例十三 出差的误餐补助是否取得发票才可列支？

【企业提问】本公司业务人员出差时，填列出差的误餐补助一般都没有发票，对此是否一定需要取得餐饮发票才可以列支？如果没有餐饮发票，是否可以凭公司制定的规章制度填列报销？

【解答精要】《中央国家机关和事业单位差旅费管理办法》（财行〔2006〕313 号）第十三条规定：

出差人员的伙食补助费按出差自然（日历）天数实行定额包干，每人每天 50 元。

参照这一规定，差旅费补贴为包干支出，并不一定需要取得餐饮业发票，可凭企业制定的标准及规章制度制表发放。

企业可以参照如下省市税务局的规定进行处理：

《河北省地方税务局关于企业所得税若干业务问题的通知》（冀地税发〔2009〕48 号）第七条规定：

纳税人支付的差旅费补贴，同时符合下列条件的，准予扣除：

（一）有严格的内部财务管理制度；

（二）有明确的差旅费补贴标准；

（三）有合法有效凭证（包括企业内部票据）。

《天津市地方税务局、天津市国家税务局关于企业所得税税前扣除有关问题的通知》（津地税企所字〔2010〕5 号）第三条规定：

企业可以参照国家有关规定制定本单位差旅费管理办法，报主管税务机关备案。对能够提供证明差旅起止时间、地点等合法凭证的，按差旅费管理办法发放的差旅费，准予扣除。

《广西壮族自治区地方税务局关于明确若干所得税税收政策管理问题的通知》（桂地税发〔2010〕19号）第一条第（三）项规定如下：

1. 根据出差人员取得乘坐交通工具的发票、住宿费发票据实扣除；

2. 出差人员的出差补助按照本单位规定的统一标准及实际出差的天数计算扣除。

3. 纳税人因生产经营需要在国外实际发生的费用，取得外国实际支出的真实凭据允许扣除。

案例十四　员工报销的个人医药费，能否税前列支？

【企业提问】我公司为员工缴纳了医疗保险，但在外地就医的不能享受医保，请问为员工报销在外地的医药费用能否税前扣除？

【解答精要】《国家税务总局关于企业工资薪金及职工福利费扣除问题的通知》（国税函〔2009〕3号）第三条的规定：

《实施条例》第四十条规定的企业职工福利费，包括以下内容：

（一）尚未实行分离办社会职能的企业，其内设福利部门所发生的设备、设施和人员费用，包括职工食堂、职工浴室、理发室、医务所、托儿所、疗养院等集体福利部门的设备、设施及维修保养费用和福利部门工作人员的工资薪金、社会保险费、住房公积金、劳务费等。

（二）为职工卫生保健、生活、住房、交通等所发放的各项补贴和非货币性福利，包括企业向职工发放的因公外地就医费用、未实行医疗统筹企业职工医疗费用、职工供养直系亲属医疗补贴、供暖费补贴、职工防暑降温费、职工困难补贴、救济费、职工食堂经费补贴、职工交通补贴等。

（三）按照其他规定发生的其他职工福利费，包括丧葬补助费、抚恤费、安家费、探亲假路费等。

据此，员工报销的个人医药费可以列入职工福利费，同时根据《企业所得税法实施条例》第四十条的规定，企业发生的职工福利费支出，不超过工资薪金总额14%的部分，准予扣除。

案例十五　外籍员工的境外保险费能否在税前扣除？

【企业提问】我公司为外商投资企业，公司聘请了部分外籍员工，根据合同约定，需要每年向外聘的外籍员工支付部分境外保险费（含人寿保险和境外社会保险），请问

在企业所得税汇算清缴时，可否在税前扣除？

【解答精要】根据《企业所得税法实施条例》第三十五条和第三十六条的规定，企业按照国务院有关主管部门或者省级人民政府规定的范围和标准为职工缴纳的基本养老保险费、基本医疗保险费、失业保险费、工伤保险费、生育保险费等基本社会保险费和住房公积金，企业为投资者或者职工支付的补充养老保险费、补充医疗保险费，在国务院财政、税务主管部门规定的范围和标准内，准予扣除。除企业按照国家有关规定为特殊工种职工支付的人身安全保险费和国务院财政、税务主管部门规定可以扣除的其他商业保险费外，企业为投资者或者职工支付的商业保险费，不得扣除。

因此，外商投资企业为外籍员工支付的境外保险费（含人寿保险和境外社会保险）不符合上述可以扣除的条件，在计算企业所得税时不得在税前扣除。

案例十六　如何确定劳保费的开支标准及支出范围？

【企业提问】劳动保护费的开支标准如何规定？该项支出的政策适用范围如何？

【解答精要】《企业所得税法实施条例》第四条规定：

企业发生的合理的劳动保护支出，准予扣除。

《劳动防护用品配备标准（试行）》规定，劳动保护支出的范围包括工作服、工作帽、工作鞋、劳防手套、防寒服、雨衣胶鞋、眼护具、防尘口罩、防毒护具、安全帽、安全带、护听器等。

根据《劳动防护用品监督管理规定》，非特殊工作环境下的员工服饰不属于劳动保护用品，《国家税务总局关于企业所得税若干问题的公告》（2011 年第 34 号）第二条关于企业员工服饰费用支出扣除问题规定：

企业根据其工作性质和特点，由企业统一制作并要求员工工作时统一着装所发生的工作服饰费用，根据《实施条例》第二十七条的规定，可以作为企业合理的支出给予税前扣除。

企业统一制作着装的工作服饰可视同劳动保护费税前扣除。

关于劳动保护费，各地也有明确的执行口径，以下地方文件仅供参考：

《山东省青岛市国家税务局关于做好 2008 年度企业所得税汇算清缴的通知》（青国税发〔2009〕10 号）第十八条，对劳动保护费如何进行税前扣除明确规定：

纳税人实际发生的合理的劳动保护支出，可以扣除。劳动保护支出是指确因工作需要为雇员配备或提供工作服、手套、安全保护用品等所发生的支出。以劳动保护名义发放现金和非因工作需要和国家规定以外的带有普遍福利性质的支出，除从职工福利费中支付的以外，一律视为工资薪金支出。

《宁波市地方税务局税政一处文件关于明确所得税有关问题解答口径的函》（甬地税一函〔2010〕20 号）第二条，关于企业发放给本单位职工的劳动保护用品支出问题规定：

企业发放给本单位职工的劳动保护用品支出，2010年度在每人每年1000元的标准内按实税前扣除。

《广西壮族自治区地方税务局关于明确若干所得税税收政策管理问题的通知》（桂地税发〔2010〕19号）关于劳动保护费支出的确认问题规定：

劳动保护费支出，应按照《劳动法》规定的劳动保护范围确定。

《江西省赣州市国家税务局2010年度居民企业所得税汇算清缴问题解答》对劳动保护费如何进行税前扣除明确规定如下：

纳税人实际发生的合理的劳动保护支出，可以扣除。劳动保护支出是指确因工作需要为雇员配备或提供工作服、手套、安全保护用品等所发生的支出。以劳动保护名义发放现金和非因工作需要和国家规定以外的带有普遍福利性质的支出，除从职工福利费中支付的以外，一律视为工资薪金支出。

《江苏省地方税务局2010年企业所得税汇算清缴须知》规定，劳动保护费属发生的合理的劳动保护支出，准予扣除。

案例十七　政府奖励款项可否发放给员工？

【企业提问】我公司2011年7月5日收到当地政府的奖励15万元，文件规定款项用途是奖励和作为员工福利费，企业收到后可否用于发放职工的奖励和福利？

【解答精要】《财政部、国家税务总局关于专项用途财政性资金企业所得税处理问题的通知》（财税〔2011〕70号）规定：

一、企业从县级以上各级人民政府财政部门及其他部门取得的应计入收入总额的财政性资金，凡同时符合以下条件的，可以作为不征税收入，在计算应纳税所得额时从收入总额中减除：

（一）企业能够提供规定资金专项用途的资金拨付文件；

（二）财政部门或其他拨付资金的政府部门对该资金有专门的资金管理办法或具体管理要求；

（三）企业对该资金以及以该资金发生的支出单独进行核算。

二、根据实施条例第二十八条的规定，上述不征税收入用于支出所形成的费用，不得在计算应纳税所得额时扣除；用于支出所形成的资产，其计算的折旧、摊销不得在计算应纳税所得额时扣除。

三、企业将符合本通知第一条规定条件的财政性资金作不征税收入处理后，在5年（60个月）内未发生支出且未缴回财政部门或其他拨付资金的政府部门的部分，应计入取得该资金第六年的应税收入总额；计入应税收入总额的财政性资金发生的支出，允许在计算应纳税所得额时扣除。

四、本通知自2011年1月1日起执行。

根据上述规定，如果企业所取得的政府奖励款符合财税〔2011〕70号文件中三个要求，可以作为不征税收入进行处理，则对该笔奖励进行专款专用，收入不计缴企业所得税，支出不在企业所得税扣除，但在发放时需要代扣代缴个人所得税。

如果企业所取得的政府奖励不符合上述规定，则应将其计入企业应税收入，同时将发放的部分作为福利费或者工资，列入支出，除个人所得税法第四条列举的"省级人民政府、国务院部委和中国人民解放军军以上单位，以及外国组织、国际组织颁发的科学、教育、技术、文化、卫生、体育、环境保护等方面的奖金"免纳个人所得税外，其余应在发放时代扣代缴个人所得税。

案例十八　企业替职工支付的个人所得税能否税前扣除？

【企业提问】我公司是一家生产企业，因效益较好，为职工缴纳补充养老保险和补充医疗保险，同时，对员工采取税后工资的形式，即员工的个人所得税由我公司承担。上述费用能否在税前扣除？

【解答精要】补充养老保险，是指企业在满足社会统筹的社会基本养老保险的基础上，为补充基本养老保险的不足，帮助企业员工建立的超出基本养老保险以上部分的一种养老形式。《国务院关于印发完善城镇社会保障体系试点方案的通知》（国发〔2000〕42号）中，将企业补充养老保险正式更名为"企业年金"，并指出：

有条件的企业可为职工建立企业年金，并实行市场化运营和管理。企业年金实行基金完全积累，采用个人账户方式进行管理，费用由企业和职工个人缴纳，企业缴费在工资总额百分之四以内的部分，可从成本中列支。

企业补充医疗保险是企业在参加城镇基本医疗保险的基础上，国家给予政策鼓励，由企业自主举办或参加的一种补充性医疗保险形式。《国务院关于印发完善城镇社会保障体系试点方案的通知》（国发〔2000〕42号）指出：

有条件的企业可以为职工建立补充医疗保险，提取额在工资总额百分之四以内的从成本中列支。

《财政部、国家税务总局关于补充养老保险费、补充医疗保险费有关企业所得税政策问题的通知》（财税〔2009〕27号）规定：

自2008年1月1日起，企业根据国家有关政策规定，为在本企业任职或者受雇的全体员工支付的补充养老保险费、补充医疗保险费，分别在不超过职工工资总额5%标准内的部分，在计算应纳税所得额时准予扣除；超过的部分，不予扣除。

《国家税务总局关于企业年金个人所得税征收管理有关问题的通知》（国税函〔2009〕694号）规定：

企业年金的个人缴费部分，不得在个人当月工资、薪金计算个人所得税时扣除。企业年金的企业缴费计入个人账户的部分（以下简称企业缴费）是个人因任职或受雇而取得的所得，属于个人所得税应税收入，在计入个人账户时，应视为个人一个月的工资、薪金（不与正常工资、薪金合并），不扣除任何费用，按照"工资、薪金所得"项目计算当期应纳个人所得税款，并由企业在缴费时代扣代缴。对企业按季度、半年或年度缴纳企业缴费的，在计税时不得还原至所属月份，均作为一个月的工资、薪金，不扣除任何费用，按照适用税率计算扣缴个人所得税。

《国家税务总局关于雇主为雇员承担全年一次性奖金部分税款有关个人所得税计算方法问题的公告》（国家税务总局公告2011年第28号）规定：

雇主为雇员负担全年一次性奖金部分个人所得税款，属于雇员又额外增加了收入，应将雇主负担的这部分税款并入雇员的全年一次性奖金，换算为应纳税所得额后，按照规定方法计征个人所得税。雇主为雇员负担的个人所得税款，应属于个人工资薪金的一部分。凡单独作为企业管理费列支的，在计算企业所得税时不得税前扣除。

案例十九　利息资本化会计准则与税法有何区别？

【企业提问】我是一家企业的财务人员，在实际工作中，总是对利息的资本化时间点或资本化利息如何计算等不知如何掌握，能否系统介绍一下关于利息资本化会计准则与税法的区别？

【解答精要】

1. 借款范围

《企业会计准则第17号——借款费用（2006）》（财会〔2006〕3号）第四条规定：

企业发生的借款费用，可直接归属于符合资本化条件的资产的购建或者生产的，应当予以资本化，计入相关资产成本；其他借款费用，应当在发生时根据其发生额确认为费用，计入当期损益。符合资本化条件的资产，是指需要经过相当长时间的购建或者生产活动才能达到预定可使用或者可销售状态的固定资产、投资性房地产和存货等资产。

《企业所得税法实施条例》第三十七条规定：

企业在生产经营活动中发生的合理的不需要资本化的借款费用，准予扣除。

企业为购置、建造固定资产、无形资产和经过12个月以上的建造才能达到预定可销售状态的存货发生借款的，在有关资产购置、建造期间发生的合理的借款费用，应当作为资本性支出计入有关资产的成本，并依照本条例的规定扣除。

两者的主要区别在于：会计准则规定的资本化利息的范围指购建固定资产、投资性房地产、无形资产和存货等，而税法规定的范围包括购建固定资产、无形资产和12个月以上的存货。

2. 资本化时间

《企业会计准则第17号——借款费用》第五条规定：

借款费用同时满足下列条件的，才能开始资本化：

（一）资产支出已经发生，资产支出包括为购建或者生产符合资本化条件的资产而以支付现金、转移非现金资产或者承担带息债务形式发生的支出；

（二）借款费用已经发生；

（三）为使资产达到预定可使用或者可销售状态所必要的购建或者生产活动已经开始。

第十三条规定，购建或者生产符合资本化条件的资产达到预定可使用或者可销售状态，可从下列几个方面进行判断：

（一）符合资本化条件的资产的实体建造（包括安装）或者生产工作已经全部完成或者实质上已经完成。

（二）所购建或者生产的符合资本化条件的资产与设计要求、合同规定或者生产要求相符或者基本相符，即使有极个别与设计、合同或者生产要求不相符的地方，也不影响其正常使用或者销售。

（三）继续发生在所购建或生产的符合资本化条件的资产上的支出金额很少或者几乎不再发生。

购建或者生产符合资本化条件的资产需要试生产或者试运行的，在试生产结果表明资产能够正常生产出合格产品或者试运行结果表明资产能够正常运转或者营业时，应当认为该资产已经达到预定可使用或者可销售状态。

《企业会计准则第17号——借款费用》第十二条规定：

购建或者生产符合资本化条件的资产达到预定可使用或者可销售状态时，借款费用应当停止资本化。在符合资本化条件的资产达到预定可使用或者可销售状态之后所发生的借款费用，应当在发生时根据其发生额确认为费用，计入当期损益。

税法对此无明确规定，暂按会计规定处理。

3. 利息计算

《企业会计准则第17号——借款费用》第六条规定：

在资本化期间内，每一会计期间的利息（包括折价或溢价的摊销）资本化金额，应当按照下列规定确定：

（一）为购建或者生产符合资本化条件的资产而借入专门借款的，应当以专门借款当期实际发生的利息费用，减去将尚未动用的借款资金存入银行取得的利息收入或进行暂时性投资取得的投资收益后的金额确定。

专门借款，是指为购建或者生产符合资本化条件的资产而专门借入的款项。

（二）为购建或者生产符合资本化条件的资产而占用了一般借款的，企业应当根据累计资产支出超过专门借款部分的资产支出加权平均数乘以所占用一般借款的资本化率，计算确定一般借款应予资本化的利息金额。资本化率应当根据一般借款加权平均利率计算确定。资本化期间，是指从借款费用开始资本化时点到停止资本化时点的期间，借款费用暂停资本化的期间不包括在内。

《企业所得税法实施条例》第三十八条规定：

企业在生产经营活动中发生的下列利息支出，准予扣除：

（一）非金融企业向金融企业借款的利息支出、金融企业的各项存款利息支出和同业拆借利息支出、企业经批准发行债券的利息支出；

（二）非金融企业向非金融企业借款的利息支出，不超过按照金融企业同期同类贷款利率计算的数额的部分。

《财政部、国家税务总局关于企业关联方利息支出税前扣除标准有关税收政策问题的通知》（财税〔2008〕121号）第一条规定：

在计算应纳税所得额时，企业实际支付给关联方的利息支出，不超过以下规定比例和税法及其实施条例有关规定计算的部分，准予扣除，超过的部分不得在发生当期和以后年度扣除。企业实际支付给关联方的利息支出，除符合本通知第二条规定外，其接受关联方债权性投资与其权益性投资比例为：

（一）金融企业，为5∶1；

（二）其他企业，为2∶1。

因此，会计和税法规定计算资本化利息的方法和金额是不一样的，税法下资本化除符合会计准则的要求之外，还须考虑其关联性和债资比。

4. 时间性差异

由于税法与会计准则对资本化利息的本金和时间上规定的差异产生了资本化利息差额，同时也产生了应纳税时间性差异或可抵减时间性差异，涉及的账务处理比较复杂，企业可结合实际情况按相关规定进行处理。

案例二十 企业购买字画能否税前扣除？

【企业提问】长江宾馆为五星级宾馆，2011年5月正式开业运营，在装修期间为了提升酒店档次，购买价值几百元的字画，用于装饰。对于这部分字画可否作为生产商品、提供劳务、出租或或经营管理而持有的固定资产，计提折旧税前扣除？还是作为费用一次性税前扣除？或者作为投资性资产处理？

【解答精要】《企业所得税法》第八条规定：

企业实际发生的与取得收入有关的、合理的支出，准予在计算应纳税所得额时扣除。

《企业所得税法实施条例》第五十七条规定：

《企业所得税法》第十一条所称固定资产，是指企业为生产产品、提供劳务、出租或者经营管理而持有的、使用时间超过12个月的非货币性资产，包括房屋、建筑物、机器、机械、运输工具以及其他与生产经营活动有关的设备、器具、工具等。

相关性原则是判定支出项目能否在税前扣除的基本原则。除一些特殊的文化企业外，一般生产性企业、商贸企业购买的非经营性的字画等古董，与取得收入没有直接关系，不符合相关性原则，也不具有固定资产确认的特征，所发生的折旧费用不能在税前扣除。

地方性规定：根据《辽宁省地方税务局关于做好2010年度企业所得税汇算清缴工作的通知》规定，企业购买字画、古董、玉器等物品与企业正常的生产经营活动无关，计提折旧不允许税前扣除。

新法实施之前，有些地区对此也有明确规定，如：

《北京市地方税务局关于明确企业所得税有关业务政策问题的通知》（京地税企〔2005〕542 号）规定，纳税人为了提升企业形象，购置古玩、字画以及其他艺术品的支出，不得在购买年度企业所得税前扣除，而在处置该项资产的年度企业所得税税前扣除。

《浙江省国家税务局关于 2006 年度企业所得税汇算清缴有关问题的通知》（浙国税所〔2007〕7 号）规定，企业购买的名贵字画、古董等收藏品，不属于固定资产的范畴，与企业生产经营没有直接关系（经营字画的企业除外），所支付的相关费用不得在税前扣除。

案例二十一　用于对外投资的借款利息能否税前扣除？

【企业提问】我公司成立于 2009 年 1 月 4 日，注册资本 2 000 万元，2011 年 1 月 5 日从银行取得借款 1 000 万元，投资 1 500 万元注册成立全资子公司丙公司。该借款利息能否税前扣除？

【解答精要】《企业所得税法》及其实施条例对企业为对外投资借入资金利息税前扣除问题没有明确文件规定。

《国家税务总局关于做好 2009 年度企业所得税汇算清缴工作的通知》（国税函〔2010〕148 号）第三条有关企业所得税纳税申报口径规定：

根据企业所得税法精神，在计算应纳税所得额及应纳所得税时，企业财务、会计处理办法与税法规定不一致的，应按照企业所得税法规定计算。企业所得税法规定不明确的，在没有明确规定之前，暂按企业财务、会计规定计算。

因此，甲公司为对外投资而借入资金利息税前扣除，按会计规定计算。

《企业会计准则第 17 号——借款费用》（2006）第四条规定：

企业发生的借款费用，可直接归属于符合资本化条件的资产的购建或者生产的，应当予以资本化，计入相关资产成本；其他借款费用，应当在发生时根据其发生额确认为费用，计入当期损益。符合资本化条件的资产，是指需要经过相当长时间的购建或者生产活动才能达到预定可使用或者可销售状态的固定资产、投资性房地产和存货等资产。

根据上述规定，企业对外投资形成的长期股权投资，不属于需要经过相当长时间的购建或者生产活动才能达到预定可使用或者可销售状态的资产，不是符合资本化条件的资产。企业为对外投资借入资金发生的利息支出不应予以资本化，而应计入当期损益。

《国家税务总局关于企业投资者投资未到位而发生的利息支出企业所得税前扣除问题的批复》（国税函〔2009〕312 号）规定：

关于企业由于投资者投资未到位而发生的利息支出扣除问题，根据《中华人民共和国企业所得税法实施条例》第二十七条规定，凡企业投资者在规定期限内未缴足其应缴资本额的，该企业对外借款所发生的利息，相当于投资者实缴资本额与在规定期限内应缴资本额的差额应计付的利息，其不属于企业合理的支出，应由企业投资者负担，不得在计算企业应纳税所得额时扣除。

根据上述规定，投资者资本金到位，企业因对外投资资金不足而发生的借款费用，且符合国家有关税收规定的，允许税前扣除。

不过笔者更倾向于对外投资借款利息不能当期税前扣除的观点。

《企业所得税法》第十四条规定：

企业对外投资期间，投资资产的成本在计算应纳税所得额时不得扣除。

《企业所得税法实施条例》第二十八条规定：

企业发生的支出应当区分收益性支出和资本性支出。收益性支出在发生当期直接扣除；资本性支出应当分期扣除或者计入有关资产成本，不得在发生当期直接扣除。

《国家税务总局关于印发〈企业所得税税前扣除办法〉的通知》（国税发〔2000〕84号）第三十七条规定：

纳税人为对外投资而借入的资金发生的借款费用，应计入有关投资的成本，不得作为纳税人的经营性费用在税前扣除。

国税发〔2000〕84号文件根据《企业所得税暂行条例》而制定，因《企业所得税暂行条例》已经被《企业所得税法》废止，因此《税务部门现行有效、失效、废止、规章目录》（国家税务总局令〔2010〕第23号）将国税发〔2000〕84号文件列为失效或废止的税务部门规章目录之中，但《国家税务总局关于做好2008年度企业所得税汇算清缴工作的通知》（国税函〔2009〕第055号）提出：

对新税法实施以前财政部、国家税务总局发布的企业所得税有关管理性、程序性文件，凡不违背新税法规定原则，在没有制定新的规定前，可以继续参照执行；对新税法实施以前财政部、国家税务总局发布的企业所得税有关的政策性文件，应以新税法以及新税法实施后发布的相关规章、规范性文件为准。

《国家税务总局关于做好2009年度企业所得税汇算清缴工作的通知》（国税函〔2010〕148号）第三条指出：

根据企业所得税法精神，在计算应纳税所得额及应纳所得税时，企业财务、会计处理办法与税法规定不一致的，应按照企业所得税法规定计算。企业所得税法规定不明确的，在没有明确规定之前，暂按企业财务、会计规定计算。

国税发〔2000〕84号文件第三十七条规定不违背企业所得税相关性原则，在新税法没有明确规定之前应首先参照原税法相关规定，在二者均无适用规定之后暂会计规定计算。因此，对外投资借款费用应列为投资成本，不得当期直接税前扣除。

案例二十二　高尔夫俱乐部会员费如何税前列支？

【企业提问】我公司是房地产开发企业，在当地某高尔夫俱乐部注册会员，支付会员费40万元，2年后还可以转让。请问这部分费用如何摊销，能否税前列支？

【解答精要】《企业所得税法实施条例》第九条规定：

企业应纳税所得额的计算，以权责发生制为原则，属于当期的收入和费用，不论款项是否收付，均作为当期的收入和费用；不属于当期的收入和费用，即使款项已经在当期收付，均不作为当期的收入和费用。本条例和国务院财政、税务主管部门另有规定的除外。

参照《国家税务总局关于确认企业所得税收入若干问题的通知》（国税函〔2008〕875 号）第二条第（四）款关于会员费规定：

申请入会或加入会员，只允许取得会籍，所有其他服务或商品都要另行收费的，在取得该会员费时确认收入。申请入会或加入会员后，会员在会员期内不再付费就可得到各种服务或商品，或者以低于非会员的价格销售商品或提供服务的，该会员费应在整个受益期内分期确认收入。

贵公司如申请入会或加入会员，只允许取得会籍，所有其他服务或商品都要另行收费的，在支付该会员费时直接确认为费用；否则应在整个受益期内分期确认费用。

关于高尔夫会员费税前扣除的问题，根据《企业所得税法》及实施条例对支出的规定判断，如税法第八条的"企业实际发生的与取得收入有关的、合理的支出"、实施条例第二十七条中的"所称有关的支出，是指与取得收入直接相关的支出；所称合理的支出，是指符合生产经营活动常规，应当计入当期损益或者有关资产成本的必要和正常的支出"。

《企业财务通则（2006）》第四十六条规定，企业不得承担属于个人的下列支出：

（一）娱乐、健身、旅游、招待、购物、馈赠等支出。

（二）购买商业保险、证券、股权、收藏品等支出。

（三）个人行为导致的罚款、赔偿等支出。

（四）购买住房、支付物业管理费等支出。

（五）应由个人承担的其他支出。

根据上述规定，企业支付的高尔夫球会员费，如果是满足公司管理人员日常休闲娱乐，属于与生产经营无关的支出，应由职工个人负担，不得在企业所得税税前扣除；如果确属于用来联系业务招待客户的，可作为业务招待费处理，并按照税收规定税前扣除。

案例二十三　已计提但未实际发放的相关费用可否税前扣除？

【企业提问】我公司在 2011 年度计提了部分真实的并且肯定会发生的成本费用，如年终奖金、暂时没有支付的房屋租金，这些费用在企业所得税汇算清缴申报期（次年 5 月 31 日）之前是必须要支出的。请问在 2011 年度企业所得税汇算清缴时是否可以在当年税前扣除？

【解答精要】《国家税务总局关于企业所得税若干问题的公告》（国家税务总局公告〔2011〕第 34 号）第六条明确指出：

企业当年度实际发生的相关成本、费用，由于各种原因未能及时取得该成本、费用的有效凭证，企业在预缴季度所得税时，可暂按账面发生金额进行核算；但在汇算清缴时，应补充提供该成本、费用的有效凭证。

本公告发布之前，各地主管税务机关执行口径有所不同，2011年度及以后年度企业所得税汇算清缴应统一按此公告执行。

案例二十四　向国土资源部门缴纳的土地出让金滞纳金是否允许扣除?

【企业提问】房地产开发企业因资金紧张延期缴纳土地出让金而根据土地出让合同的规定向国土资源部门缴纳的滞纳金，是否允许在企业所得税前扣除?

【解答精要】根据《企业所得税法》第八条的规定：

企业实际发生的与取得收入有关的、合理的支出，包括成本、费用、税金、损失和其他支出，准予在计算应纳税所得额时扣除。

同时第十条也规定，在计算应纳税所得额时，下列支出不得扣除：

（一）向投资者支付的股息、红利等权益性投资收益款项；（二）企业所得税税款；（三）税收滞纳金；（四）罚金、罚款和被没收财物的损失；（五）本法第九条规定以外的捐赠支出；（六）赞助支出；（七）未经核定的准备金支出；（八）与取得收入无关的其他支出。

该滞纳金是违反土地出让合同产生的商业违约金，是企业与生产经营有关的支出，所以应允许税前扣除。

另外，与此类似的情况还有缴纳的土地闲置费。根据《闲置土地处置办法》第二条和《城市房地产管理法》第二十六条规定：超过出让合同约定的动工开发日期满一年未动工开发的，可以征收相当于土地使用权出让金百分之二十以下的土地闲置费；满两年未动工开发的，可以无偿收回土地使用权。

《国家税务总局关于印发〈房地产开发经营业务企业所得税处理办法〉的通知》（国税发〔2009〕31号）第二十二条规定：

企业因国家无偿收回土地使用权而形成的损失，可作为财产损失按有关规定在税前扣除。

国税发〔2009〕31号文件第二十七条开发产品计税成本支出第一项"土地征用费及拆迁补偿费"也包括"土地闲置费"，所以企业缴纳的土地闲置费也可以在企业所得税税前扣除，但在进行土地增值税清算时不允许扣除。

案例二十五　购买土地使用权时政府代为支付的款项是否做为收入?

【企业提问】A企业购买土地使用权，国土局挂牌价为10 800万元并按照10 800万开票给企业，企业按照与政府签订的协议缴纳 7 080 万元，另外 3 000 万元由地方政府与国土局结算，不拨付给企业。企业按照 7 080 万元计入无形资产——土地使用权，并按规定期限进行摊销。请问政府补贴 3 000 万元是否应征所得税？如果征税，是否允许企业按 10 800 万元计算土地成本进行摊销？

【解答精要】根据企业所得税法第六条规定，企业以货币形式和非货币形式从各种来源取得的收入，都应计入收入总额。因此，该笔补贴应计入企业的收入总额，同时土地的计税成本为 10 800 万元。

案例二十六　减免的税金是否应确认收入缴纳所得税？

【企业提问】我公司就 2010 年度房产税、土地使用税共计 210 万元向税务机关提出减免税申请。2011 年 5 月，省地税局正式批复全免，而我公司 2010 年已计提相关应交税金，但暂未交税。现我公司收到批复文件，该减免税金是否应计入收入计算所得税？

【解答精要】《财政部、国家税务总局关于财政性资金、行政事业性收费、政府性基金有关企业所得税政策问题的通知》（财税〔2008〕151 号）第一条关于财政性资金规定：

企业取得的各类财政性资金，除属于国家投资和资金使用后要求归还本金的以外，均应计入企业当年收入总额。

本条所称财政性资金，是指企业取得的来源于政府及其有关部门的财政补助、补贴、贷款贴息，以及其他各类财政专项资金，包括直接减免的增值税和即征即退、先征后退、先征后返的各种税收，但不包括企业按规定取得的出口退税款；所称国家投资，是指国家以投资者身份投入企业、并按有关规定相应增加企业实收资本（股本）的直接投资。

已计提计入前期损益的直接减免的房产税，当期收到减免通知时，调整以前年度损益，不需要进行专门的企业所得税处理。但已计提未缴的房产税如果前期已经税前扣除的，应就这部分损益补缴的企业所得税进行专溯处理。

案例二十七　单独计价的电梯折旧年限如何确定？

【企业提问】《企业所得税法实施条例》第六十条解释：与房屋建筑物不可分割的、不单独计算价值的配套设施，包括房屋、建筑物内的通气、通水、通油管道，通讯、输电线路，电梯，卫生设备等；反之，如果是单独计价的电梯则可以按机器设备计提折旧。这样理解是否正确？

【解答精要】《企业会计准则第 4 号——固定资产（2006）》第五条规定：

固定资产的各组成部分具有不同使用寿命或者以不同方式为企业提供经济利益，适用不同折旧率或折旧方法的，应当分别将各组成部分确认为单项固定资产。

《国家税务总局关于做好 2009 年度企业所得税汇算清缴工作的通知》（国税函〔2010〕148 号）规定：

根据企业所得税法精神，在计算应纳税所得额及应纳所得税时，企业财务、会计处理办法与税法规定不一致的，应按照企业所得税法规定计算。企业所得税法规定不明确的，在没有明确规定之前，暂按企业财务、会计规定计算。

《国家税务总局稽查局关于中国移动税收专项检查有关问题的通知》（稽便函〔2008〕115 号）指出：

房屋一体的电梯，不论是否单独计价，均应按房屋使用年限进行调整。

依据上述规定，固定资产的各组成部分具有不同使用寿命，应当分别将各组成部分确认为单项固定资产，适用不同折旧年限或折旧方法。但是，单独计价的电梯，从总局稽查局针对中国移动的文件精神来看，是不可以按机器设备折旧年限计提折旧的。建议企业与税务机关沟通。

案例二十八　接受固定资产投资如何计算折旧年限？

【企业提问】长江公司将已使用 3 年的运输车辆于 2011 年 9 月（长江公司确定的折旧年限 7 年）投资于我公司，我公司计提折旧年限是按 3 年还是 4 年？

【解答精要】参照《山东省青岛市国家税务局关于 2010 年度企业所得税汇算清缴若干问题的公告》（山东省青岛市国家税务局公告 2011 年第 1 号）规定：如果能够取得前环节固定资产使用情况的证据，如初始购置发票、出厂日期等能够证明已使用年限的证据，则可就其剩余年限计提折旧；对无法取得上述证据的，应当根据已使用过固定资产的新旧磨损程度、使用情况以及是否进行改良等因素合理估计新旧程度，然后与该固定资产的法定折旧年限相乘确定。

《企业所得税法实施条例》第六十条规定：

除国务院财政、税务主管部门另有规定外，固定资产计算折旧的最低年限如下：

（四）、飞机、火车、轮船以外的运输工具，为 4 年。

参照《宁波市地方税务局关于明确 2009 年度企业所得税汇算清缴若干问题的通知》（甬地税一〔2010〕10 号）规定，企业会计核算中选择的资产折旧或摊销年限，与税法规定的最低折旧或摊销年限有差异的，按折旧或摊销年限孰长原则计算扣除。

参照上述规定，企业接受已使用过的固定资产投资，能取得前环节固定资产使用情况的证据，按折旧年限孰长原则计算扣除，则可就其剩余年限 4 年计提折旧。

案例二十九　盘盈固定资产计提折旧能否税前扣除？

【企业提问】我公司 2011 年 1 月进行公司资产清查，在清查过程中，盘盈机器设备三台，对盘盈的固定资产我们重新入账。这部分资产计提的折旧能否税前扣除？

【解答精要】《企业所得税法实施条例》第二十二条规定：

企业所得税法第六条第（九）项所称其他收入，是指企业取得的除企业所得税法第六条第（一）项至第（八）项规定的收入外的其他收入，包括企业资产溢余收入等。

第五十八条第（四）项规定：

盘盈的固定资产，以同类固定资产的重置完全价值为计税基础。

根据上述规定，盘盈固定资产应作为其他收入并入企业应纳税所得额，以此计税基础计算的折旧也可以按规定申报税前扣除。

案例三十　房屋、建筑物固定资产改扩建如何进行税务处理？

【企业提问】我公司因生产需要拟将使用 10 年的车间厂房拆除重建，资产账面余值是否可列为营业外支出税前扣除？

【解答精要】《国家税务总局关于企业所得税若干问题的公告》（2011 年第 34 号）关于房屋、建筑物固定资产改扩建的税务处理问题的规定：

企业对房屋、建筑物固定资产在未足额提取折旧前进行改扩建的，如属于推倒重置的，该资产原值减除提取折旧后的净值，应并入重置后的固定资产计税成本，并在该固定资产投入使用后的次月起，按照税法规定的折旧年限，一并计提折旧；如属于提升功能、增加面积的，该固定资产的改扩建支出，并入该固定资产计税基础，并从改扩建完工投入使用后的次月起，重新按税法规定的该固定资产折旧年限计提折旧，如该改扩建后的固定资产尚可使用的年限低于税法规定的最低年限的，可以按尚可使用的年限计提折旧。本公告自 2011 年 7 月 1 日起施行。本公告施行以前，企业发生的相关事项已经按照本公告规定处理的，不再调整；已经处理，但与本公告规定处理不一致的，凡涉及需要按照本公告规定调减应纳税所得额的，应当在本公告施行后相应调减 2011 年度企业应纳税所得额。

根据上述规定，贵公司将推倒重建的厂房净值列为营业外支出的账务处理不当，不能税前扣除。

案例三十一　企业一次性收取 3 年的租金，如何确认应税收入？

【企业提问】我公司将办公楼对外出租给另一家公司，与其签订六年的租赁合同，一次性预收 3 年的租金。我公司在计算企业所得税时如何确认这部分收入？

【解答精要】《国家税务总局关于贯彻落实企业所得税法若干税收问题的通知》（国税函〔2010〕79 号）关于租金收入确认问题的规定：

根据《实施条例》第十九条的规定，企业提供固定资产、包装物或者其他有形资产的使用权取得的租金收入，应按交易合同或协议规定的承租人应付租金的日期确认收入的实现。其中，如果交易合同或协议中规定租赁期限跨年度，且租金提前一次性支付的，根据《实施条例》第九条规定的收入与费用配比原则，出租人可对上述已确认的收入，在租赁期内，分期均匀计入相关年度收入。出租方如为在我国境内设有机构场所、且采取据实申报缴纳企业所得的非居民企业，也按本条规定执行。

企业签订的租赁协议符合上述情况的，即可按相关规定分期确认收入；反之，需一次性在当年确认收入。

案例三十二　租赁合同提前终止未摊完装修费如何税前扣除？

【企业提问】我公司于 2007 年初租用一个门店，租赁期 5 年。为适应经营需要，我公司对门店进行了改造和装修，费用是 280 万元，会计与税务上均作长期待摊费用处理。2010 年底，因该门店面临拆迁而导致租赁合同提前终止，长期待摊费用尚有余额 56 万元。我公司在 2010 年度的企业所得税汇算清缴时，将未摊完的 56 万元一次性转入"管理费用"并在税前扣除，2011 年 6 月当地地税稽查对我公司进行例行稽查，对这项未摊销完的长期待摊费用余额如何处理，稽查局内部产生了意见分歧。

一种意见认为，认同我公司的处理，未摊销完的装修费应作为资产损失在 2010 年底前做税前扣除。

另一种意见则认为，《财政部、国家税务总局关于企业资产损失税前扣除政策的通知》（财税〔2009〕57 号）及《国家税务总局关于印发〈企业资产损失税前扣除管理办法〉的通知》（国税发〔2009〕88 号）均采取列举的形式，对企业资产损失税前扣除的审批、认定等事项进行了明确，所列举的资产损失不包括长期待摊费用损失，因此，未摊销完的长期待摊费用余额不能作为资产损失在税前扣除，而应在合同约定的剩余租赁期限分期摊销，即应在 2011 年底前做税前扣除。到底哪种意见更符合税法规定呢？

【解答精要】我们认为第一种意见更符合税法规定，即因租赁合同提前终止而未摊销完的装修费，可以作为资产损失在 2010 年底前做税前扣除处理。理由如下：

首先，未摊完的长期待摊费用余额，税法规定可以作为资产损失处理。对于改变房屋或建筑物结构的装修费，根据《企业所得税法实施条例》第六十八条规定，应按照合同约定的剩余租赁期限分期摊销。这种按支出受益期限确定的税前扣除方法，体现了支出扣除与取得收入的相关性原则。那么，如果合同提前终止，未摊销完的装修费能否作为资产损失处理呢？根据财税〔2009〕57 号文件和国税发〔2009〕88 号文件所列举的资产损失确实，其中并不包括长期待摊费用损失，这是否就意味着未摊销完的长期待摊费用不能作为资产损失在税前扣除呢？同样未在上面两个文件列举范围的还有无形资产损失，而在《国家税务总局办公厅关于中国移动通信集团公司有关涉税诉求问题的函》（国税办函〔2010〕535 号）中明确，只要发生的无形资产损失真实存在，损失金额可以准确计量，报经主管税务机关审批、认定后，可以在企业所得税税前扣除。因此，认为未摊销完的长期待摊费用余额不能作为资产损失在税前扣除，这种观点显然是不恰当的。

其次，税法未明确规定的事项，可以暂按财务、会计制度的规定进行计算。因租赁合同提前终止而未摊销完的装修费如何进行扣除，目前税法没有明确的规定。对于税法没有明确规定的事项，《国家税务总局关于做好 2009 年度企业所得税汇算清缴工作的通知》（国税函〔2010〕148 号）明确，在计算应纳税所得额及应纳所得税时，企业所得税法规定不明确的，在没有明确规定之前，暂按企业财务、会计规定计算。而会计上，无论是执行《企业会计制度》，还是执行《企业会计准则》，对租赁房屋的改良支出都作为资产处理。

执行《企业会计制度》的企业，根据《财政部关于执行〈企业会计制度〉和相关会计准则有关问题解答》（财会〔2003〕10 号）规定，经营租赁方式租入固定资产发生的改良支出，应单设"经营租入固定资产改良"科目核算，并在剩余租赁期与租赁资产尚可使用年限两者中较短的期间内，采用合理的方法单独计提折旧。

而无论是《企业会计制度》还是《企业会计准则》，对"资产"的定义都强调了"预期会给企业带来经济利益"。当租赁合同提前解除，已在"长期待摊费用"核算的装修费也将不能给企业带来未来经济利益的流入，会计上当然不能再将其确认为企业的一项资产，而应将其确认为企业当期的一项资产损失。税法对此事项没有明确规定，根据国税函〔2010〕148 号文件规定，则可以参照会计上的规定处理。合同解除时，即 2010 年纳税申报时将该项未摊销完的装修费余额作为当期资产损失在税前扣除。反之，如果将其在 2011 年继续摊销，则会被认为是与当期收入无关的支出而不被允许。

案例三十三　租入厂房的加层改建支出可否税前扣除？

【企业提问】我公司 2011 年 1 月 8 日对租入的厂房进行加层改建，改建时，房屋租赁期还有 4 年，发生改建支出有 210 万元。请问：该费用可否在税前扣除？如何扣除？

【解答精要】《企业所得税法》第十三条规定，在计算应纳税所得额时，企业发生的租入固定资产的改建支出作为长期待摊费用，按照规定摊销的，准予扣除。

《企业所得税法实施条例》第六十八条规定：

企业所得税法第十三条第（一）项和第（二）项所称固定资产的改建支出，是指改变房屋或者建筑物结构、延长使用年限等发生的支出。

企业所得税法第十三条第（一）项规定的支出，按照固定资产预计尚可使用年限分期摊销；第（二）项规定的支出，按照合同约定的剩余租赁期限分期摊销。

改建的固定资产延长使用年限的，除企业所得税法第十三条第（一）项和第（二）项规定外，应当适当延长折旧年限。

根据上述规定，对租入的厂房发生的改建支出，应作为长期待摊费用，按照合同约定的剩余租赁期限分期摊销。

案例三十四　代缴的房产税可否在所得税前扣除？

【企业提问】我公司 2011 年 1 月 1 日开始与集团公司签订了为期 5 年的租赁合同，租赁集团公司的大楼中的两层做为办公室使用，合同约定：我公司不需要向集团公司支付任何房租，但需要承担物业管理费以及按原值计征的房产税。请问为集团公司代缴的这部分房产税能否在税前扣除？

【解答精要】《财政部、国家税务总局关于房产税、城镇土地使用税有关问题的通知》（财税〔2009〕128 号）规定，无租使用其他单位房产的应税单位和个人，依照房产余值代缴纳房产税。

根据以上分析：只要能取得合法凭证，证明由本企业负担的房产税，可以在税前扣除。

案例三十五　房屋的装修费是否应资本化？

【企业提问】我公司 2011 年 3 月新建一办公大楼完工，5 月份进行装修，发生的装修费用共计 3 400 万元，请问这笔装修是直接计入管理费还是应资本化处理？

【解答精要】《企业所得税法实施条例》第二十八条规定：

企业发生的支出应当区分收益性支出和资本性支出。收益性支出在发生当期直接扣除；资本性支出应当分期扣除或者计入有关资产成本，不得在发生当期直接扣除。

第五十八条规定：

固定资产按照以下方法确定计税基础：

（一）外购的固定资产，以购买价款和支付的相关税费以及直接归属于使该资产达到预定用途发生的其他支出为计税基础；

（二）自行建造的固定资产，以竣工结算前发生的支出为计税基础。

《宁波市地方税务局关于明确 2009 年度企业所得税汇算清缴若干问题的通知》（甬地税一〔2010〕10 号）规定：

对自有固定资产装修费用，如装修发生在固定资产竣工结算前，则该费用应并计入固定资产原值，按税法规定期限计提折旧并在企业所得税前扣除。

自有固定资产的装修费用如发生在固定资产竣工结算后，则应根据实施条例第六十八条的标准来判断其是否符合固定资产改建支出，如符合，则应增加计税基础；如不符合，则可作为当期费用直接扣除。

参照上述规定，对自有固定资产进行装修的费用，如装修发生在固定资产竣工结算前，则该费用应并计入固定资产原值，按税法规定期限计提折旧并在企业所得税前扣除。如发生在固定资产竣工结算后，则应根据《企业所得税法实施条例》第六十八条的标准来判断其是否符合固定资产改建支出，如符合，则应增加计税基础；如不符合，则可作为当期费用直接扣除。

案例三十六 酒店开业以前发生的装修费是否属于开办费？

【企业提问】我公司为酒店管理企业，成立于 2010 年 6 月。2010 年 7 月，租赁甲房地产开发公司的某商业楼用于酒店经营，2010 年 8 月开始装修，2011 年 6 月装修完毕，2011 年 9 月正式营业，共发生装修费 15 000 万元。开业以前发生的酒店装修费是否属于开办费？如何进行税前扣除？

【解答精要】企业在筹建期间发生的开办费，包括人员工资、办公费、培训费、差旅费、印刷费、注册登记费以及不计入固定资产成本的借款费用等。

企业以经营租赁方式租入房屋发生的装修费，不属于开办费，应计入长期待摊费用——装修费，自装修完成并投入使用的次月起，按剩余租赁期限平均摊销（或按装饰的使用期限平均摊销，摊销期限不得低于 5 年）。

案例三十七 筹办期业务招待费等费用是否可税前扣除？

【企业提问】《企业所得税法实施条例》第四十三条规定，企业发生的与生产经营活动有关的业务招待费支出，按照发生额的 60% 扣除，但最高不得超过当年销售（营业）收入的 5‰。在筹办期企业没有收入，发生的业务招待费可以计入开办费在所得税税前一次性扣除吗？

【解答精要】《国家税务总局关于企业所得税应纳税所得额若干税务处理问题的公告》（2012 年第 15 号）相关规定：

五、关于筹办期业务招待费等费用税前扣除问题

企业在筹建期间，发生的与筹办活动有关的业务招待费支出，可按实际发生额的 60% 计入企业筹办费，并按有关规定在税前扣除；发生的广告费和业务宣传费，可按实际发生额计入企业筹办费，并按有关规定在税前扣除。

九、本公告施行时间

本公告规定适用于 2011 年度及以后各年度企业应纳税所得额的处理。

案例三十八 投资性公司广告宣传费的税前扣除基数及标准如何确定？

【企业提问】我单位属投资性公司，是河南省的纳税人，主要收入来源是投资收益。在业务招待费的扣除标准中已有文件明确规定投资性分红收入可做为业务招待费扣除基数计算，那么广告宣传费按营业收入的 15％范围内扣除，收入基数是否也可包括投资收益？

【解答精要】《国家税务总局关于贯彻落实企业所得税法若干税收问题的通知》（国税函〔2010〕79 号）第八条规定：

对从事股权投资业务的企业（包括集团公司总部、创业投资企业等），其从被投资企业所分配的股息、红利以及股权转让收入，可以按规定的比例计算业务招待费扣除限额。

该文件只规定了业务招待费的问题，对广告费和业务宣传费未提及，对此各地掌握口径不尽相同。根据北京市国税局《2010 年度企业所得税汇算清缴政策辅导》的规定，对该政策掌握口径如下：

1. 对从事股权投资业务的各类企业，当期从被投资企业所分配的股息、红利以及股权转让收入（以下简称股权投资性收入）均可以作为计算业务招待费扣除限额的基数。

2. 企业当期取得的股权投资性收入可以作为计算业务招待费扣除限额的基数，但不能作为计算广告费和业务宣传费税前扣除限额的基数。

贵公司地处河南省，目前河南对此并无文件明确规定，具体掌握口径还请咨询当地主管税务机关为好。

案例三十九 按权益法已确认但未实际收到的分红可否作为业务招待费的扣除基数？

【企业提问】我公司是集团总部，是专业的创投公司。2011 年度，按权益法确认的投资收益，但未真正收到分红的部分有 8 700 万元，该部分收益是否能作为业务招待费的扣除基数？

【解答精要】《企业所得税法》第六条规定，企业以货币形式和非货币形式从各种来源取得的收入，为收入总额。包括：（四）股息、红利等权益性投资收益。

《企业所得税法实施条例》第十七条规定：

企业所得税法第六条第（四）项所称股息、红利等权益性投资收益，是指企业因权益性投资从被投资方取得的收入。股息、红利等权益性投资收益，除国务院财政、税务主管部门另有规定外，按照被投资方作出利润分配决定的日期确认收入的实现。

税法下的投资收益与会计上权益法核算的投资收益是不一样的，应并入企业所得税收入总额的投资收益是指上述"被投资方作出利润分配决定"的那部分。按权益法确认的投资收益，未真正收到分红，不能作为扣除基数，只有被投资方作出利润分配决定的数额才可确认为企业所得税的收入总额，是否真正收到分红不是必要条件。

《国家税务总局关于贯彻落实企业所得税法若干税收问题的通知》（国税函〔2010〕79号）规定：

对从事股权投资业务的企业（包括集团公司总部、创业投资企业等），其从被投资企业所分配的股息、红利以及股权转让收入，可以按规定的比例计算业务招待费扣除限额。

因此，如果企业属于集团公司总部，可以将从被投资企业所分配的股息、红利以及股权转让收入作为计算业务招待费扣除限额的基数。但是如何确认是集团公司总部，相关税收文件并没有做出界定，需要当地主管税务机关的确认。

案例四十 所得税汇算清缴累计折旧可否调减？

【企业提问】我公司房屋建筑物会计处理按50年摊销，请问在所得税汇算清缴时可否按税法20年纳税调减？

【解答精要】《企业所得税法》第八条企业实际发生的与取得收入有关的、合理的支出，包括成本、费用、税金、损失和其他支出，准予在计算应纳税所得额时扣除。

根据《关于企业所得税应纳税所得额若干税务处理问题的公告》（国家税务总局公告〔2012〕第15号）第八条的规定：八、关于税前扣除规定与企业实际会计处理之间的协调问题：

根据《企业所得税法》第二十一条规定，对企业依据财务会计制度规定，并实际在财务会计处理上已确认的支出，凡没有超过《企业所得税法》和有关税收法规规定的税前扣除范围和标准的，可按企业实际会计处理确认的支出，在企业所得税前扣除，计算其应纳税所得额。

上述规定，企业会计上按50年计提的房屋折旧，符合税法的最低规定，税前按会计实际提取额税前扣除，但未实际计提部分不能做纳税调减处理。

案例四十一 企业重组形成的债权损失能否税前扣除？

【企业提问】《国家税务总局关于印发〈企业资产损失税前扣除管理办法〉的通知》

（国税发〔2009〕88 号）第四十二条规定，企业发生的非经营活动的债权损失，不得确认为在企业所得税税前扣除的损失。请问如何界定"非经营活动"？企业重组（包括企业合并、分立、股权收购）形成的债权损失能否税前扣除？企业购买的债权能否税前扣除？

【解答精要】

1. 《公司登记管理条例》规定：

第十五条 公司的经营范围由公司章程规定，并依法登记。公司的经营范围用语应当参照国民经济行业分类标准。

第二十二条 公司申请登记的经营范围中属于法律、行政法规或者国务院决定规定在登记前须经批准的项目的，应当在申请登记前报经国家有关部门批准，并向公司登记机关提交有关批准文件。

2. 企业发生的经营活动，应该是在登记的经营范围内，也就是说与企业工商及税务登记证上的经营范围一致，否则属于非经营活动。比如，金融企业可以从事贷款业务（含债权买卖）等需要特别审批的业务，其发生的应收贷款损失可以称之为经营活动的债权损失。而金融企业之外的不能随便拆借资金的企业，向其他企业借款未收回形成的损失，就不能称之为经营活动的债权损失。

3. 国税发〔2009〕88 号已废止，企业在具体的合并、分立、股权收购、债务重组等业务事项中形成的损失，应参照《国家税务总局关于发布〈企业资产损失所得税税前扣除管理办法〉的公告》（国家税务总局公告 2011 年第 25 号）和《财政部 国家税务总局关于企业资产损失税前扣除政策的通知》（财税〔2009〕57 号）相关条款的规定，符合股权性投资与债权性投资形成的投资损失，可以税前扣除。

根据上述规定，企业购买的债权用于债权性投资经营活动与取得应税收入有关符合条件的债权损失，可以税前扣除。对企业发生的用于非经营活动且与取得应税收入无关的债权损失，不得税前扣除。

案例四十二 企业股权无偿赠与如何缴纳所得税？

【企业提问】我公司成立于 2006 年，由两家法人股东各出资 500 万元成立，2011 年 7 月，经股东大会决定，为了稳定管理人员，继续为企业发展出力，从原有股东股权中划出 24.61％的股权无偿赠与 6 名管理人员，请问股东赠与方所得税如何处理？接受赠与方其股权所得是否按照其他所得缴纳个人所得税？赠与方是否视同转让股权？

【解答精要】

1. 赠与方的股权是否视同转让股权的行为问题：

《国家税务总局关于企业处置资产所得税处理问题的通知》（国税函〔2008〕828

号）第二条规定：

企业将资产移送他人的下列情形，因资产所有权属已发生改变而不属于内部处置资产，应按规定视同销售确定收入。

（一）用于市场推广或销售；

（二）用于交际应酬；

（三）用于职工奖励或福利；

（四）用于股息分配；

（五）用于对外捐赠；

（六）其他改变资产所有权属的用途。

根据该文件规定：企业的股权赠与行为应视同股权转让缴纳法人股东转让股权所对应的企业所得税。

2. 受赠方是否缴纳个人所得税的问题：

《个人所得税法》第二条规定：

下列各项个人所得，应纳个人所得税：

一、工资、薪金所得；

二、个体工商户的生产、经营所得；

三、对企事业单位的承包经营、承租经营所得；

四、劳务报酬所得；

五、稿酬所得；

六、特许权使用费所得；

七、利息、股息、红利所得；

八、财产租赁所得；

九、财产转让所得；

十、偶然所得；

十一、经国务院财政部门确定征税的其他所得。

《财政部、国家税务总局关于个人无偿受赠房屋有关个人所得税问题的通知》（财税〔2009〕78号）第三条规定：

除本通知第一条规定情形以外，房屋产权所有人将房屋产权无偿赠与他人的，受赠人因无偿受赠房屋取得的受赠所得，按照"经国务院财政部门确定征税的其他所得"项目缴纳个人所得税，税率为20%。

依据上述规定，个人无偿受赠股权取得的受赠所得，不属于个人所得税征税范围，因此无须缴纳个人所得税。

但部分地区税务部门对个人将股权赠与个人的行为，按照"财产转让所得"征收个人所得税。

具体如下：

《广东省地方税务局关于加强股权转让所得个人所得税征收管理的通知》（粤地税函〔2009〕940号）第五条加强对个人股权赠与个人所得税的征收管理规定：

（一）个人将股权赠与供养关系、赡养（抚养）关系、继承关系人的，赠与方与受赠方均不征收个人所得税。供养亲属包括配偶、父母、子女、祖父母、外祖父母、孙子女、外孙子女、兄弟姐妹。

（二）除上述不征收个人所得税的三种情形外，个人无偿受赠股权的，以赠与合同上标明的赠与股权价格减除赠与过程中受赠人支付的相关税费后的余额为应纳税所得额，按照"财产转让所得"项目，适用20%税率，计算征收个人所得税。

《河北省地方税务局转发国家税务总局关于加强股权转让所得征收个人所得税管理的通知》（冀地税函〔2009〕119号）第四条规定：

对无偿转让股权行为的管理。一是对于继承、遗产处分、直系亲属之间无偿赠予股权的情况，对当事双方不征收个人所得税。

……

对于其他情形的自然人股东将股权无偿赠与他人的，受赠人因无偿受赠股权取得的受赠所得，按照"财产转让所得"项目缴纳个人所得税，税率为20%。

案例四十三　无偿转让造成长期股权投资损失如何税前扣除？

【企业提问】 我公司为市国有资产监督管理部门控股的全资子企业，2011年8月市国资部门根据当地政府的要求，将我公司的全部股权无偿转让给地方政府控股下的另一公司，对此，我公司形成的长期股权投资损失可否在企业所得税税前扣除？《国家税务总局关于印发〈企业资产损失税前扣除管理办法〉的通知》（国税发〔2009〕88号）第三十七条第二项指出的政府行政部门的决定文件是指哪些？无偿转让长期股权投资损失如何进行税务处理？

【解答精要】

1. 国税发〔2009〕88号已废止，企业的资产损失，应参照《国家税务总局关于发布〈企业资产损失所得税税前扣除管理办法〉的公告》（国家税务总局公告2011年第25号）和《财政部国家税务总局关于企业资产损失税前扣除政策的通知》（财税〔2009〕57号）中的相关规定处理。

2. 《财政部、国家税务总局关于企业资产损失税前扣除政策的通知》（财税〔2009〕57号）第六条规定：

企业的股权投资符合下列条件之一的，减除可收回金额后确认的无法收回的股权投资，可以作为股权投资损失在计算应纳税所得额时扣除：

（一）被投资方依法宣告破产、关闭、解散、被撤销，或者被依法注销、吊销营业执照的；

（二）被投资方财务状况严重恶化，累计发生巨额亏损，已连续停止经营3年以上，且无重新恢复经营改组计划的；

（三）对被投资方不具有控制权，投资期限届满或者投资期限已超过10年，且被投资单位因连续 3 年经营亏损导致资不抵债的；

（四）被投资方财务状况严重恶化，累计发生巨额亏损，已完成清算或清算期超过 3 年以上的；

（五）国务院财政、税务主管部门规定的其他条件。

对于贵公司所述情况，我们理解不属于股权投资损失。被投资企业如果继续正常经营，则该股权并未发生损失，贵公司实质是将股权无偿转让。对于股权转让应按企业所得税法相关规定处理。

《企业所得税法实施条例》第二十五条规定：

企业发生非货币性资产交换，以及将货物、财产、劳务用于捐赠、偿债、赞助、集资、广告、样品、职工福利或者利润分配等用途的，应当视同销售货物、转让财产或者提供劳务，但国务院财政、税务主管部门另有规定的除外。

第七十一条规定：

企业所得税法第十四条所称投资资产，是指企业对外进行权益性投资和债权性投资形成的资产。

企业在转让或者处置投资资产时，投资资产的成本，准予扣除。

投资资产按照以下方法确定成本：

（一）通过支付现金方式取得的投资资产，以购买价款为成本；

（二）通过支付现金以外的方式取得的投资资产，以该资产的公允价值和支付的相关税费为成本。

《国家税务总局关于贯彻落实企业所得税法若干税收问题的通知》（国税函〔2010〕79 号）第三条规定：

企业转让股权收入，应于转让协议生效、且完成股权变更手续时，确认收入的实现。转让股权收入扣除为取得该股权所发生的成本后，为股权转让所得。企业在计算股权转让所得时，不得扣除被投资企业未分配利润等股东留存收益中按该项股权所可能分配的金额。

依据上述规定，企业无偿转让长期股权投资，应视同转让财产，确认收入的实现。即：应按上述规定计算该项股权转让的应缴企业所得税。如果转让价格高于取得价格，则应按差额缴纳企业所得税；如果转让价格低于取得价格，则不需缴纳企业所得税。

需要注意的是，企业将该股权无偿转让可能会有被税务机关调整转让价格的风险。但由于问题所述情形比较特殊，如果确属于企业将股权无偿转让给政府，则需要视该行为的具体情况由当地主管税务机关作出是否会给予价格调整的判断。

案例四十四　如何理解"确实无法偿付的应付款项"？

【企业提问】如何理解《企业所得税法实施细则》第二十二条所称其他收入中的

"确实无法偿付的应付款项"？在何种情况下公司需要把账上的应付款项转为收入处理？是否账龄超过一定时间则无论何种原因都必须作为收入处理？

【解答精要】对于无法偿付的应付账款，国家税收法规并无明确的年限性规定。但个别地区有规定，仅供参考。同时我们建议，对于此类业务，首先查看本地主管省市税务机关有没有出台相关文件，其次再视情况与税务机关加强沟通。

《河北省地方税务局关于企业所得税若干业务问题的通知》（冀地税发〔2009〕48号）第一条规定：

企业因债权人原因确实无法支付的应付款项，包括超过三年未支付的应付账款以及清算期间未支付的应付账款，应并入当期应纳税所得额缴纳企业所得税。企业若能够提供确凿证据（指债权人承担法律责任的书面声明或债权人主管税务机关的证明等，能够证明债权人没有按规定确认损失并在税前扣除的有效证据以及法律诉讼文书）证明债权人没有确认损失并在税前扣除的，可以不并入当期应纳税所得额。已并入当期应纳税所得额的应付账款在以后年度支付的，在支付年度允许税前扣除。

案例四十五 超过一年的保证金是否确认为收入？

【企业提问】我公司将空置的办公楼对外出租，向客户收取了租赁保证金共计100万元，租赁期结束的时候如果没有问题就退回。请问这种保证金如果超过一年，是否要缴税？

【解答精要】《营业税暂行条例实施细则》第十三条规定：

条例第五条所称价外费用，包括收取的手续费、补贴、基金、集资费、返还利润、奖励费、违约金、滞纳金、延期付款利息、赔偿金、代收款项、代垫款项、罚息及其他各种性质的价外收费，但不包括同时符合以下条件代为收取的政府性基金或者行政事业性收费：

（一）由国务院或者财政部批准设立的政府性基金，由国务院或者省级人民政府及其财政、价格主管部门批准设立的行政事业性收费；

（二）收取时开具省级以上财政部门印制的财政票据；

（三）所收款项全额上缴财政。

《企业所得税法实施条例》第二十二条规定：

企业所得税法第六条第（九）项所称其他收入，是指企业取得的除企业所得税法第六条第（一）项至第（八）项规定的收入外的其他收入，包括企业资产溢余收入、逾期未退包装物押金收入、确实无法偿付的应付款项、已作坏账损失处理后又收回的应收款项、债务重组收入、补贴收入、违约金收入、汇兑收益等。

根据上述规定，企业收取逾期未退还的保证金，才应作为其他收入计缴企业所得税；如只是在合同有效期内的保证金，不管是否超过一年，均不能认定为收入。

案例四十六 小型微利企业年终汇算清缴时是否可减半征收？

【企业提问】我公司 2011 年度应纳税所得额低于 3 万元，且符合小型微利规定的条件，2012 年第一至三季度都是按小型微利企业减半征收进行所得税季度预缴申报。那么 2012 年企业所得税年终汇算清缴时，是否可以直接按照小型微利企业减半征收进行申报清缴呢？

【解答精要】《国家税务总局关于小型微利企业预缴 2010 年度企业所得税有关问题的通知》（国税函〔2010〕185 号）第四条规定：

2010 年纳税年度终了后，主管税务机关应核实企业 2010 纳税年度是否符合上述小型微利企业规定条件。不符合规定条件、已按本通知第一条规定计算减免所得税预缴的，在年度汇算清缴时要按照规定补缴。

《国家税务总局关于小型微利企业预缴企业所得税有关问题的公告》（2012 年第 14 号）第四条规定：

纳税年度终了后，主管税务机关应核实企业纳税年度是否符合上述小型微利企业规定条件。不符合规定条件、已按本公告第一条规定计算减免企业所得税预缴的，在年度汇算清缴时要按照规定补缴企业所得税。

因此，贵单位如 2012 年纳税年度继续符合上述小型微利企业规定条件的，年终汇算可以按照小型微利企业减半征收清缴税款，如不符合，则要按规定补缴税款。

案例四十七 亏损企业是否享受残疾人工资加计扣除的优惠政策？

【企业提问】我公司雇用了残疾人，按照税法规定，可以享受残疾人工资加计扣除的优惠政策。但本年我企业汇算结果是亏损的，请问还能享受这个优惠政策吗？

【解答精要】《财政部国家税务总局关于安置残疾人员就业有关企业所得税优惠政策问题的通知》（财税〔2009〕70 号）第一条规定：

企业安置残疾人员的，在按照支付给残疾职工工资据实扣除的基础上，可以在计算应纳税所得额时按照支付给残疾职工工资的 100% 加计扣除。企业就支付给残疾职工的工资，在进行企业所得税预缴申报时，允许据实计算扣除。在年度终了进行企业所得税年度申报和汇算清缴时，再依照本条的规定计算加计扣除。

因此，亏损企业可以享受残疾人工资加计扣除。

案例四十八　残疾职工工资加计扣除是否包括社会保险？

【企业提问】 我公司为福利企业，2011 年度，安置残疾职工 13 人。请问在企业所得税前扣除的工资是否允许加计扣除？如果允许，该加计扣除的工资薪金基数包括各项社会保险吗？

【解答精要】《国家税务总局关于企业工资薪金及职工福利费扣除问题的通知》（国税函〔2009〕3 号）第二条规定：

《实施条例》第四十、四十一、四十二条所称的"工资薪金总额"，是指企业按照本通知第一条规定实际发放的工资薪金总和，不包括企业的职工福利费、职工教育经费、工会经费以及养老保险费、医疗保险费、失业保险费、工伤保险费、生育保险费等社会保险费和住房公积金。

因此，企业为职工缴纳的社会保险费不在残疾人职工工资加计扣除范围内。

案例四十九　福利企业增值税退税收入是否缴纳企业所得税？

【企业提问】 我公司是一家民政福利企业，2010 年度按照财税〔2007〕92 号文件规定取得增值税退税收入，但当地税务机关要求我公司对取得的增值税退税收入缴纳企业所得税。请问税务机关的做法有依据吗？

【解答精要】《财政部、国家税务总局关于企业所得税若干优惠政策的通知》（财税〔2008〕1 号）第五条规定：

除《中华人民共和国企业所得税法》、《中华人民共和国企业所得税法实施条例》、《国务院关于实施企业所得税过渡优惠政策的通知》（国发〔2007〕39 号），《国务院关于经济特区和上海浦东新区新设立高新技术企业实行过渡性税收优惠的通知》（国发〔2007〕40 号）及本通知规定的优惠政策以外，2008 年 1 月 1 日之前实施的其他企业所得税优惠政策一律废止。各地区、各部门一律不得越权制定企业所得税的优惠政策。

据此，财税〔2007〕92 号规定的安置残疾人的福利企业收到税务机关退还增值税免征企业所得税的优惠政策已取消。

《财政部、国家税务总局关于财政性资金、行政事业性收费、政府性基金有关企业所得税政策问题的通知》（财税〔2008〕151 号）第一条规定：

（一）企业取得的各类财政性资金，除属于国家投资和资金使用后要求归还本金的以外，均应计入企业当年收入总额。

（二）对企业取得的由国务院财政、税务主管部门规定专项用途并经国务院批准的财政性资金，准予作为不征税收入，在计算应纳税所得额时从收入总额中减除。

根据上述文件规定，退还的增值税不属于国务院规定专项用途的专项资金，不能享受免征企业所得税。

案例五十　饲养梅花鹿的企业能否享受企业所得税优惠?

【企业提问】我公司是饲养梅花鹿的企业，能否享受减免企业所得税的优惠?

【解答精要】《中华人民共和国企业所得税法实施条例》第八十六条规定：

企业所得税法第二十七条第（一）项规定的企业从事农、林、牧、渔业项目的所得，可以免征、减征企业所得税，是指：

（1）企业从事下列项目的所得，免征企业所得税：

1. 蔬菜、谷物、薯类、油料、豆类、棉花、麻类、糖料、水果、坚果的种植；

2. 农作物新品种的选育；

3. 中药材的种植；

4. 林木的培育和种植；

5. 牲畜、家禽的饲养；

6. 林产品的采集；

7. 灌溉、农产品初加工、兽医、农技推广、农机作业和维修等农、林、牧、渔服务业项目。

8. 远洋捕捞。

根据《国民经济行业分类和代码》（GB/T 4754—2002）规定，牲畜的饲养包括对牛、羊、马、驴、骡、骆驼等主要牲畜的饲养。

因此，梅花鹿不属于免征企业所得税的牲畜饲养范围，不能享受免征企业所得税的优惠政策。

案例五十一　高新技术企业可否同时享受两种优惠?

【企业提问】我公司是经认定过的高新技术企业，享受15%企业所得税税率。请问与此同时，还可以适用研发费用加计扣除50%的税收优惠吗?

【解答精要】《企业所得税法》第三十条规定：

企业的下列支出，可以在计算应纳税所得额时加计扣除：

（一）开发新技术、新产品、新工艺发生的研究开发费用；

（二）安置残疾人员及国家鼓励安置的其他就业人员所支付的工资。

《企业所得税法实施条例》第九十五条规定，企业所得税法第三十条第（一）项所称研究开发费用的加计扣除，是指企业为开发新技术、新产品、新工艺发生的研究开发费用，未形成无形资产计入当期损益的，在按照规定据实扣除的基础上，按照研究开发费用的50％加计扣除；形成无形资产的，按照无形资产成本的150％摊销。

《国家税务总局企业研究开发费用税前扣除管理办法（试行）》（国税发〔2008〕116号）第四条规定：

企业从事《国家重点支持的高新技术领域》和国家发展改革委员会等部门公布的《当前优先发展的高技术产业化重点领域指南（2007年度）》规定项目的研究开发活动，其在一个纳税年度中实际发生的下列费用支出，允许在计算应纳税所得额时按照规定实行加计扣除。

（一）新产品设计费、新工艺规程制定费以及与研发活动直接相关的技术图书资料费、资料翻译费。

（二）从事研发活动直接消耗的材料、燃料和动力费用。

（三）在职直接从事研发活动人员的工资、薪金、奖金、津贴、补贴。

（四）专门用于研发活动的仪器、设备的折旧费或租赁费。

（五）专门用于研发活动的软件、专利权、非专利技术等无形资产的摊销费用。

（六）专门用于中间试验和产品试制的模具、工艺装备开发及制造费。

（七）勘探开发技术的现场试验费。

（八）研发成果的论证、评审、验收费用。

根据以上规定，高新技术企业研发费用加计扣除应按照《企业研究开发费用税前扣除管理办法（试行）》（国税发〔2008〕116号）规定执行。

案例五十二　研发人员的各项人工费用哪些可以加计扣除？

【企业提问】研发人员的工资、奖金、津贴、补贴、社会保险费等人工费用列入"研发费用"科目的人工费用。请问哪些费用可以列入加计扣除范围？

【解答精要】《企业研究开发费用税前扣除管理办法（试行）》（国税发〔2008〕116号）第四条规定：

企业从事《国家重点支持的高新技术领域》和国家发展改革委员会等部门公布的《当前优先发展的高技术产业化重点领域指南（2007年度）》规定项目的研究开发活动，其在一个纳税年度中实际发生的下列费用支出，允许在计算应纳税所得额时按照规定实行加计扣除。

（一）新产品设计费、新工艺规程制定费以及与研发活动直接相关的技术图书资料费、资料翻译费。

（二）从事研发活动直接消耗的材料、燃料和动力费用。

（三）在职直接从事研发活动人员的工资、薪金、奖金、津贴、补贴。

（四）专门用于研发活动的仪器、设备的折旧费或租赁费。

（五）专门用于研发活动的软件、专利权、非专利技术等无形资产的摊销费用。

（六）专门用于中间试验和产品试制的模具、工艺装备开发及制造费。

（七）勘探开发技术的现场试验费。

（八）研发成果的论证、评审、验收费用。

根据上述规定，我们认为可加计扣除的研发费用不能擅自扩大范围，不能将文件没有列举的费用列入研究开发费。对此，青岛市地税局在《2009 年度企业所得税业务问题解答》中就明确："对下列按照财务核算口径归集的研究开发费用不得实行加计扣除：（1）企业在职研发人员的社会保险费、住房公积金等人工费用以及外聘研发人员的劳务费用。"

因此，问题所述研发人员的"工资、奖金、津贴、补贴"按规定可扣除，但社会保险费用则不能列入研发费用加计扣除。

案例五十三　软件企业享受所得税优惠的获利年度如何界定？

【企业提问】我公司 2005 年开办，当年获利，2010 年认定为软件企业。根据《财政部、国家税务总局关于执行企业所得税优惠政策若干问题的通知》（财税〔2009〕69 号）文件精神，我公司理解，在享受软件企业所得税优惠政策时我公司的获利年度应该从 2008 年算起，否则我公司将享受不到软件企业的优惠政策。我公司的理解是否正确？

【解答精要】根据原《财政部、国家税务总局、海关总署关于鼓励软件产业和集成电路产业发展有关税收政策问题的通知》（财税〔2000〕25 号）、原《财政部、国家税务总局关于进一步鼓励软件产业和集成电路产业发展税收政策的通知》（财税〔2002〕70 号）、《财政部、国家税务总局关于企业所得税若干优惠政策的通知》（财税〔2008〕1 号）等规定，现行软件企业所得税政策的扶持对象主要是新办软件企业。你公司已于 2005 年开办，并已盈利，不属于新办软件企业范畴，因此不能享受"两免三减半"政策。

案例五十四　哪些债券利息收入可以享受企业所得税优惠？

【企业提问】现行企业所得税法下，何种债券利息收入才可以享受企业所得税优惠政策？

【解答精要】《企业所得税法》第二十六条第（一）款规定，企业的国债利息收入为免税收入。

《财政部、国家税务总局关于地方政府债券利息所得免征所得税问题的通知》（财税

〔2011〕76 号）规定：

第一条　对企业和个人取得的 2009 年、2010 年和 2011 年发行的地方政府债券利息所得，免征企业所得税和个人所得税。

第二条　地方政府债券是指经国务院批准，以省、自治区、直辖市和计划单列市政府为发行和偿还主体的债券。

《财政部、国家税务总局关于铁路建设债券利息收入企业所得税政策的通知》（财税〔2011〕99 号）规定：

第一条　对企业持有 2011—2013 年发行的中国铁路建设债券取得的利息收入，减半征收企业所得税。

第二条　中国铁路建设债券是指经国家发展改革委核准，以铁道部为发行和偿还主体的债券。

根据上述规定，除了国债利息收入可以享受免征企业所得税外，企业取得的 2009—2011 年发行的、经国务院批准，以省、自治区、直辖市和计划单列市政府为发行和偿还主体的地方政府债券利息所得免征企业所得税；同时，企业持有 2011—2013 年发行的、经国家发展改革委核准，以铁道部为发行和偿还主体的中国铁路建设债券利息收入，减半征收企业所得税。

除此之外，其他债券利息应作为"利息收入"并入收入总额纳税。

案例五十五　从国外融资租入固定资产而支付的租金是否需要代扣代缴所得税？

【企业提问】我公司从日本本社融资租入固定资产，支付的租金是否需要代扣代缴所得税？若需要代扣代缴所得税，计税基数是支付的租赁费全额，还是支付的租赁费扣除设备价值后的金额？

【解答精要】《国家税务总局关于非居民企业所得税管理若干问题的公告》（国家税务总局公告 2011 年第 24 号）第四条第（一）款规定：

在中国境内未设立机构、场所的非居民企业，以融资租赁方式将设备、物件等租给中国境内企业使用，租赁期满后设备、物件所有权归中国境内企业（包括租赁期满后作价转让给中国境内企业），非居民企业按照合同约定的期限收取租金，应以租赁费（包括租赁期满后作价转让给中国境内企业的价款）扣除设备、物件价款后的余额，作为贷款利息所得计算缴纳企业所得税，由中国境内企业在支付时代扣代缴。

根据上述政策规定，贵公司对于境外融资租赁的企业所得税处理应按照租赁费扣除设备、物件价款后的余额按贷款利息所得缴纳企业所得税，并由境内企业在支付时代扣代缴。代扣代缴时间则依据下列规定。

《国家税务总局关于非居民企业所得税管理若干问题的公告》（国家税务总局公告 2011 年第 24 号）第一条规定：

中国境内企业（以下称为企业）和非居民企业签订与利息、租金、特许权使用费等所得有关的合同或协议，如果未按照合同或协议约定的日期支付上述所得款项，或者变更或修改合同或协议延期支付，但已计入企业当期成本、费用，并在企业所得税年度纳税申报中作税前扣除的，应在企业所得税年度纳税申报时按照企业所得税法有关规定代扣代缴企业所得税。

如果企业上述到期未支付的所得款项，不是一次性计入当期成本、费用，而是计入相应资产原价或企业筹办费，在该类资产投入使用或开始生产经营后分期摊入成本、费用，分年度在企业所得税前扣除的，应在企业计入相关资产的年度纳税申报时就上述所得全额代扣代缴企业所得税。

如果企业在合同或协议约定的支付日期之前支付上述所得款项的，应在实际支付时按照企业所得税法有关规定代扣代缴企业所得税。

案例五十六　计提向境外借款所产生的利息但没有支付的是否要代扣代缴预提所得税

【企业提问】我公司是一家房地产企业，2011 年 1 月 1 日向香港某公司借入资金 20 000 万元，年利率 10%，期限 2 年，到期一次还本并付息，该借款用于我公司开发的项目，该项目 2011 年 2 月开始动工，目前还在建设阶段，未拿到预售许可证。根据国税发〔2009〕31 号文件的规定：未完工之前的借款利息应予以资本化，将利息计入开发成本中的开发间接费用。请问 2011 年底我们是否需要代扣代缴预提所得税？

【解答精要】《国家税务总局关于非居民企业所得税管理若干问题的公告》（2011 年第 24 号）第一条：

关于到期应支付而未支付的所得扣缴企业所得税问题中国境内企业（以下称为企业）和非居民企业签订与利息、租金、特许权使用费等所得有关的合同或协议，如果未按照合同或协议约定的日期支付上述所得款项，或者变更或修改合同或协议延期支付，但已计入企业当期成本、费用，并在企业所得税年度纳税申报中作税前扣除的，应在企业所得税年度纳税申报时按照企业所得税法有关规定代扣代缴企业所得税。

如果企业上述到期未支付的所得款项，不是一次性计入当期成本、费用，而是计入相应资产原价或企业筹办费，在该类资产投入使用或开始生产经营后分期摊入成本、费用，分年度在企业所得税前扣除的，应在企业计入相关资产的年度纳税申报时就上述所得全额代扣代缴企业所得税。

如果企业在合同或协议约定的支付日期之前支付上述所得款项的，应在实际支付时按照企业所得税法有关规定代扣代缴企业所得税。

根据上述规定：对于房地产企业而言，计提的利息计入开发成本中的开发间接费用，根据《房地产开发经营业务企业所得税处理办法》（国税发〔2009〕31 号）文件中有关完工时点及成本结转的相关规定，在企业开发产品没有完工之前，是不需要确认收入与结转成本的，所以不需要提前代扣代缴预提企业所得税。

案例五十七　支付境外设计费是否代扣代缴企业所得税？

【企业提问】 我公司为一家房地产开发企业，同香港一家公司签订了合同，委托香港公司为我公司开发的小区提供设计劳务，由香港公司派人到境内完成。香港公司在内地未设办事机构。请问我公司在支付对方设计费时，是否应代扣代缴企业所得税？如果支付的设计费为 360 万元人民币，如何计算应代扣的企业所得税？

【解答精要】 如果香港这家非居民企业未派员来中国境内提供设计服务，该项技术服务属境外劳务，对非居民企业取得来源于境外的所得，根据《企业所得税法》第三条和《企业所得税法实施条例》第七条的相关规定，中国不予征收企业所得税。

如果香港这家非居民企业派员来中国境内提供设计服务，即使其未设立实体性机构、场所，也应把派员提供服务的场所作为其在中国境内设立的机构、场所，由非居民企业申报缴纳企业所得税，或者由县级以上税务机关指定支付服务费的境内居民企业从其支付款项中扣缴企业所得税；非居民企业需要享受税收协定待遇的，应按《国家税务总局关于印发〈非居民享受税收协定待遇管理办法（试行）〉的通知》（国税发〔2009〕124 号）相关规定办理。

根据上面分析，应代扣预提所得税，具体计算方法可按《国家税务总局关于印发〈非居民企业所得税核定征收管理办法〉的通知》（国税发〔2010〕19 号）第五条和第七条的规定处理。

案例五十八　香港企业在香港转让境内企业如何缴纳所得税？

【企业提问】 香港 A 企业将其拥有的中国境内 B 企业的股份转让给香港 C 企业，A 企业的企业所得税应在何处缴纳？B 企业是否需要代扣代缴？A 企业是否可以享受税收优惠政策？

【解答精要】 首先，根据《国家税务总局关于印发〈非居民企业所得税源泉扣缴管理暂行办法〉的通知》（国税发〔2009〕3 号）第三条和第七条规定，C 企业为扣缴义务人，在向 A 企业支付股权转让收入时履行扣缴企业所得税义务。如果 C 企业未依法扣缴或者无法履行扣缴义务的，按照上述文件第十五条规定，A 企业应自行或委托代理人向 B 企业所在地主管税务机关申报纳税，B 企业应协助税务机关向 A 企业征缴税款。

其次，A 企业可查看《国家税务总局关于印发〈内地和香港避免双重征税安排文本并请做好执行准备〉的通知》（国税函〔2006〕884 号）第十三条第四项和第五项，同时结合《国家税务总局关于〈内地和香港特别行政区关于对所得避免双重征税和防止偷漏税的安排〉有关条文解释和执行问题的通知》（国税函〔2007〕403 号）第七条规定，以及《国家税务总局关于执行〈内地和香港特别行政区关于对所得避免双重征税和防止偷漏税的安排〉第二议定书有关问题的通知》（国税函〔2008〕685 号）第二条、第三条的内容，进行分析判断是否可以享受税收协定待遇。

A 企业如享受上述税收协定待遇，则需按照《国家税务总局关于印发〈非居民享受税收协定待遇管理办法（试行）〉的通知》（国税发〔2009〕124 号）及《国家税务总局关于〈非居民享受税收协定待遇管理办法（试行）〉有关问题的补充通知》（国税函〔2010〕290 号）的规定，向税务机关提交相关资料，同时按照《国家税务总局关于加强非居民企业股权转让所得企业所得税管理的通知》（国税函〔2009〕698 号）第五条规定，向 B 企业所在地主管税务机关提供相关资料。

案例五十九　内资企业关联交易是否提供同期资料？

【企业提问】我公司是全资内资企业，2010 年开始，我公司与关联方（全部属于境内企业）的交易每年超过 2 亿元，请问我公司是否要向税务局提供同期资料？可否依据《国家税务总局关于印发〈特别纳税调整实施办法（试行）〉的通知》（国税发〔2009〕2 号）第十五条第（三）款的要求免于提供同期资料？

【解答精要】《国家税务总局关于印发〈特别纳税调整实施办法（试行）〉的通知》（国税发〔2009〕2 号）第十五条规定：

属于下列情形之一的企业，可免于准备同期资料：

（一）年度发生的关联购销金额（来料加工业务按年度进出口报关价格计算）在 2 亿元人民币以下且其他关联交易金额（关联融通资金按利息收付金额计算）在 4 000 万元人民币以下，上述金额不包括企业在年度内执行成本分摊协议或预约定价安排所涉及的关联交易金额；

（二）关联交易属于执行预约定价安排所涉及的范围；

（三）外资股份低于 50% 且仅与境内关联方发生关联交易。

根据上述规定，内资企业具备上述（一）、（二）情形之一可免于准备同期资料。否则，企业有义务按照国家法律、法规及主管税务机关的具体工作要求准备同期资料，资料内容应包括关联交易的价格、费用制定标准、计算方法和说明等具体转让定价文件资料，以证明企业关联交易符合独立交易原则。同时企业也有义务保存和向税务机关提供同期资料。

目前的税务征管，主要集中在国家税务局系统在对外资企业之间的关联方之间的交易进行纳税调整，地方税务局系统目前基本上还没有开展，但随着时间的推移，我们估计大约两年以后地税系统会加强此类征管的。

案例六十　集团公司统借统贷行为如何界定？

【企业提问】我公司最近整合了几个煤矿，因为这些煤矿（我公司的子公司）的融资能力差，公司决定统一向银行贷款然后委托我公司下属的一家财务公司贷给这些煤矿，利率和外部银行利率一致。请问我公司对这些煤矿收取的利息是否缴纳营业税？该行为是否符合集团内部统借统贷行为？

【解答精要】《国家税务总局关于贷款业务征收营业税问题的通知》（国税发〔2002〕13号）第一条规定：

企业集团或集团内的核心企业（以下简称企业集团）委托企业集团所属财务公司代理统借统还贷款业务，从财务公司取得的用于归还金融机构的利息不征收营业税；财务公司承担此项统借统还委托贷款业务，从贷款企业收取贷款利息不代扣代缴营业税。

以上所称企业集团委托企业集团所属财务公司代理统借统还业务，是指企业集团从金融机构取得统借统还贷款后，由集团所属财务公司与企业集团或集团内下属企业签订统借统还贷款合同并分拨借款，按支付给金融机构的借款利率向企业集团或集团内下属企业收取用于归还金融机构借款的利息，再转付企业集团，由企业集团统一归还金融机构的业务。

在此类业务当中：要特别注意实际利率与名义利率一致，集团将从银行借来的资金转给子公司，如贷款期限是2年，子公司承担2年的利息，但子公司实际只使用了23个月，资金在集团公司账上停留一个月，就会导致子公司的实际利率与名义利率不一致。

对照上述规定，我们认为，如果所贷入款项为金融机构资金，财务公司向各煤矿收取用于归还银行的利息，可按规定不缴纳营业税。

对于企业所得税而言，符合统借统贷业务的可以不受财税〔2008〕121号文件规定的限制，对于子公司支付的利息可以据实在税前扣除。

案例六十一　企业之间无偿借款，税务机关是否有权进行纳税调整？

【企业提问】甲公司将自有资金10 000万元借给关联企业乙公司使用，使用期限1年，属无偿借款。对于这种关联企业之间的无偿借款，借款方以无偿借款为依据，不计利息收入，税务机关有没有依据核定其利息收入纳税？

【解答精要】

1. 营业税：可以进行纳税调整，确认营业税收入，缴纳营业税。依据如下：

《税收征收管理法》相关规定：

第三十五条　纳税人有下列情形之一的，税务机关有权核定其应纳税额：

......

（六）纳税人申报的计税依据明显偏低，又无正当理由的。

税务机关核定应纳税额的具体程序和方法由国务院税务主管部门规定。

第三十六条　企业或者外国企业在中国境内设立的从事生产、经营的机构、场所与其关联企业之间的业务往来，应当按照独立企业之间的业务往来收取或者支付价款、费用；不按照独立企业之间的业务往来收取或者支付价款、费用，而减少其应纳税的收入或者所得额的，税务机关有权进行合理调整。

《税收征收管理法实施细则》第五十四条规定：

纳税人与其关联企业之间的业务往来有下列情形之一的，税务机关可以调整其应纳税额：

（一）购销业务未按照独立企业之间的业务往来作价；

（二）融通资金所支付或者收取的利息超过或者低于没有关联关系的企业之间所能同意的数额，或者利率超过或者低于同类业务的正常利率；

（三）提供劳务，未按照独立企业之间业务往来收取或者支付劳务费用；

（四）转让财产、提供财产使用权等业务往来，未按照独立企业之间业务往来作价或者收取、支付费用；

（五）未按照独立企业之间业务往来作价的其他情形。

根据《税收征收管理法》第三十五条、三十六条，细则第五十四条，关联企业之间无偿借款，针对营业税属于流转税的特点，可以进行纳税调整。

2. 企业所得税：有条件地进行调整。

《特别纳税调整实施办法（试行）》（国税发〔2009〕2号）第三十条：

实际税负相同的境内关联方之间的交易，只要该交易没有直接或间接导致国家总体税收收入的减少，原则上不做转让定价调查、调整。

我们认为，需要进行纳税调整的是指：

（1）居民企业与非居民企业之间的无偿借款。

（2）居民企业税率不一致并导致国家税体税收收入减少的。

案例六十二　母子公司提供担保发生的担保费能否税前扣除？

【企业提问】2011年3月因全资子公司资金困难，很难找到担保公司，决定由母公司提供担保才得以正常贷款开展经营。对此，我公司（即母公司）参照外部担保公司标准向子公司收取了一定的担保费（我公司在收取费用后为子公司开具担保费发票，提取并缴纳了营业税），请问子公司支付给我公司的担保费用能否税前扣除？

【解答精要】《企业所得税法》第八条规定：

企业实际发生的与取得收入有关的、合理的支出，包括成本、费用、税金、损失和其他支出，准予在计算应纳税所得额时扣除。

根据上述规定，子公司因生产经营需要，向银行借款而发生担保费用，属于生产经营活动中合理支出，按规定可在税前扣除。

但是，结合《企业所得税法》第四十一条、第四十六条，《企业所得税法实施条例》第三十八条、第一百一十九条，《财政部、国家税务总局关于企业关联方利息支出税前扣除标准有关税收政策问题的通知》（财税〔2008〕121号），《特别纳税调整实施办法〔试行〕》（国税发〔2009〕2号）第九章关于资本弱化的条款，企业间接从关联方获得的债权性投资也要受以上条款的限制。

《企业所得税法实施条例》第一百一十九条规定：

企业所得税法第四十六条所称债权性投资，是指企业直接或者间接从关联方获得的，需要偿还本金和支付利息或者需要以其他具有支付利息性质的方式予以补偿的融资。

企业间接从关联方获得的债权性投资，包括：

（一）关联方通过无关联第三方提供的债权性投资；

（二）无关联第三方提供的、由关联方担保且负有连带责任的债权性投资；

（三）其他间接从关联方获得的具有负债实质的债权性投资。

企业所得税法第四十六条所称权益性投资，是指企业接受的不需要偿还本金和支付利息，投资人对企业净资产拥有所有权的投资。

企业所得税法第四十六条所称标准，由国务院财政、税务主管部门另行规定。

根据上述规定，问题所述情况即属于上述《企业所得税法实施条例》第一百一十九条第（二）项所限定的银行（无关联第三方）提供的，由母公司（关联方）担保且负有连带责任的债权性投资，但因子公司给集团公司的担保费是按行业标准支付的，并获得了集团公司开具的发票，所以可以在计算应纳税所得额时扣除。

案例六十三　集团公司向下属单位发放奖励如何进行税务处理?

【企业提问】我公司为集团公司，每年根据各子公司、分公司完成的科技成果进行评比，对相应的单位发放奖励，该奖金由我公司负担。由于单位比较多，我公司将奖金直接打入各单位账户，不直接支付给获奖员工，但要求各单位在向员工发放奖金时扣缴个人所得税。该奖金是否能够税前列支？个人所得税的扣除方法是否合规？

【解答精要】贵集团公司向各子公司发放的奖金按《企业所得税法》的规定，各子公司应确认为其他收入缴纳企业所得税。子公司作为实际支付人应在支付给本单位职工时代扣代缴个人所得税。

该费用不是因子公司提供服务而支付，则属于赠与或赞助支出，不能在集团公司税前扣除。建议集团公司根据如下文件的规定进行处理。

《国家税务总局关于母子公司间提供服务支付费用有关企业所得税处理问题的通知》

（国税发〔2008〕86 号）规定：

一、母公司为其子公司（以下简称子公司）提供各种服务而发生的费用，应按照独立企业之间公平交易原则确定服务的价格，作为企业正常的劳务费用进行税务处理。

母子公司未按照独立企业之间的业务往来收取价款的，税务机关有权予以调整。

二、母公司向其子公司提供各项服务，双方应签订服务合同或协议，明确规定提供服务的内容、收费标准及金额等，凡按上述合同或协议规定所发生的服务费，母公司应作为营业收入申报纳税；子公司作为成本费用在税前扣除。

三、母公司向其多个子公司提供同类项服务，其收取的服务费可以采取分项签订合同或协议收取；也可以采取服务分摊协议的方式，即，由母公司与各子公司签订服务费用分摊合同或协议，以母公司为其子公司提供服务所发生的实际费用并附加一定比例利润作为向子公司收取的总服务费，在各服务受益子公司（包括盈利企业、亏损企业和享受减免税企业）之间按《中华人民共和国企业所得税法》第四十一条第二款规定合理分摊。

四、母公司以管理费形式向子公司提取费用，子公司因此支付给母公司的管理费，不得在税前扣除。

五、子公司申报税前扣除向母公司支付的服务费用，应向主管税务机关提供与母公司签订的服务合同或者协议等与税前扣除该项费用相关的材料。不能提供相关材料的，支付的服务费用不得税前扣除。

案例六十四 销售价远低于市场价所得税如何处理？

【企业提问】我公司是一家专门生产建筑材料的公司，2011 年 8 月，因公司决定转产，决定将库存的所有建筑材料以市场价 6 折的价格出售，对于因公司转产而造成的销售货物价格远低于市场销售价格的行为，在进行企业所得税汇算清缴时是否要对收入进行纳税调整？

【解答精要】对于销售价格远低于市场价格，企业所得税法有相关规定。

《企业所得税法》第四十七条规定：

企业实施其他不具有合理商业目的的安排，而减少其应纳税收入或者所得额的，税务机关有权按照合理方法调整。

《企业所得税法实施条例》第一百二十条规定：

企业所得税法第四十七条所称不具有合理商业目的，是指以减少、免除或者推迟缴纳税款为主要目的。

即对于销售价格明显偏低而致应纳税收入或者所得额减少的，税务机关有权按照合理方法调整。

对于贵企业的情况，我们认为不应属于纳税调整的范围，但我们建议与主管税务机关进行良好沟通。

案例六十五　房地产企业生产经营期如何确定？

　　【企业提问】我公司是一家房地产企业，2011 年 1 月 1 日成立。《国家税务总局关于企业所得税若干税务事项衔接问题的通知》（国税函〔2009〕98 号）规定：新税法中开（筹）办费未明确列作长期待摊费用，企业可以在开始经营之日的当年一次性扣除，也可以按照新税法有关长期待摊费用的处理规定处理，但一经选定，不得改变。请问，房地产企业的开始经营之日如何确定，是按营业执照的日期还是取得第一笔收入的日期？

　　【解答精要】《企业会计准则——应用指南》的解释：

　　开办费，具体包括人员工资、办公费、培训费、差旅费、印刷费、注册登记费以及不计入固定资产成本的借款费用等内容。

　　《国家税务总局关于企业所得税若干税务事项衔接问题的通知》（国税函〔2009〕98 号）规定：

　　新税法中开（筹）办费未明确列作长期待摊费用，企业可以在开始经营之日的当年一次性扣除，也可以按照新税法有关规定，自开始生产经营之日起，按照不低于 3 年的时间均匀摊销。但摊销方法一经选定，不得改变。

　　《国家税务总局关于贯彻落实企业所得税法若干税收问题的通知》（国税函〔2010〕79 号）规定：

　　企业自开始生产经营的年度，为开始计算企业损益的年度。企业从事生产经营之前进行筹办活动期间发生筹办费用支出，不得计算为当期的亏损，应按照《国家税务总局关于企业所得税若干税务事项衔接问题的通知》（国税函〔2009〕98 号）第九条规定执行。

　　《国家税务总局关于新办企业所得税优惠执行口径的批复》（国税函〔2003〕1239 号）规定：

　　《国家税务总局关于企业所得税若干业务问题的通知》（国税发〔1997〕191 号）执行以来，各地对新办企业、单位生产经营之日理解不一，为便于各地具体执行和掌握，对新办企业、单位开业之日的执行口径统一为纳税人取得营业执照上标明的设立日期。企业取得的营业执照标明的设立日期在 6 月 30 日之前的，应以当年作为一个纳税年度，享受定期减免税优惠；在 6 月 30 日之后的，可向主管税务机关提出书面申请选择就当年所得缴纳企业所得税，其享受定期减征、免征企业所得税的执行期限，可推延至下一个年度起计算。如果企业已选择该办法后次年度发生亏损，其上一年度已纳税款，不予退还，亏损年度应计算为减免税执行期限；其亏损额可按规定用以后年度的所得弥补。

　　综上所述，我们认为企业"生产、经营之日"应以纳税人取得营业执照上标明的设立日期为准。

案例六十六 未过户的房屋销售收入汇算清缴时是否确认收入?

【企业提问】我公司 2011 年 1 月出卖自有房屋,售价 3 400 万元,买方于 2011 年 4 月支付了 3 000 万元给我公司,售房合同已签订但因各种原因,目前产权还未过户,请问收到的房款在 2011 年度企业所得税汇算清缴时是否确认收入?

【解答精要】《国家税务总局关于确认企业所得税收入若干问题的通知》(国税函 〔2008〕875 号)规定:

除企业所得税法及实施条例另有规定外,企业销售收入的确认,必须遵循权责发生制原则和实质重于形式原则。

(一)企业销售商品同时满足下列条件的,应确认收入的实现:

1. 商品销售合同已经签订,企业已将商品所有权相关的主要风险和报酬转移给购货方;

2. 企业对已售出的商品既没有保留通常与所有权相联系的继续管理权,也没有实施有效控制;

3. 收入的金额能够可靠地计量;

4. 已发生或将发生的销售方的成本能够可靠地核算。

问题所述自有房产的处置,2011 年末虽未过户,即资产所有权属在形式上未发生改变。但如果符合上述通知中的条件,房产实质上所有权属已发生改变,贵公司应在 2011 年对能够可靠计量的转让收入,作为财产转让收入计入企业所得税的应税收入总额。

案例六十七 房企代收代付款项是否计入核定收入?

【企业提问】核定征收所得税的房地产开发企业向客户融资借款并签订了借款合同,且支付了利息。房地产开发企业到期连本加息还款,还款后该客户将此款作为购房款交给房地产企业。请问,该笔借款所发生的利息是否要缴纳企业所得税?房地产企业应客户要求,代为购买住房及门面而收取的费用,是否也要缴纳企业所得税?

【解答精要】房地产企业借款所支付的利息属于与取得收入相关的成本费用支出,以收入总额核定应税所得率征收企业所得税不需要考虑成本费用支出。但对房地产企业到期将借款本息还款作为购房款,应将借款本息作为房地产企业应税收入额。

《企业会计准则第 14 号——收入》第二条第三款规定:

企业代第三方收取的款项,应当作为负债处理,不应当确认为收入。

《国家税务总局关于做好 2009 年度企业所得税汇算清缴工作的通知》(国税函

〔2010〕148 号）规定：

根据企业所得税法精神，在计算应纳税所得额及应纳所得税时，企业财务、会计处理办法与税法规定不一致的，应按照企业所得税法规定计算。企业所得税法规定不明确的，在没有明确规定之前，暂按企业财务、会计规定计算。

依据上述规定，企业代第三方收取的款项，在企业所得税法没有明确规定之前，暂按会计规定作为负债处理，不应当确认为收入。因此，对于房地产开发企业代收代付的款项不应计入所得额来计算缴纳企业所得税。

案例六十八　收到土地补偿应于何时确认收入？

【企业提问】我单位原厂址在 2009 年被市政府规划收储，2009 年与市土地储备中心签订土地收储合同。合同约定该地块由储备中心招拍挂，拍卖价格的 60% 归我单位。2009 年、2010 年各拍卖了 1 亿元，储备中心于 2011 年将拍卖款的 60%（即 1.2 亿元）转到我单位账户。请问这部分土地收入在哪年确认补偿收入？

【解答精要】《企业会计准则第 14 号——收入》应用指南规定：

企业处置固定资产、无形资产等活动，不是企业为完成其经营目标所从事的经常性活动，也不属于与经常性活动相关的活动，由此产生的经济利益的总流入不构成收入，应当确认为营业外收入。

《企业会计准则——应用指南》会计科目和主要账务处理规定，收回出售固定资产的价款、残料价值和变价收入等，借记"银行存款"、"原材料"等科目，贷记"固定资产清理"科目。

处置无形资产，应按实际收到的金额等，借记"银行存款"等科目；按已计提的累计摊销，借记"累计摊销"科目；按应支付的相关税费及其他费用，贷记"应交税费"、"银行存款"等科目；按其账面余额，贷记"无形资产"科目，按其差额，贷记"营业外收入——处置非流动资产利得"科目或借记"营业外支出——处置非流动资产损失"科目。已计提减值准备的，还应同时结转减值准备。

依据上述规定，企业处置固定资产、无形资产，原则上应按实际收到出售资产的价款时确认收入的实现。因此，2011 年收到土地转让收入 1.2 亿元，应在 2011 年确认收入的实现。

案例六十九　支付给购房者的违约金能否税前扣除？

【企业提问】我公司为房地产开发企业，2011 年 9 月在商品房未完工前，因为违约将已预售出的房子 20 套房子全部收回，并支付购买方每户违约金 3 万元共计 60 万元。

请问违约金可否作为营业外支出在企业所得税税前扣除？

【解答精要】《企业所得税法》第八条规定：

企业实际发生的与取得收入有关的、合理的支出，包括成本、费用、税金、损失和其他支出，准予在计算应纳税所得额时扣除。

《国家税务总局关于〈中华人民共和国企业所得税年度纳税申报表〉的补充通知》（国税函〔2008〕1081号）附表三《纳税调整项目明细表》填报说明规定：

第31行"11. 罚金、罚款和被没收财物的损失"：第1列"账载金额"填报纳税人按照国家统一会计制度实际发生的罚金、罚款和被罚没财物损失的金额，不包括纳税人按照经济合同规定支付的违约金（包括银行罚息）、罚款和诉讼费。第3列"调增金额"等于第1列；第2列"税收金额"和第4列"调减金额"不填。

根据上述规定，房地产开发企业收回已预售的商品房并支付的违约金，属于按经济合同向购房人支付的违约金。该违约金不属于罚金、罚款和被罚没财物损失。该支出为与企业实际发生的与取得收入有关的、合理的支出，准予在企业所得税前扣除。

《企业会计准则——应用指南》（2006）附录会计科目，6711营业外支出：

本科目核算企业发生的各项营业外支出，包括非流动资产处置损失、非货币性资产交换损失、债务重组损失、公益性捐赠支出、非常损失、盘亏损失等。

因此，房地产开发企业支付的违约金属于企业发生的与日常活动无直接关系的支出，应记入"营业外支出"科目。

在实务中，根据营业税暂行条例与其实施细则第十九条第一款的规定，因企业支付违约金的行为不属于营业税的征收范围，所以不需取得发票，支付违约金时，一般凭双方的协议、付款凭证、业主收款的签字等作为在税前扣除的凭证。

案例七十　在汇算清缴期内取得上一年建安发票如何处理?

【企业提问】我公司是房地产开发企业，2009年开始开发的项目2011年11月已经完工，（即2011年度房屋当年已竣工，已出售房屋达整个销售面积的90%），但是工程发票有3 000万元左右在2012年3月份才能取得。请问在进行2011年度企业所得税汇算时可否计入汇算清缴年度的建安成本？

【解答精要】《国家税务总局关于印发〈房地产开发经营业务企业所得税处理办法〉的通知》（国税发〔2009〕31号）规定：

第二十八条　企业计税成本核算的一般程序如下：

……

（三）对期前已完工成本对象应负担的成本费用按已销开发产品、未销开发产品和固定资产进行分配，其中应由已销开发产品负担的部分，在当期纳税申报时进行扣除，未销开发产品应负担的成本费用待其实际销售时再予扣除。

第三十四条　企业在结算计税成本时其实际发生的支出应当取得但未取得合法凭据

的，不得计入计税成本，待实际取得合法凭据时，再按规定计入计税成本。

第三十五条　开发产品完工以后，企业可在完工年度企业所得税汇算清缴前选择确定计税成本核算的终止日，不得滞后。

根据上述规定以及税务实际征管中的情况，对于计税成本核算终止日（即企业所得税汇算清缴结束日）前取得的发票可以扣除。

案例七十一　房地产企业用假票入账形成的偷税金额如何确定？

【企业提问】甲房地产开发企业在 2009 年开发某精品小区楼盘时，取得假购货发票 400 万元记入"原材料"账户。2010 年 11 月工程完工，2010 年度的企业所得税汇算清缴按完工标准进行汇算，开发产品全部转入"开发产品"账户。2011 年 6 月，主管税务机关对甲企业进行检查，至检查终结时，该开发产品销售了 80%，"开发产品"的 80% 结转至"主营业务成本"账户，剩余 20% 待售。税务机关在计算甲企业偷逃企业所得税金额时存在两种观点，一种观点认为对取得的假发票应全额调增应纳税所得额，并计算偷税金额和比例；另一种观点认为应当按已售和未售开发产品的比例分摊假发票金额，对已售的开发产品分摊的假发票金额调增应纳税所得额，并计算偷税金额和比例，对未售的开发产品分摊的假发票金额，因尚未实际造成偷税后果，不调增应纳税所得额，应责令纳税人进行账务调整。上述观点哪种正确？

【解答精要】我们支持第二种观点。假发票金额的 20% 未计入成本费用，还未在账簿上多列支出，未实质性构成偷税结果，不应按偷税进行处罚，不能对未结转的 20% 成本即 80 万元的 25% 给予补税 20 万元并以 20 万元做为基数处罚 0.5~5 倍之间的罚款。

我们可以从《国家税务总局关于企业虚报亏损适用税法问题的通知》（国税函〔2005〕190 号）精神中找出证据：

一、虚报亏损的界定。企业虚报亏损是指企业在年度企业所得税纳税申报表中申报的亏损数额大于按税收规定计算出的亏损数额。

二、企业故意虚报亏损，在行为当年或相关年度造成不缴或少缴应纳税款的，适用《中华人民共和国税收征收管理法》（以下简称《征管法》）第六十三条第一款规定。

三、企业依法享受免征企业所得税优惠年度或处于亏损年度发生虚报亏损行为，在行为当年或相关年度未造成不缴或少缴应纳税款的，适用《征管法》第六十四条第一款规定。

附：《征管法》第六十四条　纳税人、扣缴义务人编造虚假计税依据的，由税务机关责令限期改正，并处五万元以下的罚款。

征管法第六十四条第一款的规定是说纳税人、扣缴义务人编造虚假计税依据的但没有造成少缴税款给予处罚五万元以下即可。

本案中，对于 20% 的虚假成本因为没有结转所以没有造成少缴企业所得税的事实。

案例七十二 房地产企业取得政府土地出让金返还款如何处理？

【企业提问】由于土地招拍挂制度约束，我公司受当地政府招商引资中，为引吸我公司前往，当地政府承诺以各种名义对我公司缴纳的土地出让金给予 40％的返还，我公司在 2011 年 8 月取得某地块时获得政府返还款 14 000 万元。请问是否作为收入处理？

【解答精要】

1. 会计处理

返还款名义上属于政府补助的性质，但从政府土地出让业务实质来看，企业按照招拍挂确定金额全额缴纳的土地出让金已经取得了全额票据，计入土地受让成本，而后政府给予的返还，是转让土地发生的销售折扣或折让行为。如被税务机关认定认为是返还业务，应直接冲减土地成本，而不应适用《企业会计准则第 16 号——政府补助(2006)》(财会〔2006〕3 号)的规定，作为营业外收入进行处理。

2. 企业所得税处理

由于政府土地返还款，不符合《财政部、国家税务总局关于财政性资金、行政事业性收费、政府性基金有关企业所得税政策问题的通知》(财税〔2008〕151 号)的规定，不是企业取得的由国务院财政、税务主管部门规定专项用途并经国务院批准的财政性资金，因此，不能作为不征税收入在计算应纳税所得额时从收入总额中减除。

如被税务机关认定为土地款返还业务，无论企业会计上如何处理，所得税征收管理上，可以直接冲减土地成本。

所以，此土地返还款应当冲减土地成本，如果企业开发产品已经完工，则按实际成本原则，对完工产品分摊土地成本，计算缴纳企业所得税。

当然，如果企业将返还款计入营业外收入，提前缴纳企业所得税，税务机关也不会拒绝。

建议企业与主管税务机关进行沟通，以免被税务机关认定为补贴收入并入当年应纳税所得额计征企业所得税。

3. 土地增值税处理

根据土地增值税相关法规规定，土地增值税按照转让房地产所取得的收入减除规定扣除项目金额后的增值额和规定的税率计算征收。《土地增值税暂行条例实施细则》第七条规定：

条例第六条所列的计算增值额的扣除项目，具体为：

(一)取得土地使用权所支付的金额，是指纳税人为取得土地使用权所支付的地价款和按国家统一规定交纳的有关费用。

这里所称"地价款"，应为实际支付的价款，应为扣除政府返还后的土地实际价款。

这是实际发生原则在税收征管中的具体应用。

政府返还土地款，冲减土地成本，在各地税务机关具体文件解释中都有明确规定。

《大连市地方税务局关于进一步加强土地增值税清算工作的通知》（大地税函2008 188号）规定：

纳税人应当凭政府或政府有关部门下发的《土地批件》、《土地出让金缴费证明》以及财政、土地管理等部门出具的土地出让金缴纳收据、土地使用权购置发票、政府或政府部门出具的相关证明等合法有效凭据计算"取得土地使用权所支付的金额"。凡取得票据或者其他资料，但未实际支付土地出让金或购置土地使用权价款或支付土地出让金、购置土地使用权价款后又返还的，不允许计入扣除项目。

《青岛市地方税务局关于印发〈青岛市地方税务局房地产开发项目土地增值税税款清算管理暂行办法〉的通知》（青地税发〔2008〕100号）第二十二条规定：

对于开发企业因从事拆迁安置、公共配套设施建设等原因，从政府部门取得的补偿以及财政补贴款项，抵减房地产开发成本中的土地征用及拆迁补偿费的金额。

基层税务机关在土地增值税清算管理上，大多认同政府返还土地款，直接冲减土地成本的处理方法，不能加计扣除。

案例七十三　通过"以地补路"等政府工程取得的土地成本如何扣除？

【企业提问】我公司是一家大型房地产企业，经常为政府提供各类工程服务，政府无钱支付工程款时，会给予我公司某块土地用来补偿工程款。请问在此方式下我公司的土地成本在企业所得税与土地增值税前如何扣除？

【解答精要】国税发〔2009〕31号文件对于此种情况下的企业所得税如何扣除没有给予明确规定，国税发〔2006〕187文件对于此种情况下的土地增值税下的土地成本如何扣除同样也没有给予明确规定，但一些地方土地增值税清算政策明确可以扣除，我们认为，根据企业所得税法的立法原理中的实质重于形式的原则应适用于企业所得税税前扣除。

《湖北省地方税务局关于房地产开发企业土地增值税清算工作若干政策问题的通知》（鄂地税发〔2008〕211号）关于成本费用扣除的问题规定：

（一）与本开发项目有直接关联的额外补偿费用，并能充分证明此额外补偿费用属实的，可据实扣除。

（二）对房地产开发企业以修路方式取得土地使用权的，且在同一合同或补充协议中明确了的，可将修筑道路的成本作为土地使用权的购置成本或开发成本进行扣除。

（三）开发企业在拆迁过程中，与被拆迁居民（村民）等自然人签订补偿协议，且有相关证据表明企业已实际支付的补偿费，可据实扣除。

（四）对房地产开发企业缴纳的各项政府性行政规费和基金，可视同税金予以扣除。

土地增值税征管和政策问题解答（南京地税）：

17. 对于以地补路（工程）的项目，其修路成本和承担工程的成本，能否看作是其取得土地的成本？

答：土地增值税暂行条例实施细则（财法字〔1995〕6 号）第七条第一款规定：取得土地使用权所支付的金额，是指纳税人为取得土地使用权所支付的地价款和按国家统一规定交纳的有关费用。考虑到一些房地产开发项目尽管看似无偿取得了土地，实际上取得的土地是承担了修建道路和政府工程成本而获得的补偿，房地产开发公司可以修建道路和政府工程成本作为取得土地所支付的金额，但是应当核实所发生修建道路和政府工程成本的真实性，并有相关的政府文件或者合同（协议）为依据。

案例七十四　空置房的物业保洁费能否计入开发成本？

【企业提问】我公司（房地产开发公司）聘请某物业公司对售楼处、样板房以及尚未售出的房屋及空置房（已出售但业主未入住）进行保洁服务。请问保洁费用是计入销售费用还是计入开发成本？能否税前扣除？

【解答精要】《企业会计准则应用指南》会计科目和主要账务处理规定对 6601 销售费用规定：

本科目核算企业销售商品和材料、提供劳务的过程中发生的各种费用，包括保险费、包装费、展览费和广告费、商品维修费、预计产品质量保证损失、运输费、装卸费等以及为销售本企业商品而专设的销售机构（含销售网点、售后服务网点等）的职工薪酬、业务费、折旧费等经营费用。

企业发生的与专设销售机构相关的固定资产修理费用等后续支出，也在本科目核算。

《国家税务总局关于印发〈房地产开发经营业务企业所得税处理办法〉的通知》（国税发〔2009〕31 号）第十五条规定：

企业对尚未出售的已完工开发产品和按照有关法律、法规或合同规定对已售开发产品（包括共用部位、共用设施设备）进行日常维护、保养、修理等实际发生的维修费用，准予在当期据实扣除。

根据上述规定：

（1）企业对尚未售出的房屋的保洁费用，不属于开发成本的列支范围，不能计入开发成本，应与售楼处保洁费用一并计入销售费用。

根据《企业所得税法》第八条规定，企业实际发生的与取得收入有关的、合理的支出，包括成本、费用、税金、损失和其他支出，准予在计算应纳税所得额时扣除。因此，上述保洁支出准予税前扣除。

（2）企业对空置房（已售出但未入住房屋）的保洁费用，可以计入销售费用，但该支出若不是按照法律、法规或合同规定进行的，属于与收入无关的支出，不能税前扣除。

案例七十五　企业所得税滞纳金从什么时候开始起算？

【企业提问】在现实中，纳税人与主管税务机关之间就企业所得税滞纳金从什么时候开始起算时常发生争议，企业自查发现所得税按季预申报预缴纳时有差错，并于预算清缴时补申报缴纳了该差错引起的少缴税款部分，根据《企业所得税法》企业所得税按年度计算的规定，以及国税函〔1998〕63号关于企业所得税检查处罚起始日期的批复，企业所得税滞纳金从汇算清缴结束的次日起计算加收，企业汇算清缴前已经自查自补的税款是否还应该计算滞纳金？

【解答精要】《国家税务总局关于做好2008年度企业所得税汇算清缴工作的通知》（国税函〔2009〕55号）第三条有关企业所得税政策和征管问题规定：

对新税法实施以前财政部、国家税务总局发布的企业所得税有关管理性、程序性文件，凡不违背新税法规定原则，在没有制定新的规定前，可以继续参照执行；对新税法实施以前财政部、国家税务总局发布的企业所得税有关的政策性文件，应以新税法以及新税法实施后发布的相关规章、规范性文件为准。

《国家税务总局关于企业所得税检查处罚起始日期的批复》（国税函〔1998〕63号）规定：

根据企业所得税暂行条例及有关规定，纳税人应按照规定期限报送年度企业所得税申报表。对年度企业所得税的检查，宜在纳税人报送年度企业所得税申报表之后进行。这种检查（包括汇算清缴期间的检查和汇算清缴结束后的检查）查补的税款，其滞纳金应从汇算清缴结束的次日起计算加收，罚款及其他法律责任，应按征管法的有关规定执行。

《国家税务总局关于企业未按期预缴所得税加收滞纳金问题的批复》（国税函发〔1995〕593号）规定：

根据《中华人民共和国税收征收管理法》第二十条及《中华人民共和国企业所得税法暂行条例》第十五条的规定，对纳税人未按规定的缴库期限预缴所得税的，应视同滞纳行为处理，除责令其限期缴纳税款外，同时按规定加收滞纳金。

《企业所得税法》第五十四条规定：

企业应当自年度终了五个月内，向税务机关报送年度企业所得税纳税申报表，并汇算清缴，并结清应缴应退税款。

据此，企业所得税是按年度汇算清缴，在汇算清缴期内补申报税款不属于发生滞纳税款行为，不需要计算滞纳金。但预缴期间少预缴的税收，按照规定需要计算滞纳金。

案例七十六　如何理解和判断"导管公司"？

【企业提问】由于上市及控股需要，某香港人100％持股在英属某岛设立一家控股

A 公司，投资中国各地。其中 100％股权投资了一家香港 B 公司，再由 B 公司 100％股权投资到国内（香港公司只是投资，没有实际经营）C 公司。请问 B 公司是否为"导管公司"？B 公司能否享受税收协定待遇？

【解答精要】《国家税务总局关于如何理解和认定税收协定中"受益所有人"的通知》（国税函〔2009〕601 号）相关规定：

一、"受益所有人"是指对所得或所得据以产生的权利或财产具有所有权和支配权的人。"受益所有人"一般从事实质性的经营活动，可以是个人、公司或其他任何团体。代理人、导管公司等不属于"受益所有人"。

导管公司是指通常以逃避或减少税收、转移或累积利润等为目的而设立的公司。这类公司仅在所在国登记注册，以满足法律所要求的组织形式，而不从事制造、经销、管理等实质性经营活动。

二、在判定"受益所有人"身份时，不能仅从技术层面或国内法的角度理解，还应该从税收协定的目的（即避免双重征税和防止偷漏税）出发，按照"实质重于形式"的原则，结合具体案例的实际情况进行分析和判定。一般来说，下列因素不利于对申请人"受益所有人"身份的认定：

（一）申请人有义务在规定时间（比如在收到所得的 12 个月）内将所得的全部或绝大部分（比如 60％以上）支付或派发给第三国（地区）居民。

（二）除持有所得据以产生的财产或权利外，申请人没有或几乎没有其他经营活动。

（三）在申请人是公司等实体的情况下，申请人的资产、规模和人员配置较小（或少），与所得数额难以匹配。

（四）对于所得或所得据以产生的财产或权利，申请人没有或几乎没有控制权或处置权，也不承担或很少承担风险。

（五）缔约对方国家（地区）对有关所得不征税或免税，或征税但实际税率极低。

（六）在利息据以产生和支付的贷款合同之外，存在债权人与第三人之间在数额、利率和签订时间等方面相近的其他贷款或存款合同。

（七）在特许权使用费据以产生和支付的版权、专利、技术等使用权转让合同之外，存在申请人与第三人之间在有关版权、专利、技术等的使用权或所有权方面的转让合同。

针对不同性质的所得，通过对上述因素的综合分析，认为申请人不符合本通知第一条规定的，不应将申请人认定为"受益所有人"。

根据上述规定，香港 B 公司不从事制造、经销、管理等实质性经营活动。若 B 公司是以逃避或减少税收、转移或累积利润等为目的，则 B 公司可判定为导管公司，不属于"受益所有人"，不能享受税收协定待遇。

案例七十七 有限责任合伙企业如何缴纳所得税？

【企业提问】我们拟成立一家有限责任合伙企业，请问是缴纳企业所得税还是缴纳个人所得税？是应由投资单位自行申报还是单位代扣代缴？

【解答精要】《财政部、国家税务总局关于个人独资企业和合伙企业投资者征收个人所得税的规定》（财税〔2000〕91号）相关规定：

第二条　本规定所称个人独资企业和合伙企业是指：

（一）依照《中华人民共和国个人独资企业法》和《中华人民共和国合伙企业法》登记成立的个人独资企业、合伙企业；

第四条规定，个人独资企业和合伙企业（以下简称企业）每一纳税年度的收入总额减除成本、费用以及损失后的余额，作为投资者个人的生产经营所得，比照个人所得税法的"个体工商户的生产经营所得"应税项目，适用5%～35%的五级超额累进税率，计算征收个人所得税。

第二十条规定，投资者应向企业实际经营管理所在地主管税务机关申报缴纳个人所得税。投资者从合伙企业取得的生产经营所得，由合伙企业向企业实际经营管理所在地主管税务机关申报缴纳投资者应纳的个人所得税，并将个人所得税申报表抄送投资者。

《财政部国家税务总局关于合伙企业合伙人所得税问题的通知》（财税〔2008〕159号）相关规定：

二、合伙企业以每一个合伙人为纳税义务人。合伙企业合伙人是自然人的，缴纳个人所得税；合伙人是法人和其他组织的，缴纳企业所得税。

三、合伙企业生产经营所得和其他所得采取"先分后税"的原则。具体应纳税所得额的计算按照《关于个人独资企业和合伙企业投资者征收个人所得税的规定》（财税〔2000〕91号）及《财政部国家税务总局关于调整个体工商户个人独资企业和合伙企业个人所得税税前扣除标准有关问题的通知》（财税〔2008〕65号）的有关规定执行。

前款所称生产经营所得和其他所得，包括合伙企业分配给所有合伙人的所得和企业当年留存的所得（利润）。

四、合伙企业的合伙人按照下列原则确定应纳税所得额：

（一）合伙企业的合伙人以合伙企业的生产经营所得和其他所得，按照合伙协议约定的分配比例确定应纳税所得额。

（二）合伙协议未约定或者约定不明确的，以全部生产经营所得和其他所得，按照合伙人协商决定的分配比例确定应纳税所得额。

（三）协商不成的，以全部生产经营所得和其他所得，按照合伙人实缴出资比例确定应纳税所得额。

（四）无法确定出资比例的，以全部生产经营所得和其他所得，按照合伙人数量平均计算每个合伙人的应纳税所得额。

合伙协议不得约定将全部利润分配给部分合伙人。

案例七十八　税务稽查时对财税差异调增的应税所得是否罚款？

【企业提问】税务局对我公司2010年所得税进行检查，因我公司会议费中列支招待费，进行了纳税调增，应补税款 20 000 元同时处以 1 倍即 20 000 元的处罚。对于补税我公司没有异议，但对于罚款，我公司认为少纳税极并不是主观故意，而是因为会计与税法差异造成的。请问稽查对我公司的罚款是否有政策依据？

【解答精要】《税收征收管理法》第六十三条规定：

纳税人伪造、变造、隐匿、擅自销毁账簿、记账凭证，或者在账簿上多列支出或者不列、少列收入，或者经税务机关通知申报而拒不申报或者进行虚假的纳税申报，不缴或者少缴应纳税款的，是偷税。对纳税人偷税的，由税务机关追缴其不缴或者少缴的税款、滞纳金，并处不缴或者少缴的税款百分之五十以上五倍以下的罚款。

关于行为人在账簿上多提多摊费用，造成未缴或少缴税款的，是否认定偷税的问题。《广州市地方税务局关于印发〈偷税行为理解认定的若干指导意见〉的通知》（穗地税发〔2006〕73 号）明确，行为人在账簿上列支不符合财务会计制度或会计准则的税前支出，造成未缴或少缴税款的，适用《税收征收管理法》第六十三条"多列支出"处理，如多摊销无形资产、多提固定资产折旧等。

会议费开支范围。《中央国家机关会议费管理办法》（国管财〔2006〕426 号）第十条规定：

会议费开支包括会议房租费（含会议室租金）、伙食补助费、交通费、办公用品费、文件印刷费、医药费等。

会议主办单位不得组织会议代表游览及与会议无关的参观，也不得宴请与会人员、发放纪念品及与会议无关的物品。

依据上述规定，贵公司违反财务会计制度规定将招待费列入会议费，造成未缴或少缴税款的，适用《税收征收管理法》第六十三条"多列支出"偷税处理，处以不缴或者少缴的税款百分之五十以上五倍以下的罚款。

案例七十九　6 年前多缴纳的企业所得税税款能否退还或抵扣？

【企业提问】我公司 2011 年 7 月聘请某税务师事务所对近 8 年的纳税情况进行了全面的审计，税务师事务所审计后，指出我公司以前年度（6 年前）汇算清缴应进行纳税调减项目而未做纳税调减，导致当年实际多缴纳企业所得税。对于当年度多缴税款，能退或在以后年度抵扣吗？

【解答精要】《税收征收管理法》第五十一条规定：

纳税人超过应纳税额缴纳的税款，税务机关发现后应当立即退还；纳税人自结算缴纳税款之日起三年内发现的，可以向税务机关要求退还多缴的税款并加算银行同期存款利息，税务机关及时查实后应当立即退还；涉及从国库中退库的，依照法律、行政法规有关国库管理的规定退还。

《国家税务总局关于纳税人权利与义务的公告》（2009 年第 1 号）规定：

申请退还多缴税款权。对超过应纳税额缴纳的税款，发现后，将自发现之日起10日内办理退还手续；如自结算缴纳税款之日起三年内发现的，可以向我们要求退还多缴的税款并加算银行同期存款利息。我们将自接到您退还申请之日起30日内查实并办理退还手续，涉及从国库中退库的，依照法律、行政法规有关国库管理的规定退还。

因此，你公司6年以前多缴税款不能申请退还。

案例八十　对免税销售额申报不实可否认定为偷税？

【企业提问】我公司销售农机，享受免税优惠，但是2011年8月被稽查局查处少申报免税销售额157万元。请问这部分少申报的免税销售额如何定性？是否可以定性为偷税？

【解答精要】《国家税务总局关于加强减免税管理的通知》（国税发〔2005〕24号）第二条规定：

坚决执行减免税申报制度。要按照税收征管法的规定，对征前减免税实行全面申报，要求享受减税、免税待遇的纳税人，在减税、免税期间无论当期是否有应交税金发生，都要对减免税情况予以申报，以切实掌握减免税发生和税源变化情况。对退库减免，也要按照有关规定进行报批。对没有按期申报或申报不实的，要依据税收征管法有关规定予以处罚。

《税收征收管理法》第六十四条规定：

纳税人、扣缴义务人编造虚假计税依据的，由税务机关责令限期改正，并处五万元以下的罚款。

纳税人不进行纳税申报，不缴或者少缴应纳税款的，由税务机关追缴其不缴或者少缴的税款、滞纳金，并处不缴或者少缴的税款百分之五十以上五倍以下的罚款。

参照《广州市地方税务局关于印发偷税行为理解认定的若干指导意见的通知》（穗地税发〔2006〕73号）规定：

行为人"编造虚假计税依据"未造成不缴或少缴税款的，适用《征管法》第六十四条第一款规定。包括：（1）免税期间虚报计税依据、在行为当年未造成不缴或少缴应纳税款的；……

企业依法享受税收优惠年度编造虚假计税依据或处于亏损年度发生虚报亏损行为，在行为当年或相关年度造成不缴或少缴应纳税款的，适用《税收征收管理法》第六十三条第一款规定。

根据上述规定，由于销售农机单位申报不实，但未造成少缴纳税款，不能定性为偷税行为，按规定"税务机关责令限期改正，并处五万元以下的罚款。"

案例八十一　季度预缴企业所得税时可否直接弥补亏损?

【企业提问】我公司是一家科技性企业,2011 年 6 月份的净利润是 124 万元。但我公司 2010 年度经税务师事务所的涉税鉴证显示,可弥补的亏损金额为 824 万元,请问在缴纳季度所得税时是否可以直接弥补?

【解答精要】《国家税务总局关于发布〈中华人民共和国企业所得税月(季)度预缴纳税申报表〉等报表的公告》(2011 年第 64 号)附件 3:《〈中华人民共和国企业所得税月(季)度预缴纳税申报表(A 类)〉填报说明》第五条具体项目填报说明规定:

第 8 行"弥补以前年度亏损":填报按照税收规定可在企业所得税前弥补的以前年度尚未弥补的亏损额。

企业符合条件的以前年度未弥补完的亏损额,在季度预缴时可以减除。

案例八十二　清算所得弥补以前年度亏损如何计算?

【企业提问】我公司 2011 年 11 月 1 日进入清算期至 2011 年 12 月 28 日结束,有清算所得 1 200 万元,同时,以前各年度有未弥补完的亏损 900 万元。请问企业清算所得弥补以前年度的亏损,以前年度是否为 2011 年 1—10 月、2010 年、2009 年、2008 年、2007 年?

【解答精要】《企业所得税法》相关规定:

第五十三条　企业所得税按纳税年度计算。纳税年度自公历 1 月 1 日起至 12 月 31 日止。

企业在一个纳税年度中间开业,或者终止经营活动,使该纳税年度的实际经营期不足十二个月的,应当以其实际经营期为一个纳税年度。

企业依法清算时,应当以清算期间作为一个纳税年度。

第五十五条　企业在年度中间终止经营活动的,应当自实际经营终止之日起六十日内,向税务机关办理当期企业所得税汇算清缴。

企业应当在办理注销登记前,就其清算所得向税务机关申报并依法缴纳企业所得税。

《财政部、国家税务总局关于企业清算业务企业所得税处理若干问题的通知》(财税〔2009〕60 号)相关规定:

第三条　企业清算的所得税处理包括以下内容:

(四)依法弥补亏损、确定清算所得;

(五)计算并缴纳清算所得税;

第四条　企业的全部资产可变现价值或交易价格，减除资产的计税基础、清算费用、相关税费、加上债务清偿损益等后的余额，为清算所得。

企业应将整个清算期作为一个独立的纳税年度计算清算所得。

《企业所得税法》第十八条规定：

企业纳税年度发生的亏损，准予向以后年度结转，用以后年度的所得弥补，但结转年限最长不得超过五年。

根据上述规定，公司可以以清算期间作为一个纳税年度计算的所得，弥补未超过五年的亏损。但需要说明，一般来讲企业所得税法中的弥补亏损的五年有效期是指五年是连续查账征收的，即在本案中 900 万元的亏损应是 2007 年度开始至后面各年年度汇总而产生的亏损，并且从 2007 年开始，每年均采取的是查账征收方式。

案例八十三　实行定率征收企业所得税是否参加年度汇算清缴？

【企业提问】我公司是实行核定定率征收企业所得税的纳税人。请问是否需参加 2012 年企业所得税汇算清缴？

【解答精要】《国家税务总局关于印发〈企业所得税汇算清缴管理办法〉的通知》（国税发〔2009〕79 号）第三条规定：

凡在纳税年度内从事生产、经营（包括试生产、试经营），或在纳税年度中间终止经营活动的纳税人，无论是否在减税、免税期间，也无论盈利或亏损，均应按照企业所得税法及其实施条例和本办法的有关规定进行企业所得税汇算清缴。

实行核定定额征收企业所得税的纳税人，不进行汇算清缴。

因此，贵公司需要参加 2012 年度企业所得税汇算清缴。

案例八十四　以前是核定征收现改为查账征收如何计提折旧？

【企业提问】企业以前为核定征收企业所得税，现在为查账征收。核定征收期间固定资产从未计提折旧，现在是否可按原值开始计提折旧计入费用？

【解答精要】企业所得税法规定：企业应当自固定资产投入使用月份的次月起计算折旧。企业征收方式由核定征收改为查账征收的，核定征收期间应视同折旧已税前扣除，对按规定未计提的部分，可在其剩余年限内（资产全部折旧或摊销年限不低于税法规定最低年限）继续计提折旧并按规定税前扣除。

案例八十五　核定征收企业取得补贴收入是否应缴税？

【企业提问】《国家税务总局关于公布全文失效废止部分条款失效废止的税收规范性

文件目录的公告》（国家税务总局公告 2011 年第 2 号）将《国家税务总局关于核定征收企业所得税的纳税人取得财政补贴收入计征所得税的批复》（国税函〔2005〕541 号）废止。对按定率核定征收方式缴纳企业所得税的纳税人，其取得的财政补贴收入是否还应并入收入总额，按主营项目的应税所得率计算缴纳企业所得税？

【解答精要】《国家税务总局关于公布全文失效废止部分条款失效废止的税收规范性文件目录的公告》（国家税务总局公告 2011 年第 2 号）中的"全文失效废止的税收规范性文件目录"包括《国家税务总局关于核定征收企业所得税的纳税人取得财政补贴收入计征所得税的批复》（国税函〔2005〕541 号）文件。

《国家税务总局关于企业所得税核定征收若干问题的通知》（国税函〔2009〕377 号）规定：

二、国税发〔2008〕30 号文件第六条中的"应税收入额"等于收入总额减去不征税收入和免税收入后的余额。用公式表示为：

$$应税收入额＝收入总额－不征税收入－免税收入$$

其中，收入总额为企业以货币形式和非货币形式从各种来源取得的收入。

三、本通知从 2009 年 1 月 1 日起执行。

根据上述政策规定，虽然国税函〔2005〕541 号文件中核定征收企业取得财政补贴收入计征所得税的政策依据废止执行，但是，依据国税函〔2009〕377 号文件规定：核定征收企业取得的财政补贴收入首先应并入收入总额。如果财政补贴收入符合税收政策规定的不征税收入可以从收入总额中抵减；如果财政补贴收入不符合税收政策规定的不征税收入应计征企业所得税。

案例八十六　核定征收是否需要正确核算成本费用？

【企业提问】我公司在 2011 年 1 月被主管地税局认定为按收入所得核定征收企业所得税，但在今年 10 月却被临时改为查账征收。我公司在核定征收期内对有些购进材料未能取得正式发票。请问税务局的这种做法是否合法？我公司年度所得税应如何处理？

【解答精要】《国家税务总局关于印发〈企业所得税核定征收办法〉〔试行〕的通知》（国税发〔2008〕30 号）第四条规定，推进纳税人建账建制工作。税务机关应积极督促核定征收企业所得税的纳税人建账建制，改善经营管理，引导纳税人向查账征收方式过渡。对符合查账征收条件的纳税人，要及时调整征收方式，实行查账征收。

关于核定征收改为查账征收方式时的资产处理。《江苏省地方税务局关于核定征收企业所得税若干问题的通知》（苏地税函〔2009〕283 号）第四条规定，企业从核定征收改为查账征收方式时，应提供以后年度允许税前扣除的资产的历史成本资料，并确定计税基础。固定资产、生产性生物资产、无形资产和长期待摊费用等长期资产，应按照正常折旧（摊销）年限扣除已使用年限，计算以后年度税前可扣除的折旧（摊销）额。

《发票管理办法》（国务院令 2010 年 587 号）第二十条规定：

所有单位和从事生产、经营活动的个人在购买商品、接受服务以及从事其他经营活动支付款项，应当向收款方取得发票。取得发票时，不得要求变更品名和金额。

第二十一条规定：

不符合规定的发票，不得作为财务报销凭证，任何单位和个人有权拒收。

《营业税暂行条例实施细则》第十九条规定，条例第六条所称符合国务院税务主管部门有关规定的凭证（以下统称合法有效凭证），是指：

（一）支付给境内单位或者个人的款项，且该单位或者个人发生的行为属于营业税或者增值税征收范围的，以该单位或者个人开具的发票为合法有效凭证；

依据上述规定，对核定征收改为查账征收方式时的资产处理，应提供以后年度允许税前扣除资产的历史成本合法有效凭证（发票），并确定计税基础，根据您所提供的资料，贵公司可以与税务机关沟通，允许贵公司就未取得的发票部分重新取得。否则，实行查账征收后，税务机关将不允许税前扣除。

另外，企业在核定征收期间即使不改变为查账征收方式，也需要做好财务的建账工作，因为税务机关每年会对企业核定征收下的利润率进行调整，企业未取得相应发票将有可能导致税务机关在新一年提高核定征收的利润率。

案例八十七　核定征收的建筑企业分包收入如何缴纳所得税？

【企业提问】我公司为建筑业务总包人，企业所得税征收方式为核定应税所得率征收。如果某项业务总包合同价款为 10 000 万元，分包给分包人的价款为 8 000 万元，总包人账面会计收入为 2 000 万元。请问我公司应按照 10 000 万元还是 2 000 万元乘以应税所得率计算缴纳企业所得税？

【解答精要】企业所得税的征收方式如果确定为核定征收，则收入的确认应以取得的收入为准，不允许扣除相应的成本与费用以及税金等。对于建筑行业的特殊性，总局没有下发文件给予明确是按总包收入计征还是按照分包后实际取得的收入计征，但我们认为应按企业实际取得的收入计征。如《广州市地方税务局企业所得税核定征收工作指引》（穗地税发〔2008〕173 号）第六条规定：

《通知》第六条中应税收入额是指《中华人民共和国企业所得税法》、《中华人民共和国企业所得税实施条例》规定的应税收入。从事营业税业务的纳税人按照《中华人民共和国营业税暂行条例》及其实施细则、《财政部、国家税务总局关于营业税若干政策问题的通知》（财税〔2003〕16 号）第三点以及今后按营业税有关规定，营业税计税依据可以扣除一定项目金额的，这些项目的企业所得税应税收入额按计征营业税的收入额确定。

《广东省广州市国家税务局关于进一步明确核定征收居民企业所得税有关问题的通知》（穗国税发〔2011〕5 号）第三条规定：

企业取得的收入项目属于符合《中华人民共和国营业税暂行条例》以及国家有关营业税税收法规规定应缴纳营业税，且其营业税计税依据允许扣除一定项目金额的，除国家另有规定外，其所得税核定征收的收入总额中属于这部分收入可按营业税规定的营业额确定。主管税务机关应对这类企业的实际经营情况合理确定其应税所得率。

《营业税暂行条例》规定：

第五条 纳税人的营业额为纳税人提供应税劳务、转让无形资产或者销售不动产收取的全部价款和价外费用。但是，下列情形除外：

……

（三）纳税人将建筑工程分包给其他单位的，以其取得的全部价款和价外费用扣除其支付给其他单位的分包款后的余额为营业额；

……

第六条 纳税人按照本条例第五条规定扣除有关项目，取得的凭证不符合法律、行政法规或者国务院税务主管部门有关规定的，该项目金额不得扣除。

依据上述规定，建筑业务总包人核定应税收入为 2 000 万元，即总包合同价款 10 000 万元扣除分包发票价款 8 000 万元。若分包人未向总包人开具发票，总包人核定应税收入为 10 000 万元。当地未出台政策的，建议企业财务人员与主管税务机关进行良好沟通，建议主管税务机关参照广州地税局文件的精神执行。

案例八十八 核定征收企业取得股票投资收益与转让收益是否缴纳所得税？

【企业提问】我公司为服装销售企业，2011 年企业所得税实行核定征收，2011 年 1 月从资本市场上购买了部分股票，2011 年 12 月获取了投资收益 200 万元和股票转让收入 500 万元。请问应该如何计缴所得税？

【解答精要】关于核定征收企业取得的非日常经营项目所得征税问题。

《国家税务总局关于企业所得税核定征收若干问题的通知》（国税函〔2009〕377 号）第二条规定：

国税发〔2008〕30 号文件第六条中的"应税收入额"等于收入总额减去不征税收入和免税收入后的余额。

用公式表示为：应税收入额＝收入总额－不征税收入－免税收入

其中，收入总额为企业以货币形式和非货币形式从各种来源取得的收入。

《企业所得税法》及其实施条例第二十六条第（二）款、第八十三条规定，符合条件的居民企业之间的股息、红利等权益性投资收益为免税收入。所称符合条件的居民企业之间的股息、红利等权益性投资收益，是指居民企业直接投资于其他居民企业取得的投资收益。企业所得税法第二十六条第（二）项和第（三）项所称股息、红利等权益性投资收益，不包括连续持有居民企业公开发行并上市流通的股票不足 12 个月取得的投资收益。

《国家税务总局关于企业所得税核定征收有关问题的公告》（2012 年第 27 号）规定：

一、专门从事股权（股票）投资业务的企业，不得核定征收企业所得税。

二、依法按核定应税所得率方式核定征收企业所得税的企业，取得的转让股权（股票）收入等转让财产收入，应全额计入应税收入额，按照主营项目（业务）确定适用的应税所得率计算征税；若主营项目（业务）发生变化，应在当年汇算清缴时，按照变化后的主营项目（业务）重新确定适用的应税所得率计算征税。

依据上述规定，企业取得的非日常经营项目投资收益所得，若投资收益属于符合条件的免税收入，对其免税所得不并入应纳税所得额。若取得连续持有居民企业公开发行并上市流通的股票不足 12 个月取得的投资收益，应将所得直接计入收入缴纳企业所得税，同时股票转让收入也应缴纳企业所得税。

案例八十九　核定征收期间的应收账款能否在查账年度报损？

【企业提问】2010 年度我公司企业所得税被主管税务机关认定为核定征收，2011 年 1 月起转为查账征收，在 2010 年度核定征收期间发生的应收账款有 135 万元在 2011 年 7 月发生坏账损失无法收回。请问该损失能否在 2011 年度报批并在税前扣除？

【解答精要】对于核定征收期间的应收账款在以后查账征收的年度形成实质性的坏账损失的，是否允许进行坏账报损，《国家税务总局关于发布〈企业资产损失所得税税前扣除管理办法〉的公告》（2011 年 25 号公告）中并没有明确规定。《国家税务总局关于企业所得税核定征收若干问题的通知》（国税函〔2009〕377 号）第二条规定：

国税发〔2008〕30 号文件第六条中的应税收入额等于收入总额减去不征税收入和免税收入后的余额。用公式表示为：

$$应税收入额＝收入总额－不征税收入－免税收入$$

其中，收入总额为企业以货币形式和非货币形式从各种来源取得的收入。

根据上述规定，核定征收企业应纳税所得额的确定已经综合了各类成本、费用、损失等因素，是按综合核负纳税的，不存在额外坏账报损的计税方法。因此，我们结合企业所得税法的立法精神，认为核定征收企业当年的收入不得以坏账形式再从以后年度收入中扣除。

案例九十　从高新技术企业取得的股息分红是否补缴差额所得税？

【企业提问】我公司 2007 年投资设立了一家技术性企业，2009 年该企业获得了高新技术企业资格认定，享受 15% 的企业所得税优惠税率，2011 年我公司从高新技术企业取得股息分红 3 400 万元。分回的这部分是否需要补缴差额所得税？

【解答精要】《企业所得税法》第二十六条第（二）项规定：

符合条件的居民企业之间的股息、红利等权益性投资收益为免税收入。

《企业所得税法实施条例》第八十三条规定：

企业所得税法第二十六条第（二）项所称符合条件的居民企业之间的股息、红利等权益性投资收益，是指居民企业直接投资于其他居民企业取得的投资收益。企业所得税法第二十六条第（二）项和第（三）项所称股息、红利等权益性投资收益，不包括连续持有居民企业公开发行并上市流通的股票不足 12 个月取得的投资收益。

依据上述规定，如果投资企业与被投资的高新技术企业符合上述居民企业的条件，股息、红利符合连续持有被投资企业公开发行并上市流通的股票超过 12 个月的条件，可享受免税优惠。

另外，新法已无补税率差的规定。

案例九十一　高新技术企业股权转让所得适用税率是 15% 还是 25%？

【企业提问】某生物制药公司 2010 年被正式认定为高新技术企业，按规定可享受 15% 企业所得税优惠税率。2011 年该企业发生一项股权转让所得 500 万元，并入企业年度应纳税所得额，按 15% 优惠税率计缴了企业所得税。但其主管税务机关认为股权转让不属于高新技术企业主业所得，不能适用 15% 优惠税率，应按 25% 企业所得税税率计缴股权转让所得税。请问主管税务机关关于该公司股权转让适用税率的理解是否正确？

【解答精要】根据现行企业所得税政策规定，高新技术企业所得税减免税政策不是按所得项目减免，是对整个企业的优惠政策。

《科技部、财政部、国家税务总局关于印发〈高新技术企业认定管理办法〉的通知》（国科发火〔2008〕172 号）第十条规定：

高新技术企业认定须同时满足以下条件：

……

（五）高新技术产品（服务）收入占企业当年总收入的 60% 以上。

该生物制药企业被认定为高新技术企业，2011 年发生股权转让行为，企业应自行判断"高新技术产品（服务）收入占企业当年总收入的 60% 以上"。如果不符合该项要求，则企业应自行中止享受当年度的高新技术企业优惠政策，全部应纳税所得额都适用 25% 税率。如果企业发生股权转让当年，仍然符合高新技术企业的各项指标，全部收入都适用 15% 税率，其中股权转让部分也适用 15% 税率。

案例九十二　公司经济类型变更是否要进行企业所得税清算？

【企业提问】我公司成立于 2007 年 9 月 2 日，原组织形式是"有限责任公司"，由两个自然人股东与三个法人股东构成。2011 年 9 月，由于原法人股东以及其中一个自然人股东准备退出公司，拟将"有限责任公司"转变为"个人独资或个人合伙企业"。请问是否要进行企业所得税清算？

【解答精要】根据《财政部、国家税务总局关于企业重组业务企业所得税处理若干问题的通知》（财税〔2009〕59 号）第四条第一项规定：

企业重组除符合本通知适用特殊性税务处理规定的外，按以下规定进行税务处理：企业由法人转变为个人独资企业、合伙企业等非法人组织，或将登记注册地转移至中华人民共和国境外（包括港澳台地区），应视同企业进行清算、分配，股东重新投资成立新企业。

因此，上述公司由原来的"有限责任公司"法人组织转变为"个人独资或个人合伙企业"非法人组织，应该进行企业所得税清算。

案例九十三　企业注销清算时股东借款如何处理？

【企业提问】我公司成立于 2007 年 1 月 5 日，2010 年初因业务需要向股东借入流动资金 200 万元，至今无法偿还。2011 年 10 月，经公司股东会商议，决定将公司注销。请问，注销清算时该借款是否应认定为无法支付的负债，确认为清算收益？

【解答精要】企业应确认该债务清偿收益。

依据《财政部、国家税务总局关于企业清算业务企业所得税处理若干问题的通知》（财税〔2009〕60 号）第三条规定：

企业清算的所得税处理包括以下内容：

（一）全部资产均应按可变现价值或交易价格，确认资产转让所得或损失；

（二）确认债权清理、债务清偿的所得或损失；

（三）改变持续经营核算原则，对预提或待摊性质的费用进行处理；

（四）依法弥补亏损，确定清算所得；

（五）计算并缴纳清算所得税；

（六）确定可向股东分配的剩余财产、应付股息等。

案例九十四　股权转让的应税所得如何确定?

【企业提问】我公司于 2011 年 11 月将持 100％股权的子公司转让给另外一家公司，转让价 32 000 万元，转让价格中包含未分配利润和盈余公积 9 000 万元，子公司投资成本为 3 000 万元，请问，未分配利润和盈余公积 9 000 万元是否可以在股权转让收入中扣除?《国家税务总局关于企业股权转让有关所得税问题的补充通知》(国税函〔2004〕390 号) 文件的失效期从何时算起?

【解答精要】《国家税务总局关于贯彻落实企业所得税法若干税收问题的通知》(国税函〔2010〕79 号) 第三条规定:

企业转让股权收入，应于转让协议生效、且完成股权变更手续时，确认收入的实现。转让股权收入扣除为取得该股权所发生的成本后，为股权转让所得。企业在计算股权转让所得时，不得扣除被投资企业未分配利润等股东留存收益中按该项股权所可能分配的金额。

根据上述规定，企业 2010 年转让股权，不得扣除被投资企业未分配利润等股东留存收益中按该项股权所可能分配的金额。

《国家税务总局关于做好 2008 年度企业所得税汇算清缴工作的通知》(国税函〔2009〕55 号) 第三条规定:

对新税法实施以前财政部、国家税务总局发布的企业所得税有关管理性、程序性文件，凡不违背新税法规定原则，在没有制定新的规定前，可以继续参照执行;对新税法实施以前财政部、国家税务总局发布的企业所得税有关的政策性文件，应以新税法以及新税法实施后发布的相关规章、规范性文件为准。

根据上述规定，《企业所得税法》实施后，依原《企业所得税暂行条例》制定的相关政策性文件于新法实施后 (2008 年 1 月 1 日起) 已失效。并且《国家税务总局关于公布全文失效废止、部分条款失效废止的税收规范性文件目录的公告》(国家税务总局公告 2011 年第 2 号) 已对《国家税务总局关于企业股权转让有关所得税问题的补充通知》(国税函〔2004〕390 号) 做了失效废止处理。针对您提供的情况并结合税法规定，股权转让收入应为 32 000 万元－3 000 万元＝29 000 万元。

案例九十五　股权转让分期收款的如何确认股权转让收入?

【企业提问】我公司为铁钢企业，2011 年 8 月将持有的全资子公司甲公司的股权100％作价 20 000 万元转让乙公司，原投资成本 (指公司注册成本) 5 000 万元。合同约定:分 4 期收款，2011 年 12 月第一期收款 5 000 万元，以后每半年收款 5 000 万元。

请问收入如何确认？

【解答精要】《国家税务总局关于贯彻落实企业所得税法若干税收问题的通知》（国税函〔2010〕79号）第三条规定：

企业转让股权收入，应于转让协议生效、且完成股权变更手续时，确认收入的实现。转让股权收入扣除为取得该股权所发生的成本后，为股权转让所得。

《国家税务总局关于企业取得财产转让等所得企业所得税处理问题的公告》（2010年第19号）第一条规定：

企业取得财产（包括各类资产、股权、债权等）转让收入、债务重组收入、接受捐赠收入、无法偿付的应付款收入等，不论是以货币形式还是非货币形式体现，除另有规定外，均应一次性计入确认收入的年度计算缴纳企业所得税。

根据上述两个文件，2011年度应确认收入20 000万元。

案例九十六　　股权转让所得能否递延五年计税？

【企业提问】我公司为投资性的集团公司，2006年初投资了一家技术性企业，初始投资成本为500万元，被投资企业发展非常快。2011年我公司将其股权全部转让给乙公司，转让总价18 000万元，其中乙公司支付现金2 000万元，另外16 000万元以房产做价支付，因我公司收到的现金仅为2 000万元，没有纳税能力，对于本次股权转让应纳所得税是否可以分五年计算缴纳呢？

【解答精要】《国家税务总局关于企业取得财产转让等所得企业所得税处理问题的公告》（2010年第19号）相关规定：

第一条　企业取得财产（包括各类资产、股权、债权等）转让收入、债务重组收入、接受捐赠收入、无法偿付的应付款收入等，不论是以货币形式还是非货币形式体现，除另有规定外，均应一次性计入确认收入的年度计算缴纳企业所得税。

第二条　本公告自发布之日起30日后施行。2008年1月1日至本公告施行前，各地就上述收入计算的所得，已分5年平均计入各年度应纳税所得额计算纳税的，在本公告发布后，对尚未计算纳税的应纳税所得额，应一次性作为本年度应纳税所得额计算纳税。

依据上述规定，股权转让应纳税所得额应一次性计入确认收入的年度计缴所得税，不再按五年分期计入。

案例九十七　　股份制改造发生评估增值所得税如何处理？

【企业提问】我公司2011年6月进行股份制改造，其中涉及一部分资产的评估增值。原《财政部、国家税务总局关于企业资产评估增值有关所得税处理问题的通知》（财税〔1997〕77号）文件规定，企业进行股份制改造发生的资产评估增值，应调整相关账户，所发生的固定资产评估增值可以计提折旧，但在计算应纳税所得额时不得扣除，但是该文已经废止。在新的企业所得税法下，是否可理解为评估增值时一次性缴纳企业所得税，同时以评估值作为计税基础？

【解答精要】《企业所得税法实施条例》相关规定：

第五十六条　企业的各项资产，包括固定资产、生物资产、无形资产、长期待摊费用、投资资产、存货等，以历史成本为计税基础。

前款所称历史成本，是指企业取得该项资产时实际发生的支出。

企业持有各项资产期间资产增值或者减值，除国务院财政、税务主管部门规定可以确认损益外，不得调整该资产的计税基础。

第七十五条　除国务院财政、税务主管部门另有规定外，企业在重组过程中，应当在交易发生时确认有关资产的转让所得或者损失，相关资产应当按照交易价格重新确定计税基础。

根据上述规定，除国务院财政、税务主管部门另有规定外，企业持有各项资产期间资产增值或者减值，不得调整该资产的计税基础。因重组改制引起的资产增值，在交易发生时确认有关资产的转让所得后，按照交易价确定新的计税基础。所以贵公司如果只是评估增值，而没有产权的转移，应不确认收入，企业所得税计提折旧的基数按历史账面成本处理。

案例九十八　股权投资持有期间的损失如何税前扣除？

【企业提问】我公司 2007 年 9 月投资联营企业甲，占其 49％的股权。甲公司 2008—2010 年连续三年亏损，亏损数达 1 200 万元，之前已经纳税调整。根据《国家税务总局关于企业股权投资损失所得税处理问题的公告》（国家税务总局 2010 年第 6 号公告）规定，企业股权投资损失可一次性税前扣除。我公司按持有比例计算的损失是否都可以在 2011 年企业所得税汇算清缴时进行税前调整？是按积累总额进行调整吗？

【解答精要】《企业所得税法》第八条规定：

企业实际发生的与取得收入有关的、合理的支出，包括成本、费用、税金、损失和其他支出，准予在计算应纳税所得额时扣除。

《国家税务总局关于企业股权投资损失所得税处理问题的公告》（2010 年第 6 号公告）规定：

企业对外进行权益性（以下简称股权）投资所发生的损失，在经确认的损失发生年度，作为企业损失在计算企业应纳税所得额时一次性扣除。

依据上述规定，企业对外投资在持有过程中因被投资单位发生亏损而按权益法核算在会计期末自动确认的投资损失，在申报纳税时要进行纳税调整。被投资单位发生的亏损，只能由本企业用以后年度实现的所得弥补，不能用于冲减投资方企业的应纳税所得。企业因收回、转让或清算处置股权投资而发生的股权投资损失，才可一次性在税前扣除。

税前扣除的投资损失，依据《财政部、国家税务总局关于企业资产损失税前扣除政策的通知》（财税〔2009〕57号）第六条的规定：

企业股权投资符合下列条件之一的，减除可收回金额后确认的无法收回的股权投资，可以作为股权投资损失在计算应纳税所得额时扣除。

案例九十九　在收购股权时向转让方支付的违约金应如何处理？

【企业提问】 A公司与B公司将拥有的乙公司100%股权以2010年12月31日为基准日作价18 000万元转让给丙公司（乙公司注册资本2 000万元），双方约定，2011年3月1日前丙公司付清全部款项，每超过一天向转让方支付1%的违约金，最终丙公司向转让方支付720万元违约金。转让方股权转让收入多少？丙公司支付的720万元违约金是作为营业外支出处理还是股权成本处理？

【解答精要】《国家税务总局关于个人股权转让过程中取得违约金收入征收个人所得税问题的批复》》（国税函〔2006〕866号）规定：

根据《中华人民共和国个人所得税法》的有关规定，股权成功转让后，转让方个人因受让个人未按规定期限支付价款而取得的违约金收入，属于因财产转让而产生的收入。转让方个人取得的该违约金应并入财产转让收入，按照"财产转让所得"项目计算缴纳个人所得税。

根据上述规定，如是自然人股东，收取的违约金应作为股权转让收入计征个人所得税，对于法人股东，根据企业所得税法的立法精神，只有不征税收入与免税收入除外，很显然违约金不在此列，故应征企业所得税。

对于丙公司支付的违约金的处理问题：根据现行企业所得税法及相关文件总结如下：

（1）以现金购入的长期股权投资，按实际支付的全部价款（包括支付的税金、手续费等相关费用）作为初始投资成本；实际支付的价款中包含已宣告但尚未领取的现金股利，按实际支付的价款减去已宣告但尚未领取的现金股利后的差额，作为初始投资成本。

（2）企业接受的债务人以非现金资产抵偿债务方式取得的长期股权投资，或以应收债权换入长期股权投资的，按应收债权的账面价值加上应支付的相关税费，作为初始投资成本。涉及补价的，按以下规定确定受让的长期股权投资的初始投资成本：

①收到补价的，按应收债权的账面价值减去补价，加上应支付的相关税费，作为初始投资成本；

②支付补价的，按应收债权的账面价值加上支付的补价及应支付的相关税费，作为

初始投资成本。

（3）以非货币性交易换入的长期股权投资（包括股权书资换股权投资），按换出资产的账面价值加上应支付的相关税费，作为初始投资成本。如涉及补价的，应按以下规定确定换入长期股权投资的初始投资成本：

①收到补价的，按换出资产的账面价值加上应确认的收益和应支付的相关税费，减去补价后的余额，作为初始投资成本；

②支付补价的，按换出资产的账面价值加上应支付的相关税费和补价，作为初始投资成本。

（4）通过行政划拨方式取得的长期股权投资，按划出单位的账面价值，作为初始投资成本。

根据上述总结，现行税法对于以现金购入的长期股权投资，只是要求按实际支付的全部价款（包括支付的税金、手续费等相关费用）作为初始投资成本，但相关费用中并没有包括违约金，在征管实务中，有的主管税务机关要求企业将违约金计入营业外支出一次性扣除，有的要求企业将违约金计入长期股权投资成本，待股权转让或清算时再按规定扣除。建议企业与主管税务机关进行沟通。

案例一百　税后利润直接增资外方股东是否缴纳企业所得税？

【企业提问】我公司是中外合资经营企业，外方股东为非居民企业。目前我公司准备利用税后利润直接增加注册资本。请问该行为是否属于分红，外方股东是否需要由我公司按 10％代扣代缴企业所得税？

【解答精要】企业以税后利润增加注册资本，其实质是企业将税后利润在股东间作利润分配，股东以分得的利润再对公司进行投资，增加注册资本。非居民企业应按规定缴纳企业所得税。

《财政部、国家税务总局关于企业所得税若干优惠政策的通知》（财税〔2008〕1号）规定：

关于外国投资者从外商投资企业取得利润的优惠政策规定，2008年1月1日之前外商投资企业形成的累积未分配利润，在2008年以后分配给外国投资者的，免征企业所得税；2008年及以后年度外商投资企业新增利润分配给外国投资者的，依法缴纳企业所得税。

因此，企业以税后利润增加注册资本，非居民企业股东应按10％税率（协定税率低于10％的按协定税率执行）计算缴纳所得税。企业所得税实行源泉扣缴，以支付人为扣缴义务人。税款由扣缴义务人在每次支付或者到期应支付时，从支付或者到期应支付的款项中扣缴。